Sprachhandlungsmuster im Russischen und Deutschen

SPRACH- UND KULTURKONTAKTE
IN EUROPAS MITTE
STUDIEN ZUR SLAWISTIK
UND GERMANISTIK

Herausgegeben von
Andrzej Kątny und Stefan Michael Newerkla

Band 9

Wolfgang Gladrow / Elizaveta Kotorova

Sprachhandlungsmuster im Russischen und Deutschen

Eine kontrastive Darstellung

Bibliografische Information der Deutschen Nationalbibliothek
Die Deutsche Nationalbibliothek verzeichnet diese Publikation
in der Deutschen Nationalbibliografie; detaillierte bibliografische
Daten sind im Internet über http://dnb.d-nb.de abrufbar.

ISSN 2192-7170
ISBN 978-3-631-67318-8 (Print)
E-ISBN 978-3-653-06549-7 (E-PDF)
E-ISBN 978-3-631-70909-2 (EPUB)
E-ISBN 978-3-631-70910-8 (MOBI)
DOI 10.3726/978-3-653-06549-7

© Peter Lang GmbH
Internationaler Verlag der Wissenschaften
Berlin 2018

Peter Lang – Frankfurt am Main · Bern · Bruxelles ·
New York · Oxford · Warszawa · Wien

Das Werk einschließlich aller seiner Teile ist urheberrechtlich
geschützt. Jede Verwertung außerhalb der engen Grenzen des
Urheberrechtsgesetzes ist ohne Zustimmung des Verlages
unzulässig und strafbar. Das gilt insbesondere für
Vervielfältigungen, Übersetzungen, Mikroverfilmungen und die
Einspeicherung und Verarbeitung in elektronischen Systemen.

Diese Publikation wurde begutachtet.

www.peterlang.com

Inhaltsverzeichnis

Vorwort 21

Analyse des interkulturellen Sprachverhaltens:
Grundbegriffe und Methodologie 23

   1. Sprachhandlungsmuster als Basiseinheit für die
      kommunikativ-pragmatische Analyse 23

   2. Wesentliche Faktoren und Komponenten der kontrastiven
      Analyse der Sprachhandlungsmuster 28
      2.1. Das illokutive Ziel der Äußerung: Möglichkeiten der
          Deskription und Definition 28
      2.2. Kommunikativ-pragmatische Faktoren 30
          2.2.1. Soziale Faktoren 30
          2.2.2. Kulturelle Faktoren 31
          2.2.3. Situative Faktoren 31
      2.3. Strukturen der Basisformeln, die einem
          Sprachhandlungsmuster angehören 32

   3. Das kommunikativ-pragmatische Feld als
      Organisationsstruktur des Sprachhandlungsmusters 32

   4. Die Begriffe Äquivalenz und Adäquatheit in der Kontrastiven
      Linguistik 34

Etikettenhandlungen 37

I.   Begrüßung 39

   1. Definition des Sprachhandlungsmusters 39

   2. Struktur des Sprachhandlungsmusters 41

   3. Kommunikativ-pragmatische Faktoren 44
      3.1. Beziehung zwischen den Kommunikationspartnern 44
      3.2. Sozialer Status 45
      3.3. Alter 46
      3.4. Tageszeit 46

  3.5. Region 47
  3.6. Gruppenspezifische Varianten 47
 4. Ausdrucksformen des kommunikativ-pragmatischen Feldes 48
  4.1. Direkte Grüße 48
   4.1.1. Prototypische Grußformeln 48
   4.1.2. Aktuelle Entwicklung des Grußformelsystems 49
   4.1.3. Umgangssprachliche Grußformeln 50
   4.1.4. Gehobene Grußformeln 50
  4.2. Indirekte Grüße 51
   4.2.1. Befindlichkeitsfrage 51
   4.2.2. Wunsch 51
   4.2.3. Überraschungsgruß 51
   4.2.4. Evidenzfrage 52
   4.2.5. Übertragener Gebrauch 52
 5. Reaktionen auf eine Begrüssung 53

II. Verabschiedung 55

 1. Definition des Sprachhandlungsmusters 55
 2. Struktur des Sprachhandlungsmusters 58
  2.1. Präpositionale Konstruktionen 58
  2.2. Imperativkonstruktionen 59
  2.3. Explizit performative Konstruktionen 59
  2.4. Konstruktionen mit Genitiv im Russischen und mit
    Akkusativ im Deutschen 59
 3. Kommunikativ-pragmatische Faktoren 60
  3.1. Beziehung zwischen den Kommunikationspartnern 60
  3.2. Sozialer Status 60
  3.3. Alter 61
  3.4. Tageszeit 61
  3.5. Region 62
  3.6. Medium 62
 4. Ausdrucksformen des kommunikativ-pragmatischen Feldes 63
  4.1. Direkte Abschiedsgrüße 63
   4.1.1. Standardformeln 63
   4.1.2. Tageszeitformeln 64
   4.1.3. Zeitraumformeln 65
   4.1.4. Stilistisch gehobene Formeln 65

  4.1.5. Formeln des endgültigen Abschieds 65
  4.1.6. Umgangssprachliche und entlehnte Abschiedsgrüße 66
  4.1.7. Verabschiedung für kurze Zeit 67
 4.2. Indirekte Abschiedsgrüße und Grußkombinationen 67
  4.2.1. WUNSCH 67
  4.2.2. EINLADUNG 68
  4.2.3. RATSCHLAG 69
  4.2.4. VERSPRECHEN 69
  4.2.5. BITTE 69
 4.3. Schriftliche VERABSCHIEDUNG 69
5. Sequenzen der Abschiedsvorbereitung 70

III. Dank 71

1. Definition des Sprachhandlungsmusters 71
2. Struktur des Sprachhandlungsmusters 72
3. Kommunikativ-pragmatische Faktoren 74
4. Ausdrucksformen des kommunikativ-pragmatischen Feldes 76
 4.1. Zentrale Realisierungsformen 77
 4.2. Periphere Realisierungsformen 80
  4.2.1. Modifizierte und stilistisch markierte Formen der
     performativen Ausdrücke 80
  4.2.2. Dankesformeln, die einer Fremdsprache entlehnt sind ... 81
  4.2.3. Indirekte und unterstützende Mittel der
     Dankesäußerung 81
  4.2.4. Nonverbale Mittel des Dankausdruckes 84
5. Reaktionen auf Dankesäußerungen 85
 5.1. Akzeptanz des DANKES 85
 5.2. Gegendank 86
 5.3. Zurückweisung des DANKES 87

IV. Entschuldigung 89

1. Definition des Sprachhandlungsmusters 89
 1.1. Stellung der ENTSCHULDIGUNG in der Klassifikation der
   Sprechakte 89
 1.2. Beschreibung des illokutiven Gehalts mithilfe von
   semantischen Primitiva 91

  2. Struktur des Sprachhandlungsmusters 92
    2.1. Konventionelle ENTSCHULDIGUNG 92
    2.2. Substantielle ENTSCHULDIGUNG 93
      2.2.1. Modelle mit Imperativkonstruktionen 93
      2.2.2. Explizit performative Modelle 94

  3. Kommunikativ-pragmatische Faktoren 95

  4. Ausdrucksformen des kommunikativ-pragmatischen Feldes 98
    4.1. Zentrale Realisierungsformen 98
    4.2. Periphere Realisierungsformen 100
      4.2.1. Modifizierte und stilistisch markierte Synonyme der
         performativen Ausdrücke 100
      4.2.2. Entschuldigungsformeln, die einer Fremdsprache
         entlehnt sind 100
      4.2.3. Indirekte und unterstützende Mittel der
         ENTSCHULDIGUNG 101

  5. Reaktionen auf eine ENTSCHULDIGUNG 104
    5.1. Akzeptanz der ENTSCHULDIGUNG 104
    5.2 Minimisierung des Schadens 105
    5.3 Zurückweisung der ENTSCHULDIGUNG 105

V. Gratulation 107

  1. Definition des Sprachhandlungsmusters 107

  2. Struktur des Sprachhandlungsmusters 110
    2.1. Das Sprachhandlungsverb 110
    2.2. Der Sprecher 110
    2.3. Der Adressat 111
    2.4. Der Anlass 111
    2.5. Ellipse 111

  3. Kommunikativ-pragmatische Faktoren 112
    3.1. Persönliche Jubiläen und glückliche Ereignisse 113
    3.2. Erfolgreiche Ereignisse 113
    3.3. Ehrentage 114
    3.4. Religiöse und allgemeine Feiertage 115
    3.5. Gesellschaftspolitische Feiertage 115
    3.6. Schöne Ereignisse 116

4. Ausdrucksformen des kommunikativ-pragmatischen Feldes 116
   4.1. Die verbalen Ausdrucksmittel 116
   4.2. Intensivierende Modifizierungen 117
   4.3. Modale Modifizierungen 117
   4.4. Modifizierungen der Sprecherkonstituente 118
   4.5. Periphere Gratulationsformeln in anderer Bedeutung 118

5. Reaktionen auf eine GRATULATION 118

VI. Vorstellung 121

1. Definition des Sprachhandlungsmusters 121

2. Struktur des Sprachhandlungsmusters 124
   2.1. Der Sprecher 125
   2.2. Die Sprachhandlung 125
   2.3. Die Zielperson 126
   2.4. Der Adressat 127
   2.5. Der Personenname 127

3. Kommunikativ-pragmatische Faktoren 128

4. Ausdrucksformen des kommunikativ-pragmatischen Feldes 131
   4.1. SELBSTVORSTELLEN 132
      4.1.1. Prototypisches SELBSTVORSTELLEN 132
      4.1.2. SELBSTVORSTELLEN mit einleitender AUFFORDERUNG ... 133
      4.1.3. SELBSTVORSTELLEN mit einleitendem WUNSCH 133
      4.1.4. SELBSTVORSTELLEN mit einleitender BITTE 133
      4.1.5. SELBSTVORSTELLEN und FRAGE 134
   4.2. BEKANNTMACHEN 134
      4.2.1. Prototypisches BEKANNTMACHEN 134
      4.2.2. AUFFORDERUNG zum BEKANNTMACHEN 134
      4.2.3. BITTE zum BEKANNTMACHEN 135
   4.3. VORSTELLEN 135
      4.3.1. Prototypisches VORSTELLEN 135
      4.3.2. VORSTELLEN mit einleitendem WUNSCH 135
      4.3.3. VORSTELLEN mit einleitender BITTE 136
      4.3.4. VORSTELLEN mit einleitendem Ausdruck der
            Ehrerbietung 136
   4.4. VORSTELLUNG am Telefon 136
      4.4.1. SELBSTVORSTELLEN des Angerufenen 136
      4.4.2. SELBSTVORSTELLEN des Anrufers 137
   4.5. Mimik und Gestik bei der VORSTELLUNG 138

  5. Reaktionen auf die VORSTELLUNG 138

VII. Kompliment 141
  1. Definition des Sprachhandlungsmusters 141
  2. Struktur des Sprachhandlungsmusters 144
    2.1. Propositional-semantische Struktur 144
      2.1.1. Sprecher 145
      2.1.2. Adressat 145
      2.1.3. Sprachhandlung 146
      2.1.4. Begründung 146
    2.2. Konstruktiv-syntaktische Struktur 147
    2.3. Diskursstruktur 147
  3. Kommunikativ-pragmatische Faktoren 148
    3.1. Sozialer Status und soziale Distanz 149
    3.2. Geschlecht 150
    3.3. Alter 150
  4. Ausdrucksformen des kommunikativ-pragmatischen Feldes 151
    4.1. Typen des KOMPLIMENTS in der Struktur des kommunikativ-pragmatischen Feldes 151
      4.1.1. Direkte Bewertungen des Adressaten 151
      4.1.2. Bewertung der Umgebung des Adressaten 151
      4.1.3. Vergleichsbewertung 152
      4.1.4. Wahrnehmungsbewertung 152
      4.1.5. Bewertung aus fremdem Munde 152
      4.1.6. Indirekte Bewertung als Fragestellung 153
      4.1.7. Zwangsbewertung 153
    4.2. Das KOMPLIMENT und ähnliche Sprachhandlungsmuster 153
      4.2.1. KOMPLIMENT und LOB 154
      4.2.2. KOMPLIMENT und DANK 154
      4.2.3. KOMPLIMENT und BITTE 155
      4.2.4. KOMPLIMENT und SCHMEICHELEI 155
      4.2.5. KOMPLIMENT und ANMACHE 155
      4.2.6. KOMPLIMENT und GRATULATION 155
      4.2.7. KOMPLIMENT und VERHÖHNUNG 156
  5. Reaktionen auf Komplimente 157
    5.1. Zustimmung 158
    5.2. Ablehnung 160

VIII. Kondolieren ... 161

1. Definition des Sprachhandlungsmusters ... 161
2. Struktur des Sprachhandlungsmusters ... 164
   - 2.1. Der Sprecher ... 165
   - 2.2. Die Sprachhandlung ... 165
   - 2.3. Der Adressat ... 166
   - 2.4. Der Anlass ... 166
   - 2.5. Elliptische Strukturen ... 167
3. Kommunikativ-pragmatische Faktoren ... 167
4. Ausdrucksformen des kommunikativ-pragmatischen Feldes ... 169
   - 4.1. Zentrale Realisierungsformen ... 169
     - 4.1.1. Explizite Beileidsbekundungen ... 169
     - 4.1.2. Modifizierungen ... 170
   - 4.2. Periphere Realisierungsformen ... 171
   - 4.3. Kontextuelle Einbettung der Beileidsäußerung ... 172
   - 4.4. Beileid außerhalb des kommunikativ-pragmatischen Feldes des KONDOLIERENS ... 173
   - 4.5. Nonverbales KONDOLIEREN ... 174
5. Reaktionen auf eine Beileidsbekundung ... 174

Informationshandlungen ... 177

IX. Zustimmung ... 179

1. Definition des Sprachhandlungsmusters ... 179
   - 1.1. Die ZUSTIMMUNG als reaktives Sprachhandlungsmuster ... 179
     - 1.1.1. Kommissiver Subtyp ... 179
     - 1.1.2. Assertiver Subtyp ... 179
     - 1.1.3. Deklarativer Subtyp ... 180
   - 1.2. Beschreibung des illokutiven Gehalts mithilfe von semantischen Primitiva ... 180
2. Struktur des Sprachhandlungsmusters ... 182
   - 2.1. Eingliedrige Äußerungen ... 183
   - 2.2. Explizit performative Äußerungen ... 183
   - 2.3. Implizit performative Äußerungen in Form von Aussagesätzen ... 185

3. Kommunikativ-pragmatische Faktoren 186
   3.1. Alter 186
   3.2. Distanz 186
   3.3. Kommunikationstyp 187
4. Ausdrucksformen des kommunikativ-pragmatischen Feldes 187
   4.1. Zentrale Realisierungsformen 187
   4.2. Periphere Realisierungsformen 189
      4.2.1. Stilistisch markierte Äußerungen 189
      4.2.2. Wertende, bestätigende und interrogative Äußerungen 190
      4.2.3. Äußerungen der unsicheren Zustimmung 190
5. Reaktionen auf eine ZUSTIMMUNG 191

X. Ablehnung 193

1. Definition des Sprachhandlungsmusters 193
   1.1. Die ABLEHNUNG als reaktives Sprachhandlungsmuster 193
      1.1.1. Zurückweisende ABLEHNUNG 193
      1.1.2. Ausschlagende ABLEHNUNG 194
   1.2. Beschreibung des illokutionären Gehalts mithilfe von
        semantischen Primitiva 194
2. Struktur des Sprachhandlungsmusters 196
   2.1. Explizit performative Äußerungen 197
   2.2. Implizit performative Äußerungen 199
   2.3. Eingliedrige Äußerungen 201
3. Kommunikativ-pragmatische Faktoren 201
4. Ausdrucksformen des kommunikativ-pragmatischen Feldes 203
   4.1. Zentrale Realisierungsformen 203
      4.1.1. Eingliedrige Äußerungen 203
      4.1.2. Negierte Äußerungen mit Modalverben 204
      4.1.3. Explizit performative Äußerungen 205
   4.2. Periphere Realisierungsformen 206
      4.2.1. Implizit performative Äußerungen ohne
             Modalisierung 206
      4.2.2. Stilistisch markierte Äußerungen 206
      4.2.3. Interrogative Äußerungen 207
      4.2.4. Äußerung der ausweichenden Ablehnung 207
5. Reaktionen auf eine ABLEHNUNG 208

XI. Wunsch ... 209

1. Definition des Sprachhandlungsmusters ... 209
2. Struktur des Sprachhandlungsmusters ... 212
   - 2.1. Das Sprachhandlungsverb ... 212
   - 2.2. Die Sprecherkonstituente ... 213
   - 2.3. Die Adressatenkonstituente ... 214
   - 2.4. Das Desideratum bzw. das Gewünschte ... 214
   - 2.5. Ellipse ... 215
3. Kommunikativ-pragmatische Faktoren ... 216
   - 3.1. Etikette im Deutschen und persönlich ausformulierte Wünsche im Russischen ... 216
   - 3.2. WUNSCH in der Nachfolge von GRATULATION oder VERABSCHIEDUNG ... 216
   - 3.3. Determinierende Faktoren des Sprachhandlungsmusters WUNSCH ... 217
4. Ausdrucksformen des kommunikativ-pragmatischen Feldes ... 219
   - 4.1. Finit-verbale Ausdrucksmittel ... 219
   - 4.2. Imperativische Ausdrucksmittel ... 219
   - 4.3. Intensivierende Modifizierungen ... 220
   - 4.4. Modale Modifizierungen ... 220
   - 4.5. Periphere Wunschformeln in anderer Bedeutung ... 221
     - 4.5.1. VERABSCHIEDUNG ... 221
     - 4.5.2. BEGRÜSSUNG ... 221
     - 4.5.3. KOMPLIMENT ... 222
5. Reaktionen auf einen WUNSCH ... 222

XII. Einladung ... 223

1. Definition des Sprachhandlungsmusters ... 223
   - 1.1. EINLADUNG unter den direktiven Sprechakten ... 223
   - 1.2. Beschreibung des illokutiven Gehalts mithilfe von semantischen Primitiva ... 225
2. Struktur des Sprachhandlungsmusters ... 226
   - 2.1. Explizit performatives Modell ... 227
   - 2.2. Implizit performatives Modell ... 228
   - 2.3. Modelle mit Imperativkonstruktionen ... 229
3. Kommunikativ-pragmatische Faktoren ... 229

4. Ausdrucksformen des kommunikativ-pragmatischen Feldes 231
   4.1. Zentrale Realisierungsformen 231
   4.2. Periphere Realisierungsformen 232
      4.2.1. Stilistisch markierte Synonyme der performativen
             Ausdrücke 232
      4.2.2. Indirekte Mittel der EINLADUNG 233
5. Reaktionen auf eine EINLADUNG 234

XIII. Versprechen 235

1. Definition des Sprachhandlungsmusters 235
   1.1. VERSPRECHEN unter den kommissiven Sprechakten 235
   1.2. Beschreibung des illokutiven Gehalts mithilfe von
        semantischen Primitiva 236

2. Struktur des Sprachhandlungsmusters 237
   2.1. Explizit performatives Modell 237
   2.2. Implizit performatives Modell 239

3. Kommunikativ-pragmatische Faktoren 240

4. Ausdrucksformen des kommunikativ-pragmatischen Feldes 242
   4.1. Zentrale Realisierungsformen 242
   4.2. Periphere Realisierungsformen 244
      4.2.1. Modifizierte und stilistisch markierte Synonyme der
             performativen Ausdrücke 244
      4.2.2. Indirekte Mittel des VERSPRECHENS 244

5. Reaktionen auf ein VERSPRECHEN 245

XIV. Erlaubnis 247

1. Definition des Sprachhandlungsmusters 247
   1.1. ERLAUBNIS in den Sprechaktklassifikationen 247
   1.2. Beschreibung des illokutiven Gehalts mithilfe von
        semantischen Primitiva 249

2. Struktur des Sprachhandlungsmusters 251

3. Kommunikativ-pragmatische Faktoren 253

4. Ausdrucksformen des kommunikativ-pragmatischen Feldes 254
   4.1. Das Mikrofeld der BILLIGENDEN ERLAUBNIS 254
      4.1.1. Zentrale Realisierungsformen 254
      4.1.2. Periphere Realisierungsformen 257

  4.2. Das Mikrofeld der NORMIERENDEN ERLAUBNIS 258
    4.2.1. Zentrale Realisierungsformen 258
    4.2.2. Periphere Realisierungsformen 258
 5. Reaktionen auf eine ERLAUBNIS 259

XV. Vorwurf 261

 1. Definition des Sprachhandlungsmusters 261
 2. Struktur des Sprachhandlungsmusters 263
  2.1. Propositional-semantische Struktur 263
    2.1.1. Sprecher 264
    2.1.2. Adressat 264
    2.1.3. Anlass 264
  2.2. Konstruktiv-syntaktische Struktur 265
  2.3. Diskursstruktur 266
  2.4. Performative Strukturen 266
 3. Kommunikativ-pragmatische Faktoren 268
  3.1. Zwischenmenschliche Distanz 268
  3.2. Sozialer Status 269
  3.3. Öffentlichkeitsgrad 270
 4. Ausdrucksformen des kommunikativ-pragmatischen Feldes 270
  4.1. Zentrale Strukturtypen des Sprachhandlungsmusters
    VORWURF 270
  4.2. Der VORWURF und ähnliche negativ wertende
    Sprachhandlungsmuster 272
    4.2.1. VORWURF und KRITIK 272
    4.2.2. VORWURF und RÜGE 272
    4.2.3. VORWURF und ANKLAGE 273
    4.2.4. VORWURF und BESCHWERDE 273
 5. Reaktionen auf einen VORWURF 273
  5.1. SICH-RECHTFERTIGEN 274
  5.2. SICH-ENTSCHULDIGEN 274
  5.3. ABSTREITEN 274

XVI. Beleidigung 277

 1. Definition des Sprachhandlungsmusters 277
 2. Struktur des Sprachhandlungsmusters 280

    2.1. Propositional-semantische Struktur 280
        2.1.1. Sprecher 280
        2.1.2. Adressat 281
        2.1.3. Anlass 281
    2.2. Konstruktiv-syntaktische Struktur 281
    2.3. Gebrauch der Sprechaktverben 282
    2.4. Lexikalische Ausdrucksmittel 282
  3. Kommunikativ-pragmatische Faktoren 282
  4. Ausdrucksformen des kommunikativ-pragmatischen Feldes 284
    4.1. Zentrale und periphere Strukturtypen des
        kommunikativ-pragmatischen Feldes 284
    4.2. Die BELEIDIGUNG und ähnliche negativ wertende
        Sprachhandlungsmuster 285
        4.2.1. BELEIDIGUNG und BESCHIMPFUNG 286
        4.2.2. BELEIDIGUNG und KRÄNKUNG 286
        4.2.3. BELEIDIGUNG und VORWURF 287
        4.2.4. BELEIDIGUNG und FLUCH 287
  5. Reaktionen auf eine BELEIDIGUNG 287

Aufforderungshandlungen 289

XVII. Bitte 291

  1. Definition des Sprachhandlungsmusters 291
  2. Struktur des Sprachhandlungsmusters 294
    2.1. Modelle mit Imperativkonstruktionen 295
    2.2. Explizit performative Modelle mit und ohne Modalisierung .. 295
    2.3. Implizit performative Modelle in Form von
        Fragekonstruktionen 297
  3. Kommunikativ-pragmatische Faktoren 298
  4. Ausdrucksformen des kommunikativ-pragmatischen Feldes 301
    4.1. Zentrale Realisierungsformen 301
        4.1.1. Abschwächende Modifikatoren 304
        4.1.2. Intensivierende Modifikatoren 306
    4.2. Periphere Realisierungsformen 307
        4.2.1. Fragen nach dem Handlungsvollzug in der Zukunft 307
        4.2.2. Fragen nach den Wünschen und Plänen des
        Adressaten 308

  4.2.3. Fragen nach einem Gegenstand 308
  4.2.4. Konjunktivische Wunschsätze 308
  4.2.5. Assertive Äußerungen 308
  4.2.6. Elliptische Nominalkonstruktionen 309
 5. Reaktionen auf eine BITTE 309
  5.1. Annahme der BITTE 309
  5.2. Zurückweisung der BITTE 309
  5.3. Ausweichende Reaktionen 310

XVIII. Ratschlag 311

 1. Definition des Sprachhandlungsmusters 311
 2. Struktur des Sprachhandlungsmusters 314
  2.1. Modelle mit Imperativkonstruktionen 314
  2.2. Explizit performative Modelle mit und ohne Modalisierung ... 314
  2.3. Implizit performative Modelle, vorwiegend mit
    Modalisierung 317
 3. Kommunikativ-pragmatische Faktoren 317
  3.1. Der initiative RATSCHLAG 318
  3.2. Der reaktive RATSCHLAG 319
 4. Ausdrucksformen des kommunikativ-pragmatischen Feldes 320
  4.1. Zentrale Realisierungsformen 320
  4.2. Nicht zentrale und periphere Realisierungsformen 323
    4.2.1. Wertende Äußerungen 323
    4.2.2. Vergleichende Äußerungen 324
    4.2.3. Interrogative Äußerungen 324
 5. Reaktionen auf einen RATSCHLAG 324
  5.1. Akzeptanz des RATSCHLAGS 324
  5.2. Ablehnung des RATSCHLAGS 325
  5.3. Zweifel an der Zweckmäßigkeit des RATSCHLAGS 325

XIX. Vorschlag 327

 1. Definition des Sprachhandlungsmusters 327
  1.1. Der VORSCHLAG in den Sprechaktklassifikationen 327
  1.2. Beschreibung des illokutionären Gehalts mithilfe von
    semantischen Primitiva 329
 2. Struktur des Sprachhandlungsmusters 330

    2.1. Explizit performatives Modell 331
    2.2. Modelle mit imperativischen Formen 332
    2.3. Implizit performatives Modell in Form eines Aussagesatzes 333
    2.4. Implizit performatives Modell in Form eines Fragesatzes 334
3. Kommunikativ-pragmatische Faktoren 334
4. Ausdrucksformen des kommunikativ-pragmatischen Feldes 336
    4.1. Zentrale Realisierungsformen 336
    4.2. Periphere Realisierungsformen 337
        4.2.1. Interrogative Äußerungen 337
        4.2.2. Wertende Äußerungen 338
5. Reaktionen auf einen VORSCHLAG 338
    5.1. Akzeptanz des VORSCHLAGS 338
    5.2. Ablehnung des VORSCHLAGS 339
    5.3. Zweifel an der Zweckmäßigkeit des VORSCHLAGS 340

XX. Warnung 341

1. Definition des Sprachhandlungsmusters 341
2. Struktur des Sprachhandlungsmusters 344
    2.1. Imperativsätze 344
    2.2. Negierte Modalkonstruktionen 345
    2.3. Negierte selbstständige Kompletivsätze 345
3. Kommunikativ-pragmatische Faktoren 345
4. Ausdrucksformen des kommunikativ-pragmatischen Feldes 346
    4.1. Zentrale Realisierungen 346
        4.1.1. Negierte Imperativsätze 346
        4.1.2. Assertive Aufforderungssätze 347
        4.1.3. Explizit performative WARNUNGEN 347
        4.1.4. Lexikalische Spezifika in den zentralen Realisierungen 348
    4.2. Periphere Realisierungen 349
        4.2.1. Negierte Modalkonstruktionen 349
        4.2.2. Negierte selbstständige Kompletivsätze 349
        4.2.3. Überschneidungen mit DROHUNG, RATSCHLAG und VERBOT 350
5. Reaktionen auf eine WARNUNG 350

XXI. Drohung 353

1. Definition des Sprachhandlungsmusters 353
2. Struktur des Sprachhandlungsmusters 356
   - 2.1. Konditionale Satzgefüge 358
   - 2.2. Adversative Satzverbindungen 358
   - 2.3. Disjunktive Satzverbindungen 358
   - 2.4. Asyndetisch zusammengesetzte Sätze 358
   - 2.5. Elliptische Konstruktionen 359
3. Kommunikativ-pragmatische Faktoren 359
   - 3.1. Beziehungsfaktoren 359
   - 3.2. Sanktionsfaktoren 360
     - 3.2.1. Sanktionen durch Schädigung des Adressaten 360
     - 3.2.2. Sanktionen durch Entzug 361
4. Ausdrucksformen des kommunikativ-pragmatischen Feldes 361
   - 4.1. Zentrale Realisierungen 361
     - 4.1.1. Lexikalische Spezifika 362
     - 4.1.2. Morphologische Spezifika 363
     - 4.1.3. Syntaktische Spezifika 363
   - 4.2. Periphere Realisierungen 363
     - 4.2.1. Elliptische DROHUNGEN 364
     - 4.2.2. Überschneidungen mit WARNUNG, RATSCHLAG und VERSPRECHEN 365
     - 4.2.3. DROHUNGEN mit etwas quasi Angenehmem 365
5. Reaktionen auf eine DROHUNG 366
   - 5.1. Erfolgreiche DROHUNGEN 366
     - 5.1.1. Einverständnis 366
     - 5.1.2. Einverständnis und Entschuldigung 367
     - 5.1.3. Einverständnis und Beruhigung 367
     - 5.1.4. Einverständnis und Ablenkung 367
   - 5.2. Nicht erfolgreiche DROHUNGEN 367
     - 5.2.1. Ablehnung 367
     - 5.2.2. Zurückweisung und Signalisierung von Zweifeln 368
     - 5.2.3. Zurückweisung und Signalisierung von Furchtlosigkeit 368
     - 5.2.4. Zurückweisung und Antwortdrohung 368

XXII. Verbot 369

1. Definition des Sprachhandlungsmusters 369
   1.1. VERBOT in den Sprechaktklassifikationen 369
   1.2. Beschreibung des illokutionären Gehalts mithilfe von semantischen Primitiva 371

2. Struktur des Sprachhandlungsmusters 373

3. Kommunikativ-pragmatische Faktoren 376
   3.1. Sozialer Status 376
   3.2. Alter 376

4. Ausdrucksformen des kommunikativ-pragmatischen Feldes 377
   4.1. Das Mikrofeld des UNTERSAGENDEN VERBOTS 377
      4.1.1. Zentrale Realisierungsformen 377
      4.1.2. Periphere Realisierungsformen 379
   4.2. Das Mikrofeld des NORMIERENDEN VERBOTS 380
      4.2.1. Zentrale Realisierungsformen 380
      4.2.2. Periphere Realisierungsformen 381

5. Reaktionen auf ein VERBOT 382

Literaturverzeichnis 383

A. Fachliteratur 383

B. Quellenverzeichnis 401

Vorwort

Die vorliegende Monographie widmet sich zwei wesentlichen Fragestellungen der gegenwärtigen Linguistik, zum einen der Analyse von Sprachhandlungsmustern wie BITTE, ENTSCHULDIGUNG, VORSTELLUNG oder KOMPLIMENT, und zum anderen der Spezifik des Funktionierens dieser Redeeinheiten im Russischen und im Deutschen. Damit stehen zwei vieldiskutierte sprachwissenschaftliche und auch für den praktischen interkulturellen Diskurs relevante Probleme im Mittelpunkt der Erörterung: die Strategien des Sprechers in der Kommunikation und die Besonderheiten des Sprachverhaltens in zwei verschiedenen Kommunikationsgemeinschaften. Neu ist die Zielsetzung, nicht nur wie bisher in der einschlägigen Fachliteratur ausgewählte Einzelerscheinungen zu analysieren, sondern eine systematische, relativ umfassende kontrastive Darstellung pragmatischer Phänomene auf einer einheitlichen theoretisch-methodologischen Basis zu bieten.

Dieser Ausgangspunkt bedingt die Struktur des Buches. Das einleitende Kapitel erläutert die linguistischen Prämissen der Analyse und die daraus resultierenden Grundlagen für die dann folgende systematische kontrastive Deskription von insgesamt 22 Sprachhandlungsmustern im Russischen und Deutschen. Dabei ist jedes Einzelkapitel nach einer gemeinsamen Grundstruktur aufgebaut. Mit dieser Strukturierung der Untersuchung soll ein weiter Kreis von Nutzern angesprochen werden: sowohl Linguisten, die sich für neue theoretische Ansätze in der pragmatischen Forschung und im synchronen Sprachvergleich sowie deren Applikation auf konkretes sprachliches Material interessieren, als auch Sprachlehrer, Übersetzer, Dolmetscher, Studierende und in der interkulturellen Kommunikation Tätige, die sich über das Funktionieren von Sprachhandlungsmustern im Sprachverhalten von Russen und Deutschen informieren wollen.

Dem systematischen Aufbau der einzelnen Kapitel zu den Sprachhandlungsmustern liegen zwei theoretische Prämissen zugrunde: die Idee der natürlichen semantischen Metasprache als objektiviertes Mittel der pragmatischen Deskription und der Feldgedanke hinsichtlich der Strukturierung der kommunikativpragmatischen Ausdrucksmittel. So wird, erstens, eine Definition des jeweiligen Sprachhandlungsmusters vorgestellt, die auf den metasprachlichen semantischen Primitiva basiert. Es folgen, zweitens, eine Deskription der möglichen Struktur des Sprachhandlungsmusters und, drittens, ein Aufzeigen der Faktoren, die deren Funktionieren in der Kommunikation bedingen. Grundlage der Zusammenstellung der Ausdrucksformen ist, viertens, das kommunikativ-pragmatische Feld mit seiner Zentrum-Peripherie-Struktur. Die Einbettung des Untersuchungsgegenstandes in den Dialog zwischen dem jeweiligen Sprachhandlungsmuster und der darauf folgenden Reaktion reflektiert, fünftens, den Diskurscharakter der pragmatischen Einheiten.

Das relativ weite Spektrum von 22 Sprachhandlungsmustern bedeutet nicht, dass hier eine Gesamtdarstellung pragmatischer Einheiten angestrebt wurde. Die vorgestellten Analysen sind eine Auswahl von Sprachhandlungsmustern, die u. a. durch ihre Frequenz und ihre sprachliche Spezifik bedingt ist. Ihre Gliederung in Etiketten-, Informations- und Aufforderungshandlungen ist als einfaches Ordnungsprinzip, nicht als Beitrag zur Diskussion über die Klassifizierung von Sprachhandlungsmustern zu verstehen.

Die der Untersuchung zugrunde liegenden Belege stammen größtenteils aus den nationalen Korpora des Russischen und Deutschen (siehe Literaturverzeichnis) und widerspiegeln parallele Sprachverhaltenssituationen in beiden Kommunikationsgemeinschaften. Sie sollen sowohl Unterschiede als auch gegebenenfalls Gemeinsamkeiten in der Struktur und pragmatischen Bedeutung der Sprachhandlungsmuster beider Sprachen verdeutlichen. Die Beispiele aus den Korpora wurden teilweise vereinfacht oder gekürzt zitiert. Die Autorenschaft von Zitaten aus der Belletristik wurde in der Regel nicht angeführt.

Die Konzeption und Realisierung dieses Buches wurde von beiden Autoren gemeinsam erarbeitet. Von E. Kotorova stammen die Vorlagen für die Kapitel Dank, Entschuldigung, Zustimmung, Ablehnung, Einladung, Versprechen, Erlaubnis, Bitte, Ratschlag, Vorschlag und Verbot, von W. Gladrow die für die Kapitel Begrüssung, Verabschiedung, Gratulation, Vorstellung, Kompliment, Kondolieren, Wunsch, Vorwurf, Beleidigung, Warnung und Drohung.

Die Autoren danken sehr herzlich Dr. Sonja Heyl und Dr. Andrey Nefedov für die sorgfältige Durchsicht des Manuskripts und die Hilfe bei der Realisierung des Layouts. Der Alexander von Humboldt-Stiftung gilt unser Dank für die Unterstützung bei der Publikation der vorliegenden Monographie sowie die Förderung des Gemeinschaftsprojekts durch die Forschungsaufenthalte von E. Kotorova am Institut für Slawistik der Humboldt-Universität zu Berlin.

Berlin, im Oktober 2017   Wolfgang Gladrow und Elizaveta Kotorova

Analyse des interkulturellen Sprachverhaltens: Grundbegriffe und Methodologie[1]

1. Sprachhandlungsmuster als Basiseinheit für die kommunikativ-pragmatische Analyse

Kennzeichnend für aktuelle Sprachstudien ist ein ausgeprägtes Interesse für die Analyse des mündlichen und schriftlichen Diskurses sowie für die Möglichkeiten und Gesetzmäßigkeiten des Sprachmittelgebrauchs in der einzelsprachlichen und interkulturellen Kommunikation. Dieser Ansatz erfordert notwendigerweise, die Grundeinheiten der kommunikativen Sphäre, die als Grundlage für die Analyse des verbalen Verhaltens von Individuen und kommunikativen Gemeinschaften dienen können, zu bestimmen und zu definieren.

Als kleinste Einheit der verbalen Kommunikation wird eine Äußerung angesehen, die – im Gegensatz zum Satz als Einheit der Sprache – eng mit der Sprechsituation, dem Hintergrundwissen des Sprechers, seinem Ziel und seinen Einstellungen verbunden ist (vgl. Searle 1969: 18; Savigny von 1983: 423; Lyons 1995: 36–40; Bachtin 1996: 159; May 2001: 199; Gladrow 2001: 28–29, etc.). Der Begriff der Äußerung wurde nicht selten, vor allem in den frühen Phasen der Entwicklung der Pragmalinguistik, mit dem Begriff des Sprechaktes in Verbindung gebracht und manchmal sogar damit identifiziert: „Universum mowy nie składa się z wyrazów ani zdań: składa się z wypowiedzi (aktów mowy)."[2] (Wierzbicka 1983: 125). In dieser Auslegung des Terminus versteht man unter dem Sprechakt eine bestimmte kommunikative Handlung, die die Zielsetzung des Sprechers realisiert. J. Searle weist darauf hin, dass er unter Sprechakten vor allem illokutive Akte versteht: "[T]he production of the sentence token under certain conditions is the illocutionary act, and the illocutionary act is the minimal unit of linguistic communication" (Searle 1965: 222). Im Laufe der Entwicklung der Sprechakttheorie wird jedoch klar, dass die gleiche Illokution auf unterschiedliche Weise ausgedrückt werden kann, weswegen dem Begriff des Sprechaktes eine breitere Bedeutung zugeordnet wird, und zwar die einer Reihe von Äußerungen, die

---

1   Das vorliegende Kapitel basiert im Wesentlichen auf dem in der „Zeitschrift für Slawistik" veröffentlichten Beitrag Gladrow/Kotorova 2017.
2   „Das Universum der Rede wird weder mit Worten noch mit Sätzen gebildet, es setzt sich aus Äußerungen (Sprechakten) zusammen." (Hier und im Weiteren ist die Übersetzung der Zitate von den Autoren der Monographie ausgeführt.)

ein und denselben kommunikativen Zweck realisieren. Somit ist der Terminus Sprechakt irreführend geworden (vgl. Lyons 1995: 235), weil dessen Inhalt jetzt im Grunde genommen nicht mehr den Akt, nicht allein den Prozess der Produktion von Äußerungen, sondern deren funktionale Verallgemeinerung bezeichnet. Dieser Trend spiegelt sich darin, dass in vielen späteren Arbeiten statt des Terminus Sprechakt (*speech act*) der Ausdruck „ein Bündel von Sprechakten" (*speech act set*) verwendet wird (s. z. B. Olshtain/Cohen 1983; Murphy/Neu 1996 u. a.).

Die Frage nach der Bestimmung der Grundeinheit der sprachlichen Kommunikation wurde auch von weiteren Autoren im Rahmen anderer Theorien gestellt. In Russland entstand nahezu parallel zur Theorie der Sprechakte von J. Austin und J. Searle die Theorie der Kommunikationsgenres von M. M. Bachtin, die bisher wenig in der internationalen Linguistik bekannt ist (Dönninghaus 2001: 69). Auch der Begriff des Kommunikationsgenres basiert auf der Äußerung als minimaler Kommunikationseinheit, kann aber nicht darauf reduziert werden. Das Kommunikationsgenre wird auch als ein verallgemeinernder Typ verstanden:

> Каждое отдельное высказывание, конечно, индивидуально, но каждая сфера использования языка вырабатывает свои относительно устойчивые типы таких высказываний, которые мы и называем речевыми жанрами. (Bachtin 1996: 159)

A. Wierzbicka hatte in ihren frühen Arbeiten den Terminus Sprechakt in Anlehnung an Bachtins Arbeiten ebenfalls ziemlich weit verstanden:

> Ale z punktu widzenia funkcjonalnego ‚akty mowy' to jest oczywiście nie tylko krótkie, jednozdaniowe formy – takie jak pytania, rozkazy czy rytualny formy grzecznościowe, ale także formy średnie, większe i całkiem duże – takie jak manifest, podanie, kazanie, przemówienie, rozmowa, dyskusja, kłótnia a także traktat, biografia, kronika, pamiętnik itd.[3] (Wierzbicka 1983: 126)

In dieser Interpretation kann der Begriff des Sprechaktes mit dem Begriff des Sprachspiels von Wittgenstein (2001) oder auch der kommunikativen Gattung (Luckmann 1986; Günthner 2000; Schmidt 2000), der Kommunikationsform (Saxer 1999; Dürscheid 2005), der Diskursart (Ehlich/Rehbein 1986) usw. verglichen werden. In ihren späteren Untersuchungen aber kehrt Wierzbicka zur ursprünglichen Bedeutung des Terminus Sprechakt zurück und konzentriert sich vor allem auf die Kommunikationsformen, die mithilfe von Sprachhand-

---

3 Aber vom funktionalen Standpunkt aus sind ‚Sprechakte' natürlich nicht nur kurze Einzeläußerungen – solche wie Fragen, Befehle oder rituelle Höflichkeitsformen, sondern auch mittlere, größere und ganz große Formen – solche wie Manifest, Antrag, Predigt, Rede, Gespräch, Diskussion, Streit, aber auch Traktat, Biographie, Chronik, Memoiren usw.

lungsverben realisiert werden (vgl. Wierzbicka 1985, 1987, 2012). Ihr Ziel ist dabei, die illokutive Bedeutung dieser Sprachhandlungen zu definieren. Auch in der vorliegenden Monographie werden ausschließlich Äußerungen in Betracht genommen, die ein bestimmtes illokutives Ziel verfolgen und somit einen performativen Charakter haben.

Das Problem der Korrelation der Begriffe Sprechakt und Kommunikationsgenre wurde ausführlich in der russischen linguistischen Literatur diskutiert (vgl. z. B. Kožina 1999; Dement'ev 2010; Komleva 2011 u. a.); daher werden hier nicht alle Ähnlichkeiten und Unterschiede in der Semantik dieser Termini im Detail besprochen, es soll nur Folgendes hervorgehoben werden. Wie im Fall von Sprechakt ist auch der Begriff des Kommunikationsgenres ambigue und vage (s. Dement'ev 2010: 11). Auf diesen Umstand hat selbst Bachtin hingewiesen, der die extreme Heterogenität der Kommunikationsgenres betont hat, wozu er verschiedene Äußerungen und Diskursarten zählt:

[И] короткие реплики бытового диалога, [...] и короткую стандартную военную команду, и развернутый и детализованный приказ, и довольно пестрый репертуар деловых документов, [...] и многообразные формы научных выступлений и все литературные жанры (от поговорки до многотомного романа). (Bachtin 1996: 159–160)

Es ist wichtig zu betonen, dass sich weder die Theorie der Sprechakte, noch die Theorie der Kommunikationsgenres in ihren klassischen Versionen die Aufgabe gestellt haben, die Funktionsweise der von ihnen vorgeschlagenen Basiseinheiten auf der Grundlage unterschiedlicher Sprachen zu untersuchen. Austin und Searle haben ihre Theorie ausschließlich am Material der englischen Sprache entwickelt und Bachtin – am Material der russischen Sprache. Ihre Nachfolger haben versucht, die von ihnen vorgeschlagenen Modelle als Basis für die kontrastive Analyse der Realisierungsformen in verschiedenen Sprachenpaaren zu verwenden (s. z. B. Rose 1992; Eslamirasekh 1992; Félix-Brasdefer 2009; Šelovskich 1995; Dubrovskaja 2003; Fenina 2005; Gaševa 2007). Die Vergleichsstudien waren zwar im Großen und Ganzen fruchtbar, sie machten aber auch deutlich, dass jedes Modell eine bestimmte Präzisierung und Adaptation an die kontrastive Fragestellung erfordert.

Es ist deshalb fast folgerichtig, dass zeitgleich auch Arbeiten erschienen, in denen bewusst Modelle für eine vollständige, systematische und allseitig vergleichende Beschreibung des kommunikativen Verhaltens in zwei oder mehr soziokulturellen Gemeinschaften erarbeitet wurden. Darauf soll hier kurz eingegangen werden.

Vergleichsstudien zu Kommunikation und Kommunikationseinheiten entwickelten sich zuerst als Teil von Untersuchungen zum Prozess des Zweitsprachenerwerbs. Diese Richtung konzentriert sich auf Probleme, die beim Sprecher einer fremden Sprache entstehen, beschreibt die wichtigsten Kommunikationsfehler und erklärt deren Ursachen. Daten für den Vergleich stammen dabei aus der Muttersprache und der sogenannten Interimssprache (Interlanguage) (s. Kasper 1981: 13), dem Sprachsystem, das vom Lernenden auf seinem Weg, die Zielsprache (Nicht-Muttersprache) zu erwerben, entwickelt wird (Trosborg 1995: 53). In den letzten drei, vier Jahrzehnten hat sich die Interlanguage-Pragmatik intensiv entwickelt, wobei eine beträchtliche Anzahl von Sprachen verglichen wurde. Der wichtigste Beitrag zur Entwicklung dieses Trends wurde vom Projekt "Requests and Apologies: A Cross-Cultural Study of Speech Act Realization Patterns" (CC-SARP) geleistet. Das Ziel des Projektes war, eine Datenbank von Realisierungen bestimmter Sprachhandlungsmustern zu etablieren. Das betraf vor allem die Sprechakte BITTE und ENTSCHULDIGUNG auf der Basis von (zunächst) acht verschiedenen Sprachen oder Sprachvarianten (australisches Englisch, amerikanisches Englisch, britisches Englisch, kanadisches Französisch, Dänisch, Deutsch, Hebräisch, Russisch), um die unterschiedlichen Kommunikationsstrategien in diesen Sprachen zu analysieren und Bereiche der pragmatischen Fehlanpassungen zu lokalisieren (Blum-Kulka/Olshtain 1984: 197). Die wichtigsten Ergebnisse der Forschungstätigkeit der Projektgruppe wurden 1981 veröffentlicht (Blum-Kulka et al. 1989). Im Rahmen des Projektes wurde eine bestimmte Methodologie für die Datenerhebung und Datenanalyse entwickelt. Diese Methodologie wurde dann vor allem in weiteren vergleichenden Untersuchungen anhand des Materials anderer Sprachen (u. a. Französisch, Spanisch, Persisch, Koreanisch, Japanisch) angewandt.

In der deutschsprachigen Fachliteratur hat die Konzeption der sprachlichen Handlungsmuster von K. Ehlich und J. Rehbein große Resonanz gefunden (Ehlich/Rehbein 1979, 1986; Bührig 2005). Unter einem sprachlichen Handlungsmuster verstehen die Autoren ein „spezifisches Ensemble von Tätigkeiten und Tätigkeitsabfolgen" (Ehlich/Rehbein 1986: 137) und definieren ihr Modell wie folgt: „Sprachhandlungsmuster oder Sprechhandlungsmuster sind Formen von standardisierten Handlungsmöglichkeiten, die im konkreten Handeln aktualisiert und realisiert werden" (Ehlich/Rehbein 1979: 250). Die Autoren betonen, dass die Sprachaktivität nicht von anderen Formen der sozialen Praktiken isoliert, sondern funktionell in sie integriert ist. Die Hauptkomponenten der sprachlichen Handlungsmuster sind mentale, aktionale und interaktionale Aktivitäten, die Pragmeme genannt werden. Das Modell hat eine Tiefenstruktur, die die Kombination von Pragmemen und die Abfolge von Aktionen innerhalb des Modells bestimmt, die Organisationsstruktur des Modells hängt vom Zweck des Modells ab (Ehlich/Rehbein 1979: 252, 273). Einzelne Sprachhandlungen als Vertreter der Oberflächenstruktur werden durch die Struktur eines konkreten Modells und durch die Beziehungen zwischen den Modellen bestimmt.

Das Modell von Ehlich und Rehbein wurde ursprünglich zur Beschreibung des monolingualen Sprachverhaltens in verschiedenen Institutionen (Schulen, Krankenhäusern etc.) erstellt, kann aber auch erfolgreich in kontrastiven Studien verwendet werden (vgl. Rehbein 1985; House/Rehbein 2004; Bührig 2005: 145, 148).

Derzeit ist die vergleichende Analyse des kommunikativen Verhaltens von Vertretern verschiedener Kulturen und Sprachen sehr aktuell im Rahmen der pragmalinguistischen Analyse. In diesem Zusammenhang wird die Erstellung eines speziellen Algorithmus für diese Forschungsrichtung, die mehr oder weniger konsistente Ergebnisse gewährleisten kann, immer dringlicher.

In der vorliegenden Monographie wird ein derartiger Algorithmus vorgeschlagen und zur Diskussion gestellt (vgl. auch Gladrov/Kotorova 2015; Gladrow/Kotorova 2017). Ihm liegt die Beschreibung einer typisierten Kommunikationseinheit und ihrer Realisierungsmöglichkeiten in der zwischenmenschlichen Kommunikation im Russischen und Deutschen zugrunde.

Unter Berücksichtigung der oben angeführten Analyse von Kommunikationselementen und Modellen, die von verschiedenen Autoren vorgelegt worden sind, ergibt sich der Vorschlag, die Einheit, die dem abstrahierten kommunikativen Handeln zugrunde liegt, als Sprachhandlungsmuster (SHM) zu definieren. Nach dieser Konzeption beinhaltet jedes Sprachhandlungsmuster ein Bündel von verbalen (und/oder nonverbalen) Handlungen und bezieht sich auf Alltagssituationen der zwischenmenschlichen Kommunikation, die auf einen relativ kleinen Zeitraum begrenzt sind. Somit ist der hier verwendete Begriff des Sprachhandlungsmusters enger als der Begriff des Kommunikationsgenres, er steht dem Konzept des Sets von Sprechakten nahe, das in den Arbeiten der von Austin und Searle begründeten Richtung verwendet wurde, besitzt aber im Unterschied zu diesen Modellen eine bestimmte Struktur, die nachstehend beschrieben wird. Beim Vergleich mit dem Begriff des sprachlichen Handlungsmusters von Ehlich und Rehbein ist zu beachten, dass unser Modell in erster Linie nicht für die Analyse verschiedener Arten des einsprachigen Diskurses bestimmt ist, sondern als Grundlage (Tertium Comparationis) für kontrastive Untersuchungen des kommunikativen Verhaltens von Vertretern verschiedener sprachkultureller Gemeinschaften gedacht ist. Das kommt auch in der Beschreibung des Modells zum

Ausdruck. Es geht also darum, für Sprachhandlungen wie VERSPRECHEN, BITTE, DROHUNG usw. übereinzelsprachliche Muster als inhaltliche Basis für ihren Vergleich zu formulieren. Das geschieht mithilfe der von Wierzbicka vorgeschlagenen natürlichen semantischen Metasprache (Wierzbicka 1972) auf der Basis der semantischen Primitiva.

Das Sprachhandlungsmuster wird durch eine Reihe von Elementaräußerungen konstituiert, die durch einen gemeinsamen illokutiven Zweck vereint sind. Die in einem bestimmten Sprachhandlungsmuster enthaltenen Äußerungen sind nach dem Feldprinzip organisiert. In der Struktur des Feldes werden das prototypische Zentrum und die graduell abgestufte Peripherie unterschieden, die sich von den entfernt zentralen bis zu den marginalen Ausdrücken erstreckt.

In jeder Sprechsituation wählt der Sprecher aus dem Bestand des entsprechenden kommunikativ-pragmatischen Feldes die passende Äußerung. Seine Wahl wird von dem illokutiven Ziel, den kommunikativ-pragmatischen Faktoren und den formalen Strukturen, die zu diesen Sprachhandlungsmustern gehören, bestimmt.

2. Wesentliche Faktoren und Komponenten der kontrastiven Analyse der Sprachhandlungsmuster

2.1. Das illokutive Ziel der Äußerung: Möglichkeiten der Deskription und Definition

Der organisierende Faktor des Sprachhandlungsmusters ist seine Illokution. Die jeweilige Äußerung kann einem bestimmten Modell ausschließlich aufgrund des Ziels zugeschrieben werden, das der Sprecher bei der Produktion dieser Äußerung verfolgt. Ein wichtiges Problem ist dabei die Notwendigkeit der semantischen Explikation der jeweiligen Zielsetzung, d. h., es ist notwendig zu definieren, was unter der Illokution eines VERSPRECHENS, einer BITTE, einer DROHUNG usw. gemeint ist. Derartige Definitionen sollten in höchstem Maße übereinzelsprachlich und kulturell unabhängig sein. Außerdem müssen sie möglichst konsistent in Bezug auf unterschiedliche Sprachhandlungsmuster formuliert werden (s. Gladrov 1994: 22; Kotorova 2008: 117–118, 2013a: 63). Als eine mögliche theoretische Grundlage für die Beschreibung der pragmatischen Invariante des Sprachhandlungsmusters kann die Theorie der natürlichen semantischen Metasprache von Wierzbicka dienen.

Die Theorie der semantischen Primitiva hat Wierzbicka bereits mehrfach bei der Beschreibung und beim Vergleich von Sprechakten und Kommunikationsgenres angewendet und getestet (s. z. B. Wierzbicka 1972, 1983, 1985 u. a.). Sie hat dabei eine Reihe von Definitionen, zum Beispiel für BITTE, WARNUNG, RAT-SCHLAG u. a., formuliert. Allerdings hat sie keinen einheitlichen Katalog von Definitionen für verschiedene Sprechakte und/oder Kommunikationsgenres (in der Terminologie der Autorin) erstellt. Eine wichtige Publikation ist in diesem Zusammenhang ihr Wörterbuch der englischen Sprachhandlungsverben (Wierzbicka 1987). Darin werden jedoch keine universellen Konzepte vorgestellt, sondern ausgewählte Verben der englischen Sprache analysiert. Es muss aber beachtet werden, dass für die Realisierung des gleichen Sprachhandlungsmusters in verschiedenen Sprachen unterschiedliche Gruppen von Verben mit gewissen Differenzen in der semantischen Explikation verwendet werden können, vgl. dt. *vorschlagen* – engl. *suggest/propose*. Es soll auch erwähnt werden, dass die russischen Sprachhandlungsverben mithilfe einer ähnlichen Methode von M. Ja. Glovinskaja (1993) beschrieben worden sind.

Neben der Theorie der semantischen Primitiva gibt es bekanntlich auch andere Konzepte einer kulturell neutralen Metasprache, die dazu verwendet werden könnten, universell semantische Definitionen zu formulieren. Zu den bekanntesten können die Metasprache der Moskauer semantischen Schule (Apresjan 1974, 1980, 1994) und die logische Sprache von A. Bogusławski (1966, 1970) gezählt werden. Allerdings stellt die natürliche semantische Metasprache, unserer Meinung nach, gegenwärtig die vollständigste und theoretisch optimalste Konzeption dar. Deshalb schlagen wir vor, bei der Entwicklung von Definitionen der Sprachhandlungsmuster die Theorie der semantischen Primitiva von Wierzbicka zugrunde zu legen. Im Rahmen dieser Theorie wurden neben einer Liste konzeptueller Primitiva auch Regeln erstellt, nach denen diese Elementareinheiten kombiniert werden müssen, um eine bestimmte Bedeutung zum Ausdruck zu bringen. Auf diese Weise entstanden Listen von kanonischen Kontexten oder Sätzen. In der Regel werden sie als Formel gestaltet, in der jeweils das Subjekt als Pronomen in der 1. Pers. Sg. erscheint und das Prädikat im Präsens mit bzw. ohne Modalisierung, z. B. *Ich glaube, dass du es tun kannst; Ich sage: ich will, dass du das tust* usw.

In diesem Sinne muss also für jedes Sprachhandlungsmuster eine Definition seines jeweiligen illokutiven Ziels auf der Basis der Liste der semantischen Primitiva und entsprechend den Regeln für die Bildung von kanonischen Sätzen formuliert werden.

Die Autoren, die in ihren Untersuchungen die Theorie der semantischen Metasprache angewandt haben, gehen nicht ohne Grund davon aus, dass es bei der Charakterisierung von Sprachhandlungsmustern sehr schwierig ist, kulturelle Besonderheiten zu nivellieren. Einerseits ist die Idee jedes Sprachhandlungsmusters in gewissem Maße kulturbedingt, was Wierzbicka durch den Vergleich des Sprachhandlungsmusters ENTSCHULDIGUNG im Japanischen und in den europäischen Sprachen anschaulich gemacht hat (s. Vežbickaja 1999: 655–662). Andererseits spiegelt die Bündelung von semantischen Primitiva naturgemäß zu einem gewissen Grad die Besonderheiten der jeweiligen natürlichen Sprache, die sie vertritt, wider (vgl. Gladkova 2010: 34). Trotzdem muss bei der kontrastiven Untersuchung von Sprachhandlungsmustern in zwei oder mehreren Sprachen eine möglichst universelle Definition des illokutiven Ziels angestrebt werden.

2.2. Kommunikativ-pragmatische Faktoren

Alle nonverbalen Faktoren, die den Prozess der Auswahl von sprachlichen Formen für die Realisierung einer kommunikativen Aufgabe beeinflussen, können in drei große Gruppen geteilt werden: soziale, kulturelle und situative Faktoren.

2.2.1. Soziale Faktoren

Soziale Faktoren sind mit persönlichen Besonderheiten der Interaktanten verbunden und spiegeln ihre Position im sozialen Milieu wider. Dazu werden verschiedene Merkmale der kommunizierenden Personen gezählt, und zwar unter anderem:

1) sozialer Status der Interaktanten, d.h. ihre Zugehörigkeit zu bestimmten sozialen Gruppen, Beruf, Dienststellung, Ausbildungsniveau, Familienstand u. ä.;
2) biophysiologische Charakteristika der Kommunikanten, d.h. ihr Geschlecht, Alter, Gesundheitszustand;
3) nationale Zugehörigkeit, d.h. die Zugehörigkeit des Subjekts zu einer bestimmten ethnischen Gemeinschaft;
4) regionale Verortung, d.h. der Bezug des Subjekts zu einem bestimmten Territorium seines Aufenthalts oder seiner Herkunft;
5) sprachliche Kompetenz, d.h. die Beherrschung des sprachlichen Kodes, der bei der verbalen Interaktion verwendet wird;
6) psychischer Typ der Subjekte, d.h. ihr Temperament, Extravertiertheit oder Introvertiertheit u. ä.;
7) Bekanntschaftsgrad der Kommunikanten untereinander (Bogdanov 1990: 28–29; vgl. auch Kotorova 2010).

2.2.2. Kulturelle Faktoren

Diese Gruppe von Faktoren ist mit den kulturellen Besonderheiten der Gesellschaft, der die Interaktanten angehören, verbunden. Sie finden in Traditionen, Bräuchen, Gewohnheiten und kulturellen Normen ihren Ausdruck. Zu den wichtigsten Faktoren dieser Gruppe können folgende gezählt werden:

1) Normen der Etikette – dazu gehören allgemeingültige herkömmliche Regeln, die die gesellschaftlichen Umgangsformen vorschreiben;
2) Höflichkeitsnormen, die die Beziehungen zwischen den Interaktanten in einer gegebenen Situation regeln. Der Begriff der Höflichkeit ist naturgemäß mit dem Begriff der sprachlichen Etikette auf engste verbunden. Es wäre aber falsch, die beiden Begriffe gleichzusetzen. Während die sprachliche Etikette vor allem bestimmte Verhaltensformen und den Gebrauch entsprechender sprachlicher Ausdrücke in bestimmten Situationen vorschreibt, ist die Höflichkeit mit der gegenseitigen respektvollen Behandlung der Interaktanten verbunden. Das bedeutet, dass man dann höflich ist, wenn man den Gesprächspartner wertzuschätzen versteht:

Этикет представляет собой систему формальных поведенческих актов, и поскольку форма в известной мере автономна по отношению к содержанию, правила этикета не эквивалентны нормам морали. (Karasik 1991: 55)

Die Höflichkeit besteht also in dem Gebrauch von sprachlichen Mitteln und Strategien, die dem Adressaten zu verstehen geben, dass der Sprecher sich ihm gegenüber freundlich zeigen will und dass er seine private Sphäre respektiert (Gladrov 2006: 82; s. auch Brown/Levinson 1987);

3) Soziale Stereotypen als standardisierte Meinung über bestimmte soziale Gruppen oder über einzelne Personen als Vertreter dieser Gruppen.

2.2.3. Situative Faktoren

Situative Faktoren beziehen sich unmittelbar auf die momentane Situation, in der die Kommunikation stattfindet. Dazu können gezählt werden:

1) Zeit und Ort des Ereignisses;
2) Verbindung des Sprechaktes zum restlichen Diskurs;
3) aktueller psychischer und physischer Zustand der Kommunikanten.

Bei der Bestimmung der allgemeinen Strategie des kommunikativen Verhaltens sind die situativen Faktoren den ersten beiden Faktorengruppen untergeordnet. M. Halliday charakterisiert deren Wechselbeziehungen wie folgt: "The context of culture defines the potential, the range of possibilities that are open. The actual choice among these possibilities takes place within the given context of situation" (Halliday 1973: 49, 1975: 50). Daraus folgt, dass die sozialen und kulturellen Faktoren zunächst die Klasse der Sprachhandlungsmuster umreißen, aus der die weitere Eingrenzung erfolgen kann, und die situativen Faktoren dann das konkrete Modell in der gegebenen kommunikativen Situation bestimmen.

2.3. Strukturen der Basisformeln, die einem Sprachhandlungsmuster angehören

Jedes Modell des verbalen Verhaltens wird in bestimmten grammatikalischen Basisstrukturen realisiert. Das Spektrum und die Hierarchie dieser Strukturen variiert von Modell zu Modell: zum Beispiel gilt die Imperativkonstruktion für die Mehrheit der direktiven Sprachhandlungsmuster als die typische Realisierungsform, assertive und deklarative Muster dagegen werden am häufigsten mithilfe von Aussagesätzen ausgedrückt. Nicht für alle Sprachhandlungsmuster sind Strukturen charakteristisch, die performative Verben enthalten. Zwar werden die meisten Sprachhandlungsmuster im prototypischen Fall mithilfe von performativen Verben realisiert (z. B. *taufen, sich entschuldigen*). Aber in einigen Fällen kann das illokutive Verb nie performativ verwendet werden (z. B. *drohen, betrügen*) (ausführlicher s. in Kotorova 2008: 119, 2013a: 64). Im Bestand einer vollständigen performativen Formel werden in der Regel vier Konstituenten unterschieden: Handlungs-, Sprecher-, Adressaten- und Anlasskonstituente (vgl. Pisarek 1995: 48). Die letzte Konstituente bezieht sich auf die Proposition des Sprechaktes und ist für jedes Sprachhandlungsmuster spezifisch: sie kann den Inhalt einer Bitte oder eines Ratschlages, die Ursache einer Entschuldigung, den Anlass für eine Einladung usw. zum Ausdruck bringen. Jede Konstituente der performativen Formel kann Ähnlichkeiten und Unterschiede in der grammatischen Form in den zu vergleichenden Sprachen aufweisen. Alle oben erwähnten Merkmale müssen bei der Charakterisierung eines Sprachhandlungsmusters berücksichtigt werden.

3. Das kommunikativ-pragmatische Feld als Organisationsstruktur des Sprachhandlungsmusters

Zum Zweck einer anschaulichen Darstellung der Zusammensetzung und Struktur eines Sprachhandlungsmusters ist es sinnvoll, bei der Beschreibung der Modelle die Feldtheorie zu verwenden.

Das Feldprinzip, das noch in den 20er Jahren des 20. Jahrhunderts im Bereich der Linguistik geprägt wurde, hat sich als eine produktive Vorstellungsweise der zwischen den Elementen eines Sprachsystems bestehenden Beziehungen bewährt. Untersuchungen der lexikalischen und grammatischen Systeme von Sprachen haben gezeigt, dass das Feldprinzip das Zusammenwirken von sprachlichen Mitteln der verschiedenen Sprachebenen beim Ausdruck von bestimmten Bedeutungen sowie auch die Wechselbeziehungen von Form und Inhalt beliebiger sprachlichen Einheiten offenlegen und wiedergeben kann.

In diesem Sinne stellt das Feldprinzip eine tragende Grundlage für kontrastive Studien dar (vgl. Gladrov 2001; Kotorova 2008). Im Prozess des Sprachvergleichs dient die semantische Invariante des Feldes als Vergleichsebene (Tertium Comparationis), während die Ausdrucksmittel die Besonderheiten der Struktur der zu vergleichenden Sprachen widerspiegeln. Das wichtigste Merkmal des Feldes ist die Gliederung der sprachlichen Einheiten nach dem Zentrum-Peripherie-Prinzip. F. Daneš hat diesen Grundsatz als ein universelles Charakteristikum des Aufbaus der Sprache auf ihren verschiedenen Stratifikationsebenen begründet (Daneš 1966).

Das Ziel einer kommunikativen Handlung bzw. ihre illokutive Kraft kann ebenfalls als Felddominante definiert werden. Dieser Ansatz ermöglicht es, alle in den zu vergleichenden Sprachen zur Verfügung stehenden Ausdrucksformen des Sprachhandlungsmusters mit einem bestimmten illokutiven Zweck zu einem Feld zu vereinigen. Ein derartiges Feld kann man als kommunikativ-pragmatisches Feld bezeichnen (Kotorova 2008: 114, 2013a: 60, 2014: 187).

Die Verwendung des Feldmodells zur Analyse von Realisierungsformen der Sprachhandlungsmuster in mehreren Sprachen kann einen Zugang zur kontrastiven Pragmalinguistik schaffen, denn die Feldauffassung vermag systemhafte Relationen zwischen Elementen evident zu machen und dadurch deren funktionales Zusammenwirken zu verdeutlichen.

Kommunikativ-pragmatische Felder vereinigen somit verschiedene grammatische, lexikalische, wortbildende, topologische und prosodische Mittel, die zum Ausdruck eines bestimmten illokutiven Ziels (z. B. BITTE, GLÜCKWUNSCH, ENTSCHULDIGUNG, WARNUNG usw.) dienen (vgl. Flämig 1991: 326–327; Kotorova 2008: 116). Somit stellt das kommunikativ-pragmatische Feld die Gesamtheit der illokutiven Kraft eines Sprachhandlungsmusters und seiner Formen dar.

Das entscheidende Organisationsprinzip der Feldstruktur ist, wie schon erwähnt, die Gliederung der Ausdrucksmittel des Feldes in zentrale und periphere. Die das Feld konstituierende inhaltliche Dominante und die mit ihr am engsten verbundenen Ausdrucksmittel bilden den Kern des Feldes, wobei die anderen Konstituenten sich auf der Peripherie des Feldes verteilen. Zentrum und Peripherie unterscheiden sich durch folgende Merkmale:

- maximale Konzentration prototypischer Merkmale (Kern) – geringere Konzentration spezifischer Merkmale (Peripherie);
- maximaler kommunikativer Effekt (Kern) – geringerer Effekt (Peripherie);
- höchste Spezialisierung der betreffenden sprachlichen Mittel zur Realisierung einer bestimmten kommunikativen Funktion (Kern) – geringerer Spezialisierungsgrad (Peripherie);
- höchster Grad der Regularität und Frequenz des Auftretens der Sprachmittel (Kern) – geringerer Grad des Vorkommens (Peripherie);
- stufenweiser Übergang der Merkmale vom Zentrum zur Peripherie und Überschneidungen mit anderen Feldern an der Peripherie des Feldes (vgl. Bondarko 2005: 18; Sommerfeldt et al. 1991: 5; Kotorova 2008: 116–117).

Die Zusammensetzung eines kommunikativ-pragmatischen Feldes ist ethnokulturell bestimmt. Das gleiche illokutive Ziel kann in verschiedenen Sprachen und Kulturen mit unterschiedlichen Mitteln ausgedrückt werden, deren Verteilung über das Feld von der konkreten Sprache abhängig ist. In diesem Sinne bildet das Feldmodell ein produktives Instrumentarium der kontrastiven Analyse von Sprachhandlungsmustern.

4. Die Begriffe Äquivalenz und Adäquatheit in der Kontrastiven Linguistik

Im Zusammenhang damit, dass sich kontrastive Forschungen in den letzten 20 bis 30 Jahren nicht nur auf den Vergleich lexikalischer Einheiten, morphologischer Kategorien und syntaktischer Konstruktionen konzentrieren, sondern sich immer mehr dem Vergleich des Redeprozesses und der Aufdeckung von Spezifika verschiedener Sprachkulturen zuwenden (vgl. Wierzbicka 1991; Gak 1977; Pisarek 1995; Gorodnikova/Dobrovol'skij 2001; Larina 2009; Engel/Tomiczek 2010; Formanovskaja/Tret'jakova 2010 u. a.), stellt sich von Neuem die Frage nach der Aufdeckung von äquivalenten Beziehungen zwischen den Vergleichssprachen. Wichtigste Aufgabe beim Vergleich von Sprachhandlungsmustern in verschiedenen Sprachen ist die Erfassung und Deskription von Konstruktionen, die eine identische kommunikative Funktion haben, ein und dasselbe illokutive Ziel erfüllen und auf diese Weise kommunikative Äquivalente darstellen. Dabei ist der neue Begriff der kommunikativen Äquivalenz von dem der Äquivalenz der Sprachsysteme abzugrenzen.

Übereinstimmende und analoge Begriffe, Propositionen oder Sprachhandlungsmuster werden in jeder Einzelsprache durch spezifische Ausdrucksmittel wiedergegeben. Das hängt damit zusammen, dass jede Sprache in eigener Weise Sachverhalte benennt und bei der Nomination von Objekten verschiedene Aspekte auswählt und hierarchisiert. Zum Ausdruck von ein und denselben Denotaten verfügt jede Sprache über eine Autonomie hinsichtlich ihrer konkreten Kodierung, d. h., die Sprachen unterscheiden sich nicht nur dadurch, dass sie Denotate durch verschiedene Sprachmittel wiedergeben – diese Tatsache ist für die kontrastive Linguistik trivial –, sondern auch dadurch, auf welche Art und Weise der außersprachliche Inhalt wiedergegeben wird. Deshalb muss für die Konstatierung von Äquivalenzbeziehungen das ganze Spektrum von Ausdrucksmitteln der verschiedenen Stratifikationsebenen in jeder der Vergleichssprachen berücksichtigt werden: morphologische, syntaktische, lexikalische, wortbildende, topologische und prosodische, d. h., grammatikalisierte und nichtgrammatikalisierte, lexikalisierte und nichtlexikalisierte.

Im Zusammenhang mit der Einbeziehung der Redetätigkeit in den Gegenstand kontrastiver Untersuchungen und der Notwendigkeit der Analyse der Rolle des Sprechers und des Hörers im Diskurs entsteht die Frage, inwieweit der Begriff der Äquivalenz die außersprachlichen Parameter, die mit den Besonderheiten der Kommunikationssituation, mit der Spezifik sozialer, situativer und ethnokultureller Charakteristika der Kommunikationspartner und ihrer Beziehungen zum Kommunikationsgegenstand verbunden sind, widerspiegeln kann.

Bezüglich der Frage nach den Unterschieden in den Entsprechungen zwischen den Systemeinheiten zweier Sprachen einerseits und dem Funktionieren dieser Einheiten in der Rede andererseits wird hier vorgeschlagen, die Begriffe Äquivalenz und Adäquatheit zu unterscheiden (vgl. Gladrov 2000, 2008; Kotorova 2011).

Äquivalenz ist die systemhafte Entsprechung von Sprachstrukturen auf lexikalischer und grammatischer Ebene auf der Basis ihrer funktionalen Identität. In der Fachliteratur werden in der Regel verschiedene Grade der Äquivalenz unterschieden: totale, partielle und Nulläquivalenz (vgl. Sternemann 1983: 43–57).

Der Begriff der Adäquatheit muss in Relation zum Begriff der Äquivalenz definiert werden. Während unter Äquivalenz die systemhafte Entsprechung in den sprachlichen (lexikalischen und grammatischen) Strukturen verstanden wird (vgl. Gladrow 1990; Kotorova 2007), wird mit Adäquatheit die systemhafte Entsprechung zwischen den Redereralisierungen der Sprachhandlungsmuster, die auf der kommunikativen Identität und der Gleichheit der Äußerungsillokution beruht (vgl. Gladrov 2008; Kotorova 2011), bezeichnet. Bei einem derartigen situativen Vergleich können bei vorliegender Adäquatheit Unterschiede in Bezug auf die strukturelle Äquivalenz der Spracheinheiten möglich sein.

In Abhängigkeit vom jeweiligen Gegenstand des Vergleichs kann man deshalb folgende Korrelationen von Adäquatheit und Äquivalenz unterscheiden (vgl. Gladrov 2008: 66–67): 1) Adäquatheit und Äquivalenz können zusammenfallen, s. z. B. die Entsprechung der potentiell-modalen Bedeutung des perfektiven Aspekts des russischen Verbs durch ein deutsches Modalwort beim Ausdruck der BITTE durch einen Fragesatz: *Вы не скажете...?* ~ *Können Sie mir nicht sagen...?* (näher im Kap. XVII. BITTE); 2) Adäquatheit kann mit Nichtäquivalenz der Ausdrucksmittel korrelieren, s. z. B. den Gebrauch von Abtönungspartikeln im Deutschen, um den grob wirkenden „nackten" Imperativ des Russischen abzuschwächen: *Дай чем писать!* ~ *Gib mal was zum Schreiben!* (näher im Kap. XVII. BITTE); 3) Adäquatheit steht einer Nulläquivalenz der sprachlichen Mittel gegenüber, s. z. B. das Fehlen einer russischen Entsprechung für den deutschen Anglergruß *Petri Heil!* (näher im Kap. I. BEGRÜSSUNG); 4) Äquivalenz führt nicht zur Adäquatheit und korreliert insofern mit Nichtadäquatheit der Äußerungen, s. z. B., wenn in lexikalischer und grammatischer Parallelität zu russ. *Поздравляю Вас с Новым годом* für das Deutsche gebildet wird **Ich gratuliere zum neuen Jahr*. Dies ist in Deutschland nicht üblich und wird gewöhnlich durch einen WUNSCH ersetzt wird, wie *Ich wünsche ein gutes neues Jahr* (näher im Kap. V. GRATULATION).

Die kurz angeführten Belege zeigen, dass durch die Abgrenzung der Begriffe Adäquatheit und Äquivalenz die vielfältigen Entsprechungen im Sprachverhalten zweier Ethnokulturen in ihren formellen Realisierungen durch die Sprachhandlungsmuster klar verdeutlicht werden können.

Etikettenhandlungen

I. Begrüßung

1. Definition des Sprachhandlungsmusters

In Bezug auf die Definition des Sprachhandlungsmusters BEGRÜSSUNG gibt es im Wesentlichen zwei unterschiedliche Auffassungen. J. Searle (1971: 77–78) geht davon aus, dass die BEGRÜSSUNG keinen propositionalen Gehalt hat und nicht das Wahrheitskriterium erfüllt. Nach seiner Auffassung hat das Sprachhandlungsmuster phatischen Charakter und drückt somit keine kommunikative Intention aus. Das Sprachhandlungsmuster der BEGRÜSSUNG signalisiere allein, dass der Adressat erkannt wurde und dass es Ausdruck einer Kontaktaufnahme sei. Diese Meinung wird mit dem Hinweis untermauert, dass die BEGRÜSSUNG völlig zu einer Routinehandlung konventionalisiert und auf ein Ritual reduziert sei.

Die Gegenposition vertritt A. Wierzbicka (1972: 142–143). Sie verweist mit Recht auf die klassische Arbeit von G. W. Leibniz, der seinerzeit formuliert hatte: „Salutare est conversationem incipere cum significatione benevolentiae, praesertim cum voto"[4] (Leibniz 1903: 500). Das heißt, Wierzbicka sieht wie Leibniz in der BEGRÜSSUNG einen semantischen Gehalt: den Ausdruck des Wohlwollens und der Achtung gegenüber dem Adressaten. Das schließt die Signalisierung der Absicht mit ein, mit dem Kommunikationspartner in Kontakt treten zu wollen:

(1) Er begrüßte seinen Gast mit Handschlag. „Guten Tag, mein Name ist Frohner. Kommen Sie doch herein."[5]
(2) Все трое вошли и поздоровались. – Здравствуйте! Очень рады вас видеть!

Dass eine derartige pragmatische Bedeutung nachweisbar ist, zeigt die Tatsache, dass dann, wenn eine erwartete Reaktion ausbleibt, es zu unangenehmen Gefühlen, zu Stresssituationen und zu Konflikten kommen kann, weil der Sprecher glaubt, dass der Adressat den Kontakt mit ihm meiden will.

Dieser Gedanke der Signalisierung des Wohlwollens gegenüber dem Angesprochenen wird auch in der Definition des Verbs *здороваться* ~ *sich begrüßen* von M. Ja. Glovinskaja (1993: 210) unterstrichen:

---

4   Begrüßen heißt ein Gespräch beginnen mit dem Ausdruck des Wohlwollens, vor allem mit einem guten Wunsch.
5   Dieser und die folgenden Belege stammen in der Regel aus den im Quellenverzeichnis angeführten deutschen und russischen Textkorpora, auf die in der Zeit vom 22.08.2013 bis 15.10.2017 zugegriffen wurde. Die zitierten Beispiele werden teilweise vereinfacht und gekürzt wiedergegeben.

(1) X и Y оказались в условиях, когда они могут установить устный контакт друг с другом (вступить в разговор);
(2) X хочет показать, что он не имеет ничего против контакта с Y-ом;
(3) X говорит словесную формулу, принятую для этого;
(4) X понимает, что если он не скажет этого, Y может подумать, что X не хочет контакта с ним;
(5) X говорит это, чтобы Y знал, что X не против контакта с ним.

Bei aller typisierten Entleertheit der Grußformeln besitzt die Grußhandlung in der menschlichen Gesellschaft eine klare soziale Relevanz und pragmatische Signifikanz. Diese Seite der Charakterisierung des Sprachhandlungsmusters BEGRÜSSUNG wird in der Definition von C. Otterstedt besonders klar erfasst:

> Der Gruß ist der Ausdruck des menschlichen Wunsches nach sozialer Eingebundenheit und zeigt seine Kommunikationsbereitschaft und kommunikative Bindungsfähigkeit. Sowohl der Gruß zu Beginn einer Begegnung, als auch der, welcher sie beendigt, zeigt die soziale und kommunikative Kompetenz der Grüßenden und ihrer Interaktion. (Otterstedt 1993: 16)

In der Definition des Sprechaktverbs *greet ~ grüßen* geht Wierzbicka darauf ein, dass sich eine BEGRÜSSUNG dann ergibt, wenn sich der Sprecher und der Angesprochene an einem Ort bzw. in einem gemeinsamen Raum begegnen. In dieser Situation ergäbe sich der Wunsch des Sprechers, dem Angesprochenen sein Wohlwollen mitzuteilen (Wierzbicka 1987: 217):

> I assume you and I both perceive that we have now come to be in the same place
> I assume you and I both know that we can now say things to one another because of that
> I want to say something to you because of that
> I want to say something of the kind that people can be expected to say to one another when they come to be in the same place
> I say: X
> I say this because I want to cause you to think that I think of you as someone to whom I could want to say something and that I feel something good towards you.

Ein wichtiges strukturelles Kennzeichen der BEGRÜSSUNG, das sie von anderen Sprachhandlungsmustern abgrenzt, ist ihr sog. Echogebrauch (vgl. Kohrt 1985: 178). Das heißt, auf einen Gruß folgt ein Gegengruß, in der Regel durch ein und dieselbe Grußformel, vgl. z. B. *Guten Tag! – Guten Tag! Здравствуйте! – Здравствуйте!*, vgl.

(3) Remme: „Guten Tag, Herr Hundt!"
Hundt: „Guten Tag, Herr Remme."
Remme: „Herr Hundt, ich will noch kurz beim letzten Gespräch bleiben."

(4) – Здравствуйте, девушка.
 – Здравствуйте, здравствуйте, – ответила девушка, выпрастываясь из высоко поднятой шинели.

Bei einer allgemeinen Charakterisierung des Sprachhandlungsmusters BEGRÜSSUNG ist naturgemäß das Zusammenspiel mit nonverbalen Ausdrucksmitteln zu berücksichtigen. Ja, es wird sogar darauf verwiesen (Kohrt 1985: 179), dass konventionalisierte gestische Ausdrucksmittel die verbalen Grußformeln ersetzen können. Jeder kennt das aus der Situation des Grußes im Vorübergehen. In diesem Falle wird an den Gruß kein Gespräch angeschlossen und die Abschiedsformel wird weggelassen. Dafür aber werden Körperhinwendung, Nicken und Augenkontakt als zusätzliche gestische Ausdrucksformen eingesetzt.

Zusammenfassend lässt sich feststellen, dass das Sprachhandlungsmuster BEGRÜSSUNG bei einer Begegnung am gleichen Ort die Bereitschaft und Absicht des Sprechers signalisiert, mit dem Angesprochenen Kontakt herzustellen oder fortzuführen und ihm dadurch ein Gefühl des Respekts und des Wohlwollens zu übermitteln. In seiner strukturellen Ausgestaltung ist das Sprachhandlungsmuster BEGRÜSSUNG dialogisch aufgebaut. Es trägt in hohem Maße einen konventionellen und rituellen Charakter. Das Ausbleiben eines Grußes könnte von mangelnder kommunikativer Kompetenz zeugen und u. U. zu Stress und Konflikten führen (vgl. Gladrow 2013).

In der Sprache der semantischen Universalien ergibt sich zusammengefasst folgende Definition:

(a) Ich gehe davon aus, wir beide merken, dass wir jetzt am gleichen Ort sind
(b) Ich gehe davon aus, wir beide wissen, dass wir deshalb uns etwas zu sagen haben
(c) Ich sage: X
(d) Ich sage es, weil ich zeigen möchte, dass ich nichts gegen einen Kontakt mit dir habe und dass ich Gutes für dich empfinde.

2. Struktur des Sprachhandlungsmusters

Die prototypischen Begrüßungsformeln im Russischen und Deutschen sind auf den ersten Blick *Здравствуйте!* und *Guten Tag!* Sie werden in beiden Sprachen in der Regel ohne weitere Aktanten verwendet. Die russische Formel *Здравствуй(-те)!* ist die Imperativform des Verbs *здравствовать* und unterscheidet zwischen der Distanzform der BEGRÜSSUNG *Здравствуйте!* und der vertraulichen Form *Здравствуй!* Etymologisch ist diese Formel auf den Wunsch für Gesundheit zurückzuführen.

Die deutsche Formel *Guten Tag!* ist historisch ebenfalls aus einer Wunschformel hervorgegangen und hat in diesem Sinne elliptischen Charakter. Die Herkunft der Formel wird auf die mittelhochdeutsche Wendung *Got gebe iuch einen guoten tac!* (Kohrt 1985: 177) zurückgeführt.

Dass in beiden Sprachen die Begrüßungsformel nicht mehr als Wunschausdruck funktioniert, zeigt die Antwort des Begrüßten. Als Reaktion auf *Здравствуйте!* und *Guten Tag!* folgt keine Dankesformel, sondern in der Regel der Gegengruß, d. h. die wörtliche Wiederholung der Begrüßungsformel, vgl. die Belege (3) und (4).

Außer dem strukturellen Merkmal der Echoverwendung der Grußformeln in beiden Sprachen ist auch auf das korrelative Verhältnis von Begrüßungs- und Verabschiedungsformeln zu verweisen. Gegrüßt wird nicht nur beim Aufeinandertreffen von Kommunikationspartnern, sondern auch bei der Beendigung ihres temporären Kontaktes. Insofern unterscheidet man zwischen Begegnungsgrüßen oder Initialgrüßen und Abschieds- oder Terminalgrüßen (vgl. Kohrt 1985: 174; Miodek 1994; Ożóg 1980). Hier wird im Weiteren zwischen dem Sprachhandlungsmuster BEGRÜSSUNG und dem Sprachhandlungsmuster VERABSCHIEDUNG differenziert.

Ein Unterschied im Gebrauch der Grußformeln im Russischen und Deutschen liegt darin, dass der deutsche Initialgruß *Guten Tag!* besonders in der Kommunikation älterer Menschen auch zur Beendigung eines Gesprächs eingesetzt werden kann, was für das Russischen nicht nachzuweisen ist, vgl.

(5) Johanna, die mit im Garten war, brachte ihr denn auch Umhang, Hut und Entoutcas, und mit einem freundlichen „Guten Tag" trat Effi aus dem Hause heraus und ging auf das Wäldchen zu.

Neben der Standardgrußformel in der Form des Imperativs (*Здравствуйте!*) wird im Russischen auch die Wendung *Добрый день!* verwendet, die historisch ebenfalls als Wunsch zu verstehen ist, auch wenn sie im Akkusativ steht und nicht im Rektionskasus des russischen Verbs *желать* – im Genitiv. *Добрый день!* ist im Wesentlichen in seiner Verwendung als Synonym zu *Здравствуйте!* zu sehen, wird aber vielfach als etwas offizieller und förmlicher als die Standardformel charakterisiert (Uhlisch et al. 1998: 19). Die Formel *Добрый день!* wird bevorzugt, wenn nicht zwischen einer Distanzform (Sie-Anrede) und Vertraulichkeitsform (Du-Anrede) differenziert werden soll, vgl.

(6) Добрый день, Володя, – сказал Мышкин и протянул мне руку.

In beiden Sprachen existieren auch explizit performative Formeln der BEGRÜSSUNG. Ihr Kern wird durch das performative Verb *приветствовать* bzw. *be-*

grüßen gebildet, das sich mit zwei Handlungskonstituenten verbinden kann: den Konstituenten des Sprechers und des Adressaten. Die Sprecherkonstituente wird im Russischen meist nur durch die Personalform des Verbs signalisiert, die pronominale Subjektposition in der 1. Pers. wird in stilistisch unmarkierten Texten weggelassen. Insofern entspricht diese Konstruktion ohne Personalpronomen dem deutschen Satz mit Pronomen in der 1. Pers. Sg., wo die Verwendung des Pronomens grammatisch und stilistisch die Norm ist, vgl.

(7) Приветствую вас, - сказала в микрофон Валентина Ивановна, - вы сильные люди.

(8) Hinter dem Grenzübergang stieg unsere Ostberliner Stadtführerin in den Bus, eine etwa fünfzigjährige Frau, blond, gepflegt, souverän: „Ich begrüße Sie zur kleinen Stadtrundfahrt, die Sie gebucht haben."

Nur in umgangssprachlich-saloppen Äußerungen und in der vertraulichen Anrede kann auch im Deutschen die Personalform wegfallen, sodass statt *Ich grüße dich* die Ellipse *Grüß dich* erscheint, vgl.

(9) Johann lehnte sein Rad an eine der kleinen Tannen dieser Tannenhecke. „Grüß dich", sagte Wolfgang. „Servus, Wolfgang", sagte Johann.

In russischen Begrüßungsritualen kann – im Gegensatz zum Deutschen – in den explizit performativen Formeln auch die Benennung des Adressaten weggelassen werden (Formanovskaja 2009: 174), vgl.

(10) Приветствую! - сказал человек. Мы с Константином замедлили было шаги, но отец, даже не взглянув на человека, прошёл мимо.

Die explizit performativen Begrüßungsformeln erlauben in beiden Sprachen intensivierende Modifikationen durch Adverbien bzw. Adverbialkonstruktionen (*herzlich, mit großer Freude*), vgl. (11) und (12), sowie Sprechermodifikationen (*im Namen, im Auftrag*), vgl. (13) und (14).

(11) Еще раз от всего сердца приветствую вас, возлюбленные мои, вечно живыми, жизнеутверждающими словами, прозвучавшими более двух тысяч лет назад как знамение упования и надежды.
(12) Reporter: „Ich begrüße Sie sehr herzlich in unserem Senderaum."
(13) От имени войск Красной Армии, освободившей дружественную нам Чехословацкую республику, приветствую вас и поздравляю с победой.
(14) Ich begrüße Sie im Namen des Presseklubs und wünsche uns allen einen interessanten Abend.

3. Kommunikativ-pragmatische Faktoren

Wie schon festgestellt wurde, schälen sich sowohl für das Russische als auch für das Deutsche auf den ersten Blick zwei prototypische Begrüßungsformeln heraus. Für das Russische ist das die Formel *Здравствуй(-те)!* und für das Deutsche die Wendung *Guten Tag!* Die Verwendung dieser Grußformeln ist dadurch gekennzeichnet, dass sie in Bezug auf die Faktoren, die ihre Auswahl aus dem Feld der möglichen Grußvarianten determinieren, einen hohen Grad an Universalität aufweisen.

Beim Vergleich des Grußverhaltens in Deutschland und Russland zeigen sich bestimmte Unterschiede hinsichtlich der Frequenz des Grüßens. In Deutschland wird gegenüber Unbekannten häufiger bzw. eher ein Gruß entboten als in Russland. Das lässt sich in vielen öffentlichen Situationen beobachten. So begrüßt man sich in Deutschland in der Regel dann, wenn man in einem Mietshochhaus oder in einem Bürogebäude einen Fahrstuhl betritt. Auch beim Besteigen eines Autobusses im Stadtverkehr wird der Busfahrer gegrüßt, auch wenn man ihn nicht kennt. Wenn man das Wartezimmer einer Arztpraxis oder einer Poliklinik betritt, ist es üblich, die anderen, unbekannten Patienten zu begrüßen. Als Kunde wird man von der Kassiererin in der Kaufhalle regelmäßig begrüßt.

Im Einzelnen ergeben sich Unterschiede im Grußverhalten zwischen Deutschland und Russland in Abhängigkeit von den Kriterien der Beziehung zwischen den Kommunikationspartnern, des sozialen Status, des Alters, der Tageszeit der Begegnung, der Region und der Gruppenspezifik. Diese sechs kommunikativ-pragmatischen Faktoren sollen im Folgenden kurz erläutert werden.

3.1. Beziehung zwischen den Kommunikationspartnern

Bei diesem Merkmal geht es um die Gegenüberstellung zwischen einem Distanzverhältnis und einer Beziehung der Vertrautheit. Diese Unterscheidung wird in Bezug auf die Begrüßungsformel im Russischen stärker bzw. regelmäßiger formell markiert als im Deutschen (vgl. Rösch 1996), weil das Russische durch die Opposition von *Здравствуйте!* und *Здравствуй!* die Siezformel (Distanzverhältnis) und die Duzformel (Vertrautheitsform) differenziert, während das durch die deutsche Standardformel nicht geschieht, vgl.

(15) Здравствуй, сынок, присаживайся, – произнесла женщина в бедном опрятном мундире.
(16) Guten Tag, Roswitha, Du bist ja so ausgelassen. Was macht denn Annie?

Die Gegenüberstellung von Distanz und Vertrautheit findet sich aber in beiden Sprachen in der explizit performativen Begrüßungsformel durch die Nennung der Adressatenkonstituente. Derartige Grußformeln sind in ihrem Gebrauch, wie schon unter Punkt 2. angeführt, peripher (vgl. hier auch 4.1.4.). Siehe dazu die Beispielpaare (17) und (18) für ein Distanzverhältnis sowie (19) und (20) für ein Vertrautheitsverhältnis.

(17) Guten Tag, liebe Zuschauerinnen und Zuschauer, ich begrüße Sie hier in unserem Programm.
(18) Студенты поклонились. – Приветствую Вас, учитель, – сказал Везалий.
(19) Grüß dich herzlich, ich hoffe, du steckst nicht mehr mitten im Schnee und hast jeden Tag deine Brötchen holen können.
(20) Дорогая моя Варечка, в очередной раз я приветствую тебя.

Die Verwendung der ungezwungenen russischen Begrüßungsformeln wie *Привет!* und *Здорово!* setzt in der Regel ein Vertrautheitsverhältnis voraus. In Bezug auf die in Deutschland seit einigen Jahren am weitesten verbreitete Begrüßungsformel *Hallo!* lässt sich eine stark frequentierte Verwendung auch bei einem Distanzverhältnis nachweisen (s. dazu ausführlicher 4.1.2.), vgl.

(21) Привет, зайка. Как жизнь? Что нового?
(22) Zernikow beugt sich über das Bett. „Hallo, Frau Berger, ich bin Horst Zernikow", sagt er. „Ich bin Kinderarzt, und das hier ist Frau Karas, auch Kinderärztin."

Zu den Begrüßungsformeln, die nur bei Vertrautheitsbeziehungen im Russischen gebraucht werden, gehört auch *Здоров!*, dessen Spezifik darin liegt, dass sie vornehmlich unter Männern verwendet wird. Dazu gibt es keine gleichgelagerte Entsprechung im Deutschen, vgl.

(23) Здоров, Тёмыч! – навстречу по проулку шагал Вица.

3.2. Sozialer Status

Das Merkmal des sozialen Status ergibt sich aus der Opposition von einem reziproken sozialen Verhältnis und einem nicht reziproken. Bei einem nicht reziproken, d.h. ungleichen, sozialen Verhältnis muss im Russischen die Formel *Здравствуйте!* verwendet werden, nicht die Formel *Здравствуй!* Diese Differenzierung zwischen einer Sie-Formel und einer Du-Formel kann die deutsche Grußformel *Guten Tag!* genau wie die russische Formel *Добрый день!* nicht ausdrücken. Der Gebrauch der prototypischen Formeln *Здравствуйте!* und *Guten Tag!* kann ansonsten sowohl für ein nicht reziprokes Verhältnis als auch bei einer reziproken Beziehung, wenn man sich siezt, verwendet werden. In ihrer Universalität gelten diese Formeln in der sozialen Richtung sowohl von unten nach oben als auch umgekehrt. In Bezug auf Russland muss allerdings darauf hingewiesen werden, dass bei einer nicht reziproken Beziehung von oben nach unten auch die Formel *Здравствуй!* anzutreffen ist.

3.3. Alter

Beim Merkmal des Alters geht es gewöhnlich um die Unterscheidung von gleichaltrigen und nicht gleichaltrigen Kommunikationspartnern. Die prototypischen Äußerungen sind die zentralen Formeln bei Nichtgleichaltrigkeit, sie können aber auch bei Gleichaltrigkeit verwendet werden. Unterschiedlich ist das Grußverhalten im Russischen und Deutschen zwischen Erwachsenen und Kindern. Während in Deutschland sowohl von Älteren zu Jüngeren als auch von Jüngeren zu Älteren *Guten Tag!* als Standardformel entboten wird, muss das in Russland differenziert werden: Kinder sagen zu Erwachsenen, die sie siezen, *Здравствуйте!* Erwachsene benutzen Kindern gegenüber generell die Vertraulichkeitsform *Здравствуй!*

Bemerkenswert ist aber, dass es sowohl im Russischen als auch im Deutschen bestimmte Grußformeln gibt, die unter Jugendlichen bevorzugt benutzt werden. Dazu gehören im Russischen Wendungen wie *Привет! Приветик! Хелло! Хай!* (vgl. Formanovskaja 2009: 173), im Deutschen Formeln wie *Hi! Grüß dich! Sei gegrüßt! Hallöchen!* (vgl. Uhlisch et al. 1998: 20), vgl.

(24) Хелло, дружище! – завопил он и схватил Димку за руку.
(25) „Hi", sagte er betont lässig. „Hi", wurde er freundlich begrüßt. „Wer bist'n du?"

3.4. Tageszeit

Sowohl das Russische als auch das Deutsche verfügen über Grußformeln, die nach der Tageszeit differieren, vgl. *Доброе утро! С добрым утром! Добрый день! Добрый вечер!* und *Guten Morgen! Guten Tag! Guten Abend!* Die nicht völlig identische kommunikative Gewichtung und stilistische Einordnung der Konstruktionen *Добрый день!* und *Guten Tag!* wurde schon unter Punkt 2. kommentiert. Auch der Morgengruß, s. (26) und (27), und der Abendgruß, s. (28) und (29), werden im Deutschen etwas universeller sowie ebenfalls – wenn auch seltener – beim Abschied verwendet, s. Beispiel (5). In Russland sind die Tageszeitformeln für den Morgen und den Abend – anders als *Добрый день!*, vgl. Punkt 2. und Beispiel (6), – eher im Kontakt mit Bekannten und Freunden als im offiziellen Rahmen üblich (vgl. Uhlisch et al. 1998: 18 et passim; Larina 2009: 324), vgl.

(26) Доброе утро, Настенька! Рад тебе!
(27) Vogt stand auf: „Guten Morgen, Frau Meerbusch! Wie geht es Ihnen?"
(28) Добрый вечер, Дмитрий Николаевич. Я чуть раньше, извините.
(29) Ich stieg ein und sagte: „Guten Abend. Zur Sonnenallee, bitte."

Eine spezifische Grußformel ist in Deutschland der Gruß *Mahlzeit!*, der besonders unter Mitarbeitern der Verwaltung und speziell in Räumen wie Kantinen und Speiselokalen zur Mittagszeit üblich ist. Der Mittagsgruß, der historisch auf einen Mittagssegen zurückgeht, findet in Russland keine Entsprechung,[6] vgl.

> (30) „Mahlzeit, Herr Scholz", sagte er freundlich, „wo sind denn die anderen Kollegen? Es ist doch längst Mittagszeit."

3.5. Region

Regionale Varianten von Grußformeln sind in Deutschland wesentlich markanter als in Russland. Deshalb soll hier auf zwei derartige regionale Ausprägungen des Sprachhandlungsmusters BEGRÜSSUNG eingegangen werden.

Charakteristisch ist für den norddeutschen Raum das aus dem Niederdeutschen stammende *Moin!* bzw. *Moin, Moin!* Diese Formel hat nichts, wie es auf den ersten Blick scheinen mag, mit einem Morgengruß zu tun, sondern gilt als Begrüßung für den ganzen Tag. Von der Semantik her bedeutet es soviel wie ‚schön', es wird also ein ‚schöner Tag' gewünscht, vgl.

> (31) Im Frühzug riss mich ein ermunterndes „Moin, Moin, liebe Menschen und liebe Kinder" von den Waggonlautsprechern aus dem Halbschlaf.

Aus dem süddeutschen Raum, aus den katholisch geprägten Bundesländern Bayern und Baden-Württemberg, stammt die Grußformel *Grüß Gott!* Diese regionale Variante wird dort wie ihre neutrale Standardentsprechung *Guten Tag!* universell, unabhängig von Faktoren wie Partnerbeziehung, sozialer Status, Alter, Tageszeit verwendet, vgl.

> (32) Grüß Gott, Frau Kirchmäuser, schön haben Sie's hier.

3.6. Gruppenspezifische Varianten

Spezifische Grüße von Angehörigen eines bestimmten Berufes oder einer Interessengruppe finden sich sowohl in Russland als auch in Deutschland. Zur Illustration sei hier auf die gruppenspezifischen Grußformeln *Здравия желаю!* im Russischen und *Glück auf!* im Deutschen verwiesen. Der russische Gruß wird traditionell im militärischen Bereich (Armee, Flotte, Polizei) verwendet,

---

6 Der erste Teil von Beispiel (30) könnte also folgendermaßen übersetzt werden: *Здравствуйте, господин Шольц,* – *приветливо сказал он.* Auf keinen Fall entspricht *Mahlzeit!*, wie vielfach angenommen (vgl. u. a. Gorodnikova/Dobrovol'skij 2001: 165), der russischen Wunschformel *Приятного аппетита!*

und zwar in Richtung auf den Ranghöheren, der die unteren Dienstgrade mit *Здравствуйте!* begrüßt, vgl.

    (33)   Ночкин вытянулся, держа трубку у колена. – Здравия желаю, товарищ генерал!
             – Здравствуйте!

Die deutsche Grußformel stammt aus dem Bergbau, sie ist deshalb in traditionellen Bergbaugebieten, wie z. B. im Erzgebirge oder im Ruhrgebiet, anzutreffen. Sie wird unabhängig von sozialen Kriterien und Tageszeiten gebraucht, vgl.

    (34)   „Glück auf!" ruft der Fahrer, verschluckt aus Gewohnheit das „Glück", sodass nur „auf" ankommt.

In Bezug auf derartige Begrüßungsformeln liegt also zwischen dem Deutschen und Russischen Nulläquivalenz vor. Das betrifft ebenfalls den Gruß *Petri Heil!* im Soziolekt der deutschen Angler. Obwohl im Großen deutsch-russischen Wörterbuch von O. I. Moskal'skaja (1969, Bd. 2: 189) als Entsprechung für den deutschen Anglergruß *Petri Heil!* die russische Wendung *Слава апостолу Петру!* gegeben wird, kann man nicht behaupten, dass die russischen Angler diese Begrüßungsformel bei einer Begegnung auch benutzen (in dem Neuen deutsch-russischen Wörterbuch, s. Dobrovol'skij 2009, Bd. 2: 230), wird eine richtige Bedeutungserklärung dieser deutschen Etikettenformel geliefert: *хорошего [богатого] улова*).

4. Ausdrucksformen des kommunikativ-pragmatischen Feldes

In Bezug auf die Ausdrucksmittel des Sprachhandlungsmusters BEGRÜSSUNG kann man zwischen direkten Grüßen und indirekten Grüßen unterscheiden. Die direkten Grüße sind im Rahmen des kommunikativ-pragmatischen Feldes in der Regel zentrale Ausdrucksmittel. Beim Vergleich des Russischen mit dem Deutschen ergeben sich hier mehrere Differenzen bzw. Spezifika. Die indirekten Grüße sind zum einen ursprünglich andere Sprachhandlungsmuster, die in Situationen der Begegnung als Grußformeln verwendet werden, und zum zweiten sind es periphere Grußkonstruktionen, die nicht alle strukturellen und inhaltlichen Merkmale des Sprachhandlungsmusters BEGRÜSSUNG aufweisen.

4.1. Direkte Grüße

4.1.1. Prototypische Grußformeln

Bei den prototypischen Grüßen stehen sich die russische Formel *Здравствуйте!* und die deutsche Wendung *Guten Tag!* gegenüber. Die russische wörtliche Entsprechung *Добрый день!* wird, wie schon unter Punkt 2. erläutert, gegenüber

Здравствуйте! nicht so universell verwendet und ist deshalb in gewisser Weise als sekundär anzusehen. Das heißt ebenfalls, dass wenn es um russische Entsprechungen der deutschen Grußformel *Guten Tag!* geht, zwei Formeln als Äquivalente infrage kommen, vgl.

(35) Guten Tag, Herr Winkler! Ich freue mich, Sie zu sehen.
(35a) Здравствуйте, Михаил Васильевич. Рад Вас видеть.
(35b) Добрый день, Михаил Васильевич. Рад Вас видеть.

4.1.2. Aktuelle Entwicklung des Grußformelsystems

Das Grußverhalten in Russland und Deutschland weist in seiner Entwicklung in den letzten 20 bis 30 Jahren bestimmte Spezifika auf. Das System der deutschen Formeln des Sprachhandlungsmusters BEGRÜSSUNG wird in der Gegenwart in Deutschland deutlich liberaler genutzt als in Russland. So erlaubt hier die Norm des Sprachgebrauchs die Verwendung der ursprünglich umgangssprachlichen Formel *Hallo!* nicht nur unter Menschen mit vergleichbarem sozialen Status, gleichem Alter und gleichgelagertem Beziehungsverhältnis, sondern auch bei einem Distanzverhältnis, im Kontakt mit sozial höher stehenden Personen und mit Vertretern der älteren Generation. In den Situationen, in denen nach Auskunft der einschlägigen Fachliteratur (vgl. u. a. Formanovskaja/Tret'jakova 2010: 29–37) die Verwendung der Grußformel *Guten Tag!* angezeigt ist, tritt ebenfalls der ursprünglich als vertraulich und reziprok charakterisierte Begegnungsgruß *Hallo!* auf. Unabhängig vom Altersunterschied und von der sozialen Zugehörigkeit der Sprachträger lässt sich eine Angleichung der Begrüßungsformeln *Guten Tag!* und *Hallo!* beobachten (vgl. Schulze-Neufeld 2012: 210 et passim; Kadzadej 2011: 138, 153; Bingan 2010: 63, 123). In diesem Sinne stehen sich also die Formeln *Здравствуйте!* im Russischen und die beiden Varianten *Guten Tag!* und *Hallo!* im Deutschen gegenüber, vgl.

(36) Здравствуйте, Павел Ильич. Хорошо, что мы встретились.
(36a) Guten Tag, Herr Kaiser, gut, dass ich Sie treffe!
(36b) Hallo, Herr Kaiser, gut, dass ich Sie treffe!

Die Begrüßung bei einem Distanzverhältnis mit der Formel *Hallo!* trifft man in der Gegenwart in Deutschland immer häufiger auch im schriftlichen Bereich. Hin und wieder ersetzt diese Formel im amtlichen Schriftverkehr bereits die übliche Anrede *Sehr geehrter Herr Müller! Sehr geehrte Frau Meyer!* Vgl.

(37) Hallo, Herr König!
Vorhin habe ich Ihren Artikel gelesen und mich spontan zu einer Antwort entschlossen.

(38) Hallo, Frau Professor Lagerberg,
in obiger Angelegenheit hat das Insolvenzgericht nunmehr die Schlussverteilung genehmigt.

Diese grundsätzliche Erkenntnis zur Entwicklung des Grußformelsystems in den letzten zwei bis drei Jahrzehnten in Deutschland heißt nicht, dass man heute hier keine sozialen Abstufungen antreffen kann, wie beispielsweise *Guten Tag, Frau Professor Schmidt!* für die Institutsdirektorin, *Tag, Frau Berger!* für die Forschungsgruppenleiterin oder *Hallo, Anja!* für die Kollegin der Forschungsgruppe, aber derartige Differenzierungen sind in der gegenwärtigen Alltagskommunikation nicht mehr die Norm.

4.1.3. Umgangssprachliche Grußformeln

Neben den zentralen standardsprachlichen Grußformeln treten in beiden Sprachen auch periphere umgangssprachliche Varianten auf wie: *Здрасьте! Добрый!* (für *Добрый день!*) im Russischen und *Tag.* (für *Guten Tag!*) *Tagchen! Morgen! N'Abend!* im Deutschen. Daneben sind salopp umgangssprachliche Begrüßungsformeln in beiden Sprachen, die unter Gleichaltrigen bei sozial reziproken Beziehungen verwendet werden, zu berücksichtigen wie: *Привет! Приветик! Здорово! Салют! Хелло!* und *Grüß dich! Sei gegrüßt! Hi! Hallöchen!*, vgl. die Belege (24) und (25) sowie die folgenden vier Beispiele:

(39) Здрасьте, Ирина Ивановна, – поздоровалась Джамиля.
(40) Всем приветик! Да, я тоже слышала, что будет дискотека 23 февраля.
(41) Der Wirt humpelte eilfertig auf Lisa zu und begrüßte sie wie eine alte Bekannte: „Grüß dich! Wie geht's?"
(42) Und dann dieser Volker. Mit zwei Sprüngen war er im Bus: „Hallöchen! Ich bin der Volker. Ein Witzchen zum Kennenlernen..."

4.1.4. Gehobene Grußformeln

Ebenfalls peripher sind in beiden Sprachen auch die stilistisch erhabenen Ausprägungen. Sie wirken höchst offiziell, für das alltägliche Sprachverhalten teilweise veraltet und in manchen Fällen auch ironisch.

(43) Ich darf Sie herzlich zu unserem Gottesdienst begrüßen.
(44) Позвольте Вас приветствовать в нашем музее.
(45) „Habe die Ehre, meine Herrn!" Dann setzte sie sich zum Vater und unterhielt sich mit ihm.
(46) – Приветствую вас.
– Моё почтение, – ответил Фред.

4.2. Indirekte Grüße

Bei den indirekten Grüßen handelt es sich in der Regel um andere Sprachhandlungsmuster, die in der Funktion der BEGRÜSSUNG verwendet werden und insofern die illokutive Bedeutung des Grußes modifizieren. Zu diesen indirekten Grüßen gehören vor allem die Befindlichkeitsfrage, der Wunsch, der Überraschungsgruß und die Evidenzfrage. Diese Ausprägungen der BEGRÜSSUNG nehmen im kommunikativ-pragmatischen Feld einen peripheren Platz ein.

4.2.1. Befindlichkeitsfrage

Dass es sich bei diesem Typ von Grußformeln, z. B. *Как дела?* ~ *Wie geht's?* nicht um prototypische Ausprägungen der BEGRÜSSUNG handelt, zeigt der fehlende Echogebrauch. Die Antwort lautet gewöhnlich: *Спасибо, хорошо. Спасибо, так себе.* ~ *Danke, gut. Danke, es geht.* Vielfach, besonders in Russland, erfolgen auch präzise Antworten oder Rückfragen, vgl.

(47) – Как живёшь? „Wie geht's, wie steht's?"
– Да ничего. „Geht so"
(48) – Как жизнь? „Was macht die Kunst?"
– Спасибо. Потихоньку. „Danke. Es muss."
(49) – Ну, как дела? „Na, wie geht's?"
Нормально. А ты как? „Es geht. Und selbst?"

4.2.2. Wunsch

Wunschformeln substituieren oder ergänzen vor allem terminale Grüße. Aber auch im Feld der BEGRÜSSUNG sind sie zu finden. Auch hier erfolgt als Antwort keine Echoformel, sondern in der Regel eine Dankesäußerung oder ein Gegenwunsch, vgl.

(50) – Добро пожаловать! „Herzlich Willkommen!"
– Рад Вас видеть. „Ich freue mich, Sie zu sehen."

4.2.3. Überraschungsgruß

Derartige Äußerungen werden in beiden Sprachgemeinschaften verwendet, wenn sich Bekannte nach längerer Zeit, eventuell an einem besonderen Ort, unerwartet wiedersehen. Auch hier haben sich sowohl im Russischen als auch im Deutschen feste Wendungen etabliert, die immer wieder anzutreffen sind, die aber wie beim Auftreten von Befindlichkeitsfragen und Wünschen keinen Echogebrauch nach sich ziehen, vgl.

(51)	Сколько лет, сколько зим!	Lange nicht gesehen!
(52)	Какими судьбами!	Wo kommst du denn her?
(53)	Кого я вижу?	Bist du's wirklich?
(54)	Вот так встреча!	Na, so ein Zufall!

4.2.4. Evidenzfrage

Wenn man den Kommunikationspartner am Tage schon einmal begrüßt hat und die Wiederholung einer Grußformel vermeiden will, damit der Angesprochene nicht denkt, man habe die erste Begegnung vergessen, dann werden die sog. Evidenzfragen gestellt, die eher einen Kommentar zur erneuten Begegnung als eine Frage darstellen, vgl.

(55)	Тоже в кино решили сходить?	Na, auch mal wieder ins Kino?
(56)	Мы с Вами уже виделись сегодня.	Wir hatten uns heute schon.

4.2.5. Übertragener Gebrauch

Die Grußformel *Здравствуйте!* kann im Russischen auch in übertragener Bedeutung verwendet werden. Sie hat dann nicht mehr die Funktion der Kontaktaufnahme, sondern dient dem Ausdruck von Enttäuschung, Überraschung und gegebenenfalls auch Ironie. In dieser übertragenen Bedeutung ist die Grußformel durch eine spezifische Artikulation gekennzeichnet, die betonte Silbe wird stärker akzentuiert und zeitlich gedehnt ausgesprochen, vgl.

(57) – Витя, я на последнем экзамене провалился.
– На последнем экзамене провалился? Здравствуйте! Как же это вышло?
(57a) „Vitja, ich bin in der letzten Prüfung durchgefallen."
„Du bist in der letzten Prüfung durchgefallen? Na dann, Prost Mahlzeit! Wie konnte das passieren?"

Eine spezifische Realisierung ist die transponiert gebrauchte phraseologisierte Wendung *Здравствуйте пожалуйста*, die Verzweiflung und Hilflosigkeit ausdrückt.

(58) И в это время погас свет. – Здравствуйте пожалуйста, сказал дед.
(58a) In diesem Moment ging das Licht aus. „Da haben wir den Salat!", sagte der Großvater.

In dieser übertragenen Bedeutung der Verzweiflung und Hilflosigkeit finden sich häufig auch die phraseologischen Wendungen *Здрасьте, приехали!* und *Здрасьте, приплыли!* mit der abgeschliffenen saloppen Form der russischen Begrüßungsformel *Здрасьте!*, wie z. B. in:

(59) В огромной постели, на кремовом покрывале лежала совершенно обнаженная прекрасная гостья, сжимая в тонкой руке наполненный бокал. – Здрасьте, приехали! – только и смог сказать я.

5. Reaktionen auf eine BEGRÜSSUNG

Die Standardreaktion auf eine BEGRÜSSUNG ist die Echoverwendung der Begrüßungsformel. Das ist in den meisten Fällen die wörtliche Wiederholung der Grußformel. Sehr sprachbewusste Sprecher vermeiden manchmal die direkte Wiederaufnahme der Grußformel und nutzen als Reaktion eine mögliche synonyme Wendung, also z. B. in Russland *Здравствуйте!* und *Добрый день!* sowie in Deutschland *Guten Morgen!* und *Guten Tag!*

In Bezug auf die sog. Befindlichkeitsfragen verweisen Sprachführer (vgl. Gorodnikova/Dobrovol'skij 2001: 175–176; Formanovskaja 2009: 180–183) darauf, dass es hier ein ganzes Spektrum von Antwortmöglichkeiten gibt, was sowohl für das Russische als auch für das Deutsche nachzuweisen ist, vgl. *Ничего* ~ *Es geht; Не ахти как* ~ *Mittelmäßig; Ни шатко, ни валко* ~ *Halbwegs; Дела как сажа бела* ~ *Total katastrophal.*

Der perlokutive Effekt einer BEGRÜSSUNG kann auch durch einen Ausdruck der Freude bei den Kommunikationspartnern manifestiert werden. Derartige Formulierungen finden wir im Russischen und Deutschen in gleicher Weise, vgl. *Очень хорошо, что мы встретились!* ~ *Schön, dass wir uns treffen; Рад тебя видеть* ~ *Ich freue mich, dich zu sehen.*

II. Verabschiedung

1. Definition des Sprachhandlungsmusters

Das Sprachhandlungsmuster VERABSCHIEDUNG wird in der Fachliteratur vielfach mit dem Sprachhandlungsmuster BEGRÜSSUNG unter dem Sprechakt GRÜSSEN subsumiert und als Terminalgruß gegenüber dem Initialgruß abgegrenzt (vgl. Kohrt 1985: 174). Hinsichtlich der Definition der VERABSCHIEDUNG gibt es den gleichen Streit wie in Bezug auf das Sprachhandlungsmuster BEGRÜSSUNG.

J. Searle vertritt die Meinung, dass hier, weil es sich um eine Routinehandlung bzw. um ein Ritual handelt, keine Semantik und somit kein propositionaler Gehalt vorliegt (vgl. Searle 1971: 99). Im Wörterbuch der deutschen Kommunikationsverben von G. Harras et al. wird die Bedeutungsexplikation des performativen Verbs *sich verabschieden* auf den beabsichtigten Ortswechsel und die Beendigung des Kontakts beschränkt und ein propositionaler Gehalt abgelehnt:

> Ein Sprecher S äußert einem Hörer H gegenüber eine Grußformel, mit der er zu verstehen gibt, dass er die Kommunikation mit H beenden und sich an einen anderen Ort begeben will. (Harras et al. 2004: 509)

A. Wierzbicka (1972: 142–143) dagegen erkennt im Sprachhandlungsmuster VERABSCHIEDUNG die Bedeutung der Achtung und des Wohlwollens gegenüber dem Adressaten. Die Autorin verweist in der Diskussion von BEGRÜSSUNG und VERABSCHIEDUNG auf die klassische Arbeit von G. W. Leibniz mit der Formulierung: „Salutare est conversationem incipere cum significatione benevolentiae, praesertim cum voto. Valedicere est tali significatione conversationem finire"[7] (Leibniz 1903: 500). Das heißt, auch die VERABSCHIEDUNG signalisiert wie die BEGRÜSSUNG das Interesse an einer positiven Beziehung zum Gesprächspartner.

Zentrales Ausdrucksmittel des Sprachhandlungsmusters VERABSCHIEDUNG sind die Formeln *Auf Wiedersehen!* im Deutschen und *До свидания!* im Russischen, vgl.

(1) Zum Abschied sagte ich aufrichtig: „Auf Wiedersehen, Durruti. Ich komme zu Ihnen nach Zaragoza."

(2) До свидания, – проговорила Света и протянула Ирине пустую сумку.

---

7 Begrüßen heißt ein Gespräch beginnen mit dem Ausdruck des Wohlwollens, vor allem mit einem guten Wunsch. Verabschieden heißt ein Gespräch beenden mit der gleichen Signalisierung.

In der Diskussion um die Rolle des Sprachhandlungsmusters VERABSCHIEDUNG wird immer wieder auf seine Funktion als Mittel der Kontaktpflege verwiesen. So betont N. I. Formanovskaja, dass die VERABSCHIEDUNG nicht den Abbruch von Beziehungen bedeutet, sondern nur eine temporäre Trennung, nach der die Kommunikation wieder aufgenommen werden soll (Formanovskaja 2009: 194). In diesem Sinne unterstreicht M. Ja. Glovinskaja (1993: 210) bei der semantischen Interpretation des Verbs *прощаться ~ sich verabschieden*, dass, wenn die Kommunikationspartner an der Pflege weiterer Begegnungen interessiert sind, die Äußerung einer Abschiedsformel erwartet wird, weil es sonst zu Irritationen kommen kann:

X прощается с Y-ом ≅
(1) X и Y находятся в условиях, когда они могли установить устный контакт;
(2) X и Y собираются прервать контакт;
(3) X хочет показать, что он не имеет ничего против дальнейших контактов с Y-ом;
(4) X говорит словесную формулу, принятую для этого;
(5) X понимает, что если он не скажет этого, Y может подумать, что X не хочет иметь дальнейшие контакты с ним, и это будет неприятно Y-у;
(6) X говорит это, чтобы Y знал, что X не против дальнейших контактов с ним.

Der Gedanke der hohen Relevanz der Realisierung einer Verabschiedungsformel für das Gefühl der sozialen Eingebundenheit (vgl. Zitat von Otterstedt 1993 im Kap. I. BEGRÜSSUNG) wird auch bei G. Uhlisch unterstrichen, wo es heißt:

> Während die Verweigerung eines Initialgrußes in der folgenden Interaktion ausgeglichen werden kann, stellt die Verweigerung des Terminalgrußes eine Gefahr für den weiteren Kontakt dar, weil das Ausbleiben eines Abschiedsgrußes einen Kontaktbruch befürchten lässt, denn die Bestätigung einer sozialen Bindung beider Grußpartner hat nicht stattgefunden. Die Aufgabe des Abschiedsgrußes besteht eben darin, die Bindung der Grußpartner für die Zukunft zu bestärken. (Uhlisch et al. 1998: 9)

Die Erwartbarkeit eines Abschiedsgrußes für die Pflege guter Beziehungen zwischen den Gesprächspartnern wird auch von Wierzbicka thematisiert. Sie hat in Parallelität zum englischen Verb *greet ~ grüßen* auch die Wendung *say goodbye ~ sich verabschieden* ins Wörterbuch der Sprechaktverben aufgenommen (Wierzbicka 1987: 223–224) und dafür folgende Bedeutungsexplikation vorgeschlagen:

> I assume that you and I both know that after now we will not be in the same place
> I assume you and I both know that after now we will not be able to say things to one another because of that
> I want to say something to you because of that
> I want to say something of the kind that people can be expected to say to one another when they are going not to be in the same place

I say: X
I say this because I want to cause you to perceive that I think of you as someone to whom I would have wanted to say something

Genau wie für die BEGRÜSSUNG ist auch für das Sprachhandlungsmuster VERABSCHIEDUNG der sog. Echogebrauch ein wichtiges strukturelles Merkmal, das diese beiden Sprechakte von den weiteren Sprachhandlungsmustern unterscheidet (vgl. Kohrt 1985: 178–179, 183). Das heißt hier, dass auf die Äußerung der Verabschiedungsformel *Auf Wiedersehen!* die Antwort mit der gleichen Wendung *Auf Wiedersehen!* folgt, genau wie auf russ. *До свидания!* in der Regel mit *До свидания!* geantwortet wird, vgl.

(3) „Auf Wiedersehen, Fräulein Cilly."
„Auf Wiedersehen, Jadwiga. Und keine Dummheiten…", Cilly stöhnte.
(4) – Тогда это серьёзно. До свидания, Лидия Тимофеевна.
– До свидания…

Echogebrauch heißt allerdings nicht, dass als Antwort wortwörtlich die gleiche Formel verwendet werden muss, es geht vielmehr darum, dass eine passende stereotype Wendung aus dem Repertoire der in der jeweiligen Sprache zu Verfügung stehenden konventionalisierten Verabschiedungsformeln ausgewählt wird. So ist es beispielsweise besonders unter gebildeten Sprechern des Russischen nicht selten, dass auf die Formel *До свидания!* mit der Wendung *Всего доброго!* bzw. umgekehrt geantwortet wird, vgl.

(5) – Жду с нетерпением, – сказал Ермилов.
– Всего доброго, Геннадий Андреевич.
– До свидания, Илья Андреевич.

Dass es sich trotz der Genitivform dieser elliptischen Konstruktion, die auf die Rektion des Verbs *желать* zurückgeht (*желаю всего доброго*), nicht um einen Wunsch handelt, sondern um einen Gruß, wird durch die Echoverwendung belegt. Das zeigt sich auch bei der strukturell vergleichbaren Verabschiedungsformel vor dem Schlafengehen *Спокойной ночи!*, die nicht mit einer Dankesformel wie *Спасибо!*, sondern mit dem gleichen Terminalgruß beantwortet wird, vgl.

(6) – Пора идти их кормить. Спокойной ночи.
– Спокойной ночи, – простился Джимми.

Zusammenfassend lässt sich feststellen, dass das Sprachhandlungsmuster VERABSCHIEDUNG in der Situation einer temporären örtlichen Trennung der Gesprächspartner signalisiert, dass man gewillt ist, auch weiterhin Kontakt zu halten, weil man einander schätzt und sich wohl gesonnen ist. In seiner strukturellen Ausgestaltung ist das Sprachhandlungsmuster VERABSCHIEDUNG mit Gruß und

Gegengruß dialogisch aufgebaut. Es trägt wie die BEGRÜSSUNG in hohem Maße konventionellen Charakter. Das Ausbleiben eines Abschiedsgrußes könnte zu Irritationen beim Gesprächspartner führen.

In der Sprache der semantischen Primitiva ergibt sich zusammengefasst folgende Definition:

(a) Ich gehe davon aus, wir beide wissen, dass wir danach nicht am gleichen Ort sein werden

(b) Ich gehe davon aus, dass wir deshalb danach uns nicht mehr etwas sagen können

(c) Ich sage: X

(d) Ich sage es, weil ich zeigen möchte, dass ich mit dir weiterhin zu sprechen wünsche und dass ich Gutes für dich empfinde.

2. Struktur des Sprachhandlungsmusters

Die Formeln des Sprachhandlungsmusters VERABSCHIEDUNG sind im Deutschen und im Russischen unterschiedlich strukturiert. Neben den präpositional-substantivischen Prototypen der Abschiedsformel – s. die Beispiele (1) und (2) – sind das vor allem die ebenfalls präpositional-substantivischen Formeln mit dem Verweis auf die Trennungszeit *(Bis Montag! ~ До понедельника!)*, die Imperativformen des sog. Abschiedsgrußes für immer *(Leb wohl! ~ Прощай!)*, die explizit performativen Äußerungen *(Gestatten Sie, mich zu verabschieden! ~ Позвольте попрощаться!)* und die aus Wunschformeln entstandenen Genitivkonstruktionen im Russischen *(Всего доброго!)* mit den entsprechenden Akkusativkonstruktionen im Deutschen *(Alles Gute!)*.

2.1. Präpositionale Konstruktionen

Die prototypischen Abschiedsformeln beider Sprachen sind in Bezug auf ihre syntaktische Struktur gleichartig aufgebaut, vgl. die Belege (1) und (2). Das substantivische Kernwort wird durch eine Präposition mit temporaler Bedeutung determiniert: *Auf Wiedersehen!* im Deutschen und *До свидания!* im Russischen. Beide Äußerungen kann man als implizit performative Formeln bezeichnen (vgl. Pisarek 1995: 105), das heißt, mit der Äußerung dieser Wendung wird gleichzeitig die Sprachhandlung realisiert, es liegt aber kein performatives Verb vor. Okkasionell kann das Substantiv im Kern der Formel durch ein Adjektiv (meist zur Kennzeichnung des Trennungszeitraums) erweitert werden. Hier kann auch im Deutschen neben der Präposition *auf* die Präposition *bis* auftreten: *До скорого свидания! Auf baldiges Wiedersehen! Bis zum nächsten Wiedersehen!*

Der lexikalische Verweis auf die Trennungszeit findet sich in einer ganzen Reihe von substantivischen Grußvarianten mit der Präposition *bis* bzw. *до* sowohl im Deutschen als auch im Russischen: *Bis morgen! Bis zum nächsten Mal! Bis heute Abend!* und *До встречи! До вечера!*

2.2. Imperativkonstruktionen

Eine weitere Strukturform der Verabschiedung ist der Imperativ: *Leb wohl! Прощай!* als vertrauliche Formel sowie *Leben Sie wohl! Прощайте!* für die Distanzbeziehung. In beiden Sprachen bezeichnen diese Formeln meist den Abschied für immer bzw. für eine lange Zeit. Es handelt es sich um implizit performative Äußerungen.

2.3. Explizit performative Konstruktionen

Explizit performative Konstruktionen werden zwar nicht häufig gebraucht, sie können aber für beide Sprachen belegt werden. Hier treten die performativen Verben in der 1. Pers. auf und benennen die gleichzeitig ablaufende Verabschiedungshandlung, vgl.

(7) …Ich verabschiede mich von Euch, liebe Eltern, in der letzten Weile, damit Ihr solltet möglichst lange leben. Und bittet Gott, dann hilft er Euch, gesund zu bleiben.

(8) А я прощаюсь, – повернулась к мужчинам Инфанта, а затем к женщине.

Explizit performative Verabschiedungsformeln mit den entsprechenden performativen Verben finden sich in der syntaktisch abhängigen Form des Infinitivs oder Nebensatzes vor allem in der stilistisch markierten Erlaubnisformel zur Verabschiedung *Erlauben Sie, dass ich mich verabschiede! Darf ich mich empfehlen!* und *Позвольте попрощаться! Разрешите откланяться!*

2.4. Konstruktionen mit Genitiv im Russischen und mit Akkusativ im Deutschen

Die Genitivkonstruktionen, die historisch aus Wunschformeln entstanden sind, fungieren im Russischen als indirekte Abschiedsgrüße. Das betrifft sowohl die allgemeinen Abschiedsformeln *Всего доброго! Всего хорошего!* als auch den Nachtgruß *Спокойной ночи!* Letzterem entspricht im Deutschen eine Akkusativkonstruktion: *Gute Nacht!* als Abschiedsgruß vor dem Schlafengehen.

3. Kommunikativ-pragmatische Faktoren

Die prototypischen Verabschiedungsformeln *Auf Wiedersehen!* und *До свидания!* weisen hinsichtlich ihres Gebrauchs in der alltäglichen Kommunikation einen hohen Grad von Universalität auf, sodass die kommunikativ-pragmatischen Faktoren, die die Auswahl der jeweiligen Variante der Abschiedsformel determinieren, für dieses Sprachhandlungsmuster eher von sekundärer Relevanz sind. Hier wird auf die Kriterien wie die Beziehung zwischen den Kommunikationspartnern, den sozialen Status, das Alter, die Tageszeit der Begegnung und die Region, die für die Wahl der Begrüßungsformel herangezogen werden, deshalb nur relativ kurz eingegangen. Aber auf zwei Besonderheiten des Sprachhandlungsmusters VERABSCHIEDUNG im Deutschen soll hier einleitend hingewiesen werden. Das ist zum einen die Tatsache, dass die ursprünglich umgangssprachliche Abschiedsformel *Tschüss!* sich in den letzten 20 bis 30 Jahren zu einer terminalen Grußformel entwickelt hat, die nicht mehr von einem Distanzverhältnis, vom sozialen Status, von einem Altersunterschied und von einer regionalen Spezifik eingeschränkt wird und deshalb in der Gegenwart quasi gleichberechtigt neben der Formel *Auf Wiedersehen!* steht. Darauf wird unter 4.1. in diesem Kapitel genauer eingegangen. Zum anderen wird unter Berücksichtigung der in Deutschland möglichen spezifischen Variante der Verabschiedung am Telefon noch der Faktor *Medium* als sechstes determinierendes Merkmal unter den kommunikativ-pragmatischen Kriterien hinzugefügt.

3.1. Beziehung zwischen den Kommunikationspartnern

Bei diesem Merkmal geht es um die Gegenüberstellung zwischen einem Distanzverhältnis und einer Beziehung der Vertrautheit. Die Unterscheidung wird formell nur in der sog. Abschiedsformel für immer manifestiert, weil sie sowohl im Deutschen als auch im Russischen durch eine verbale Imperativform ausgedrückt wird, die die Opposition zwischen Siezformel (Distanzverhältnis) und Duzform (Vertrautheitsform) zu signalisieren vermag, vgl.

(9) „Leb wohl, Valentin, und grüße auch Johannes von mir."
(10) „Leben Sie wohl, Gräfin Dönhoff. Ihre Spuren werden bleiben."
(11) Прощай, мой дорогой друг! Я снова тысячу раз благодарю тебя за всё.
(12) Благодарю Вас, прощайте, – сказала Маргарита и поднялась.

3.2. Sozialer Status

Das Merkmal des sozialen Status ergibt sich aus der Opposition von einem reziproken sozialen Verhältnis und einem nicht reziproken. Die prototypischen

Formeln *Auf Wiedersehen!* und *До свидания!* können sowohl für ein nicht reziprokes Verhältnis als auch bei einer reziproken Beziehung verwendet werden. In ihrer Universalität gelten diese Formeln in der sozialen Richtung sowohl von unten nach oben als auch umgekehrt.

Bei einer reziproken sozialen Beziehung findet man im Bereich der Umgangssprache im Deutschen Formeln wie *Bis bald! Wir sehen uns!* und im Russischen *Пока! Увидимся!*, vgl.

(13) Micha kommt mit, muss auch noch weiter, einkaufen, das Übliche. Micha: „Wir sehen uns noch!"

(14) Да, да, конечно, – подтвердил полковник. – Ну, я не прощаюсь, товарищ Зыбин. Увидимся!

3.3. Alter

Beim Kriterium des Alters geht es um die Unterscheidung von gleichaltrigen und nicht gleichaltrigen Gesprächspartnern. Die prototypischen Äußerungen *Auf Wiedersehen!* und *До свидания!* können bei Gleichaltrigkeit und Nichtgleichaltrigkeit verwendet werden.

Es gibt sowohl im Deutschen als auch im Russischen bestimmte Grußformeln, die beim Abschied besonders von Jugendlichen gebraucht werden. Das sind z. B. Abschiedsformeln wie *Mach's gut! Hau rein! Ciao! Tschö!* im Deutschen und *Счастливо! Ну давай! Бывай! Салют! Чао!* im Russischen, vgl.

(15) Könnte mir in' Arm treten. Haut rein, Jungs. Tschö!

(16) – Пойду, что ли, пошаманю на будущее.
 – Ну давай! Удачи тебе!

(17) Die Sonne lässt sich nicht mehr blicken, es regnet, und die Apokalypse steht unmittelbar bevor. „Ciao! Das war's."

(18) Дома поговорим как следует. Чао! – Ошеломлённый Краснопёров медленно вышел на улицу.

3.4. Tageszeit

Hinsichtlich der Tageszeit gibt es für beide Sprachen im engeren Sinne nur eine Grußform, die für eine bestimmte Tageszeit spezifiziert ist: *Gute Nacht!* und *Спокойной ночи!* für die Verabschiedung unmittelbar vor der Nachtruhe vgl.

(19) „Gute Nacht, allerseits!"
 „Gute Nacht!" Glücklich und bester Dinge schließt Karl die Haustür auf.

(20) „Спокойной ночи, мама", – прошептала она и вышла.

Hier ist allerdings auf die Besonderheit zu verweisen, dass in Deutschland die Tageszeitbegrüßungsformeln *Guten Morgen!* und *Guten Abend!* auch bei der Verabschiedung möglich sind, vgl.

(21) „Ich spreche die Zugführer um elf Uhr in meinem Unterstand! Guten Morgen!"
Ich ging mit Sänger zurück.

(22) „So, also er war falsch verbunden?"
„Richtig! Vielen Dank. Guten Abend, Herr Wachtmeister!"
„Moment mal, können Sie sich das alles bestätigen lassen durch Herrn Molemans?"

Bei einer Übersetzung der deutschen Formeln *Guten Morgen! Guten Abend!* in diesen beiden Beispielen müsste im Russischen zur Verabschiedungsformel *До свидания!* gegriffen werden.

3.5. Region

Regionale Varianten von Abschiedsgrüßen sind vergleichsweise weniger allgemein verbreitet und bekannt als regionale Begrüßungsformeln wie beispielsweise *Grüß Gott!* oder *Moin, Moin!* So kann man im bayerischen Raum z. B. auf die dialektale Abschiedsformel *Pfiad eich!* („Behüt euch Gott") oder *Seawus!* („Servus") treffen, vgl.

(23) Ein vielstimmiges Rufen und Winken: „Tschüüüs! Pfiad eich!", und wahrhaftig – der riesige nachtblaue Ballon entschwebt in die Lüfte.

Hinsichtlich des Russischen wird darauf verwiesen, dass dialektale Abschiedsgrüße auf kleine Gebiete, manchmal auf einzelne Dörfer eingeschränkt sind (vgl. Kotorova 2004: 143). Die regionale Formel *Прощевай!*, die in der Regel nur auf dem Lande zu hören ist, weist zwar die bekannte standardsprachliche Wurzel auf, hat aber nicht die spezifische Bedeutung des endgültigen Abschieds, vgl.

(24) Ну, Сергей Касьянович! Прощевай! Чегой-то штанов не надеваешь?

3.6. Medium

In Deutschland kann beim Telefonieren ein spezieller Abschiedsgruß verwendet werden, der durch das auditive Medium motiviert ist, aber im Russischen keine Entsprechung hat: *Auf Wiederhören!*, vgl.

(25) Moderator: „Das war Peter Müller, der Ministerpräsident des Saarlandes. Auf Wiederhören!"
Müller: „Auf Wiederhören!"

4. Ausdrucksformen des kommunikativ-pragmatischen Feldes

Im Feld der Ausdrucksmittel des Sprachhandlungsmusters Verabschiedung lassen sich direkte Abschiedsgrüße und indirekte Abschiedsgrüße unterscheiden. Die direkten Abschiedsgrüße bilden das Zentrum des kommunikativ-pragmatischen Feldes, die indirekten Abschiedsgrüße werden als periphere Ausprägungen betrachtet.

4.1. Direkte Abschiedsgrüße

Die direkten Grüße werden durch die prototypischen Formeln des Abschieds wiedergegeben. Hierher gehören neben den Standardformeln in beiden Sprachen die Tageszeitformeln, die Zeitraumformeln, die explizit performativen Formeln, die als stilistisch gehobene Verabschiedungen gelten, und die Formeln des endgültigen Abschieds. Die umgangssprachlichen und aus Fremdsprachen übernommenen Abschiedsgrüße (4.1.6.) und die Verabschiedung auf kurze Zeit (4.1.7.) sind in der Übergangszone zwischen Zentrum und Peripherie anzusiedeln.

4.1.1. Standardformeln

Wie schon unter Punkt 3. erwähnt, ist beim Vergleich der beiden Sprachhandlungsmuster des Grüßens im Deutschen und Russischen zu berücksichtigen, dass in den letzten zwei bis drei Jahrzehnten eine deutliche Entwicklung zu einem egalitären Grußverhalten zu beobachten ist. Daraus hat sich ergeben, dass es in Parallelität zur faktischen Gleichberechtigung von *Guten Tag!* und *Hallo!* bei der Begrüßung (s. dort) auch in Bezug auf die Verabschiedung eine Angleichung der ursprünglich regional und umgangssprachlich geprägten Formel *Tschüss!* an die althergebrachte Standardformel *Auf Wiedersehen!* zu konstatieren ist. Das heißt, auch bei einem Distanzverhältnis zwischen den Grußpartnern, bei Unterschieden im sozialen Status und bei Differenzen im Alter wird im gegenwärtigen Deutsch immer häufiger der Abschiedsgruß *Tschüss!* statt der in der Fachliteratur empfohlenen Formel *Auf Wiedersehen!* verwandt (vgl. u. a. Otterstedt 1993: 143). Schon in den 1990er Jahren wurde festgestellt, „dass *Tschüss!* immer mehr in die offiziellen Bereiche eindringt, z. B. im Fernsehen als Abschiedsgruß Zuschauern gegenüber, in Büros, Verwaltungen" (Uhlisch et al. 1998: 27). Im Jahre 2012 kann H. Schulze-Neufeld dann schon formulieren:

> Zu den am häufigsten verwendeten Grußformeln sowohl in den Situationen des universitären und beruflichen Alltags als auch in den Situationen des privaten Alltags zählen dabei die standardsprachlichen Begrüßungsformeln *Hallo!* und *Guten Tag!* sowie die Verabschiedungsformeln *Tschüss!* und *Auf Wiedersehen!* Diese prototypischen Gruß-

formeln können somit zum Zentrum des funktional-semantischen Feldes des Sprechaktes Grüßen im Deutschen gezählt werden. (Schulze-Neufeld 2012: 208)

Im gegenwärtigen Russischen dagegen zeigt sich eher eine Tendenz zu einem nichtegalitären Grußverhalten. In der Situation eines Distanzverhältnisses zwischen den Interaktanten, der sozialen Hierarchie und altersmäßigen Asymmetrie wird die Standardformel des Sprachhandlungsmusters Verabschiedung *До свидания!* gebraucht. Schulze-Neufeld schreibt hier in Bezug auf Begrüßung und Verabschiedung:

> In den Situationen des privaten Alltags werden am häufigsten die Grußformeln *Здравствуйте!* und *До свидания!* gewählt. Diese prototypischen Grußformeln lassen sich somit zum Zentrum des funktional-semantischen Feldes des Sprechaktes Grüßen im Russischen zuordnen [...] Die lockeren Grußformeln *Привет!* und *Пока!* wurden dagegen eher in den Situationen mit einem vertrauten Verhältnis zwischen den Gesprächspartnern zugelassen, die durch einen hohen [...] Bekanntheitsgrad bei einer status- und altersbedingten Symmetrie sowie durch eine „Du-Anrede" zwischen den Interaktanten markiert sind. (Schulze-Neufeld 2012: 209)

In diesem Sinne stehen also der russischen Standardformel der Verabschiedung *До свидания!* zwei Formeln im Deutschen gegenüber: *Auf Wiedersehen!* und *Tschüss!*, vgl.

(26)   До свидания, Любовь Павловна. И передайте привет Вашему мужу!
(27a) Auf Wiedersehen, Frau Wegner, und grüßen Sie Ihren Mann!
(27b) Tschüss, Frau Wegner, und grüßen Sie Ihren Mann!

4.1.2. Tageszeitformeln

Während es bei der Begrüßung in beiden Sprachen je eine Formel für den Morgen- und den Abendgruß gibt – *Guten Morgen! Guten Abend!* sowie *Доброе утро! Добрый вечер!* –, wird bei der Verabschiedung nur zwischen der Standardformel *Auf Wiedersehen!* ~ *До свидания!* – und der Verabschiedungsformel vor der Nachtruhe *Gute Nacht!* ~ *Спокойной ночи!* differenziert. Der deutsche Nachtgruß ist universell, er wird sowohl im vertraulichen Bereich der Familie und unter Freunden als auch bei einem Distanzverhältnis und sozialen sowie altersmäßigen Asymmetrien verwendet. Die russische Formel ist eher für den familiären Bereich üblich (Uhlisch et al. 1998: 24), vgl. die beiden folgenden Beispiele aus unterschiedlichen Kommunikationssphären:

(28)   Gute Nacht", sagte Petra dann und reichte Friedrich die Hand.
(29)   Целую тебя очень нежно. Спокойной ночи, любимая! Мы с тобой уже давно одно целое.

4.1.3. Zeitraumformeln

Beide Sprachen verfügen über eine Reihe von standardsprachlichen Abschiedsformeln, die die Zeit der Trennung bzw. die Zeit bis zum Wiedersehen benennen, vgl.

(30) Bis heute Abend, Herr Seiters, und bringen Sie Ihre Tochter mit!
(31) – Непременно, – сказал Красноперов, – мерси.
– Ну, до вечера!

Es lassen sich grob gesehen zwei Varianten von Zeitraumformeln unterscheiden. Zum einen sind das Abschiedsformeln mit einem Substantiv im Dativ bzw. Akkusativ (im Deutschen) und Genitiv (im Russischen) bzw. mit einem Adverb, die konkret einen Termin benennen, wann sich die Gesprächspartner wiedersehen, also z. B. *Bis zum Wiedersehen!* ~ *До встречи! Bis Sonntag!* ~ *До воскресенья! Bis morgen!* ~ *До завтра!*

Zum anderen geht es um präpositional-adverbiale Wendungen, deren Zeitangaben ungenau sind, aber die Gesprächspartner haben durchaus einen konkreten Zeitpunkt im Auge, der relativ nahe liegt. Die deutschen Formeln sind im Wesentlichen synonym, sie finden daher im Russischen im Prinzip nur eine allgemeine Entsprechung, vgl. *Bis gleich! Bis später!; Bis dann!; Bis bald!; Bis nachher!* ~ *До скорого!*

4.1.4. Stilistisch gehobene Formeln

Als stilistisch gehoben markierte Abschiedsgrüße finden sich explizit performative Konstruktionen in syntaktisch abhängiger Form im Infinitiv bzw. im Nebensatz. Sie stehen nach Verben der Fortbewegung, s. (32) und (33), oder treten in stilistisch erhabenen Wendungen auf wie in den Beispielen (34) und (35):

(32) „Ja, Herr Graf", fuhr Woldemar fort, „ich komme, mich von Ihnen und den Damen zu verabschieden."
(33) Зина, я пришла с вами попрощаться. Выписывают меня.
(34) Gestatten Sie, mich nun von Ihnen zu verabschieden. Es war ein wunderbarer Abend.
(35) – Ну вот, – Баумвейс встал, – за мной приехали. Позвольте попрощаться с вами.
– Куда вы?

4.1.5. Formeln des endgültigen Abschieds

Beide Sprachen verfügen über einen direkten Abschiedsgruß, der bei einer Trennung für längere Zeit oder bei einer Verabschiedung für immer verwendet wird. Sowohl im Deutschen als auch im Russischen sind das Imperativkonstruktionen, die implizit performative Konstruktionen der Verabschiedung darstellen, und zwar als Kontaktformeln (Du-Anrede) und Distanzformeln (Sie-Anrede), vgl.

(36) Damit hast Du es mir leicht gemacht, und ich danke Dir. Lebe wohl!
(37) Leben Sie wohl, meine gute und zärtliche Schwester! Ich hoffe, dass dieser Brief Sie erreichen wird.
(38) Геннадий, прости, что не сберегли тебя. Прощай, голубчик.
(39) Плевать мне на ваши рамки, – ответила я. – Ноги моей больше здесь не будет. Прощайте!

Wie das Beispiel (39) zeigt, kann die Verabschiedung für immer nicht nur bestimmten Umständen geschuldet, sondern auch vom Sprecher beabsichtigt sein. Außerdem zeigen Belege aus der schöngeistigen Literatur und aus den Korpora, dass sowohl *Leb wohl!* im Deutschen als auch *Прощай!* im Russischen in der Gegenwart nicht immer allein in der Bedeutung der ‚Verabschiedung für immer' verwendet werden, sondern auch als allgemeine Abschiedsformel fungieren können, vgl.

(40) Jetzt fange ich doch an zu jaulen. Also leb wohl, liebe Christa, und sei herzlich gegrüßt von Deiner Brigitte.
(41) Спокойной ночи, – сказал Землерой. – Прощайте до весны.

4.1.6. Umgangssprachliche und entlehnte Abschiedsgrüße

In einer ungezwungenen Atmosphäre und in informeller Umgebung werden in beiden Sprachen umgangssprachliche Abschiedsgrüße und nicht selten auch entlehnte Ausdrücke verwendet, z. B. *Mach's gut! Wir sehen uns!* und *Пока! Счастливо!* sowie *Bye-bye!; Adieu!* und *Салют!; Ариведерчи!* Diese Formeln, die zu den direkten Abschiedsgrüßen gehören, stellen im kommunikativ-pragmatischen Feld der Verabschiedung eine Übergangszone zwischen Zentrum und Peripherie dar, vgl. zur Illustration die folgenden Belege:

(42) Mach's gut, mein Schatz. Da wird gerade angerufen, ein Brief für mich ist da.
(43) „Wir sehen uns – so Gott will – 2017", so der Ex-Präsident in einem Treffen Anfang des Monats mit seinen Anhängern.
(44) Пока. Увидимся. – Он спустился к твёрдой полосе песка и оттуда сдержанно поклонился девушкам.
(45) Bye-bye, Ascona, es war eine schöne, intensive, bisweilen melancholische Zeit. See you in Wien.
(46) Она неодобрительно глянула, когда мы обогнали её. – Ариведерчи! – пробурчал Сид в её сторону.

Umgangssprachlichen Charakter haben auch Abschiedsformeln des Russischen, die auf eine perfektive Präteritalform von Verben der Fortbewegung zurückgehen wie *Я пошёл! Я побежала!* Hier bezeichnet die Präteritalform des Verbs eine zukünftige Handlung, d. h., der Prozess, der in der Zukunft stattfinden soll, wird so dargestellt, als sei er schon realisiert. Diese transponierten Tempusformen haben im Deutschen keine gleichgelagerten Entsprechungen. Sie haben in einer Verabschiedungssituation, in der der Sprecher quasi schon die Türklinke in der Hand hat, die Bedeutung wie ‚Ich bin schon weg (gegangen bzw. gelaufen)' (vgl. Švedova 1980: 632–633).

4.1.7. Verabschiedung für kurze Zeit

Wenn sich Gesprächspartner nur für kürzere Zeit trennen und sich dann wieder begegnen, ist es sowohl in Deutschland als auch in Russland üblich, sich durch eine entsprechende Abschiedsformel des gegenseitigen Wohlwollens zu versichern, vgl. z. B.

(47) „Wir sehen uns ja noch! Bis gleich", sagte die Tagungsleiterin und lächelte mir zu.
(48) Мы с Вами не прощаемся, – пробормотал Красных и исчез.
(49) „Ich verabschiede mich bis zum Abendbrot", sagte Wiesenberg und lief zur Haltestelle.
(50) Я прощаюсь до завтра. На третье сентября, на девятнадцать часов намечено скромное торжество.

4.2. Indirekte Abschiedsgrüße und Grußkombinationen

Abschiedsgrüße können mit weiteren Sprachhandlungsmustern kombiniert oder teilweise auch durch sie ersetzt werden. Dazu gehören die Sprachhandlungsmuster WUNSCH, EINLADUNG, RATSCHLAG, VERSPRECHEN und BITTE.

4.2.1. WUNSCH

Die Sprachhandlungsmuster VERABSCHIEDUNG und WUNSCH liegen in der alltäglichen Kommunikation oft eng beieinander. Sie können sich, erstens, wie häufig besonders im Russischen, überschneiden oder gegenseitig ersetzen. Die Wunschformel kann, zweitens, wie vornehmlich im Deutschen, wie ein Enklitikon an die Abschiedsformel angehängt werden. Oder der Wunsch kann, drittens, und zwar sowohl im Deutschen als auch im Russischen, in vielen Varianten der Grußformel folgen. Diese Möglichkeiten sollen im Einzelnen mit Beispielen belegt werden.

a) Wunschformel statt Abschiedsformel
Wie schon unter 1., Beispiel (5), gezeigt, wird besonders im Russischen häufig die Abschiedsformel *До свидания!* durch die ursprüngliche Wunschformel *Всего доброго! Всего хорошего!* direkt ersetzt. Dabei zeigt in einer Verabschiedungssituation die Reaktion auf die Formel *Всего доброго!* durch *До свидания!* und

nicht durch *Спасибо!* eindeutig, dass sie hier als Gruß- und nicht als Wunschformel verwendet wird, vgl. außerdem das Beispiel *Счастливо!* ~ *Viel Glück!*

b) Wunschenklise

Die sog. Wunschenklise kommt aus dem amerikanischen Englischen (vgl. Larina 2009: 332). Es geht hier um Wunschfloskeln (*Have a nice day! Have a nice weekend!*), die selbst in Großbritannien anfangs nur mit Vorbehalten rezipiert wurden. Seit den 1980er Jahren sind sie aber in Deutschland fast obligatorische Komponente des Abschiedsgrußes in der Dienstleistungs- und Einkaufssphäre und heute auch in Russland mehr und mehr verbreitet, vgl.

(51) Einen schönen Tag noch!   Хорошего Вам дня!
(52) Schönes Wochenende!   Приятных выходных! (Приятного уик-энда!)

c) Abschiedsgruß plus Wunsch

Vielfach wird sowohl in Deutschland als auch in Russland in der Abschiedszeremonie die Grußformel durch eine Wunschformel ergänzt. Damit unterstreichen die Kommunikationspartner die Signalisierung ihres gegenseitigen Wohlwollens und der Sympathie. Hier finden sich spezifische Einzelwünsche wie (53) bis (55), Gesundheitswünsche wie (56) und (57) sowie Reisewünsche (58) und (59), vgl.

(53) Frohes Schaffen!   Хорошо поработать!
(54) Gutes Gelingen!   Желаю удачи!
(55) Viel Spaß!   Хорошо повеселиться!
(56) Bleib gesund!   Не болей!
(57) Gute Besserung!   Выздоравливайте! Поправляйтесь скорее!
(58) Gute Reise!   Счастливого пути!
(59) Komm gut nach Hause!   Хорошо добраться домой!

4.2.2. EINLADUNG

Der Ausspruch einer Einladung nach oder auch statt der Abschiedsformel unterstreicht das Interesse der Kommunikanten an der Fortführung der Kontakte. Formanovskaja (2009: 199) unterstreicht, dass derartige Einladungen reinen Etikettencharakter tragen und in der Alltagskommunikation keine konkrete Realisierung der Aufforderung erwarten lassen. In beiden Sprachen werden die kurzen Einladungen in der Regel durch Imperativformen ausgedrückt, vgl.

(60) Komm mal vorbei!   Заходи!
(61) Melden Sie sich mal wieder!   Звоните!
(62) Besuch uns bald wieder!   Приходи ещё!

4.2.3. Ratschlag

Die Abschiedsformel kann im umgangssprachlichen Verkehr in bestimmten Situationen und bei vertraulichen Beziehungen zwischen den Kommunikationspartnern auch mit einem Ratschlag kombiniert oder durch einen Ratschlag ersetzt werden (vgl. Bingan 2010: 127). Naturgemäß sind derartige Ratschläge nur unter sozial Gleichgestellten und bei unterschiedlicher sozialer Position und Altersunterschieden in der Richtung von oben nach unten möglich, vgl.

(63) Pass auf dich auf! Береги себя!
(64) Halt die Ohren steif! Держи уши торчком!

4.2.4. Versprechen

Bei der Verabschiedung können die Gesprächspartner auch bestimmte Versprechungen bzw. Verpflichtungen eingehen, die der weiteren Kontaktpflege dienen. Derartige kommissive Verabschiedungsformeln kommen offenbar aus der amerikanischen Geschäftskultur und sind in die medial geprägte (Telefon, Handy, E-Mail) globale Alltagskommunikation sowohl in Deutschland als auch in Russland übernommen worden (vgl. Bingan 2010: 126–127), vgl.

(65) Wir hören voneinander! Услышимся!
(66) Wir bleiben im Kontakt! Будем в контакте!
(67) Wir telefonieren! Созвонимся!

4.2.5. Bitte

Vielfach wird im Rahmen des Verabschiedungsrituals auch eine Bitte geäußert, die sich z. B. darauf beziehen kann, den Gesprächspartner in gutem Andenken zu behalten, vgl.

(68) Behalt mich in guter Erinnerung! Не поминай меня лихом!

Zur Kontaktpflege gehört neben dem Abschiedsgruß auch die Bitte, Grüße an Dritte zu übermitteln. Das betrifft in erster Linie Angehörige wie die Ehepartner und die Familie oder Kollegen, vgl.

(69) Grüßen Sie Ihre Frau! Передайте привет жене!

4.3. Schriftliche Verabschiedung

Im gegenwärtigen deutschen Briefverkehr lautet die standardsprachliche Abschiedsformel *Mit freundlichen Grüßen*. Ihr entspricht im Russischen im Wesentlichen die Formel *С уважением*. Daneben ist die Abschiedsformel *Mit besten*

Wünschen ~ *С наилучшими пожеланиями; Всего доброго* gebräuchlich. Im Schriftverkehr der älteren Generation und in öffentlichen Bereichen wie z. B. der Diplomatie findet man noch die Formel *Hochachtungsvoll*, der das russische *С глубоким уважением* entgegengesetzt werden kann. Persönlicher sind die Formeln *Herzlichst* ~ *Искренне Ваш(а)*. Besonders in Russland kann die Abschiedsformel durch eine Bitte um Antwort ergänzt werden, vgl. z. B. *Жду ответа* ~ *Ich warte auf Post von Dir* und *Пиши!* ~ *Schreib mal wieder!*

5. Sequenzen der Abschiedsvorbereitung

Kurze Begegnungen oder Geschäftstreffen werden in der Regel direkt mit dem Abschiedsgruß beendet. Eine andere Situation sind die Verabschiedungen nach einer Einladung beim Gastgeber zu Hause. Hier kann man häufig verschiedene Etappen der Verabschiedung unterscheiden (vgl. Yakovleva 2004: 197–200): die Signalisierung des Aufbruchs, vgl. (70) und (71), die Resümeesequenz, vgl. (72) und (73), die Danksequenz, vgl. (74) und (75), die Entschuldigungssequenz, vgl. (76), und den abschließenden Abschiedsgruß, vgl.

(70) Leider muss ich jetzt gehen.   К сожалению, пора идти.
(71) Entschuldigung, ich muss mich verabschieden.   Извините, мне надо попрощаться.
(72) Es hat mir bei Ihnen sehr gefallen.   Мне у Вас очень понравилось.
(73) Es hat alles bestens geschmeckt.   Всё было очень вкусно.
(74) Vielen Dank für den herrlichen Abend.   Спасибо за прекрасный вечер.
(75) Besten Dank für die vorzügliche Bewirtung.   Благодарю за роскошное угощение.
(76) Entschuldigung, dass ich so viel Zeit in Anspruch genommen habe.   Извините, что я отнял у Вас столько времени.

III. Dank

1. Definition des Sprachhandlungsmusters

Unter Dankbarkeit versteht man allgemein ein Gefühl, welches als Resultat der Anerkennung für eine Gefälligkeit, die erwiesen wurde, oder für etwas Positives, das empfunden wurde, entsteht. Dank ist nicht nur als ein Gefühl, sondern auch als eine Reaktion zu verstehen, die den seelischen Zustand des handelnden Subjekts zum Ausdruck bringt. Im Russischen fallen die beiden Begriffe – Dank und Dankbarkeit – in einem Wort *благодарность* zusammen (s. Kotorova 2013b: 417).

Der illokutive Zweck des Sprechaktes DANK (THANK) wird von A. Wierzbicka (1991: 157) wie folgt beschrieben:

(a) I know: you did something good for me
(b) I feel something good towards you because of this
(c) I say this because I want you to feel something good

Das Sprachhandlungsmuster DANK gehört zur Klasse der sogenannten expressiven Sprechakte, die dazu dienen, Gefühle und Emotionen sowie psychische Zustände des Sprechers dem Hörer zu vermitteln. Das illokutive Ziel dieser Klasse wird von G. Harras (1983: 209) auf folgende Art und Weise formuliert: Der Sprecher will, dass der Hörer über die Ansichten (Einstellungen, Gefühle) des Sprechers informiert ist. S. Staffeldt (2009: 81) formuliert dasselbe Ziel als den Versuch des Sprechers, die emotionale Gesamtlage des Hörers zu beeinflussen. In der Interpretation von Wierzbicka ist aber diese zentrale Aufgabe der Expressiva nicht widergespiegelt. Deshalb muss diese Auslegung des Dankaktes durch eine weitere semantische Konstituente ergänzt werden, und zwar, dass der Adressant dem Adressaten zeigen will, dass er das, was für ihn gemacht wurde, hoch einschätzt (vgl. Glovinskaja 1993: 209). Diese Ergänzung kann im Deutschen wie folgt formuliert werden:

(d) Ich sage das, weil ich will, dass du weißt, was ich fühle

Für die Analyse eines Sprechaktes ist es von Belang, seine Position innerhalb der Interaktion zu bestimmen. Von diesem Standpunkt aus ist es für die Charakteristik des Handlungsmusters DANK wichtig, dass diese Sprachhandlung nie eine Interaktionssequenz eröffnet, sondern immer als Reaktion auf eine vergangene verbale oder nonverbale Handlung angesehen werden muss (vgl. Wunderlich 1976: 77, 83). Deshalb muss der DANK nicht als isolierte Sprachhandlung, sondern als Bestandteil eines Handlungsgefüges beschrieben werden, das grundsätzlich aus drei Sequenzen besteht (vgl. Held 1987: 206):

a) eine benefaktive Handlung, die H gegenüber S leistet, dabei wird das sogenannte „Objekt der Dankbarkeit" konstituiert – Eröffnung der Sequenz;
b) die Danksagung durch S – Kern der Sequenz;
c) die Honorierung durch H – Abschluss der Sequenz.

In der einschlägigen Literatur gibt es Meinungsverschiedenheiten in Bezug auf die kommunikative Rolle des Dankaktes und der ganzen Klasse von expressiven Sprechakten, die auf die Definition der Kommunikation zurückzuführen sind. Manchmal wird Kommunikation ausschließlich als Übermittlung von Ideen oder Erkenntnissen verstanden, sodass expressive Handlungen nicht als kommunikative, sondern als sozial-interaktive angesehen werden, die vorrangig der Aufrechterhaltung des Kontakts zwischen den Interaktanten und der Atmosphäre der Höflichkeit und des Wohlwollens dienen (vgl. Grzegorczykowa 1990). Hier aber wird davon ausgegangen, dass Kommunikation als Sozialhandlung nicht nur die Übermittlung von Ideen, sondern auch von mentalen Zuständen und Gefühlen umfasst, was es ermöglicht, die expressiven Sprechakte den anderen Sprechaktklassen funktional gleichzustellen.

Dementsprechend kann das Sprachhandlungsmuster DANK wie folgt definiert werden:

(a) Ich weiß, dass du etwas Gutes für mich gemacht hast
(b) Ich fühle deshalb etwas Gutes dir gegenüber
(c) Ich sage das, weil ich will, dass du etwas Gutes empfindest
(d) Ich sage das, weil ich will, dass du weißt, was ich fühle.

2. Struktur des Sprachhandlungsmusters

In der alltäglichen Kommunikation wird die Struktur des Sprachhandlungsmusters DANK sowohl im Deutschen als auch im Russischen durch die Gesprächspartikeln *danke* und *спасибо* geprägt. Beide Gesprächspartikeln können auch Kern einer Dankesformel sein, die durch die Konstituente des Adressaten und die Konstituente des Anlasses erweitert werden. In Verbindung mit den Gesprächspartikeln *danke* und *спасибо* steht die Konstituente des Adressaten in beiden Sprachen im Dativ und die Konstituente des Anlasses nach der Präposition *für* bzw. *за* im Akkusativ, vgl.

(1) Danke dir für deinen Beistand! Du bist so lieb zu mir!
(2) Ольга, спасибо Вам за статью!

Die Konstituente des Anlasses kann in beiden Sprachen auch durch einen Nebensatz ausgefüllt werden, vgl.

(3) Willkommen und danke, dass Sie heute gekommen sind.
(4) Спасибо Вам, что Вы приехали вовремя.

Eine zweite zentrale Struktur ist das Sprachhandlungsmuster mit dem expliziten performativen Modell, das im Deutschen auf dem Verb *danken* und im Russischen auf dem Verb *благодарить* basiert. Hier wird die vollständige Struktur im Unterschied zu dem Modell mit der Gesprächspartikel noch zusätzlich durch die Konstituente des Sprechers gekennzeichnet, sodass die Dankesformel vier Komponenten enthält (vgl. Pisarek 1995: 48), vgl.

- das performative Verb zum Ausdruck der Sprachhandlung,
- die Konstituente des Sprechers,
- die Konstituente des Adressaten,
- die Konstituenten des Anlasses des Dankes.

Die Handlungskonstituente in der Form des performativen Verbs ist das Zentrum der Äußerung, die Konstituenten des Sprechers, des Adressaten und des Anlasses sind vom Verb (s. Beispiele 5, 6) abhängig, vgl.

(5) Ich danke dir für deine Hilfe.
(6) Я благодарю тебя за помощь.

Wie die Beispiele (5) und (6) zeigen, wird die Adressatenkonstituente im expliziten performativen Modell in beiden Sprachen grammatisch unterschiedlich ausgedrückt: im Deutschen steht sie im Dativ, im Russischen im Akkusativ. Die Anlasskonstituente kann auch hier wie nach der Gesprächspartikel durch einen Nebensatz ersetzt oder ergänzt werden, der sowohl unmittelbar, als auch mithilfe eines kataphorischen Pronomens eingeführt werden kann, vgl.

(7) Ich danke, dass meine Familie hier sein darf. / Ich danke dafür, dass meine Familie hier sein darf.
(8) Я благодарю тебя, что ты открыл нам такую Кармен! / Я благодарю тебя за то, что ты открыл нам такую Кармен!

Neben der verbalen Ausprägung mit dem Performativum gibt es auch eine nominale Variante mit dem gleichstämmigen Substantiv. Der deutschen Wendung *vielen Dank* entspricht die russische Formel mit der substantivierten implizit performativen Gesprächspartikel *спасибо*. Die Konstituente des Adressaten wird im Deutschen bei dem Substantiv *Dank* im Unterschied zum Russischen in der Regel weggelassen, vgl.

(9) Vielen Dank für die tatkräftige Unterstützung.
(9a) Большое спасибо [тебе] за активную поддержку.

Das russische Substantiv *благодарность* wird in den Wendungen *принести благодарность, выразить благодарность* gebraucht, denen im Deutschen substantivische Periphrasen des performativen Verbs sowohl mit dem Substantiv *Dank*, als auch mit dem Substativ *Dankbarkeit* entsprechen. Im Deutschen ist dabei der Gebrauch des Adverbs *hiermit* geläufig, das im Russischen in der alltäglichen Kommunikation kaum eine Entsprechung findet, vgl.

(10) Я хотел бы выразить Вам искреннюю благодарность за помощь и поддержку.
(10a) Ich möchte Ihnen (hiermit) meinen Dank für Hilfe und Unterstützung aussprechen.
(10b) Ich möchte Ihnen (hiermit) meine Dankbarkeit für Hilfe und Unterstützung ausdrücken.

Die Variante mit dem gleichstämmigen Adjektiv, das in der prädikativen Funktion gebraucht wird, ist in beiden Sprachen strukturell vergleichbar, vgl.

(11) Ich bin dir dankbar für jede Antwort.
(12) Я от души Вам благодарен.

Die Sprecherkonstituente wird in den explizit performativen Konstruktionen prototypisch durch ein Personalpronomen der 1. Pers. Sg. oder Pl. ausgedrückt. Im Deutschen ist der Gebrauch des Pronomens in der Standardsprache Norm. Im Russischen dagegen ist der Wegfall des Pronomens unmarkiert, die Sprecherkonstituente wird durch die Personalform des Verbs eindeutig signalisiert, vgl.

(13) Ich danke den Behörden für die Milde, die sie gegenüber meiner Frau und meiner Tochter walten ließen.
(14) Сердечно благодарю за передачу, получил табак, хлеб, масло.

Peripher findet man auch unbestimmt-persönliche Formen und Passivformen, die performativen Charakter tragen können, vgl.

(15) Für Spenden und kleine Gaben (Kuchen, Getränke, etc.) wird gedankt.
(16) Борис, здравствуйте! Мы передали Ваш отзыв в ресторан. Вас благодарят за оценку качества лапши и надеются, что Вы ещё пересмотрите своё мнение относительно десертов.

3. Kommunikativ-pragmatische Faktoren

In welchen kommunikativen Situationen bestimmte Sprachhandlungsmuster realisiert werden, ist in vielen Fällen kulturbedingt. Die Unterschiede beziehen sich auf zwei Möglichkeiten:

a) wenn unter gegebenen pragmatischen Bedingungen in einer Kultur ein bestimmtes Sprachhandlungsmuster von der Norm her realisiert werden muss, in der anderen Kultur aber die Realisation desselben kommunikativen Musters nicht obligatorisch ist und in den meisten Fällen ausbleibt;
b) wenn unter gegebenen pragmatischen Bedingungen in verschiedenen Kulturen verschiedene Sprachhandlungsmuster realisiert werden.

Beispielsweise bedankt sich in Deutschland ein Verkäufer in der Regel, wenn er Geld vom Kunden erhalten hat, und meist erwartet der Kunde das auch von ihm (Huber 2005: 8) – das konnte man früher in derselben Situation in Russland kaum erwarten. Sowohl russische als auch deutsche Forscher, die sich mit dem Sprachhandlungsmuster DANK beschäftigt haben, kommen zu dem Schluss, dass die Realisierung des Dankens in der russischen Kultur im Vergleich zu den anderen westeuropäischen Kulturen nicht so häufig vorkommt und weniger standardisiert und konventionalisiert ist. Bekannt ist die Meinung von E. Zemskaja, die davon ausgeht, dass Russen sich nicht so oft bedanken und sich entschuldigen wie Franzosen, Deutsche und Engländer (Zemskaja 2004: 599).

Grundsätzlich sind die pragmatischen Unterschiede im Funktionieren einer Reihe von expressiven Sprachhandlungsmustern durch die sozial-kulturellen Konventionen der Sprachgesellschaft bedingt. In der russischen Kultur muss der Sprecher die Gefühle, die er zum Ausdruck bringt, wirklich verspüren; in den meisten westeuropäischen Kulturen dagegen ist der expressive Sprechakt vielfach eher eine Pflichthandlung, die unter bestimmten pragmatischen Bedingungen erfolgen muss. Diese Besonderheit wird als Unterschied zwischen der wirklichen Dankbarkeit (реальная благодарность) und der förmlichen Dankbarkeit (этикетная благодарность) charakterisiert (vgl. Bakalejnikova 1990: 86–87). Wenn das entsprechende Gefühl nicht vorhanden ist, so bleibt im Russischen der Sprechakt aus (vgl. Brehmer 2009: 484). Hier ist die Realisierung der Dankbarkeit vom Wert der Leistung abhängig, die den Dankakt evoziert.

Eine zweite Ursache, die das Ausbleiben des Dankes in bestimmten Situationen bedingen kann, ist das eher nicht egalitäre Höflichkeitssystem in Russland. Im Falle von hierarchischen (nicht egalitären) sozialen Beziehungen kann der Vorgesetzte eine Gefälligkeit ohne Honorierung aufnehmen, vgl. Aussagen in russischen Foren wie *Ах, ну да, в нашей стране благодарить обслугу не принято.*

Es können auch Konstellationen beobachtet werden, in denen unter denselben pragmatischen Bedingungen im Deutschen das Sprachhandlungsmuster DANK realisiert wird, im Russischen dagegen ein anderer Sprechakt. Als Beispiel kann die Situation „Am Telefon" dienen. Dabei steht die mögliche Reaktion des Sprechenden auf eine negative Antwort des Adressaten im Zentrum der Aufmerksamkeit. In der deutschen Alltagskommunikation dankt der Adressat in den meisten Fällen dem Sprechenden, unabhängig davon, ob der seine Bitte erfüllen konnte oder nicht: er dankt dafür, dass der Adressat ihm Aufmerksamkeit geschenkt hat. Ein Russe wird in der gleichen Situation höchstwahrscheinlich nicht mit dem Ausdruck der Dankbarkeit, sondern mit einer Entschuldigungsformel antworten, er entschuldigt sich dafür, dass er den Adressaten gestört und auf diese Weise sein persönliches Territorium verletzt hat (Gladrov 2008: 68), vgl.

(17) Am Telefon
– Schmidt. Guten Tag.
– Guten Tag, Herr Schmidt.
– Könnte ich mal mit Rita sprechen?
– Tut mir leid, sie ist nicht da.
– Vielen Dank. Auf Wiederhören.

У телефона
– Алло (Слушаю вас).
– Добрый день. Будьте любезны, попросите, пожалуйста, Риту.
– Её нет.
– Извините, пожалуйста. До свидания.

Offensichtlich haben sich die Höflichkeitsnormen in Russland seit der Perestroika wesentlich verändert, das betrifft in hohem Maße auch das Dankverhalten. Der Kommunikationsstil orientiert sich mehr und mehr an den Konventionen der westeuropäischen Kulturen. Während es zur Sowjetzeit im Geschäft keinem Verkäufer eingefallen wäre, sich beim Kunden für den Einkauf zu bedanken, so ist das jetzt in vielen Warenhäusern üblich geworden, auch wenn in kleineren Geschäften, insbesondere an der Peripherie, die alten Gewohnheiten noch nicht überall überwunden sind. In einem Restaurant scheut sich der Gast heute nicht mehr, sich beim Kellner oder in besonderen Fällen auch beim Koch zu bedanken. Somit kann man allgemein eine Tendenz zur Nivellierung der pragmatischen Differenzen zwischen dem deutschen und russischen Dankverhalten feststellen.

4. Ausdrucksformen des kommunikativ-pragmatischen Feldes

Das in jeder der beiden Kulturen gültige Wertesystem beeinflusst auch die Art und Weise der Dankesbezeigung. Wenn – wie in der deutschen Kultur – die Dankbarkeit vor allem als eine Etikettenhandlung angesehen wird, hat das zur Folge, dass die Verbalisierung dieses Sprachhandlungsmusters am häufigsten mithilfe eines standardisierten Formelinventars erfolgt. Wenn aber – wie in der russischen Kultur – in der Regel ein persönliches Gefühl der Dankbarkeit realisiert wird, so ist damit zu rechnen, dass die Ausdrucksformen mannigfaltig und verschiedenartig sein müssen.

4.1. Zentrale Realisierungsformen

Im Kern des deutschen Feldes steht die Routineformel *danke*, die im Vergleich zu anderen Ausdrucksmitteln am häufigsten gebraucht wird (s. z. B. Zborowski 2005: 22). Die Gesprächspartikel *danke*, entstanden aus der Form des finiten Verbs in der 1. Pers. Sg. *ich danke*, hat einen deutlichen Bezug zum sprachhandlungsbezeichnenden Verb, vgl.

(18) Danke für diese schöne Feier.

Der Kernbereich beinhaltet auch die beiden performativen Sprechaktverben – das nicht-reflexive *danken* und das reflexive Korrelat *sich bedanken* sowie außerdem das gleichstämmige Substantiv *Dank* in obligatorischer Verbindung mit einem Intensifikator: *vielen* (*schönen, herzlichen, wärmsten, innigen, aufrichtigen* usw.) *Dank*, Funktionsverbgefüge mit demselben Substantiv: *einen Dank abstatten* (*ausdrücken, bezeigen, erweisen* usw.) und prädikative Wendungen mit dem gleichstämmigen Adjektiv *dankbar*: *dankbar sein / sich dankbar fühlen*, vgl.

(19) Herzlichen Dank für Euer liebes Schreiben!
(20) Bevor ich mit meinen Ausführungen beginne, möchte ich einen Dank abstatten.
(21) Ich bewundere die Ausdauer und Hilfsbereitschaft dieser Leute und bin unendlich dankbar für ihren Beitrag zum Gelingen des Festivals.

Wie die Beispiele zeigen, können die performativen Ausdrücke auf unterschiedliche Weise intensiviert bzw. maximalisiert werden. Es können qualitative und quantitative Verstärkungen der Dankesformeln unterschieden werden. Im Deutschen gibt es eine relativ große Anzahl von möglichen qualitativen Modifikatoren, die aber in unterschiedlichem Maße gebräuchlich sind (*danke schön, herzlichen Dank, sehr dankbar, danke bestens*), die quantitativen (*danke vielmals, tausend Dank*) sind weniger vielfältig (vgl. Zborowski 2005: 74). Am häufigsten werden im Deutschen die modifizierten Dankesformeln *vielen Dank* (quantitative Verstärkung) und *danke schön, danke sehr* (qualitative Verstärkung) verwendet. Eine klare Dominante des russischen Feldes stellt die Routineformel *спасибо* dar (s. Brehmer 2009: 499). Im Unterschied zur deutschen Gesprächspartikel *danke* ist aber dieser Ausdruck mit dem sprechaktbezeichnenden Verb *благодарить* weder synchronisch (auf der Ebene der Wortbildung) noch diachronisch (auf der etymologischen Ebene) verbunden. Gleichzeitig funktioniert *спасибо* als ein Performativ, weil gerade durch die Äußerung dieser Formel der Sprechakt DANK zustande kommt, d. h. die Dankeshandlung ausgeführt wird. In der russistischen Fachliteratur werden derartige Äußerungen „semantische Performative" genannt (vgl. Formanovskaja 1987: 50, Pisarek 1995: 54), ansonsten ist die Bezeichnung „implizite Performative" üblich. Auch das Sprechaktverb *благодарить*, das im

Unterschied zum Deutschen kein reflexives Korrelat hat, gehört als explizites Performativ zum Kernbestand des Feldes. Ebenso wie im Deutschen werden zum Ausdruck des Dankens das gleichstämmige Substantiv *благодарность* im Bestand von verbalen Periphrasen (*принести благодарность, выразить благодарность*) und das Adjektiv *благодарный* in Kurzform verwendet, vgl.

(22) Выражаю благодарность руководителям нашего государства за понимание и сотрудничество.

(23) Во всяком случае, я очень, очень благодарен Вам за Ваше трогательное участие и добрые советы...

Neben den oben angeführten expliziten performativen Äußerungen können im Russischen zu den zentralen Mitteln der Dankesbezeigung auch ihre impliziten Synonyme gezählt werden: das Substantiv *признательность* (*выразить признательность*) und die prädikativen Adjektive *признателен* und *обязан* (das letzte wird fast ausschließlich in Verbindung mit den lexikalischen Intensitätsmarkern *очень, крайне, весьма* gebraucht), vgl.

(24) Выражаю признательность коллегам за единодушное избрание меня председателем комиссии.

(25) Я Вам весьма обязан за вашу любезность, но не воспользуюсь ей.

Im Deutschen können vergleichbare implizite Formeln wie *verbunden sein* und *Verbundenheit ausdrücken* zum Ausdruck oder zur Ergänzung des Dankes verwendet werden, vgl.

(26) Ich bin Ihnen allen verbunden – oder vielmehr verpflichtet –, weil ich ohne Sie den Weg hierhin nicht gefunden hätte.

(27) „Wir wollen heute unseren Vorbildern danken und unsere Verbundenheit ausdrücken", so Bezirkspolizeikommandant Reinhard Obermayer.

Unter den russischen lexikalischen Intensifikatoren der Dankesbezeigung sind die quantitativen weniger vertreten, sie sind nur in folgenden Kombinationen möglich: *премного благодарен* und *тысяча благодарностей*. Beide Ausdrücke sind aber in der Kommunikation relativ selten gebräuchlich. Zu den häufigsten Kombinationen zählen *большое спасибо* und *очень благодарен* (s. Brehmer 2009: 280–286), interessanterweise ist in Verbindung mit dem Sprechaktverb *благодарить* der lexikalische Modifikator *покорно/покорнейше* nicht selten (ibid.: 282), der als archaisch gilt und nur in Verbindungen *покорно/покорнейше прошу* und *покорно/покорнейше благодарю* verwendet wird, vgl.

(28) Покорно благодарю, я не пью наливок, – отвечал воздержанный жених.

Das Russische kennt aber auch eine Intensivierung bzw. Modifizierung der Dankesformel mithilfe der Umstellung der Konstituenten. Da die meisten höflichen Redewendungen in hohem Maße konventionalisiert und zu Höflichkeitsfloskeln geworden sind, verlieren die lexikalischen Modifikatoren an Intensität. Um dem Ausdruck die gewünschte Kraft wieder zu verleihen, können die Bestandteile der Dankesformel umgestellt werden, vgl.

(29) Спасибо Вам большое, очень тронута Вашим ответом.
(30) Многим помогал мне известный всем ботаник Шлейден, благодарен весьма я ему!

Im Deutschen ist eine Maximalisierung durch die Änderung der Wortfolge nicht möglich (*schön danke, *bin dankbar sehr), weil eine derartige Umstellung den syntaktischen Regeln der Sprache widerspricht (vgl. Zborowski 2005: 76).

In beiden Sprachen können Sprechaktverben in einer modalen Rahmenkonstruktion gebraucht werden, vgl.

(31) Ich möchte allen danken, die mich unterstützt haben. Ohne sie hätte ich es nie geschafft, Europameister zu werden.
(32) Ich möchte mich bedanken für Ihre große Unterstützung und für die zahlreichen herzlichen Begegnungen.
(33) Я очень хочу поблагодарить всех, кто принимал в нём участие, и тех, кто поставил этот фильм!

Das russische performative Verb tritt in Begleitung eines modalen Modifikators in einer mit dem Präfix *по-* modifizierten Form auf, welches den perfektiven Aspekt des Verbs markiert. Diese Modifikation ist notwendig, weil nur der perfektive Infinitiv in Verbindung mit einem Modalverb eine einmalige Handlung in der Gegenwart bezeichnet, was die Performativität der modalen Konstruktion gewährleistet (vgl. *хочу извиниться, могу посоветовать, должен сказать* u.ä.). Modifizierte Bildungen mit einem imperfektiven Infinitiv sind möglich, sind aber seltener zu treffen (80 Belege mit *хочу поблагодарить* gegen 3 Belege mit *хочу благодарить* im Nationalen Korpus der russischen Sprache) und haben in der Regel keine performative Bedeutung, weil sie eine wiederholte Handlung bezeichnen, vgl.

(34) Я небеса хочу благодарить:
    За теплоту твоих влюблённых глаз,
    За эту тонкую невидимую нить,
    Что, дай господь, на век связала нас.

Wie die Analyse der Belege zeigt, sind solche Äußerungen stilistisch markiert und werden hauptsächlich in Versen und pathetischen Reden gebraucht.

Der imperfektive Aspekt des performativen Verbs ist in Kontexten möglich, wenn die Dankbarkeit an Gott gerichtet ist, vgl.

(35) Но прежде начала увеселений, хочу благодарить Господа за прекращение наказаний...

Bei einer Verneinung der Formel mit einem modalen Modifikator wird der imperfektive Infinitiv gebraucht, weil in diesem Fall die Handlung nicht zustande kommt und deshalb ihre Einmaligkeit und Gebundenheit an die gegebene gegenwärtige Situation nicht relevant ist, vgl.

(36) Виктор Павлович, я Вас не хочу благодарить, но я знаю, что Вы – это Вы, – сказала она.

Somit kann festgestellt werden, dass im Russischen Aspektunterschiede einen Einfluss auf den Gebrauch des Sprechaktverbs in der modalen Konstruktion ausüben können. Im Deutschen wird bei der Verneinung in den meisten Fällen die reflexive Form des Verbs *bedanken* verwendet, vgl.

(37) Aber heute will ich mich gar nicht bedanken – ich wollte ja etwas ganz anderes.

4.2. Periphere Realisierungsformen

4.2.1. *Modifizierte und stilistisch markierte Formen der performativen Ausdrücke*

Diese Ausdrücke werden im Vergleich zu den prototypischen Formen eher selten gebraucht. Derartige Formen sind vor allem für die russische Sprache charakteristisch. Dazu gehören *спасибочки, спасибочко, спасибочка* und *благодарствую*. Dabei werden die modifizierten Formen von *спасибо* vor allem umgangssprachlich verwendet, die erste davon kommt häufiger vor (80 Belege im Nationalen Korpus der russischen Sprache für *спасибочки* gegen 17 Belege für *спасибочко* und 11 Belege für *спасибочка*) und wird insbesondere in den letzten Jahren aktiv gebraucht, die letzten zwei sind in älteren Texten verwendet worden, vgl.

(38) – На Маяковке есть „Кофе-хауз".
    – Спасибочки. Так вы ещё и ясновидец.

(39) Спасибочка всем вам за угощение и водку, а тебе, Куприяновна, низкий поклон.

Die modifizierte Form des Sprechaktverbs *благодарствую* tritt dagegen eher in gehobenen Kontexten auf und ist in einigen Bedeutungswörterbüchern (z. B. Ušakov 1935: 146; Efremova 2000: 103) mit der Kennzeichnung *устар.* („veraltet") versehen. Nach den Angaben des Nationalen Korpus der russischen

Sprache fällt der Häufigkeitsgipfel ihres Gebrauchs in die 30er Jahre des 19. und in die 40er Jahre des 20. Jahrhunderts, vgl.

(40) Благодарствую тебе за всё твоё угощение.

Im Deutschen ist der Gebrauch modifizierter Performativa nur sehr bedingt möglich, Ausdrücke vom Typ *dankchen oder *dankelein o. ä. sind in deutschen Korpora nicht fixiert, obwohl der umgangssprachliche scherzhafte Stil solche Kolloquialismen zulässt, zum Beispiel in den Bewertungen für Verkäufer bei eBay, vgl.

(41) Alles super gelaufen – gerne wieder! Dankelein :).

Vom performativen Verb gibt es keine Modifikationen.

4.2.2. Dankesformeln, die einer Fremdsprache entlehnt sind

Sowohl in der deutschen als auch in der russischen Sprache ist *merci* bzw. *мерси* die häufigste entlehnte Dankesformel. Im Russischen scheint die französische Entlehnung geläufiger zu sein, im Bedeutungswörterbuch von D. N. Ušakov ist sie als umgangssprachlich markiert, vgl.

(42) Мерси, – поблагодарил его Олег, наливая ароматный кофе.

In beiden Sprachen kann diese Gesprächspartikel substantiviert werden, vgl.

(43) Danke für das Kompliment. Vor allem aber ein Merci an den Präsidenten der Gemeinde, welche den Acker zur Verfügung stellte.
(44) Всё было хорошо, большое мерси и до свидания.

Gelegentlich kommt in der russischen Kommunikation die deutsche Formel *danke*, in der deutschen dagegen die spanische *gracias* vor, vgl.

(45) Данке, – поблагодарил Васятка, разглядывая меню.
(46) „Gracias für eure Liebe", sagt Rossi und bittet gleich mehrmals zur „Gymnastik", die ihm sein Arzt verordnet hat.

4.2.3. Indirekte und unterstützende Mittel der Dankesäußerung

Die Realisationstypen des Sprachhandlungsmusters DANK kann man in zwei große Gruppen teilen: zum ersten neutrale konventionelle Dankesformeln, die routinemäßig in entsprechenden Situationen als Beweis der „guten Erziehung" in reiner Etikette-Funktion gebraucht werden, und zum zweiten ausführliche Dankesbezeigungen, die dazu dienen, echte Gefühle des Sprechers mit allen ihren Schattierungen auszudrücken. Diese Besonderheiten begründen, wie schon erwähnt, die Unterscheidung zwischen einer wirklichen und einer förmlichen

Dankbarkeit (s. Bakalejnikova 1990: 86–87) bzw. zwischen einem sozialen und einem diskursiven Habitus von Dankeshandlungen (s. Held 1987: 209). Die realen bzw. diskursiven Realisierungsformen gehören zum Kern des kommunikativ-pragmatischen Feldes, während die etikettenbezogenen bzw. sozialen Realisierungsformen peripher platziert sind. Zu den sozialen Formen zählen auch indirekte Sprechakte und bestimmte Symbiosen des Sprachhandlungsmusters DANK und eines begleitenden Aktes. Beide Formen sind sowohl im Deutschen als auch im Russischen gebräuchlich. Brehmer (2009: 224–229) nennt folgende Sprachhandlungsmuster, die am häufigsten an Stelle und in der Funktion einer Dankesbezeigung verwendet werden:

- Komplimenthandlungen

In diesem Fall will der Sprecher dem Hörer eine positive Gesinnung dadurch übermitteln, dass er ihm etwas Angenehmes in Bezug auf seine Person sagt (vgl. Kap. VII. KOMPLIMENT, 4.2.2.). Komplimente können dann als Dankesbezeigungen eingestuft werden, wenn die Proposition des Sprechaktes einen Hinweis auf eine Gefälligkeit seitens des Hörers enthält, vgl.

> (47) Ich finde, du kannst ganz toll mit kleinen Kindern umgehen, du hast mir mit meinen Kleinen sehr geholfen!
> (48) Ты такой молодец, что нас всех собрал... Ты даже не знаешь, какой молодец!

Oft kann ein Sprechakt eine Symbiose von KOMPLIMENT und DANK darstellen:

> (49) Благодарю Вас: Вы были моим ангелом-оживителем, Вы показали мне цену бытия, Вы показали мне, как может, мог бы быть счастлив человек на земле...

In diesem Beispiel ist der Grund des Dankes als Kompliment formuliert und somit in seine Realisierungsform eingebettet. Wie die Beispiele (47) und (48) zeigen, sind KOMPLIMENTE in Funktion des DANKES für beide Sprachen charakteristisch.

- Effektnennungen

Unter dieser Bezeichnung sind Sprechakte vereinigt, die zum Ziel haben, den seelischen Zustand des Sprechers zu offenbaren. Sie können sowohl im Deutschen als auch im Russischen entweder als indirekte Realisierungen des DANKES oder als begleitende Äußerungen gebraucht werden, vgl.

> (50) Du hast mir so viel gegeben, und es gibt keine Worte, die ausdrücken könnten, wie dankbar ich bin.
> (51) Если бы Вы знали, как много значат для меня ваши письма!
> (52) Век тебя не забуду, спаситель ты мой.

Zu dieser Gruppe können auch Unterwürfigkeitshandlungen gezählt werden. Während bei den KOMPLIMENTEN Strategien der Alter-Erhöhung (Würdigung des Gesprächspartners) zu verzeichnen sind, können in den Beispielen (53) und (54) Strategien der Ego-Erniedrigung (Selbst-Herabwürdigung) beobachtet werden (vgl. Held 1987: 215), vgl.

(53) Ich finde das sehr lieb von dir. Ich habe es nicht verdient.
(54) О, Вы слишком добры, Ваше Величество! Я не достоин Вашей милости!

- Kompensationsangebote

Diese Realisierungen des Sprechaktes DANK drücken die Absicht des Sprechers aus, als Erwiderung der empfangenen Leistungen eine Gegenleistung zu erbringen, vgl.

(55) Ich bin Ihnen verpflichtet, ich bin Ihr Schuldner für tausend Dienste, die Sie mir bei Ihrer Anwesenheit in England geleistet haben.
(56) Я Вам теперь обязан по гроб жизни просто за то, что Вы выходили меня.

Kompensationsangebote scheinen mehr in der russischen Kommunikationskultur verbreitet zu sein, denn das Russische bietet eine breitere Palette der entsprechenden Formeln an (*обязан по гроб жизни; и я помогу, чем смогу; надо обмыть; за мной не заржавеет* u. ä.). Dabei ist das Angebot ernst gemeint und drückt wirkliche Gefühle und Absichten des Sprechers aus. Im Deutschen dagegen ist die „Verpflichtungsformel" eher eine Höflichkeitsfloskel, sie bildet keinen Anlass zu einer konkreten Tat.

- Wohlergehenswünsche

In diesem Fall hofft der Sprecher, dass die Dienste, die ihm der Hörer geleistet hat, belohnt werden, verbindet aber diese Belohnung nicht mit eigenen Handlungen, sondern mit dem Verweis auf Gottes Segen, vgl.

(57) Es ist eine Freude für mich, Ihnen eine Botschaft aus Kosovo zu überbringen: Vielen Dank, liebe Schweiz, Gott segne Dich!
(58) Дай вам бог здоровья, ребятки, подмогли.

In Süddeutschland und in Österreich wird die Formel *Vergelt's Gott* üblicherweise als Ausdruck des Dankes verwendet, in diesem Fall tritt sie selbstständig in Funktion einer Dankesbekundung auf:

Wird ein Armer, ein Bettler von einer Bäuerin beschenkt, so hört sie ein städtisch-höfliches ‚Dankeschön' nicht gern. ‚Des isch wia Wasser!', d. h., es hat keinen Wert. Der Beschenkte soll mit einem ‚Vergelt's Gott!' danken, worauf sie mit einem ‚Segen's Gott' oder ‚Zahl's Gott' antwortet. (Röhrich 2003: 1671)

Auch andere Sprechakte können mit der Dankesäußerung kombiniert werden, z. B. die Sprachhandlungsmuster MITTEILUNG oder BITTE, vgl.

(59) Im Namen der Jackson-Familie möchte ich allen sagen, wie dankbar wir dafür sind, dass Michaels Fans ihm in diesen schwierigen Zeiten beistehen.

(60) Прошу принять мою благодарность за поздравления и пожелания, направленные мне по случаю дня моего рождения.

In beiden Fällen können im Bestand der Äußerungen einerseits performative Verben eines anderen illokutiven Aktes, andererseits substantivische oder adjektivische Illokutionsindikatoren des DANKES nachgewiesen werden. Trotz der anderslautenden performativen Formeln liegen hier Sprechakte des DANKES vor. Die sekundären nominalen Illokutionsindikatoren dominieren über die Illokution der Sprechaktverben, ohne dass ihre primäre illokutive Funktion völlig neutralisiert wird. Somit wirken sie unterstützend und intensivieren die illokutive Kraft des gesamten Sprechaktes.

Zur Peripherie des Feldes gehören auch ironische Äußerungen, in denen performative Ausdrücke in Verbindung mit der entsprechenden Intonation nicht den Dank, sondern Verdruss und Ärger ausdrücken. Für das richtige Verständnis solcher Äußerung ist die Berücksichtigung des sprachlichen und außersprachlichen Kontexts von besonderem Belang, vgl.

(61) „Vielen Dank", sagte Sylvia mit unterdrückter Wut in der Stimme, „keiner hätte mich besser runtermachen können als du mit deinen fiesen Andeutungen."

(62) Ну спасибочки, – сказала с обидой Шура, – на помойке подарок мне отыскал!

4.2.4. Nonverbale Mittel des Dankausdruckes

Das Sprachhandlungsmuster DANK kann nicht nur mit anderen Sprechakten, sondern auch mit nonverbalen Akten kombiniert werden. Das nonverbale Ausdruckselement kann das verbale völlig ersetzen, vgl.

(63) „Ich tu das für dich", antwortete Sasuke, und ich lächelte dankbar.

Zu den nichtsprachlichen Realisierungsformen des DANKES zählen mimische Mittel (Anblicken, Lächeln) sowie auch gestische und proxemische Mittel (Verbeugung, Händeschütteln, Schulterklopfen, Kuss) (vgl. Brehmer 2009: 372–380; Pisarek 1995: 56). Es ist aber anzumerken, dass es weder im Deutschen noch im Russischen nonverbale Elemente gibt, die für die Dankäußerung spezifisch sind. So kann zum Beispiel eine Verbeugung auch zum Ausdruck der Begrüßung und und der Ehrerbietung dienen. Deshalb werden in den meisten Fällen diese Elemente gleichzeitig mit den verbalen verwendet und dienen zur Betonung oder Verdeutlichung der verbalen Äußerung, vgl.

(64) „Danke, danke!" Eleonore verbeugte sich übertrieben überschwänglich vor ihr.
(65) Да, милостивые государи! Еще раз благодарю! (Посылает воздушный поцелуй и идет к Хирину).

5. Reaktionen auf Dankesäußerungen

Wenn das Sprachhandlungsmuster DANK als eine Sequenz betrachtet wird, so gehört auch die Untersuchung der möglichen perlokutiven Effekte zu seiner Analyse. Es können grundsätzlich drei Arten der Reaktion auf eine Dankesbekundung unterschieden werden: 1) Akzeptanz des Dankes, 2) Gegendank, 3) Zurückweisung des Dankes (vgl. Brehmer 2009; Zborowski 2005: 88).

5.1. Akzeptanz des DANKES

Die explizite Honorierung des Dankes erfolgt durch die Verwendung der Partikeln *bitte* im Deutschen und *пожалуйста* im Russischen. Konstruktionen vom Typ *Ich nehme Ihren Dank an* bzw. *Я принимаю Вашу благодарность*, die den Sinn der beiden Höflichkeitsformeln direkt ausdrücken, sind sowohl im Deutschen als auch im Russischen marginal und somit ungebräuchlich (vgl. Brehmer 2009: 458). Die deutsche Formel kann mithilfe der nachgestellten Intensifikatoren *sehr* oder *schön* verstärkt werden, eine gleichartige Verstärkung ist im Russischen nicht möglich. Dabei kann das Wort *пожалуйста* in Verbindung mit dem Adverb *всегда* gebraucht werden, vgl.

(66) „Danke an alle Moderatoren, User und an alle anderen, die sich für das Chip-Forum engagieren."
„Bitte sehr. Immer wieder gerne."
(67) – О, спасибо за позволение.
– Всегда пожалуйста!

Die Honorierung des Dankes kann aber auch dadurch zustande kommen, dass der Adressat seine positiven Gefühle und Einstellungen in Bezug auf das Dankobjekt zum Ausdruck bringt. Im Deutschen sind in diesem Fall die Äußerungen *gern geschehen* und *ganz zu Ihren Diensten* am häufigsten, im Russischen – *на здоровье* und *всегда рад(а) помочь* (*поддержать, служить* usw.), vgl.

(68) Ach ja, eine Lautsprecherstimme dankte mir beim Ausstieg dann freundlich: „Thank you for travelling with Deutsche Bahn." Klar doch, gern geschehen.
(69) – Спасибо за Ваш очень ценный комментарий...
– На здоровье.

85

Im Deutschen ist auch die verkürzte Formel *gern(e)* als Akzeptanz des Dankes sehr gebräuchlich, vgl.

(70) „Kann ich helfen?"
„Ja, ich will zur Jannowitzbrücke."
„Einen knappen Kilometer in diese Richtung, bis zur Heinrich-Heine-Straße, und dann rechts."
„Danke."
„Gerne."

Selbstverständlich sind auch ad hoc formulierte Äußerungen, die demselben Zweck dienen, möglich, vgl.

(71) – Ксения, Вы просто молодчинка, мне очень понравился результат! Волосы послушные и гладкие, спасибо Вам большое!
– Мне очень приятно, что Вы в восторге! Приходите ещё.

In manchen Fällen ist die Antwort auf den Ausdruck der Erkenntlichkeit nicht beliebig, sondern durch die Gesprächssituation bestimmt. Das betrifft zum Beispiel die Kommunikation zwischen dem Verkäufer und dem Kunden in Geschäften. Nachdem der Kunde die gewünschte Ware erhalten hat, bedankt er sich gewöhnlich beim Verkäufer. Auch der Kassierer bedankt sich in der Regel, wenn er das Geld einzieht. Aber weder der Kunde noch der Verkäufer würden in dieser Situation mit der Floskel *gern geschehen* oder *на здоровье* antworten. Der Gebrauch dieser Formeln ist nur dann angebracht, wenn der Dank eine Reaktion auf eine Gefälligkeit ist, die nicht selbstverständlich präsupponiert wird. Im Kontext des Einkaufens gehören aber die erwähnten Handlungen zu den Pflichten der Kommunikanten, deshalb kann hier nur die Höflichkeitsfloskel *bitte* als Antwort verwendet werden (vgl. Coulmas 1981: 78).

5.2. Gegendank

Bei dieser Strategie wird der DANK zwar nicht zurückgewiesen, es wird aber hervorgehoben, dass die Situation, die die Dankesbekundung verursacht hat, für beide Gesprächspartner vorteilhaft war. Die Formen der Honorierung sind den Echorepliken, wie sie häufig beim Austausch von Gruß- und Abschiedsformeln zu beobachten sind, ähnlich (vgl. Brehmer 2009: 462), stellen aber in den überwiegenden Fällen eine modifizierte Variante der Ausgangsreplik mit dem akzentuierten Pronomen dar. Dazu gehören z. B. *это Вам/тебе спасибо; это я должен Вас/тебя благодарить; я тоже вам/тебе благодарен* u. ä., *ich habe zu danken; der Dank ist ganz meinerseits; der Dank ist ganz auf meiner Seite; danke dito; danke desgleichen; ich danke auch* u. ä., vgl.

(72) „Rasche Antwort und prompte Bezahlung. Perfekt! Danke!"
„Der Dank ist ganz meinerseits. Schönes Wochenende."
(73) – Здравствуйте, Никита! Вам спасибо за покупку и приятные отзывы!
– Это Вам спасибо, что решили купить именно у нас! Пользуйтесь на здоровье!

5.3. Zurückweisung des DANKES

In den meisten Fällen ist diese Reaktion auf die Dankesbezeigung als eine Strategie der Ego-Erniedrigung zu betrachten, der Adressat will dabei entweder den Anlass des Dankes oder seine eigenen Leistungen bagatellisieren. Für diese Zwecke wird sowohl im Russischen als auch im Deutschen eine Reihe von konventionalisierten Ausdrücken gebraucht, ein Teil davon ist umgangssprachlich gefärbt: *не за что*; *не стоит благодарности*, ugs. *да ладно*; *да брось ты*; *да ерунда* u. ä., bzw. *keine Ursache*; *kein Problem*; *nichts zu danken*; *ist schon recht*, umg. *dafür nicht*; *passt schon*, u. ä., z. B.

(74) „Grusulinchen, also gut, danke, dass du mir dieses leckere Frühstück gemacht hast", sagte der König. „Nichts zu danken", kam als Antwort.
(75) – Большое спасибо.
– Не за что. А вообще район хороший.

Im Russischen ist auch eine Zurückweisung des DANKES möglich, die als eine Anspielung auf eine materielle Honorierung der erwiesenen Leistung verstanden werden kann bzw. muss. Dazu gehören Ausdrücke wie *спасибо в карман не положишь*; *спасибо на хлеб не намажешь*; *спасибо в стакан не нальёшь*; *из спасибо/спасиба шубу не выкроишь*; *спасибом сыт не будешь*; *спасибо не капает*; *спасибо не булькает* u. a., z. B.

(76) Мои близкие и друзья никогда не говорят мне „спасибо", потому что знают, что я всегда на это отвечаю: „Спасибо – не булькает!"

Diese Wendungen werden zwar oft fast ironisch gebraucht, aber ein russisches Sprichwort lautet *В каждой шутке есть доля правды*.

Korpusuntersuchungen und Beobachtungen führen zu dem Schluss, dass die Russen im Vergleich zu den Deutschen Dankesbezeigungen häufiger ohne jegliche Honorierung lassen. Das ist offenbar das Resultat der allgemeinen Tendenz im Russischen, nur auf solche Sprachhandlungen zu reagieren, die durch den Wert der erbrachten Leistung eine starke emotionale Fundierung haben und keine bloßen Höflichkeitsfloskeln sind (s. Brehmer 2009: 472; Rathmayr 2002: 193; Zemskaja 2004: 599). Wenn aber eine Reaktion auf den DANK erfolgt, dann ist sowohl im Deutschen als auch im Russischen die direkte Annahme am häufigsten. Die Bagatellisierung ist im Russischen offensichtlich weiter verbreitet. Eine Besonderheit des Russischen ist auch die Zurückweisung des DANKES durch die Anspielung auf die materielle Vergütung, was durch eine hohe Anzahl von entsprechenden Formeln nachweisbar ist.

IV. Entschuldigung

1. Definition des Sprachhandlungsmusters

1.1. Stellung der ENTSCHULDIGUNG in der Klassifikation der Sprechakte

Die ENTSCHULDIGUNG ist in den meisten Fällen ein reaktiver Sprechakt, ihr geht eine nonverbale oder verbale Handlung des Sprechers voran. Nur in seltenen Fällen bezieht sie sich auf zukünftige Sachverhalte und wirkt somit präventiv. Eine ENTSCHULDIGUNG wird in den Situationen verwendet, in denen ein Sprecher einem Hörer gegenüber zum Ausdruck bringt, dass er Leid empfindet wegen einer Handlung, die er vollzogen hat (oder vollziehen wird), (Harras/Proost/Winkler 2007: 305). Diese Definition muss aber durch weitere wichtige Merkmale ergänzt werden. Zum ersten ist der Hörer durch diese Handlung negativ betroffen (vgl. Olshtain 1989: 156), zum zweiten übernimmt der Sprecher in der Regel nicht die volle Verantwortung für diese Handlung (vgl. Rehbein 1972: 306), zum dritten darf diese Handlung nicht gegen rechtliche Normen verstoßen und die Folgen dürfen nicht zu gravierend sein (vgl. Rathmayr 1996a: 42). So ist beispielsweise eine Entschuldigung kaum angemessen, wenn der Sprecher einen Diebstahl oder einen Anschlag begangen hat.

Gewöhnlich wird das Sprachhandlungsmuster ENTSCHULDIGUNG zu der Klasse der Expressiva gezählt (vgl. Searle 1982: 34; Trosborg 1995: 373; Pisarek 1995: 38; Ogiermann 2009a: 57; Larina 2009: 347), und zwar aus dem Grund, dass der Sprecher mit diesem Sprechakt seine Einstellung zu einem Sachverhalt ausdrückt und dabei das Ziel verfolgt, eine harmonische Beziehung zwischen dem Hörer und dem Sprecher aufrechtzuerhalten. Nach Searles Klassifikation ist dieses illokutive Ziel für expressive Akte kennzeichnend, solche wie Danken, Gratulieren, Entschuldigen, Begrüßen, Kondolieren u. a. (Searle 1982: 34–36). R. Rathmayr (1996a: 49–50) weist aber darauf hin, dass diese Klassifizierung auf der im Englischen üblichen Standardformel *sorry* beruht, die tatsächlich Gefühle und Einstellungen des Sprechers zum Ausdruck bringt, in diesem Fall das Leidgefühl. Aber in Sprachen wie Deutsch und Russisch wird eine Entschuldigung prototypisch nicht als Ausdruck eines psychischen Zustands oder einer Äußerung von Emotionen formuliert, sondern als ein Appell des Sprechers an den Hörer, eine negative Bewertung seiner Handlungen rückgängig zu machen bzw. nicht zuzulassen:

(1) Entschuldigen Sie bitte die entstandenen Unannehmlichkeiten!
(2) Извини, но я не смогу завтра прийти на твой доклад.

Somit kann dieser Sprechakt als ein Aufforderungsakt angesehen werden und dementsprechend der Klasse der Direktiva zugeordnet werden. Der Unterschied kann allein darin liegen, dass die meisten Aufforderungsakte sich auf zukünftige Handlungen beziehen, in diesem Fall geht es aber um die Welt der kognitiven Bewertungen und Einschätzungen. Im Fazit ihrer Überlegungen betrachtet Rathmayr ENTSCHULDIGUNGEN als „komplexe Sprechakte, und zwar als Bitte an den Adressaten, Entschuldigung zu gewähren" (Rathmayr 1996a: 50).

Rathmayr hat natürlich Recht, dass man es im Falle der ENTSCHULDIGUNG mit einem komplexen Sprechakt zu tun hat. Die imperativischen Äußerungen im Deutschen und Russischen drücken tatsächlich pro forma eine BITTE aus. Der Sprechakt der BITTE sieht aber immer einen perlokutiven Effekt voraus (Hindelang 2004: 64). Der Sprecher will unbedingt wissen, ob seine Bitte erfüllt wird oder nicht, ansonsten ist seine sprachliche Handlung sinnlos. Im Falle der ENTSCHULDIGUNG ist das aber in vielen Fällen nicht nötig, vor allem, wenn der Anlass dazu nicht schwerwiegend ist und der Sprechakt einen routinemäßigen Charakter hat. Der illokutive Zweck ist also nicht, den Hörer zu einer Gegenhandlung zu bewegen, sondern vielmehr ihn über den seelischen Zustand zu informieren, der die entsprechende Äußerung verursacht.

Aus diesem Grund ist in beiden Sprachen interessanterweise die Tendenz zu beobachten, bei einer routinemäßigen ENTSCHULDIGUNG die Imperativformen zu vermeiden: im Deutschen wird dabei das Substantiv *Entschuldigung* verwendet, im Russischen die relativ häufige umgangssprachliche Form *извиняюсь*. Dadurch wird hervorgehoben, dass eine Reaktion des Hörers nicht erwartet wird, vgl.

(3) Entschuldigung, das geschah nicht absichtlich!
(4) Извиняюсь, Марья Владимировна. Это со мной иногда бывает.

Außerdem steht nur ein Teil der Äußerungen, die eine ENTSCHULDIGUNG realisieren können, in imperativischer Form. Andere Realisierungsmöglichkeiten wie *es tut mir leid; das war meine Schuld* bzw. *сожалею; виноват* sind klare Expressiva, weil sie die Einstellungen des Sprechers zu seiner Handlung ausdrücken. Und es ist kaum möglich, dass einzelne Realisierungsformen eines und desselben Sprachhandlungsmusters zu verschiedenen Sprechaktklassen gehören. Somit wird hier die ENTSCHULDIGUNG als ein expressiver Sprechakt eingestuft, mit dem Vorbehalt, dass bestimmte Ausdrucksformen dieses Sprechaktes eine sekundäre Illokution der BITTE beinhalten können.[8]

---

8 Nach Meinung von F. Liedtke hingegen sind ENTSCHULDIGUNG, BITTE UM ENTSCHULDIGUNG, BITTE UM VERGEBUNG und RECHTFERTIGUNG als separate Sprechakte anzusehen (vgl. Liedtke 2003: 78–79).

1.2. Beschreibung des illokutiven Gehalts mithilfe von semantischen Primitiva

Schon in ihren frühen Arbeiten hat A. Wierzbicka den illokutiven Zweck des Sprachhandlungsmusters ENTSCHULDIGUNG (PRZEPROSINY) formuliert (Wierzbicka 1983: 130):

> wiem że zrobiłem coś co było dla ciebie złe
> sądzę że możesz czuć do mnie coś złego s tego powodu
> mówię: żałuję że to zrobiłem
> mówię to bo chcę żebyś nie czuł do mnie nic złego[9]

In ihrem späteren Wörterbuch der englischen Sprechaktverben verbindet Wierzbicka das kommunikative Ziel der ENTSCHULDIGUNG mit dem englischen Verb *apologize* (~ *sich entschuldigen*) und formuliert einige Veränderungen und Ergänzungen der ersten Definition entsprechend dem von ihr zusammengestellten Satz der semantischen Primitiva (Wierzbicka 1987: 215):

> I know that I caused something to happen that was bad to you
> I think that you may think something bad about me because of that and feel something bad towards me because of that
> I say: I feel something bad because of that
> I don't want you to think something bad about me because of that and to feel something bad towards me because of that
> I say this because I think I should say it to you

Die Definition des russischen Sprechaktverbs *извиняться* (~ *sich entschuldigen*) von M. Ja. Glovinskaja ist dem oben angeführten semantischen Muster ähnlich, es wird aber noch hervorgehoben, dass der Adressant dem Adressaten zeigen will, dass er das, was er gemacht hat, bereut und dass er deshalb hofft, dass ihm verziehen wird (vgl. Glovinskaja 1993: 210):

> X говорит это потому что хочет, чтобы Y знал, что X сожалеет о P и поэтому простил его

Unter Berücksichtigung der oben angeführten Definitionen und Erwägungen kann der illokutive Gehalt des Sprachhandlungsmusters ENTSCHULDIGUNG mithilfe von semantischen Primitiva wie folgt definiert werden:

---

9   Ich weiß dass ich etwas gemacht habe was für dich schlecht ist
    Ich denke dass du aus diesem Grund etwas Schlechtes für mich empfinden kannst
    Ich sage: es tut mir leid dass ich das getan habe
    Ich sage das weil ich will dass du nichts Schlechtes für mich empfindest.

(a) Ich weiß, dass ich etwas verursacht habe, was für dich schlecht ist
(b) Ich denke, dass du aus diesem Grund etwas Schlechtes für mich empfinden kannst
(c) Ich will nicht, dass du etwas Schlechtes für mich empfindest
(d) Ich sage: ich fühle auch etwas Schlechtes, weil ich das getan habe
(e) Ich will, dass du weißt, dass ich deswegen etwas Schlechtes empfinde, und dass du wieder etwas Gutes für mich empfindest.

Anlässe für ENTSCHULDIGUNGEN sind somit typischerweise malefaktive Handlungen des Sprechers, durch die der Hörer einen bestimmten Schaden erlitten hat. Je nachdem, wie schwer dieser Schaden ist, wird entweder eine konventionelle (bei einem geringfügigen Anlass) oder eine substantielle (bei einem mittelschweren bis schweren Anlass) ENTSCHULDIGUNG ausgesprochen (vgl. Rathmayr 1996a: 42–44). Die Realisierungsformen dieser beiden Entschuldigungstypen unterscheiden sich, was in den folgenden Paragraphen dieses Kapitels gezeigt wird.

2. Struktur des Sprachhandlungsmusters

2.1. Konventionelle ENTSCHULDIGUNG

Eine konventionelle Entschuldigung ist ein routinemäßiger Sprechakt, sie wird durch Vorfälle ausgelöst, die keine bedeutenden Folgen für den Adressaten haben. Derartige Verstöße gegen die Etikette geschehen meistens aus Versehen. Die Struktur des Sprachhandlungsmusters ist in diesem Fall sowohl im Deutschen als auch im Russischen wesentlich verkürzt. Die häufigsten Entschuldigungsformen im Deutschen sind die auf das Sprachhandlungsverb bezogenen Substantive *Entschuldigung*! bzw. *Verzeihung*! Diese Kurzformeln sind als Ellipsen der entsprechenden vollen Formeln *Ich bitte um Entschuldigung* bzw. *Verzeihung* entstanden. Im Russischen sind das die verbalen Formen *Извини(те)*! bzw. *Прости(те)!* und umg. *Извиняюсь!* (vgl. Lange 1984: 73–74; Bingan 2010: 157; Formanovskaja 2009: 242). Aber auch im Deutschen ist die kurze Imperativform *Entschuldige!* bzw. *Entschuldigen Sie!* häufig zu treffen, vgl.

(5) Entschuldige! Ich habe es nicht böse gemeint!

Die Reaktion auf diese Formeln ist ebenso kurz (*Ok; Macht nichts; Nicht schlimm* bzw. *Ничего; Не стоит* u. ä.) oder bleibt ganz aus. Schweigen wird dabei als Annahme interpretiert. Die imperativischen Formeln können mithilfe der Gesprächspartikel *bitte* bzw. *пожалуйста* erweitert werden, vgl.

(6) – Но у меня через двадцать минут встреча...
    – Извини, пожалуйста!

Im Deutschen ist das Wort *bitte* in Verbindung mit den Formeln *Entschuldigung!* und *Verzeihung!* eher ungebräuchlich, kann aber umgangssprachlich vorkommen, vgl.

(7) Wir brauchen die Hotels. Entschuldigung bitte, aber wir müssen auch leben.

Einer konventionellen Entschuldigung liegen keine Emotionen zugrunde, sie ist klar etikettengebunden und dient der Aufrechterhaltung der harmonischen sozialen Beziehungen in der Gesellschaft (vgl. Rathmayr 1996a: 141). Ablehnungen als Reaktionen sind in diesem Fall kaum zu treffen.

2.2. Substantielle ENTSCHULDIGUNG

Bei der substantiellen Entschuldigung wird in der Regel eine erweiterte Formel verwendet, die solche Konstituenten wie Handlungskonstituente, Sprecherkonstituente, Adressatenkonstituente und Anlasskonstituente enthalten kann.

2.2.1. Modelle mit Imperativkonstruktionen

Eine Besonderheit des Sprachhandlungsmusters ENTSCHULDIGUNG besteht darin, dass die Handlungskonstituente in den meisten Fällen nicht in der 1. Pers. Sg. Indikativ Aktiv steht, was für die prototypische performative Formel kennzeichnend ist (vgl. Hindelang 2004: 23), sondern im Imperativ. Das Sprachhandlungsmuster ENTSCHULDIGUNG übernimmt somit die Struktur und teilweise die Illokution des Sprachhandlungsmusters BITTE, vgl.

(8) – Ach, das ist mein Besuch, sagte er im Aufstehen.
– Ein bisschen früh. Entschuldigen Sie mich, Mr. Garrett.
(9) Соня, – сказал он, – извините меня за навязчивость...

In den Beispielen (8) und (9) bezeichnet der Imperativ der Verben *entschuldigen* bzw. *извинить* die Veränderung des seelischen Zustands der Adressaten, die vom Sprecher erwünscht ist.

Die Illokution der Bitte kommt in den Entschuldigungsformeln mit den Verben *bitten* bzw. *просить* im Imperativ in Verbindung mit den Substantiven *Entschuldigung / Verzeihung* bzw. *прощение / извинение* noch klarer zum Ausdruck. Auf die Tatsache, dass manche Sprechakte einige Illokutionen vereinigen können, hat T. Ballmer (1979: 263) bei seiner Kritik der Searleschen Klassifikation aufmerksam gemacht: „In jedem Sprechakt gibt es einige (im Searleschen Sinn) repräsentative, direktive, kommissive und deklarative Komponenten." Die Verbindung von direktiven und expressiven Komponenten kann man auch bei manchen Ausdrucksformen der ENTSCHULDIGUNG beobachten, vgl.

(10) Mir ist ein Fehler unterlaufen und ich bitte um Entschuldigung.
(11) Прошу прощения за сумбур и за то, что так длинно написала.

In diesen Wendungen wird von den oben angeführten Substantivpaaren im Deutschen das Wort *Entschuldigung* und im Russischen das Wort *прощение* bevorzugt. Im Russischen sind dabei auch die Formeln *Приношу свои извинения* und *Примите мои извинения* möglich, vgl.

(12) Приношу свои извинения ещё раз за то, что побеспокоила Вас своим письмом.

Die deutschen Äquivalente *Entschuldigungen vorbringen* und *Nehmen Sie meine Entschuldigungen entgegen* werden im Vergleich zum Russischen, viel seltener gebraucht, vgl.

(13) Ich kann und will in dieser Situation keine Entschuldigung vorbringen.

2.2.2. Explizit performative Modelle

Die zweite mögliche Struktur ist die explizite performative Formel, die auch alle vier oben genannten Konstituenten enthalten kann. Der Gebrauch der performativen Formel ist im Deutschen normativ:

(14) Ich entschuldige mich bei Ihnen für die daraus entstandenen Unannehmlichkeiten.

Im Russischen aber kann das entsprechende performative Verb nur im umgangssprachlichen Gebrauch als Handlungskonstituente funktionieren, vgl.

(15) Я извиняюсь за столь поздний визит, но я решил все-таки поздравить Вас.

Die Sprecherkonstituente bei dem finiten performativen Verb ist im Deutschen obligatorisch, im Russischen dagegen kann sie oft ausgelassen werden:

(16) Извиняюсь за долгое отсутствие: процедуры, знаете ли.

Die Adressatenkonstituente wird im Deutschen bei dem Verb im Indikativ mithilfe der Präposition *bei* eingeführt, bei dem Verb im Imperativ kann sie nur in Form der Anrede stehen, vgl.

(17) Ich entschuldige mich bei allen Jugendlichen, welche in den kommenden Jahren auf ein Projekt dieser Art verzichten müssen.
(18) Herr Minister, entschuldigen Sie mich ganz kurz. Ich möchte Sie nur freundlich darauf hinweisen, dass die für die Fraktionen vereinbarte Redezeit abgelaufen ist.

Sowohl im Russischen als auch im Deutschen kann diese Konstituente in beiden Fällen als Anrede eingeführt werden, beim Verb im Indikativ auch mithilfe der Präposition *vor* bzw. *перед*, vgl.

(19) Серёга, извини! Я был не прав...
(20) Арсен Давидович, тысячу раз извиняюсь за задержку.
(21) Извиняюсь перед теми, кто сочтет, что зря потратил время, читая нижеследующее.
(22) Er kniete vor ihr auf dem Boden und sagte: Entschuldige, bitte, Sabine. Du hast recht.
(23) „Ich entschuldige mich vor dem Gemeinderat", sagte er.

Die Anlasskonstituente wird im Deutschen mithilfe der Präpositionen *für* (+ Akk.) oder *wegen* (+ Gen.), im Russischen mithilfe der Präposition *за* (+ Akk.) eingeführt, vgl.

(24) Ich entschuldige mich für all die Qualen, die Sie in den vergangenen zwei Tagen durchlitten haben.
(25) Ich entschuldige mich wegen der verspäteten Antwort.
(26) Большое вам спасибо и извините меня за беспокойство!

Die Konstituente des Anlasses der Entschuldigung kann in beiden Sprachen auch durch einen Nebensatz ausgedrückt werden, vgl.

(27) Ich entschuldige mich, dass es so weit gekommen ist. Es soll nicht wieder passieren.
(28) Продолжай, Лена, - сказала Лидия Тимофеевна. - Извини, что я тебя перебила.

Die Anlasskomponente in den Imperativkonstruktionen kann auch als direktes Objekt im Akkusativ erscheinen:

(29) Bitte entschuldigen Sie meine Ausdrucksweise, aber ich finde die Diskussion über dieses Thema absurd!
(30) Извините мою грубость, Евгения Витальевна, - сказал Гринёв.

Entschuldigungsformeln können in beiden Sprachen modalisiert werden, vgl.

(31) Ich muss mich entschuldigen, auf der Seite gibt es bereits einen Nachtrag, der deinen Bericht bestätigt.
(32) Хочу извиниться перед тобой. Я столько глупостей наговорила тебе...

Modalisierte Formen sind vor allem für substantielle ENTSCHULDIGUNGEN kennzeichnend.

3. Kommunikativ-pragmatische Faktoren

Neben den für das zu analysierende Sprachhandlungsmuster prototypischen Verben *entschuldigen* im Deutschen und *извинять* im Russischen können in

Imperativkonstruktionen mit der Bedeutung ‚Bitte um Entschuldigung' auch weitere Verben verwendet werden, vor allem sind das *verzeihen* im Deutschen und *прощать* im Russischen. Obwohl diese Verben oft als Synonyme betrachtet werden, sehen manche Linguisten einen gewissen Unterschied in deren Gebrauch, der mit situativ-pragmatischen Faktoren, und zwar mit der Gewichtung des zugefügten Schadens verbunden ist. So meint N. I. Formanovskaja (2009: 243), dass beim Gebrauch des Ausdrucks *Прости(-те)* zwei Möglichkeiten zu unterscheiden sind:

> Во-первых, оно употребляется так же, как и *Извини(-те)*, т.е. при небольшом проступке. Во-вторых, его используют и в такой обстановке, когда просят прощения за большой проступок, за серьёзную вину. При этом чаще употребляется выражение с местоимением *меня*.

Rathmayr (1996a: 69) verweist auch auf die Erklärung von A. Šmëlev bezüglich des Gebrauchs beider Verben bei ernsteren Anlässen:

> *Извини(-те)* bedeutet so viel wie die Bitte, die allenfalls angeführten mildernden Umstände als Rechtfertigung anzuerkennen [...]. *Прости(-те)* hingegen ist eine Bitte, nicht verärgert zu sein, obwohl es keine mildernden Umstände oder rechtfertigenden Gründe für die Fehlhandlung gibt.

Entsprechend dieser Semantik verbindet sich das Verb *прости(-те)* oft mit dem Modifikator *великодушно*, der bei dem Verb *извини(-те)* viel seltener vorkommt:

(33) Однако же, господа, простите великодушно! Я, кажется, немного вас потревожил...

Bagatellfälle neutralisieren den Unterschied zwischen den beiden Verben.

Es ist auch zu vermerken, dass im religiösen Kontext, beim Appell an Gott, ausschließlich die Form *прости* verwendet wird, vgl.

(34) Прости мне, Господи, грех мой – грех раздражения, гнева, озлобления на противоречащих мне.

Im Deutschen wird in diesem Fall vorrangig das Verb *vergeben* neben dem Verb *verzeihen* verwendet:

(35) Vergib mir meine Sünden, Herr!

Der Unterschied zwischen den Verben *entschuldigen* und *verzeihen* im Deutschen hat einen ähnlichen Charakter, vgl. die Definitionen der beiden Verben (Duden 1999: Bd. 3, 1048; Bd. 9, 4314):

> *entschuldigen* – für jmdn., etw. Nachsicht, Verständnis zeigen, aufbringen; (einen Fehler, ein falsches Verhalten o. Ä.) als verständlich hinstellen, zu rechtfertigen suchen;

verzeihen – erlittenes Unrecht o. Ä. den Urheber nicht entgelten lassen, nicht grollend, strafend usw. darauf reagieren.

Auch das Deutsch-Russische Synonymwörterbuch gibt an, dass das Verb *verzeihen* im Vergleich zu dem Verb *entschuldigen* förmlicher klingt und gewöhnlich dann verwendet wird, wenn ein ernsterer Verstoß, eine größere Schuld gemeint wird (Rachmanov et al. 1983: 142). Wie aus den Bedeutungsdefinitionen zu ersehen ist, verbindet auch die deutsche Sprache das Verb *entschuldigen* vor allem mit einem unbeabsichtigten Fehler und das Verb *verzeihen* – mit einem ungerechten Verhalten, vgl.

(36)   Entschuldigen Sie bitte auch etwaige Fehler in diesem Brief, denn ich lerne Deutsch noch.
(37)   Bitte verzeihen Sie mir schon jetzt, wenn ich manchmal ein bisschen frech bin.

Diese Unterschiede tragen aber keinen kategorischen Charakter und sind eher als eine Tendenz zu betrachten.

Neben dem Faktor der Gewichtung des verursachten Schadens können zu den situativ-pragmatischen Faktoren auch die Faktoren des Alters, der sozialen Distanz und der Vertrautheit gezählt werden, die oft zusammenwirken.

Die Unterschiede in den Etikettenregeln, die in Deutschland auf einem egalitären und in Russland auf einem eher nicht egalitären Höflichkeitssystem basieren, führen manchmal dazu, dass in asymmetrischen Kommunikationssituationen bei einem Verstoß gegen die Etikette die Entschuldigungsformeln von älteren oder/ und ranghöheren Gesprächspartnern nicht verwendet werden. Dass Eltern sich vor den Kindern, Lehrer vor den Schülern oder Vorgesetzte vor den Untergebenen entschuldigen, kann man in Russland, wie auch in anderen nicht egalitären Kulturen, eher selten beobachten. (vgl. Rathmayr 1996a: 170–171; Larina 2009: 353; Bingan 2010: 245). Eine explizite Entschuldigung kann in diesem Fall entsprechend verbreiteten Einstellungen als Autoritätsverlust angesehen werden. Deshalb ist bei der Beziehung „von oben nach unten" die Tendenz zu beobachten, für das eigene Vergehen eine Erklärung bzw. eine Rechtfertigung zu geben, aber keine Entschuldigung auszusprechen. In Deutschland wird in ähnlichen Situationen in den meisten Fällen eine Entschuldigungsformel neben der Erklärung verwendet (vgl. Rathmayr 1996a: 89).

Außerdem übt eine engere Distanz zwischen den vertrauten Gesprächspartnern in der russischen Kultur einen Einfluss auf das kommunikative Verhalten aus. Im Kreis von Gleichgesinnten ist es nach allgemeiner Vorstellung überflüssig, zu viele Umstände zu machen. Somit können auch Entschuldigungen unterlassen werden. In der deutschen Kultur sind Entschuldigungen dagegen auch im privaten Bereich üblich, vgl.

(38) „Oh, entschuldige bitte, mein Schatz. Aber ich habe gerade ein wenig geträumt", meint seine Mutter.

Die oben geschilderten Besonderheiten führen dazu, dass Entschuldigungsformeln in der russischen Kommunikation im Großen und Ganzen seltener als in der deutschen verwendet werden (vgl. Rathmayr 1996a: 194; Yakovleva 2004: 262; s. auch Larina 2009: 352 in Bezug auf den englisch-russischen Vergleich).

In bestimmten kommunikativen Situationen korreliert mit dem Sprechakt der ENTSCHULDIGUNG ein anderer Sprechakt in der zu vergleichenden Sprache, z. B. DANK (s. Kap. III. DANK). In dieser Hinsicht soll eine Besonderheit der Kommunikation während des Unterrichts erwähnt werden. Nach Angaben von Rathmayr (1996a: 122) reagieren deutschsprachige Schüler und Studenten oft auf einen Hinweis bezüglich eines sprachlichen Fehlers in der formulierten Äußerung mit einer kurzen Entschuldigung. Diese Reaktion ist den russischen Studierenden ganz fremd, sie beschränken sich in ähnlichen Fällen auf eine Bestätigung, dass sie die Bemerkung verstanden haben: *Хорошо; Я понял(а)* bzw. *Alles klar* oder ersparen sich ganz die Antwort auf die Bemerkung des Lehrers. Interessant ist dabei, dass in anderen slawischen Ländern, z. B. in Polen, die Kommunikation zwischen den Lehrenden und Lernenden während des Unterrichts nach dem deutschen Modell, nicht nach dem russischen verläuft, d. h. die polnischen Schüler und Studenten entschuldigen sich ebenfalls für die sprachlichen Fehler.

Entschuldigungsformeln können auch in anderen Funktionen verwendet werden, und zwar bei der Kontaktaufnahme und zur Eröffnung einer Bitte. Von diesen Möglichkeiten machen Sprecher beider Sprachen Gebrauch (vgl. Rathmayr 1996a: 138–140):

(39) Entschuldigung, könnten Sie das noch einmal wiederholen?
(40) Извините, Вы не знаете, где стоянка такси?

4. Ausdrucksformen des kommunikativ-pragmatischen Feldes

In beiden Sprachen gibt es mannigfaltige Möglichkeiten zum Ausdruck der ENTSCHULDIGUNG. Alle Formen, die zur Realisierung dieser Illokution dienen, konstituieren das kommunikativ-pragmatische Feld der ENTSCHULDIGUNG.

4.1. Zentrale Realisierungsformen

Im Kern sowohl des deutschen als auch des russischen Feldes stehen Imperativkonstruktionen mit den sprachhandlungsbezeichnenden Verben *entschuldigen/ verzeihen* bzw. *извинить/простить* (vgl. Lange 1984: 75; Rathmayr 1996a: 61; Formanovskaja 2009: 242). Diesen Entschuldigungsformeln kann mithilfe von

Intensitätsmarkern (*um Gottes willen* bzw. *ради Бога; ради Христа; ради всего святого*) oder Höflichkeitsmarkern (*bitte* bzw. *пожалуйста*) eine stärkere Aussagekraft verliehen werden, vgl.

(41) Entschuldige bitte meine Schrift, aber ich musste mir das so schnell wie möglich von der Leber reden.
(42) O Emilie, verzeihen Sie den rauen Ton meines Briefes!
(43) Oh, entschuldigen Sie um Gottes willen, ich wusste nicht, dass Sie ihr Vater sind!
(44) Здравствуй, – как можно строже сказала я, – и извини, пожалуйста, за такой поздний визит. Я к тебе по важному делу.
(45) Простите, ради Бога, Галина Николаевна, вы нездоровы, а мы тут...

Einen ausgeprägten zentralen Charakter haben auch die Formeln *Entschuldigung* (*Tschuldigung* als Allegroform) im Deutschen und *Извиняюсь* im Russischen. Letzere ist trotz ihres herabgesetzten stilistischen Registers in der Kommunikation sehr verbreitet:

(46) Entschuldigung, ich habe noch etwas Wichtiges vergessen zu erwähnen.
(47) Я извиняюсь перед болельщиками и партнёрами за пропущенный гол.

Die Möglichkeiten der Intensivierung dieser Ausdrücke unterscheiden sich von den oben angeführten. Bei dem Substantiv *Entschuldigung* wird nicht selten der Intensifikator *tausendmal* gebraucht, vgl.

(48) Tausendmal Entschuldigung, ich habe das falsche Script eingebunden.

Trotz des substantivischen Charakters der Floskel, kann sie sich auch manchmal mit der Gesprächspartikel *bitte* verbinden:

(49) Entschuldigung bitte, wenn ich mich nicht so korrekt ausgedrückt habe.

Bei dem Verb *извиняюсь* kommt der Intensifikator *очень* vor, und in den umgangssprachlichen Äußerungen kann auch das Wort *дико* den Ausdruck verstärken, vgl.

(50) Катюша, я очень извиняюсь, но мое терпение лопнуло!
(51) Я, конечно, дико извиняюсь, не найдётся ли у вас хоть чего-нибудь выпить?

Zu den Kernmitteln gehört im Deutschen auch die normgerechte prototypische performative Formel *Ich entschuldige mich* mit unterschiedlichen Intensifikatoren (*sehr, vielmals, tausendmal* u. a.):

(52) Ich entschuldige mich vielmals bei Ihnen, dass wir Ihren Ansprüchen nicht gerecht wurden.

Das russische reflexive Äquivalent gehört nicht, wie schon erwähnt, zur kodifizierten Standardsprache.

4.2. Periphere Realisierungsformen

4.2.1. Modifizierte und stilistisch markierte Synonyme der performativen Ausdrücke

Im Deutschen kann neben den beiden oben angeführten prototypischen Verben ein gehobenes Synonym gebraucht werden, das Lexem *vergeben*. Äußerungen mit diesem Verb klingen in der Alltagskommunikation emotional bis pathetisch:

(53) Meine liebe Tochter, vergib mir! Denke bitte nur einen Moment daran, wie sehr ich habe leiden müssen, seit eure Mutter tot ist!

Im kirchlich-religiösen Kontext erscheint es, wenn der Sprecher sich an Gott wendet. Dabei wird ausschließlich die Du-Form gebraucht:

(54) Vergib mir meine Zweifel, Herr. Ich strebe so eifrig nach wahrem Glauben.

Im Kontext mit einem kirchlichen Würdenträger wird die Sie-Form gebraucht:

(55) „Herr Pfarrer, bitte vergeben Sie mir, ich habe gelogen!" fleht der am Boden Kniende.

Neben dem Verb wird auch der Ausdruck *um Vergebung bitten* gebraucht, der ebenso zum gehobenen Stil gehört, vgl.

(56) „Ich bitte um Vergebung", sagte sie, „dass ich Sie hereinbemühe und die Frauenzimmer warten lasse."

Im Russischen kann das Verb *повиниться* als gehobenes Äquivalent zum Verb *извиниться* angesehen werden:

(57) Я хочу повиниться перед всеми, кого обидел...

Das Russische verfügt aber auch über modifizierte umgangssprachliche Formen des Verbs *извиняться*. Neben der hochfrequenten Form *извиняюсь*, die angesichts ihrer hohen Gebrauchsrate zum Zentrum des Felds gezählt wurde, kann in der Alltagskommunikation noch die Form *извиняй(те)* nachgewiesen werden, vgl.

(58) Или вам это все не важно? Тогда извиняйте за беспокойство.

Diese Formen gehören zum niedrigen, vulgären Stil und können nur in vertrauter Kommunikation gebraucht werden.

4.2.2. Entschuldigungsformeln, die einer Fremdsprache entlehnt sind

Sowohl in der deutschen als auch in der russischen Sprache sind *pardon* bzw. *пардон* und *sorry* bzw. *сорри* die häufigsten entlehnten Entschuldigungsformeln, im Russischen scheinen sie aber intensiver im Gebrauch zu sein, vgl.

(59) Ende letzter Woche fuhr ich, nein, pardon, ich pilgerte mit der Bahn nach Berlin, um auf dem Kurfürstendamm zu flanieren.
(60) Пардон, но это военная тайна, – отчеканил Гаенко.
(61) Sorry – es tut mir wahnsinnig leid! Kannst du mir noch einmal verzeihen?
(62) Сорри за промашку, что-то я меткость совсем утратила.

Das Wort *pardon* existiert im Deutschen schon seit dem 16. Jahrhundert und gilt jetzt als veraltend (Duden. Herkunftswörterbuch 1986: 509). Laut Nationalkorpus der russischen Sprache ist das Wort *пардон* im Russischen seit Anfang des 19. Jahrhunderts im Gebrauch, in den letzten Jahren verliert es aber an Popularität. Das Wort *sorry* bzw. *сорри* ist eine spätere Entlehnung des 20. Jahrhunderts sowohl im Deutschen als auch im Russischen, es hat sich in der Kommunikation rasch verbreitet und konkurriert gegenwärtig mit den muttersprachlichen Formeln beim Ausdruck der konventionellen ENTSCHULDIGUNG. Insbesondere im schriftlichen Verkehr (Chat, SMS) wird es dank seiner Kürze bevorzugt.

In beiden Sprachen kann die Gesprächspartikel *pardon* bzw. *пардон* substantiviert werden, es gibt aber Unterschiede im Gebrauch: Im Deutschen gehört die substantivierte Form zur Standardsprache und erscheint in den Printmedien, während sie im Russischen nur umgangssprachlich verwendet werden kann, vgl.

(63) Ich bitte um Pardon, aber darf ich Eure königliche Hoheit an die Vorschrift erinnern, dass ein neues Mitglied von drei Angehörigen des Clubs empfohlen werden muss.
(64) Фото не я делал, большой пардон за качество.
(65) Прошу пардону, мужики, но необходимо выспаться, чтобы следующей ночью не клевать носом.

Im Russischen kann man noch eine interessante Entwicklung beobachten. In Analogie zu dem Verb *извиняйте* wurden im Russischen von den beiden entlehnten Entschuldigungsformeln *пардон* und *сорри* die Verben *пардоньте* und *соряйте* gebildet, vgl.

(66) Пардоньте, у меня вопрос немножко не по теме.
(67) Соряйте за немытую машину – в Саратове нынче дождливо...

Dabei ist zu beachten, dass diese Verben einen äußerst umgangssprachlichen Charakter haben und eher als Jargonismen zu betrachten sind.

4.2.3. Indirekte und unterstützende Mittel der ENTSCHULDIGUNG

Zu den peripheren Mittel der Realisierung einer ENTSCHULDIGUNG gehören unterschiedliche Sprechakte: expressive, kommissive, assertive, direktive. Sie enthalten aber keine sprachhandlungsbezeichnenden Ausdrücke oder werden neben den performativen Entschuldigungsformeln als unterstützende Mittel eingesetzt.

Zu den Sprachhandlungsmustern, die am häufigsten anstelle und in der Funktion einer ENTSCHULDIGUNG verwendet werden, können folgende gezählt werden (vgl. Rathmayr 1996a: 78–96; Bingan 2010: 159–165):

- Bekundung von Reue und Bedauern

Diese indirekte Form wird regelmäßig statt eines performativen Ausdrucks sowohl im Deutschen als auch im Russischen gebraucht. Somit wird das unmittelbare illokutive Ziel des analysierten Sprechaktes – das Schuldgefühl wegen einer vergangenen oder zukünftigen Handlung und die Bekundung der Anteilnahme dem Hörer gegenüber – erreicht. Zu diesem Zweck werden folgende Ausdrücke und Wendungen gebraucht: *es tut mir (sehr, schrecklich, furchtbar u. ä.) leid; ich bedauere (sehr)* bzw. *(я) (очень) сожалею; каюсь*, z. B.

(68) Es tut mir wirklich schrecklich leid. Ich weiß auch nicht, was da in mich gefahren ist.

(69) Сожалею, Наталия Ивановна, что не смог поспеть к Вашему торжеству.

Zu dieser Gruppe können auch Ausdrücke gezählt werden, die Verlegenheit und Scham des Sprechers bekunden (*mir ist es peinlich; ich schäme mich* bzw. *мне очень неловко; мне так совестно*). Somit wird aber auch gezeigt, dass der Sprecher sein Verhalten bereut:

(70) Mir ist es peinlich, dass ich Dir einen falschen Namen gegeben habe. Ich habe es übersehen.

(71) Ты заслужила передых, Рози. Мне так совестно, что все заботы о маме легли на тебя одну.

- Verantwortungsübernahme

In diesem Fall hebt der Sprecher deutlich hervor, dass er seine Schuld an dem Geschehen anerkennt und somit auch die Verantwortung dafür übernimmt (*Das war allein meine Schuld; Das war mein Fehler; Das war blöd von mir* bzw. *Виноват; Моя ошибка; Мой просчёт* u. a.), vgl.

(72) Es ist alleine meine Schuld, dass so etwas an die Öffentlichkeit gekommen ist. Ich wollte niemanden verletzen.

(73) Да, это моя вина, – поспешил заверить тот, – моя ошибка, я его повёл, он не хотел идти, ему было неудобно.

- Rechtfertigung und Erklärung

Erklärungen können alleine als ENTSCHULDIGUNGEN fungieren oder auch in Verbindung mit einer Entschuldigungsfloskel oder mit einer anderen indirekten Formel, vgl.

(74) Entschuldige, ich hatte Kopfschmerzen und konnte deshalb die Übersetzung nicht zu Ende führen.
(75) Катя, не смог раньше зайти – надо было Интернет оплатить.

Rathmayr (1996a: 89) meint, dass Angehörige der russischen Kultur in vielen Situationen, in denen in deutschsprachigen Kulturen eine Entschuldigungsfloskel und eine Erklärung verwendet werden, nur eine Erklärung bzw. Rechtfertigung angeben. Zu den Routineformeln, die regelmäßig zur Rechtfertigung verwendet werden, können folgende gezählt werden: *Das war nicht so gemeint; Das geschah nicht absichtlich; Ich wollte dich nicht ärgern; Das war ein Missverständnis* bzw. *Я нечаянно; Я не нарочно; Не хотел тебя обидеть; Так вышло; Бес попутал* u. a., z. B.

(76) Anna, ich wollte dich nicht ärgern, ich habe mir meine Anfrage nicht richtig überlegt.
(77) Прости, Василий Семёныч, бес попутал, сам не пойму, как рука поднялась...

- Besserungsversprechen

Nicht selten, besonders wenn dem Sprecher eine explizite ENTSCHULDIGUNG schwerfällt, wird statt der Entschuldigungsformel ein Versprechen gegeben, die falsche Handlung nicht mehr zu wiederholen: *Das wird nie wieder vorkommen; Ich tue es nie wieder* bzw. *Это не повторится; Я больше не буду*. Dadurch erfolgt auch ein Schuldbekenntnis. Die erste Form wird besonders oft vor Gericht und die zweite – von Kindern in Alltagssituationen verwendet, vgl.

(78) Der unwissentlich begangene Vandalismus sollte damit behoben sein. Sorry dafür. Das wird nie wieder vorkommen.
(79) Санька отдал украденный кошелёк и заныл: „Отпустите, дяденьки! Я больше не буду!"

- Wunschäußerungen und Bitten

Der Sprecher kann auch statt sich direkt zu entschuldigen, einen Wunsch äußern, entschuldigt zu werden. Das kann in Form eines Objektsatzes (*ich hoffe, du bist mir nicht böse* bzw. *я надеюсь, ты на меня не сердишься* u. ä.), eines Wunschsatzes (*wenn du mir das verzeihen könntest* bzw. *если бы ты мог меня простить*) oder einer Bitte (*nimm mir das nicht übel* bzw. *не держи на меня зла* u. ä.) erfolgen, z. B.

(80) Ich hoffe, du bist mir nicht böse. Ich möchte weiter in Kontakt bleiben. Ich freue mich auf eine Nachricht von dir.
(81) О том, как его дочки жили на самом деле, он узнал только из статьи в газете. „Не держите на меня зла, простите за всё, – опустив глаза, бормотал папа Коля.

5. Reaktionen auf eine ENTSCHULDIGUNG

Das Sprachhandlungsmuster ENTSCHULDIGUNG gehört neben dem DANK und anderen expressiven Sprechakten zu den typischen Interaktionssequenzen. Die wichtigsten Komponenten dieser Sequenz sind:

a) eine malefaktive Handlung des Sprechers, die in den meisten Fällen keinen verbalen Charakter hat oder nur als pragmatische Präsupposition existiert und gar nicht expliziert wird (vgl. Held 1987: 206; Yakovleva 2004: 261);
b) die Entschuldigung bzw. die Bitte um Entschuldigung seitens des Sprechers;
c) die Reaktion des Hörers.

Während die ersten zwei Komponenten unabdingbar für eine ENTSCHULDIGUNG sind, ist die dritte Komponente fakultativ. Bei einer konventionellen ENTSCHULDIGUNG kann, wie schon erwähnt, die Erwiderung ausbleiben, was kein Verstoß gegen die Regeln der Etikette ist.

Es können grundsätzlich drei Arten der Reaktion auf eine ENTSCHULDIGUNG unterschieden werden: 1) Akzeptanz der Entschuldigung; 2) Minimisierung des Schadens; 3) Zurückweisung der Entschuldigung (vgl. Rehbein 1972: 315–316; Rathmayr 1996a: 107–116; Formanovskaja 2009: 247–249; Larina 2009: 353–354). Es ist zu beachten, dass die in den angelsächsischen Ländern durchaus übliche Reaktion der Gegenentschuldigung (*sorry – sorry*) sowohl in Deutschland als auch in Russland nur selten vorkommt und sich in der Regel mit anderen Formen der Honorierung verbindet, vgl.

(82) Я охотно принимаю твои извинения и сам прошу извинить меня.
(83) „Ich bitte vielmals um Verzeihung, mein Herr!"
„Nein, nein, ich habe mich zu entschuldigen, was kreuze ich auch gerade jetzt Ihren Weg, sodass Sie nicht anders konnten, als in mich hinein zu laufen."

5.1. Akzeptanz der ENTSCHULDIGUNG

Eine vollständige explizite Annahme der Entschuldigung wird in beiden Sprachen grundsätzlich bei einer substantiellen Entschuldigung verwendet und ist offiziell bzw. stilistisch gehoben. Es können dabei folgende Konstruktionen verwendet werden: *Ich nehme Ihre Entschuldigung an; Ich verzeihe Ihnen* bzw. *Я принимаю Ваши извинения; Я Вас прощаю.*

(84) Frau Präsidentin! Meine Damen und Herren! Sehr verehrte Gäste! Liebe Kollegen! Herr Minister, ich nehme Ihre Entschuldigung an.
(85) П.А. Столыпин спокойно выслушал слова извинения Родичева и небрежно ответил: „Я Вас прощаю."

Viel häufiger werden kurze Floskeln verwendet, die auch beliebig kombiniert werden können: *schon gut; ist ja gut; alles ok* bzw. *да ладно; всё нормально; всё в порядке* u. a., z. B.

(86) „Das war so dumm von mir, ich habe den Fehler einfach übersehen."
„Ist ja gut! Du brauchst dich nicht zu rechtfertigen!"
(87) - Конец рабочего дня - торопился, ошибся. Виноват!
- Да ладно, всё нормально, главное - разобрались.

In manchen Fällen, wenn der Anlass zur Entschuldigung mehr oder weniger schwerwiegend ist, wird explizit Nachsicht gezeigt oder werden eingeschränkte Annahmen ausgesprochen, vgl.

(88) Der Vater sagte: Diesmal verzeihe ich dir noch einmal, ich gebe dir die Chance, dich zu bewähren. Aber das ist das letzte Mal.
(89) - Я же по-доброму, прости, не сердись!
- Ну ладно, так уж и быть, не сержусь.

Im Russischen wird auch eine ausweichende Formel *Бог простит!* gebraucht: in diesem Fall wird einerseits die Entschuldigung angenommen, andererseits erfolgt diese Annahme nicht vom Sprechenden, sodass sie nicht vollständig erscheint.

5.2 Minimisierung des Schadens

Eine andere verbreitete Form der Akzeptanz einer Entschuldigung ist, ihren Anlass, d. h. den zugefügten Schaden bzw. die verursachten Unannehmlichkeiten, zu minimieren. Für diese Zwecke wird sowohl im Russischen als auch im Deutschen eine Reihe von konventionalisierten Ausdrücken gebraucht, ein Teil davon ist umgangssprachlich gefärbt: *ist nicht der Rede wert; macht nichts; halb so schlimm; ist schon recht* bzw. *не стоит (извинения); какие пустяки, да ладно; да ерунда; ничего страшного* u. ä., z. B.

(90) „Oh, tut mir leid, dass ich Sie angerempelt habe!"
„Keine Ursache."
(91) - Извините, я не хотел вас разбудить.
- Да ничего страшного, я вполглаза дремал...

5.3 Zurückweisung der Entschuldigung

Direkte explizite Zurückweisungen sind selten zu treffen, sie werden am häufigsten dann ausgesprochen, wenn der zugefügte Schaden zu groß ist, vgl.

(92) „Ich nehme Ihre Entschuldigung nicht an", sagte sie mit fester Stimme zu dem Mann auf der Anklagebank.

Ansonsten wird statt der Annahme der Entschuldigung dem Sprechenden geraten, wie er sich benehmen sollte. Das ist insbesondere für die russische Kommunikation kennzeichnend, vgl.

(93) – Извините, я Вас не задел?
       – Так смотреть надо, куда идёшь.

Solche ablehnenden Reaktionen auf Entschuldigungen sind auch bei geringfügigen Anlässen möglich (vgl. Rathmayr 1996a: 112): *Куда прёшь; Совесть надо иметь; Совсем обнаглели* u. ä., sie sind aber alle äußerst grob und können nicht als adäquate Reaktionen auf kleine Verstöße angesehen werden.

Wenn eine Reaktion auf die Entschuldigung erfolgt, dann ist sowohl im Deutschen als auch im Russischen die direkte Annahme mithilfe von kurzen Floskeln am häufigsten. Die Minimisierung der verursachten Unannehmlichkeiten ist in beiden Sprachen ebenfalls sehr verbreitet. Eine Besonderheit des Russischen ist die Zurückweisung der Entschuldigung durch einen Hinweis auf das richtige Benehmen oder durch eine Belehrung.

V. Gratulation

1. Definition des Sprachhandlungsmusters

Es gibt Situationen, in denen es einen der Gesprächspartner drängt, dem Adressaten mitzuteilen, dass er sich über einen positiven Sachverhalt genauso freut wie der Angesprochene. Dieses angenehme Ereignis kann z. B. ein erreichter Erfolg oder ein zu feiernder Tag wie ein Geburtstag oder ein anderes Jubiläum sein, vgl.

(1) Liebe Ramona, wir gratulieren dir zum erfolgreichen Bachelorabschluss.
(2) Поздравляю Вас с победой на президентских выборах.
(3) Ich gratuliere Dir zu Deiner Verlobung und wünsche Dir alles Gute dazu!
(4) Поздравляю тебя с днём рождения! Хочется пожелать тебе побольше ярких эмоций и незабываемых впечатлений.

Der Sprecher erwähnt das jeweilige Ereignis, um das psychische Wohlergehen des Adressaten zu erhöhen und ihm damit seine Sympathie zu verdeutlichen. Derartige Sprachhandlungsmuster sind in Russland und Deutschland als GRATULATION geläufig und hinsichtlich der beschriebenen Anlässe wie Arbeitserfolge oder Lebensjubiläen in beiden Ländern, wie die Beispiele (1) bis (4) zeigen, vergleichbar. Das betrifft aber durchaus nicht alle Situationen, in denen Gratulationen ausgesprochen werden können. Es gibt Anlässe, zu denen in Russland gratuliert wird, in Deutschland aber nicht. Hier werden zum gleichen Anlass Wünsche ausgesprochen. Das betrifft z. B. religiös geprägte Feiertage wie Weihnachten und Ostern, vgl.

(5) Поздравляю с Рождеством и желаю жить весело и счастливо, чтоб печали и тревоги обходили стороной.
(6) Schon heute wünsche ich Ihnen, Frau Krause, ein frohes Weihnachtsfest.

Die einführenden Belege (1) bis (6) zeigen, dass in identischen Situationen in Russland und in Deutschland entweder gleiche Sprachhandlungsmuster verwendet werden oder unterschiedliche. In den Situationen des erzielten Erfolgs und des Lebensjubiläums ist in beiden Kommunikationsgemeinschaften das Sprachhandlungsmuster GRATULATION üblich. Religiöse Feiertage wie Weihnachten und Ostern oder auch der Jahreswechsel sind dagegen nur in Russland Anlass für eine Gratulation. In Deutschland werden zu diesen Feiertagen gute Wünsche übermittelt. Die Motivation für die Versprachlichung einer Handlung ist also identisch, die Wahl des Sprachhandlungsmusters ist in den beiden Ländern unterschiedlich. Deshalb muss in der weiteren Darstellung immer auch das Sprachhandlungsmuster WUNSCH im Blickfeld gehalten werden. Wörtliche Übersetzungen der russischen Gratulationsformel ins Deutsche aus diesem Anlass, wie sie auch heute noch manchmal von Sprachführern für derartige Situationen gegeben werden, z. B. *„Поздравляю от всей души с Новым годом! – Ich gratuliere Ihnen von ganzem Herzen zum Neujahr!"* (Formanovskaja/Tret'jakova 2010: 50) widersprechen der Norm des deutschen Sprachgebrauchs und sind somit falsch.

Die älteste Definition des Sprachhandlungsmusters GRATULATION geht auf G.W. Leibniz zurück. Sie ist auch heute noch aktuell und zutreffend, weil sie den pragmatischen Kern der GRATULATION unterstreicht, nämlich die Versicherung des Sprechers, dass das für den Adressaten angenehme Ereignis auch ihm selber angenehm ist: „Congratulari – testari eventum tibi gratum etiam nobis gratum esse"[10] (Leibniz 1903: 500).

Diese allgemeine Charakterisierung der Sprachhandlung GRATULATION findet sich auch in der Definition von J. Searle (1971: 106–113). Er spricht von vier für das Sprachhandlungsmuster GRATULATION konstitutiven Bedingungen:

a) der für den Adressaten relevante Sachverhalt (die Ausgangsbedingung);
b) dieser Sachverhalt ist im Interesse des Adressaten (die Einleitungsbedingung);
c) auch für den Sprecher ist dieser Sachverhalt von Interesse (die Aufrichtigkeitsbedingung);
d) der Sprecher drückt das gemeinsame Interesse an dem Sachverhalt gegenüber dem Adressaten aus (die wesentliche Bedingung).

Mit dieser letzten Bedingung verweist Searle auf die pragmatisch-semantische Nähe der Sprachhandlungsmuster GRATULATION und WUNSCH. In beiden Fällen äußert der Sprecher, dass ihm am Wohl des Adressaten gelegen ist.

A. Wierzbicka hat diese Definitionen von Leibniz und Searle kritisiert, weil sie der Meinung ist, dass nur für die Ereignisse ein Anlass zur Gratulation vorliegt, die der Adressat durch seine eigene Kraft erreicht hat, also bestimmte Leistungen wie bestandene Prüfungen, erhaltene Auszeichnungen usw. Deshalb lautet ihre Definition:

> Congratulations! = Knowing that you have caused something good to happen to you,
> assuming that you are pleased because of it
> wanting to cause you to know that I am pleased too,
> I say: I am pleased because it too. (Wierzbicka 1972: 141)

Auch in ihrer Interpretation des performativen Verbs *congratulate ~ gratulieren* in dem Wörterbuch der Sprechaktverben unterstreicht Wierzbicka noch einmal

---

10 Gratulieren heißt versichern, dass das Ereignis, das dir angenehm ist, gleichfalls auch mir angenehm ist.

den aktiven Anteil des Adressaten als Voraussetzung für die GRATULATION: „Nonetheless, in congratulating someone we still seem to assume that the addressee has done something which caused (at least in part) the happy event" (Wierzbicka 1987: 229).

Dass Wierzbicka die Gratulationsanlässe auf Sachverhalte beschränkt, die vom Adressaten kausiert werden, hängt offensichtlich damit zusammen, dass in Polen weder zum Geburtstag oder Namenstag noch zu religiösen Festen u. ä. gratuliert wird. In diesen Fällen handelt es sich um Ereignisse, die ohne Zutun des Adressaten existieren und insofern in Polen nicht Motivation für eine Gratulation, sondern für eine Übermittlung guter Wünsche sind (vgl. Czochralski 2004: 350).

Dass in Bezug auf das Russische Wierzbickas Argument, Anlass für eine Gratulation sei nur ein Sachverhalt, der durch den Adressaten selber erreicht wurde, nicht relevant sein kann, drückt auch M. Ja. Glovinskaja in ihrer Definition des russischen performativen Verbs *поздравлять* aus, die sie in einer Sprache verfasst, die Wierzbickas semantischen Primitiva ähnlich ist, die aber nicht nur Elementareinheiten, sondern nach dem Muster der Moskauer semantischen Schule (vgl. u. a. Apresjan 1974) auch andere semantische Größen und statt der 1. Pers. die 3. Pers. Sg. verwendet:

X поздравляет Y-a с P ≅
(1) X знает, что актуально P, приятное для Y-a;
(2) X хочет, чтобы Y знал, что X-у, как и Y-у, приятно P;
(3) X произносит словесную формулу, принятую для этого;
(4) X говорит это, чтобы Y знал, что X думает / помнит о нём и хорошо к нему относится. (Glovinskaja 1993: 210)

Diese Definition unterstreicht zwei wesentliche pragmatische Bedeutungsschattierungen des Sprachhandlungsmusters GRATULATION. Die erste Zeile verweist mit der Formulierung *актуально P* darauf, dass sich die Sprachhandlung des Gratulierens auf ein gegenwärtiges Geschehen bezieht, das die unmittelbare Vergangenheit einschließt. Man kann auch von einer Perfektperspektive sprechen (Tarasenko 2007: 195). Eine Bezugsrichtung auf die Zukunft, wie z. B. beim Sprachhandlungsmuster BITTE, ist für die GRATULATION nicht vorstellbar. Die vierte Zeile in Glovinskajas Definition spricht die schon erwähnte Bedeutungsnuance des Sprachhandlungsmusters Gratulation an, dass der Sprecher sein Wohlwollen gegenüber dem Adressaten ausdrückt.

So ergibt sich zusammengefasst folgende Definition des Sprachhandlungsmusters GRATULATION:

(a) Ich weiß, dass es etwas gibt, was für dich gut ist
(b) Ich gehe davon aus, dass du dich darüber freust

(c) Ich sage: ich freue mich aus dem gleichen Anlass
(d) Ich sage das, weil ich möchte, dass dir das angenehm ist.

2. Struktur des Sprachhandlungsmusters

Der sprachliche Aufbau des Sprachhandlungsmusters GRATULATION im Russischen und Deutschen ist in seiner Grundstruktur vergleichbar. Den Kern der Struktur bildet in beiden Sprachen das performative Verb *поздравить/ поздравлять* bzw. *gratulieren*, das sich mit drei anderen Konstituenten verbinden kann. So ergeben sich vier konstitutive Elemente für den syntaktischen Aufbau des Sprachhandlungsmusters GRATULATION (vgl. Pisarek 1995: 124–129):

- das performative Verb zum Ausdruck der Sprachhandlung als Handlungskonstituente,
- die Konstituente des Sprechers,
- die Konstituente des Adressaten,
- die Konstituente des Anlasses der Gratulation.

2.1. Das Sprachhandlungsverb

In beiden Sprachen steht für die Wiedergabe der Sprachhandlung das Verb *поздравить/поздравлять* bzw. *gratulieren* zur Verfügung. Im Deutschen tritt neben *gratulieren* noch das Verb *beglückwünschen* auf, das in seiner Frequenz geringer und im Wesentlichen auf Anlässe wie Leistung und Erfolg beschränkt ist, vgl.

> (7) Ich darf Sie zu diesem Werk, dem wenige Länder Gleichwertiges zur Seite stellen können, beglückwünschen.

2.2. Der Sprecher

Die Konstituente des Sprechers wird in beiden Sprachen prototypisch durch ein Pronomen in der 1. Pers. Sg. oder Pl. im Nominativ repräsentiert: *(я) поздравляю* bzw. *ich gratuliere*. Das Pronomen in der 1. Pers. Sg. wird im Russischen in der Regel in der Kommunikation weggelassen, genauer gesagt, die Form mit Pronomen ist im Russischen markiert, vgl. das Beispiel (8) mit markierter 1. Pers. gegenüber der üblichen nichtmarkierten Äußerung (9):

> (8) Я поздравляю тебя с Днём рождения! Желаю любви и её продолжения.
> (9) Дорогая, поздравляю тебя с Международным женским днём! Желаю весеннего настроения, тёплых отношений с родными и близкими.

Das Pronomen der 1. Pers. Pl. kann auch wegfallen, seine Verwendung würde jedoch im Unterschied zur 1. Pers. Sg. als nicht markiert gelten, vgl.

(10) Мы поздравляем всю команду с первой победой. / Поздравляем всю команду с первой победой.

Im Deutschen werden die Personalpronomen der 1. Pers. *ich* und *wir* in der Regel verwendet, ein möglicher Wegfall im Sg. kann als umgangssprachlich markiert gelten, das Pronomen der 1. Pers. Pl. dagegen kann nicht weggelassen werden, vgl.

(11) Ich gratuliere dir zum Nachwuchs / Gratuliere zum Nachwuchs.
(12) Wir gratulieren zu diesem guten Ergebnis und wünschen Ihnen alles Gute für Ihre Zukunft.

2.3. Der Adressat

Durch die unterschiedliche Rektion des performativen Verbs steht die Adressatenkonstituente in beiden Sprachen in unterschiedlichen Kasus: im Deutschen im Dativ, im Russischen im Akkusativ, vgl.

(13) Ich möchte schon jetzt den Siegern herzlich gratulieren.
(14) Мне хочется уже сейчас сердечно поздравить автора с выходом книги.

2.4. Der Anlass

Die dritte Konstituente zur Wiedergabe des Gratulationsanlasses wird im Deutschen durch die Präposition *zu* in Verbindung mit dem Dativ, im Russischen dagegen durch die Präposition *c* in Verbindung mit dem Instrumental ausgedrückt, vgl.

(15) Wie immer möchte ich dir auch heute als Erster zum Muttertag gratulieren.
(16) Дорогие коллеги, мне хочется поздравить вас всех с 30-летием сценической деятельности.

2.5. Ellipse

Im Russischen und im Deutschen finden sich besonders in der Umgangssprache elliptische Konstruktionen. Sie unterscheiden sich aber darin, dass der elliptische Kern in beiden Sprachen durch andere Positionen präsentiert werden kann. Im Russischen ist die Ellipse mit der Konstituente des Anlasses verbreitet, wobei auch der Adressat genannt werden kann, vgl.

(17) С праздником (тебя)!

Derartige Konstruktionen (s. auch die unter 3.5. und 3.6. angeführten Beispiele *(С первомаем! С первым снегом!)* sind für das Deutsche naturgemäß nicht belegt. Hier sind vorrangig zwei elliptische Varianten anzutreffen. Zum einen sind das Ellipsen mit dem performativen Verb, die auch für das Russische belegt sind, vgl.

(18)   Gratuliere (dir)! / Поздравляю (тебя)!

Außerdem findet man im Deutschen elliptische Konstruktionen mit einer Substantivierung des performativen Verbs wie in den Beispielen (19) und (20). Derartige Konstruktionen sind auch im Russischen, wenn auch seltener, anzutreffen, vgl. (21).

(19)   (Meine) Gratulation!
(20)   Herzliche Gratulation!
(21)   Мои поздравления!

Zum Zweiten steht, wie schon dargelegt, den Gratulationen zu religiösen und allgemeinen Feiertagen im Deutschen das Sprachhandlungsmuster WUNSCH gegenüber (vgl. ausführlicher unter 3.4.). Insofern lässt sich hinsichtlich der Ellipsen ein adäquates Entsprechungsverhältnis zwischen den Deliberativen als Kern im Russischen und Deutschen nachweisen, vgl.

(22)   С праздником! С Новым годом! С Рождеством!
(23)   Frohes Fest! Fröhliche Weihnachten! Alles Gute zum Jahreswechsel!

3. Kommunikativ-pragmatische Faktoren

Wie die einleitenden Beispiele unter Punkt 1. zeigen, gibt es hinsichtlich des Gebrauchs des Sprachhandlungsmusters GRATULATION Gemeinsamkeiten des Ausdrucks im Russischen und Deutschen, aber auch Unterschiede. Der wichtigste pragmatische Faktor, der die Bildung und Verwendung des Sprachhandlungsmusters in beiden Sprachen determiniert, liegt im Anlass der Gratulation. Eine grobe Gliederung ergibt zwei Gruppen von Anlässen. Die erste sind drei Anlassbereiche, in denen das Sprachverhalten von Russen und Deutschen in Bezug auf die GRATULATION vergleichbar ist (persönliche Jubiläen, Erfolge, Ehrentage), die zweite sind drei Situationen, die nur für Russen Motivation für eine GRATULATION sein können, während deutsche Sprecher hier anders, entweder mit dem Sprachhandlungsmuster WUNSCH, oder gar nicht, beispielsweise in Bezug auf politische Feiertage und sog. schöne Ereignisse, auf den Anlass reagieren. Diese sechs Anlassbereiche sollen im Weiteren etwas detaillierter dargestellt werden.

3.1. Persönliche Jubiläen und glückliche Ereignisse

Persönliche Jubiläen und glückliche Ereignisse wie Geburtstag, Hochzeit, Geburt von Kindern und Enkeln u. ä. sind sowohl in Russland als auch in Deutschland ein gängiger Anlass für das Aussprechen von Gratulationen, vgl.

(24) Я поздравляю тебя с днём рождения! Расти умненькой, благоразумненькой, никогда не печалься, побольше улыбайся!
(25) Ich gratuliere dir zum Geburtstag, dass du lange lebst, gesund bleibst, und in den Himmel kommst!
(26) Искренне поздравляем Вас и всех членов Попечительского совета с юбилейной датой.
(27) Wir gratulieren Ihnen, Frau und Herr Bendler, herzlich zur Silberhochzeit.

Nicht selten wird das Sprachhandlungsmuster GRATULATION durch das Sprachhandlungsmuster WUNSCH ergänzt, vgl.

(28) От всей души поздравляю вас с бракосочетанием и желаю вам самого наилучшего.
(29) Ich gratuliere euch von Herzen zur Hochzeit und wünsche euch Glück und Freude.

Zu den glücklichen Ereignissen im familiären Leben gehört u. a. auch die Geburt von Kindern, Enkeln usw., vgl.

(30) Женька сына родила. Поздравляю с правнуком!
(31) Gratuliere zum Enkel, Onkel Johann!

3.2. Erfolgreiche Ereignisse

Erfolgreiche Ereignisse, die in beiden Kommunikationsgemeinschaften Anlass für eine Gratulation sein können, sind beispielsweise bestandene Prüfungen, Auszeichnungen, Gehaltserhöhungen, Neuanschaffungen u. ä., vgl.

(32) Старательно громкий голос: „Поздравляем со сдачей скважины в эксплуатацию!"
(33) Ich gratuliere Ihnen, Herr Schulz, zur hohen Auszeichnung. Ich freue mich mit Ihnen.
(34) Поздравляю Вас, Виктор Самойлович, с победой на думских выборах.
(35) „Wir gratulieren Ihnen zum Einzug in den Landtag", sagte die Vorsitzende mit strahlendem Gesicht.

Im Rahmen des Gratulationsanlasses für einen erzielten Erfolg ist auf zwei spezifische Formeln zu verweisen, die in beiden Sprachen peripher anzutreffen, nicht unmittelbar zur GRATULATION gehören und im eigentlichen Sinne auch keine Sprachhandlungsmuster sind. Zum einen ist das der Verweis auf eine mögliche

Gratulationshandlung als Einleitung zu einer Information über eine erreichte Leistung, vgl.

(36) Можете меня поздравить: я поступил в МГУ.
(37) Ihr könnt mir gratulieren: gestern wurde ich an der Humboldt-Universität immatrikuliert.

Zum Zweiten ist das die Frage danach, ob eine Gratulation angebracht ist, wenn von einem möglichen Erfolg vorher schon die Rede war, vgl.

(38) Можно поздравить? Ты, наконец-то, переехала на новую квартиру?
(39) Kann man gratulieren? Hast du den Führerschein endlich gemacht?

3.3. Ehrentage

Zu den gemeinsamen Ehrentagen in Russland und Deutschland gehören Daten wie der Internationale Frauentag im März und der Valentinstag im Februar. Der Frauentag am 8. März hat seit der Sowjetzeit in Russland Tradition. In den letzten Jahren wird hier vielfach auch der Muttertag im November begangen. In Deutschland hatte der Muttertag im Mai die längere Tradition. Erst in den letzten Jahren spielt im gesamten Deutschland (in der DDR in Parallelität zur UdSSR) auch der Internationale Frauentag eine Rolle als Ehrentag.

(40) Хочу передать горячие поздравления с Международным днём женщин.
(41) „Wir gratulieren dir zum Muttertag", sagten Alexandra und Paul und begannen das Sonntagsfrühstück mit einem Lied.
(42) „Поздравляю тебя с Днём святого Валентина", сказал Борис и поцеловал ей ручку.
(43) Ich gratuliere dir, mein Schatz, zum Valentinstag.

Das Repertoire derartiger Ehrentage ist in der Russischen Föderation weiter gefächert als in der Bundesrepublik Deutschland. Es wird u. a. zum Tag der Verteidiger des Vaterlandes im Februar (umgangssprachlich auch День мужчин), zum Lehrertag im Oktober (День учителя) oder zum Studententag im Januar (Татьянин день) gratuliert. In diesen Fällen können als deutsche Entsprechungen die Übersetzungen ins Deutsche verwendet werden. Eine Gratulation aus diesen Anlässen entspricht, im Unterschied zu den Feiertagen wie Weihnachten und Ostern, durchaus dem Sprachgefühl der Sprachträger des Deutschen.

(44) Это было 25-го января. „Поздравляю всех собравшихся с Татьяниным днём", сказал Сергей.
(44a) Es war der 25. Januar. „Ich gratuliere allen hier Versammelten zum Tag der Studierenden", sagte Sergej.

(45) Искренне и сердечно поздравляем Вас с профессиональным праздником – Днём строителя.
(45a) Aufrichtig und herzlich gratulieren wir Ihnen zu Ihrem Berufsehrentag – dem Tag des Bauarbeiters.

3.4. Religiöse und allgemeine Feiertage

Religiöse und allgemeine Feiertage sind Anlässe, die nur in Russland einen Grund für die Äußerung einer Gratulation darstellen. Das heißt nicht, dass derartige Ereignisse in Deutschland sprachlich nicht genutzt werden, um bei einer Begegnung oder im schriftlichen Kontakt dem Adressaten Wohlwollen und gemeinsame Freude zu signalisieren, aber deutsche Sprachträger übermitteln zu diesen Feiertagen gute Wünsche und keine Gratulationsformeln, vgl.

(46) Ирина, искренне и от чистого сердца поздравляю Вас, всю Вашу семью, с Великой Пасхой! Христос воскрес!
(47) Ich wünsche Ihnen, Frau Berger, ein gesegnetes Osterfest und viel Spaß beim Schriftstellertreffen in Rudolstadt.

Ein spezifischer Gratulationsanlass in Russland ist das Alte Neujahr (Старый новый год), das am 13. Januar (nach altem Stil, dem in der Zarenzeit noch gültigen Julianischen Kalender, der 1. Januar) begangen wird, vgl.

(48) Поздравляю тебя, мой дорогой, с праздником, что во второй раз врывается в наши дома, неся радость и веселье. Поздравляю тебя со Старым Новым Годом!

Wie bei den persönlichen Jubiläen finden sich auch hier für das Russische häufig Beispiele für die Verbindung von GRATULATION und WUNSCH, dem im Deutschen nur Wunschformeln gegenüberstehen, vgl.

(49) В первую очередь поздравляем Вас с Новым годом и желаем как можно больше счастья, успеха и приятных моментов.
(50) Ich wünsche dir von ganzem Herzen ein fröhliches Neues Jahr sowie Freude und gutes Gelingen für die kommende Zeit.

3.5. Gesellschaftspolitische Feiertage

Die Vergleichssituation Russisch vs. Deutsch in Bezug auf politische Feiertage ist ähnlich wie hinsichtlich der religiösen und allgemeinen Feiertage, nur mit dem Unterschied, dass diese Anlässe in der alltäglichen Kommunikation in Deutschland keine Rolle spielen, während in Russland Staatsfeiertage auch in informellen Kontakten als Gratulationsgrund gepflegt werden. Insofern liegt für die vertrauliche Kommunikation hier ein Verhältnis der Nulläquivalenz vor, vgl. dazu die russischen Belege:

(51) Поздравляю с Днём Победы! Пусть ваш дом обходят беды. Мира, неба голубого, счастья чистого, большого!
(52) С первомаем, ребята.

Auf der offiziellen, vorwiegend der diplomatischen Ebene, z. B. aus Anlass eines Staatsfeiertages, kann man auch in Deutschland auf das Sprachhandlungsmuster GRATULATION stoßen, das in dieser Sphäre natürlich auch in Russland anzutreffen ist, vgl.

(53) Sehr geehrter Herr Premierminister, im Namen der Bundesregierung gratuliere ich Ihnen zum Nationalfeiertag Ihres Landes.
(54) Уважаемые друзья! Сердечно поздравляю вас с Днём России. 12 июня – особая дата в истории нашей страны.

3.6. Schöne Ereignisse

Naturereignisse wie herrliches Wetter oder der erste Schnee können in Russland, wenn auch seltener und nur im privaten Bereich, den Anlass für eine GRATULATION darstellen. Hierfür gibt es in Deutschland keine Entsprechungen, vgl. die russischen Belege:

(55) Галка! С первыми весенними цветами тебя!
(56) Женя, с первым снегом!

4. Ausdrucksformen des kommunikativ-pragmatischen Feldes

4.1. Die verbalen Ausdrucksmittel

Die Gratulationsformel mit dem performativen Verb *поздравлять/поздравить* bzw. *gratulieren* bilden das Zentrum des Feldes der GRATULATION, vgl.

(57) Поздравляем Вас, Ирина Петровна, с Всемирным днём учителя. Желаем ярких красок жизни, добра, удачи и успехов, благополучия.
(58) „Ich gratuliere Ihnen zu dieser großartigen Leistung", schrieb der französische Präsident Jacques Chirac.

Dazu gehören unter dem Aspekt der Gebrauchsfrequenz in beiden Sprachen auch die unter 2.5. angeführten Ellipsen.

Die Gratulationsformel mit den Strukturkomponenten des performativen Verbs, der Sprecherkonstituente, der Adressatenkonstituente und der Anlasskonstituente kann in der Kommunikation in verschiedener Weise modifiziert werden. Die sprachlichen Realisierungen dieser Modifizierungen sind in beiden

Sprachen vergleichbar. Sie betreffen vor allem intensivierende Modifizierungen, modale Modifizierungen und differenzierende Modifizierungen der Sprecherposition, die als periphere Varianten der Gratulationsformel zusammengefasst werden können.

4.2. Intensivierende Modifizierungen

Bei der intensivierenden Modifizierung geht es um Verstärkungen der emotionalen Anteilnahme des Sprechers. Zu den intensivierenden Adverbien gehören im Russischen vor allem *сердечно, искренне, горячо*, denen im Deutschen die Lexeme *herzlich* und *aufrichtig* gegenüberstehen.

(59) Горячо поздравляем космонавта Юрия Алексеевича. Рады за Вас и за нашу Родину.
(60) Auch ich möchte zum 50jährigen Jubiläum ganz herzlich gratulieren.

Für eine deutsche Entsprechung des ursprünglichen Temperaturadverbs *горячо (heiß)* gibt es im Deutschen keine Belege. Als Entsprechung für die deutsche präpositionale Fügung *von ganzem Herzen* stehen im Russischen zwei Varianten zur Verfügung: *от всего сердца, от всей души*, vgl. die beiden Belege:

(61) Ich darf Ihnen im Namen der Direktion von ganzem Herzen gratulieren, Sie sind der hunderttausendste Besucher der Ausstellung!
(62) Прелесть, чудо, какая изящная прелесть. Я от всего сердца поздравляю Вас.
(63) Да-да, не удивляйтесь: всё уже утверждено. Поздравляю от всей души!

In elliptischen Konstruktionen treten derartige Modifizierungen mit Adverbien oder präpositionalen Fügungen des Typs *горячо* und *от всего сердца* in der Regel nicht auf (Glovinskaja 1990: 10).

4.3. Modale Modifizierungen

Die modalen Modifizierungen betreffen im Einzelnen voluntative (64 und 65), debitive (66 und 67), permissive (68 und 69) und evaluative (70 und 71) Erweiterungen:

(64) В заключение мне хотелось бы поздравить через газету всех наших работников с ближайшими праздниками.
(65) Ich möchte dir sehr, sehr herzlich gratulieren und das Allerbeste wünschen.
(66) Я должен вас поздравить. Это было совершенно потрясающе.
(67) Ich muss Ihnen gratulieren. Das war exorbitant.
(68) Виктор Робертович, позвольте поздравить вас с переизбранием на пост ректора университета.

(69) Erlauben Sie mir, dass ich Ihnen zu Ihrem überwältigenden Wahlerfolg von ganzem Herzen gratuliere
(70) Я рад поздравить его с этим достижением, хотя к рейтингам и не стоит относиться слишком серьёзно.
(71) Es ist mir eine Ehre, Ihnen zum 100. Geburtstag gratulieren zu dürfen.

4.4. Modifizierungen der Sprecherkonstituente

Die Sprecherposition kann durch zusätzliche semantische Handlungsträger, die durch Konstruktionen wie *от имени, по поручению* im Russischen und *im Namen, im Auftrag* im Deutschen eingeleitet werden, eine Erweiterung erfahren, vgl. Beispiele wie

(72) Im Namen des Bürgermeisters möchte ich der Jubilarin herzlich gratulieren und ihr ein Geschenk der Gemeindeleitung überreichen.
(73) От имени декана факультета мне хочется поздравить Вас и вручить Вам этот скромный подарок.

4.5. Periphere Gratulationsformeln in anderer Bedeutung

An der Peripherie des Feldes der GRATULATION kann es zu Überschneidungen mit Bedeutungen anderer kommunikativ-pragmatischer Felder kommen. Es finden sich sowohl im Russischen als auch im Deutschen Belege dafür, dass das performative Verb *поздравить/поздравлять* bzw. *gratulieren* nicht in seiner ursprünglichen Bedeutung, sondern im ironischen Sinne gebraucht wird. Das betrifft Beispiele wie

(74) – На экзамене по истории я провалился.
– Поздравляю. Я так и думала.
(75) „Ich konnte nicht kommen, weil ich die Straßenbahn verpasst hatte."
„Gratuliere. Das war eine Glanzleistung."

Die Gratulationsformel kann in derartigen Situationen ein Bedeutungsspektrum von Mitgefühl bis zur Schadenfreude ausdrücken.

5. Reaktionen auf eine GRATULATION

Der perlokutive Effekt einer Gratulation zeigt sich in der Regel in der Dankesäußerung des Adressaten. Hier treten in beiden Sprachen die prototypischen Dankesformeln (vgl. Kap. III. DANK) auf wie

(76) „Gratuliere zum Richtfest", rief Findhammer herüber.
„Vielen Dank für den Glückwunsch. Hoffentlich kommt dann auch der Dachdecker bald", sagte Werner.

(77) – А у меня дочь родилась. Дашка.
 – Поздравляю.
 – Спасибо. Такая смешная девчонка.

Häufig reagiert der Sprecher in beiden Kommunikationsgemeinschaften mit einer Antwortgratulation, vgl.

(78) „Glückwunsch zum guten Abschluss der Ausbildung!"
 „Danke, dir auch."
(79) – Ну что ж, с Новым годом!
 – И вас также!

VI. Vorstellung

1. Definition des Sprachhandlungsmusters

Die namentliche VORSTELLUNG eines Menschen für eine oder mehrere andere Personen ist eine bekannte Situation der Etikette des Sprachverhaltens sowohl in Russland als auch in Deutschland: Vorher unbekannte Menschen werden einer dem anderen mit dem Ziel bekannt gemacht, dass sie miteinander kommunizieren können. In diesem Sinne ist es in beiden Ländern ebenfalls üblich, eine Person oder einen Personenkreis, die man ansprechen möchte, über die eigene Identität zu informieren. Das kann beispielsweise bei der Begrüßung durch die einfache Namensnennung geschehen als auch durch einen einleitenden Hinweis, dass man sich vorstellen möchte, vgl.

(1) „Ich möchte mich vorstellen", sagte die schöne Frau mit den traurigen Augen, „mein Name ist Baretzki."

(2) Разрешите мне представиться вам, – заскрипел Коровьев, – Коровьев.

Schon aus diesen beiden Belegen ist ersichtlich, dass die Sprachhandlung der VORSTELLUNG in beiden Sprachen in hohem Maße ritualisiert ist (vgl. Formanovskaja 2009: 156–168; Formanovskaja/Tret'jakova 2010: 10–17). Das heißt, es gibt Formeln, die das Bekanntmachen einleiten bzw. mit denen eine Person vorgestellt wird. Diese Vorstellung kann durch einen Vermittler geschehen, vgl. die Beispiele (3) und (4), oder durch den Sprecher selbst wie in den Belegen (1) und (2), vgl.

(3) „Macht euch bekannt", sagte Fred kurz, „das ist Jan und das – Elke."
(4) Спасибо, дорогая, – светским голосом сказал Гиндин. – Познакомьтесь: генерал Сиверс, Александр Евгеньевич; Ада Трофимовна – хозяйка нашей гостиницы „Люкс".

Neben diesen beiden Varianten des Sprachhandlungsmusters, das heißt, dem SELBSTVORSTELLEN wie in den Beispielen (1), (2), und dem BEKANNTMACHEN von zwei sozial etwa gleichgestellten Personen wie in den Belegen (3), (4), gibt es noch das VORSTELLEN eines Menschen gegenüber einer in der Regel ranghöheren Person, die z. B. älter oder weiblichen Geschlechts sein oder sich durch einen gewichtigeren sozialen Status auszeichnen kann (s. dazu ausführlicher unter 3.). Das VORSTELLEN eines Menschen gegenüber einer derartigen Person belegen die folgenden Auszüge (5) und (6):

(5) „Darf ich vorstellen, das ist Lauralein, meine Cousine, wohnt in Neukölln und bekommt hin und wieder Ausgang... dann flüchtet sie zu mir!"
(6) Позвольте представить вам доктора Майкла Дэйтона из НАСА.

Die Beispiele (1) und (2), (3) und (4) sowie (5) und (6) machen deutlich, dass hinsichtlich der Sprachhandlung der VORSTELLUNG sowohl im Russischen als auch im Deutschen drei verschiedene Muster zu unterscheiden sind: das SELBSTVORSTELLEN, das BEKANNTMACHEN und das eigentliche VORSTELLEN. Diese Differenzierung wird in den Definitionen der einschlägigen Fachliteratur unterschiedlich berücksichtigt.

Von einer ursprünglich unilateralen Vorstellungsrichtung wie in den Beispielen (5) und (6) mithilfe eines Vermittlers geht die Definition des englischen Vorstellungsverbs *introduce* im Wörterbuch der Sprechaktverben von A. Wierzbicka (1987: 224) aus, vgl.

> I want to say who this person is
> I say: this is X
> I say this because I want to cause this person to become one of the people who can speak to you in the way people do if they know one another
> I assume that before I have said, this person wasn't one of the people who can speak to you in this way, and that after I have said this, they can do it

Diese Definition konzentriert sich allein auf das VORSTELLEN einer bisher unbekannten Person durch einen sog. Vermittler. Wierzbicka erfasst hier aber weder das BEKANNTMACHEN von zwei sozial gleichgestellten Personen noch das SELBSTVORSTELLEN des Sprechers. Die Zielstellung der Sprachhandlung wird in dieser Formulierung darin gesehen, dass die vorgestellte Person, der Adressat, in den Kreis derer aufgenommen wird, die einander ansprechen und dadurch miteinander kommunizieren können. Die Vorstellung geschieht also im Interesse der Zielperson, weshalb man hier vom Merkmal der Zielpersonenpräferenz sprechen kann.

Das Herangehen von M. Ja. Glovinskaja (1993: 212) ist mit dem von Wierzbicka vergleichbar. Auch sie beschränkt sich in ihrer Analyse der performativen Verben – hier hinsichtlich des russ. *представлять* – auf das VORSTELLEN einer Person (Y) durch den Sprecher (X) – der quasi auch als Vermittler fungiert – gegenüber dem Adressaten (Z), vgl.

> X *представляет Y-а Z-у* ≅
> (1) X знает, что Y и Z незнакомы друг с другом;
> (2) X хочет сказать Z-у об Y-е, кто он;
> (3) X говорит Z-у: этот человек – Y;
> (4) X говорит это, потому что хочет, чтобы Y и Z могли общаться друг с другом как знакомые люди.

Als Beispiel führt die Autorin die Äußerung *Он представил меня своей матери* an. Dadurch, dass Glovinskaja den Adressaten der Vorstellung (Z), die Mutter des Sprechers (X), genau benennt, ist klar, dass jener eine ranghöhere Person ist. Eine Mutter ist naturgemäß sozial höher gestellt. Die Vorstellung liegt im Interesse der Zielperson (Y). Insofern kann man auch hier wie bei Wierzbicka eine Zielpersonenpräferenz erkennen. Die Definition von Glovinskaja bezieht sich ebenfalls allein auf das VORSTELLEN und nicht auf das BEKANNTMACHEN sowie nicht – naturgemäß – auf das SELBSTVORSTELLEN. Glovinskaja sieht wie Wierzbicka in der Kontaktaufnahme zum Zwecke der Kommunikation die wesentliche Funktion des Sprachhandlungsmusters.

Bei K. Wagner findet sich innerhalb der Vorstellungs-Sprachhandlung zumindest die Differenzierung in SELBSTVORSTELLEN und BEKANNTMACHEN. Wagner spricht in diesem Sinne von SICH-VORSTELLEN (für SELBSTVORSTELLEN) und von VORSTELLEN (für BEKANNTMACHEN), vgl.

> SICH-VORSTELLEN: Der Sprecher trifft auf einen ihm unbekannten Hörer. Er nennt ihm seinen Namen und macht sich so mit ihm bekannt. (Wagner 2001: 274)
> VORSTELLEN: Der Sprecher trifft mit zwei Hörern zusammen, die er kennt, die sich untereinander aber nicht kennen. Er macht sie miteinander bekannt, indem er – nach der Einleitungsfloskel „Darf ich vorstellen" – wechselseitig ihre Namen nennt. (Wagner 2001: 298)

Damit macht Wagner keinen Unterschied zwischen dem VORSTELLEN einer Person einem ranghöheren Menschen gegenüber und dem BEKANNTMACHEN zwischen zwei gleichberechtigten Personen. Seine Definition des SELBSTVORSTELLENS macht aber auch deutlich, dass die Vorstellungshandlung im Interesse des Sprechers ist. Insofern kann man hier vom Merkmal der Sprecherpräferenz ausgehen. Die Zielperson beim SELBSTVORSTELLEN ist weder vom Alter und Geschlecht noch vom sozialen Status her markiert (vgl. Balakaj 2001: 368). Das BEKANNTMACHEN (bei Wagner als VORSTELLEN bezeichnet) bezieht sich auf zwei Personen, die in dieser Situation quasi gleichberechtigt sind. Ihr gegenseitiges Bekanntmachen liegt in beider Interesse. Deshalb kann man in Bezug auf das BEKANNTMACHEN von einer beidseitigen Präferenz sprechen.

Insofern lassen sich innerhalb der Sprachhandlung VORSTELLUNG drei unterschiedlich zu charakterisierende Sprachhandlungsmuster erkennen: das SELBSTVORSTELLEN, das durch die Sprecherpräferenz gekennzeichnet ist, das BEKANNTMACHEN, bei dem eine beidseitige Präferenz seitens der beiden Zielpersonen, die gleichzeitig auch Adressaten sind, zu erkennen ist, und das VORSTELLEN, bei dem die Zielpersonenpräferenz überwiegt.

Es lassen sich also drei Sprachhandlungsmuster unterscheiden, und zwar zum einen nach den beteiligten Personen – wer wird wem vorgestellt – und zum anderen danach, in wessen Interesse die Vorstellung realisiert wird, im Interesse des Sprechers oder der Zielperson bzw. der beiden Zielpersonen, die auch gleichzeitig Adressaten sind. Davon abgeleitet sollen folgende Definitionen für die drei Sprachhandlungsmuster SELBSTVORSTELLEN, BEKANNTMACHEN und VORSTELLEN als mögliche Realisierungen der Vorstellungssprachhandlung unterbreitet werden, die sowohl für das Russische als auch für das Deutsche die inhaltliche Basis für den Vergleich bilden können. Die pragmatischen Bedeutungskomponenten werden in der Form der semantischen Primitiva präsentiert.

SELBSTVORSTELLEN
(a) Ich weiß, dass du mich nicht kennst
(b) Ich will, dass du weißt, wer ich bin
(c) Ich sage: Ich bin X
(d) Ich sage das, weil ich will, dass du mich ansprechen kannst.
(Der Adressat des SELBSTVORSTELLENS kann auch eine Gruppe von Menschen sein).

BEKANNTMACHEN
(a) Ich weiß, dass ihr einander nicht kennt
(b) Ich gehe davon aus, dass es für euch gut ist zu wissen, wer X ist und wer Y ist
(c) Ich will, dass ihr wisst, wer X ist und wer Y ist
(d) Ich sage: Das ist X, das ist Y
(e) Ich sage das, weil ich will, dass X und Y einander ansprechen können.
(X und Y können auch mehrere Personen sein).

VORSTELLEN
(a) Ich weiß, dass du die Person X nicht kennst
(b) Ich gehe davon aus, dass du willst, dass die Person X weiß, wer du bist
(c) Ich sage der Person X: Das ist Y
(d) Ich sage das, weil ich will, dass du und die Person X einander ansprechen können.
(Der Adressat des VORSTELLENS kann auch eine Gruppe von Menschen sein).

2. Struktur des Sprachhandlungsmusters

Die drei Sprachhandlungsmuster der VORSTELLUNG weisen in ihrer Grundstruktur folgende Konstituenten auf: 1) den Sprecher in der Form der 1. Pers. bzw. implizit als Agens einer Imperativform, 2) die Sprachhandlung als Verb im Präsens bzw. im Imperativ, 3) die Zielperson, die Konstituente, die die vorgestellte Person bezeichnet, als direktes Objekt oder in einem anderen obliquen Kasus, 4) den Adressaten, die Konstituente, der eine Person vorgestellt wird, als Nomen bzw.

Pronomen im Dativ oder Akkusativ und 5) den Namen der vorgestellten Person. Diese Basisstruktur findet sich sowohl im Russischen als auch im Deutschen, und zwar im Wesentlichen in allen drei Ausprägungen der VORSTELLUNG, vgl.

(7) „Ich möchte Ihnen Kollegen Zabel vorstellen", sagte Zulkowski.
(8) Я хочу представить вам мою лучшую телохранительницу - Нину Репину, - сказал Шульц без тени улыбки.

Die Beispiele (7) und (8) repräsentieren das Sprachhandlungsmuster VORSTELLEN und belegen die Grundstruktur für beide Sprachen mit den Konstituenten des Sprechers (*я* bzw. *ich*), des Sprachhandlungsverbs (*представить* bzw. *vorstellen*), der Zielperson (*телохранительницу* bzw. *Kollegen*), des Adressaten (*вам* bzw. *Ihnen*) und des Personennamens (*Нину Репину* bzw. *Zabel*). Naturgemäß treten z. B. durch die Wahl des Sprachhandlungsverbs (*представить/vorstellen* oder *познакомить/bekannt machen*) oder durch die Verwendung einer Imperativkonstruktion statt einer Nominativform für den Sprecher usw. Varianten und auch Unterschiede zwischen dem Russischen und Deutschen auf, die im Folgenden skizziert werden sollen.

2.1. Der Sprecher

Der Sprecher ist in der Regel der Initiator der VORSTELLUNG. Er ist die Person, die sich selbst oder andere Personen vorstellt bzw. mit anderen Personen bekannt macht. Wenn der Sprecher sich selbst vorstellt, ist diese Konstituente gleichzeitig die Zielperson. Wenn er andere vorstellt oder mit anderen bekannt macht, ist er gleichzeitig der Vermittler.

Die Sprecherkonstituente steht in beiden Sprachen in der Regel entweder im Nominativ, s. (9) und (10), oder implizit als Agens in einer Imperativkonstruktion, s. (11) und (12), vgl.

(9) Ich möchte Sie alle mit unserer Praktikantin, Frau Berg, bekannt machen.
(10) Я хочу познакомить вас с моей дочкой Милой.
(11) Machen Sie sich mit unserer neuen Mitarbeiterin, Frau Heike Grund, bekannt.
(12) Вот, позвольте представить вам нового одноклассника - Мишу Соболева, - говорит Сухая.

2.2. Die Sprachhandlung

Für die Wiedergabe der Sprachhandlung stehen im Russischen und im Deutschen jeweils zwei Verben zur Verfügung, und zwar vornehmlich für das VORSTELLEN *представить* und *vorstellen* und für das BEKANNTMACHEN *познакомить* und *bekannt machen*, vgl.

(13) Я хочу представить вам моего учителя. Вы увидите человека, который задолго до нашей революции предсказал и объяснил эту революцию.
(14) „Darf ich vorstellen: Rita Pergande, meine Muse", sagte der große Belauer.
(15) Я хочу познакомить вас с представителем Москвы, Виктором Язовым.
(16) Darf ich bekannt machen? Mein neuer Kollege, Dr. Gerdot. Und das ist Frau Mentel, die Sie sicher schon getroffen haben.

Dazu kommen für beide Lexeme noch die reflexiven Varianten dieser Verben *sich vorstellen* und *представиться*, die vor allem für das Sprachhandlungsmuster SELBSTVORSTELLEN Verwendung finden, s. (17) und (18) – sowie *sich bekannt machen; kennenlernen* und *познакомиться*, s. (19) und (20), vgl.

(17) Ich erlaube mir, mich vorzustellen. Mein Name ist Sophokles Hunger, ich wurde 1983 geboren.
(18) Фрам повернулся к девушкам. – Разрешите представиться.
(19) Ich freue mich, Sie kennenlernen zu dürfen. Ich bin Helga Bruhn, Assistentin von Professor Königsdorf.
(20) Мне очень хочется познакомиться с Вами. Петрова, заведующая кафедрой.

Die Verben *vorstellen* und *представлять* sowie *bekannt machen* und *познакомить* können direkt performativ verwendet werden, das heißt, mit ihrem unmittelbaren Aussprechen werden auch die Sprachhandlungen des SELBSTVORSTELLENS, des VORSTELLENS und des BEKANNTMACHENS realisiert. Allerdings ist diese Verwendung relativ selten, in den russischen und deutschen Korpora finden sich nur einige wenige Belege, vgl.

(21) Gestatten, dass ich mich vorstelle: Herbert Fähmel.
(22) Разрешите представиться: Меня зовут Владимир.
(23) Ich stelle vor: Professor Klafter, weltweit geschätzter Wissenschaftler.
(24) Сегодня я представляю вам Сергея Зубова, – говорит Александр Зуев.
(25) Machen wir uns bekannt! Viktor Kleber aus Köln, Sarah Los aus Rostock.
(26) Я познакомлю вас с моими друзьями: Сашей и Женей.

2.3. Die Zielperson

Als Zielperson wird die Konstituente in der Grundstruktur bezeichnet, die die Person benennt, die vorgestellt wird, damit sie mit dem Adressaten in Kontakt treten kann. Beim Sprachhandlungsmuster VORSTELLEN steht die Zielperson in beiden Sprachen im direkten Objekt, ist also durch den Akkusativ gekennzeichnet, vgl.

(27) „Darf ich dir erst mal Rosa vorstellen... das ist Rosa!" Der Typ reicht Rosemarie seine große Hand.
(28) Хочется представить Вам нашу Соню, сказал Шиманский.

Beim BEKANNTMACHEN dagegen steht die Zielperson nach den Verben *познакомить* und *bekannt machen* mit der Präposition *c* im Russischen im Instrumental oder im Deutschen nach der Präposition *mit* im Dativ, vgl.

(29) Вас кто интересует? Могу познакомить вас с одной монашкой. Она русская.
(30) Ich möchte Sie bekannt machen mit Herrn von Wied.

Inhaltlich ist es auf der Basis der beidseitigen Präferenz beim BEKANNTMACHEN aber so, dass die Konstituente der Zielperson gleichzeitig auch der Adressat ist und der Adressat (hier *Вас* und *Sie*) auch gleichzeitig die semantische Rolle einer Zielperson erfüllt. Das heißt also, dass beim BEKANNTMACHEN die Gesprächspartner vom Vermittler gegenseitig vorgestellt werden, jede der beiden bekannt gemachten Personen übernimmt gleichzeitig die Rolle der Zielperson und des Adressaten.

2.4. Der Adressat

In den Sprachhandlungsmustern des SELBSTVORSTELLENS, des VORSTELLENS und des BEKANNTMACHENS ist der Adressat jener Mensch oder Kreis von Menschen, denen eine für sie bis dahin unbekannte Person vorgestellt wird. Diese Personenbezeichnung steht nach dem Verb *vorstellen* bzw. *представить* in beiden Sprachen im Dativ, vgl.

(31) Käthe trat ein und zog die Tür hinter sich zu. „Gestatten Sie, dass ich mich Ihnen vorstelle. Ich heiße Käthe Rodeck."
(32) Господа, хочу представить вам свою добрую знакомую.

Nach dem Verb *bekannt machen* bzw. *познакомить* dagegen steht der Adressat im Russischen und Deutschen im Akkusativ. In der Situation des Sprachhandlungsmusters des BEKANNTMACHENS ist der Adressat gleichzeitig auch die Zielperson, insofern sind die Konstituenten *Sie* und *Вас* hier sowohl Adressat als auch Zielperson, vgl.

(33) „Darf ich Sie bekannt machen?", fragte ich die beiden jungen Damen, als sie unsicher eintraten.
(34) Мы разговорились, и я хочу познакомить вас с ним.

2.5. Der Personenname

Der Sinn einer Vorstellungssituation ist, wie schon erläutert, eine bisher unbekannte Person anreden zu können. Insofern steht dieser Personenname im Zentrum aller drei Realisierungen des Sprachhandlungsmusters der VORSTELLUNG, vgl. im Beispiel (1) *Baretzki*, im Beispiel (2) *Коровьев*. Diese Namensbezeichnung steht bei isolierter Nennung wie hier in (1) und (2) im Nominativ, sie kann aber auch in Abhängigkeit von ihrer syntaktischen Position in anderen Kasus, wie z. B. im Akkusativ in (28) *представить нашу Соню* und (12) *представить Мишу Соболева*, im Dativ in (9) *bekannt machen mit Frau Berg*, im Instrumental in (26) *познакомить с Сашей и Женей*, auftreten.

Auf die Unterschiede in der Verwendung der Personennamen in den Sprachhandlungen der VORSTELLUNG im Russischen und Deutschen, die sich aus den verschiedenen Traditionen der russischen Dreinamigkeit und der deutschen Zweinamigkeit sowie der Kurzformen und Koseformen der Eigennamen in beiden Sprachen ergeben, wird unter 3. näher eingegangen.

3. Kommunikativ-pragmatische Faktoren

Wenn es um die Faktoren geht, die die Wahl der Vorstellungsformel determinieren, so muss man berücksichtigen, dass die infrage kommenden drei Sprachhandlungsmuster einerseits immer in eine bestimmte Kommunikationssituation eingebettet und andererseits mit bestimmten anderen Sprachhandlungsmustern wie der ANREDE und der BEGRÜSSUNG verbunden sind (vgl. Gol'din 2009[3]: 110). Diese gegenseitige Abhängigkeit gilt für die entsprechenden Kommunikationssituationen sowohl in Russland als auch in Deutschland, und sie betrifft sowohl das SELBSTVORSTELLEN einerseits als auch das VORSTELLEN und BEKANNTMACHEN andererseits.

Der Initiator einer VORSTELLUNG muss stets folgende Gesichtspunkte im Auge haben: Warum stelle ich mich vor oder mache andere miteinander bekannt? Welche sozialen Positionen nehmen die Zielperson und der Adressat ein? Was für ein weiterer Kontakt ist zwischen der Zielperson und dem Adressaten zu erwarten? Das heißt, der Initiator hat immer die Aufgabe, der Zielperson und dem Adressaten zu helfen, damit sie sich in der entstandenen neuen Kommunikationssituation orientieren können.

Zu den entscheidenden Unterschieden, die in den drei Vorstellungs-Sprachhandlungen berücksichtigt werden müssen, gehören die Differenzen im System der Personennamen (Dreinamigkeit mit Vor-, Vaters- und Familienname in Russland und Zweinamigkeit mit Vor- und Familienname in Deutschland) und die damit zusammenhängenden Unterschiede im Anredesystem.

Die höfliche Standardform der Anrede bei einem Distanzverhältnis zwischen den Kommunikanten ist in Russland der Gebrauch von Vor- und Vatersname. In Deutschland wird in dieser Situation das Anredelexem *Frau* bzw. *Herr* mit dem Familiennamen verwandt. Insofern ist es also beim VORSTELLEN und auch beim SELBSTVORSTELLEN in Russland notwendig, den Adressaten über Vor- und

Vatersname der Zielperson zu informieren, während es in Deutschland ausreicht, allein den Familiennamen zu nennen (vgl. Gladrow 2008), vgl.

(35) Познакомьтесь, пожалуйста! Это Михаил Васильевич Марков. А это Ирина Ильинична Лусикова.
(36) Darf ich vorstellen? Herr Berger. Frau Laudin.

Beim SELBSTVORSTELLEN fällt das Anredelexem im Deutschen weg. Man trifft zwar in Deutschland im Kommunikationsalltag auf Fälle, in denen sich eine Person mit dem Anredelexem vorstellt, z. B.: *Ich bin Frau Maltendorf*. Das wird aber nicht empfohlen, weil ja sowieso jeder Sprecher weiß, welche Anrede zu wählen ist. In Russland wird beim SELBSTVORSTELLEN entweder lediglich der Familienname oder Familienname plus Vor- und Vatersname genannt, vgl.

(37) Wir haben uns noch nicht begrüßt. Schönblink mein Name. Ich bin Mitarbeiterin in der Abteilung Forschung und Entwicklung.
(38) Разрешите представиться! Ревзина Надежда Михайловна.

Die russischen Anredelexeme *господин* und *госпожа* werden in der Kommunikation unter Russen weniger verwandt als *Herr* und *Frau* unter den Deutschen. In den letzten Jahren zeichnet sich aber auch in der russischen Kommunikationsgemeinschaft die Tendenz ab, bei klarer Distanz zwischen den Gesprächspartnern die Anredelexeme *господин* und *госпожа* zu verwenden (vgl. Žukova 2014: 204). Außerdem ist zu beobachten, dass in der Gegenwart *господин* und *госпожа* das zu Sowjetzeiten weit verbreitete *товарищ* ablösen. Sehr häufig werden die Anredelexeme *господин* und *госпожа* genutzt, um Ausländer, bei denen die Verwendung eines Vatersnamens nicht üblich ist, in russisch sprechenden Auditorien anreden zu können, vgl.

(39) – Мне хотелось бы с Вами познакомиться. Моя фамилия Шульц.
– Рада познакомиться с Вами, госпожа Шульц. Гребнева, Маргарита Павловна.
– Очень приятно, Маргарита Павловна. Я о Вас много слышала.

Als weiterer Unterschied zwischen dem russischen und deutschen Namenssystem ist zu berücksichtigen, dass in Russland Kurzformen von Vornamen in der Anrede viel häufiger verwandt werden als in Deutschland, z. B. *Таня* statt *Татьяна*, *Саша* statt *Александр*, *Рита* statt *Маргарита* usw. Die Vollformen der Vornamen werden in der russischen Kommunikationsgemeinschaft in der Regel nur in offiziellen Situationen gebraucht. Deshalb trifft man in informellen Situationen in Russland auch beim BEKANNTMACHEN häufig auf Kurzformen, während in Deutschland unter vergleichbaren Umständen eher die vollen Vornamen genannt werden, vgl.

(40) Познакомьтесь, пожалуйста. Это Женя. А это Валя.
(41) „Ich möchte dich mit Peter Tost aus Lübeck bekannt machen", sagte Horst.

Im deutschsprachigen Raum, besonders im medizinischen Bereich und in offiziellen Situationen, werden beim VORSTELLEN auch akademische Titel genannt, was in Russland deutlich weniger üblich ist, und wenn, dann vor allem in Bezug auf den Titel des Professors. Funktionsbezeichnungen und Stellungen werden in offiziellen Gesprächen aber auch in Russland häufig hinzugefügt, vgl.

(42) Darf ich vorstellen, Dr. Grimm, Oberarzt in der Gynäkologie.
(43) Хочу представить Вам профессора Илью Петровича Лысина, заведующего нашей кафедрой.

Die allgemeinen Etikettenregeln in Russland und Deutschland sind vergleichbar. Es gilt in beiden Kommunikationsgemeinschaften, dass ein Mann einer Frau vorgestellt wird, vgl. (44) und (45), der Jüngere dem Älteren, vgl. (46) und (47); und derjenige mit dem sozial niederen Status jenem mit dem höheren, vgl. (48) und (49) (vgl. Balakaj 2001: 194). Dieses letzte, d. h. das soziale Kriterium, ist in Abhängigkeit von der konkreten Situation jeweils zu variieren, das heißt beispielsweise, der Gast wird den Wirtsleuten vorgestellt, der Neuankommende den bereits Anwesenden, der Besucher bzw. der neue Mitarbeiter dem Leiter einer Arbeitsstelle usw.

(44) Darf ich dir, Isabell, meinen neuen Freund vorstellen? Das ist Alexander.
(45) Я хочу представить Вам, принцесса, моего друга: маркиз де Марин.
(46) Ich muss Ihnen, Herr Winter, heute endlich meine Tochter vorstellen: Vera Nasredin, sie lebt jetzt in Kairo.
(47) Позвольте представить вам мою дочь, – сказал он своим спутникам.
(48) Darf ich Ihnen, Herr Minister, die soeben angereiste Mitarbeiterin, Frau Lortzing, vorstellen?
(49) Дама, войдя в ректорский кабинет, изобразила подобие улыбки. – Позвольте представить Вам молодую, симпатичную... – Проректор одобряюще приобнял даму за плечи, подвёл к столу Калерия Самсоновича.

Beispiel (49) zeigt, dass hinsichtlich der genannten Kriterien auch ihr Zusammenspiel zu berücksichtigen ist. Die vorliegende Situationsschilderung macht deutlich, dass hier offensichtlich das Kriterium des sozialen Ranges höher bewertet wird als das Gendermerkmal. Insofern wird die junge Dame dem Rektor vorgestellt und nicht umgekehrt. Diese Interpretation betrifft auch die Situation im Beispiel (48).

Eheleute stellen ihre Partner als *meine Frau; mein Mann* bzw. als *моя жена; мой муж* vor. Die Bezeichnungen *Gatt/e/in* bzw. *супруг/а* gelten beim VORSTELLEN und BEKANNTMACHEN als veraltet, man trifft sie noch in der Kommunikation unter Vertretern der älteren Generation, oder sie werden von Dritten verwendet. Etwas kryptisch ist die Bezeichnung von Lebenspartnern bei der VORSTELLUNG, und zwar sowohl in Russland als auch in Deutschland. Bei Befragungen von deutschen und russischen Respondenten (vgl. Volivach 2010) haben sich die beiden folgenden Belege als typisch für die Benennung der Lebenspartner erwiesen, vgl.

(50) Hallo, Marie! Ich wollte dir schon lange Paul vorstellen. Er ist mein Freund.
(51) Привет, Миша! Я уже давно хотела познакомить тебя со Светой. Это моя девушка.

Die häufigsten russischen Bezeichnungen bei der VORSTELLUNG von Lebenspartnern unter jungen Leuten sind also: *Это мой парень; Это мой молодой человек* und *Это моя девушка*. In Deutschland sind es die Bezeichnungen *Das ist mein Freund* und *Das ist meine Freundin*. Dabei kann in beiden Sprachen der Personenname vor dem Appellativum wie in (50) und (51) oder auch danach stehen wie in (52) und (53), vgl.

(52) Das ist mein Freund Sebastian.
(53) Это мой молодой человек Саша.

Russische Bezeichnungen für die Lebenspartner als Zielperson beim VORSTELLEN oder BEKANNTMACHEN wie *друг* und *подруга, приятель* und *приятельница, знакомый* und *знакомая* werden im Vergleich zu *мой молодой человек* und *моя девушка* seltener verwendet, weil sie nicht eindeutig einen Lebenspartner bezeichnen. Gegenüber älteren Familienmitgliedern wie Eltern oder Großeltern können Lebenspartner auch als *жених* und *невеста* vorgestellt werden, um die Seriosität der Beziehung zu betonen. Im Deutschen dagegen sind die Benennungen *Freund* und *Freundin* für die Vorstellung von Lebenspartnern eindeutig und stilistisch neutral. Ältere Paare werden als *Partner* und *Partnerin* sowie etwas gehoben als *Lebensgefährte* und *Lebensgefährtin* vorgestellt. Bezeichnungen wie *Bekannter* und *Bekannte* in dieser Situation klingen dagegen etwas distanziert (vgl. Volivach 2010: 45–47).

4. Ausdrucksformen des kommunikativ-pragmatischen Feldes

Die Ausdrucksformen der VORSTELLUNG werden in diesem Abschnitt der Reihe nach für die Sprachhandlungsmuster SELBSTVORSTELLEN, BEKANNTMACHEN und VORSTELLEN in ihrer Struktur als kommunikativ-pragmatische Felder skizziert, und zwar jeweils beginnend mit den zentralen bzw. prototypischen Ausprägungen.

4.1. SELBSTVORSTELLEN

4.1.1. Prototypisches SELBSTVORSTELLEN

Die Standardform beim Selbstvorstellen ist für beide Sprachen die einfache Namensnennung. Sie ist in allen offiziellen und auch informellen Situationen möglich, gilt als höflich und neutral und kann gewöhnlich durch eine leichte Verbeugung, Augenkontakt und gegebenenfalls Handgeben gestisch begleitet sein, vgl.

(54) „Jakob Schröder", stellte er sich vor und trat dann wieder etwas zurück.
(55) Панфилова, Зинаида Ивановна – сказала Зина. – Я только что приехала.

Die Namensnennung kann in verschiedenen Varianten erfolgen. Häufig wird nur der Familienname genannt, besonders in Deutschland. In Russland dagegen kann es angebracht sein, auch Vor- und Vatersname zu nennen, um die höfliche Anrede zu gewährleisten. Nachdem *товарищ* als universelles Anredelexem im gegenwärtigen öffentlichen Sprachgebrauch Russlands weggefallen ist (z. B. bis etwa 1990: *товарищ Попова; товарищ Гиндин*), kann die Nennung allein des Familiennamens u. U. als unhöflich gelten, weil sie keine höfliche Anrede ermöglicht.

M. A. Krongauz weist darauf hin, dass heute in vielen Bereichen des öffentlichen Lebens, besonders in den Medien und in großen internationalen Unternehmen, die Verwendung von Vor- und Vatersname durch den Gebrauch nur des vollen Vornamens in der Anrede verdrängt wird (Krongauz 2004: 182–184). Das hat auch seine Auswirkungen auf das SELBSTVORSTELLEN in Russland und bringt vornehmlich jüngere Menschen dazu, sich mit der Nennung des Vor- und Familiennamens oder nur des Vornamens zu begnügen. Im informellen Kreis, beispielsweise auf einer Party, stellen sich Jugendliche nur mit dem Vornamen vor, in Russland mit der Kurzform des Vornamens, so, wie sie in diesem Kreis dann auch angesprochen werden möchten.

Da in Deutschland die Anredelexeme *Frau* und *Herr* zur Verfügung stehen, reicht beim SELBSTVORSTELLEN immer der Familienname. Akademische Titel werden beim SELBSTVORSTELLEN in Deutschland in der Regel, mit Ausnahme des medizinischen Bereichs, nicht mit angeführt.

Die weiteren Formen des SELBSTVORSTELLENS stellen der Namensnennung eine Einleitung voraus, die eine AUFFORDERUNG (4.1.2.), einen WUNSCH (4.1.3.), eine BITTE (4.1.4.) formulieren, oder sie verbinden die Namensnennung mit der FRAGE nach dem Namen des Gesprächspartners (4.1.5.). Alle diese Varianten – z. T. betont höflich (4.1.3., 4.1.4.) oder eher ungezwungen und umgangssprachlich (4.1.2., 4.1.5.) – sind nicht so häufig anzutreffen und nicht so universell im Gebrauch wie die einfache Namensnennung. Deshalb sind sie im mittleren Bereich des kommunikativ-pragmatischen Feldes des SELBSTVORSTELLENS anzusiedeln.

4.1.2. SELBSTVORSTELLEN *mit einleitender AUFFORDERUNG*

Die in Russland sehr verbreitete Formel *Давайте познакомимся!* ist als freundliche AUFFORDERUNG zum gegenseitigen SELBSTVORSTELLEN zu verstehen. Sie stellt eine Form des inklusiven Imperativs in der 1. Pers. Pl. in Verbindung mit der Partikel *давайте* dar, die zum Ausdruck bringt, dass der Sprecher sich in die Aufforderung mit einbezieht. Als deutsche Entsprechung wird in den Etikettenlehrbüchern (vgl. Formanovskaja/Tret'jakova 2010: 11) die Formel *Machen wir uns (miteinander) bekannt!* gegeben, die die illokutive Intention der russischen Wendung durchaus trifft, aber in Deutschland so gut wie gar nicht verwendet wird, sie ist in den Korpora des Deutschen nicht nachzuweisen. Ähnlich verhält es sich mit der Floskel *Будем знакомы!*, die auf den ersten Blick als simple Konstatierung eines zukünftigen Zustands verstanden werden könnte, aber eine zum SELBSTVORSTELLEN auffordernde illokutive Bedeutung ausdrückt (vgl. Formanovskaja 2009: 158). Vgl. für diese beiden Fälle die jeweiligen russischen Belege:

(56) – Да, да! Давайте познакомимся, – улыбнулась она.
– Следователь Долидзе. Так вот, Георгий Николаевич...

(57) – Всяких принимают, – всё тем же ровным голосом, каким он говорил „ну и что", сказал Петро.
– Будем знакомы, Георгий. Егор протянул руку.

4.1.3. SELBSTVORSTELLEN *mit einleitendem WUNSCH*

Die als WUNSCH formulierte Einleitung zum SELBSTVORSTELLEN ist sowohl im Deutschen als auch im Russischen höflich. Die Vorstellungsverben werden in beiden Sprachen von modalen Hilfsverben begleitet, vgl.

(58) Zunächst möchte ich mich vorstellen. Ich bin so alt wie Du und als Eisenbahner tätig.
(59) Я совершенно безопасна, хотела бы с тобой только познакомиться поближе.

4.1.4. SELBSTVORSTELLEN *mit einleitender BITTE*

Das von einer BITTE eingeleiteten Sprachhandlungsmuster SELBSTVORSTELLEN mit den Imperativformen *gestatten Sie; erlauben Sie; darf ich* bzw. *разрешите; позвольте* sind hauptsächlich in offiziellen Situationen anzutreffen und klingen gewählt, vgl.

(60) Manche Menschen haben große Schwierigkeiten, sich selbst vorzustellen. Am besten geht man die Sache frontal an und beginnt mit der rhetorischen Frage: „Darf ich mich vorstellen?" Kein zivilisierter Mensch wird dies verweigern.

(61) Разрешите представиться: Александр Огуреев. Художественный руководитель и режиссёр.

4.1.5. SELBSTVORSTELLEN und FRAGE

Weitere Formeln des SELBSTVORSTELLENS können vielfach mit einer Frage an den Gesprächspartner verbunden sein, wie er heiße, vgl.

(62) Mein Name ist Roeder. Und Sie heißen?
(63) Моя фамилия Жинкин. А как Ваша фамилия?
(64) Ich heiße Emma. Und du?
(65) Меня зовут Антон Борисович. А Вас?

4.2. BEKANNTMACHEN

4.2.1. Prototypisches BEKANNTMACHEN

Das BEKANNTMACHEN wird über einen Vermittler realisiert, der in der Struktur des Sprachhandlungsmusters als Sprecher fungiert. In der zentralen bzw. prototypischen Ausprägung nennt der Vermittler nacheinander die Namen der Zielpersonen. Diese Sprachhandlungsmuster sind universell und stilistisch nicht markiert. Welche Reihenfolge dabei einzuhalten ist, wurde unter Punkt 3. anhand der Belege (44) bis (49) erläutert. Es gibt zwei Möglichkeiten der Namensnennung: mit oder ohne Demonstrativum (*das* bzw. *это*, s. Beispiel (68), wo beim Bekanntmachen zweier Personen beide Möglichkeiten verwendet werden), vgl.

(66) Das ist Herr Behnke.
(67) Это Виктор Васильевич.

4.2.2. AUFFORDERUNG zum BEKANNTMACHEN

Die AUFFORDERUNG ist für das BEKANNTMACHEN in Russland eine weitere, sehr verbreitete Formel, die sich formell in Imperativkonstruktionen manifestiert. Im Deutschen sind derartige Konstruktionen möglich, in den Korpora aber kaum nachzuweisen, vgl.

(68) Илья тем временем хлопнул дверцей машины и шагнул к ним. – Познакомьтесь, Герман, – Илья, мой муж. Илья, это Герман…
(69) Machen Sie sich miteinander bekannt! Das ist Herr Janus. Frau Liedtke aus Stuttgart.

4.2.3. BITTE zum BEKANNTMACHEN

Etwas höflicher und gleichzeitig auch förmlicher als die AUFFORDERUNG zum BEKANNTMACHEN sind die Einladungswendungen, die formell als BITTE oder als FRAGE um Erlaubnis gekennzeichnet sind. Auch hier sind Belegbeispiele leichter für das Russische als für das Deutsche nachzuweisen, in Deutschland gelten derartige Einleitungen für das BEKANNTMACHEN als etwas steif, vgl.

(70) Приезжий по-прежнему улыбался Половцеву и Лятьевскому глубоко посаженными серыми глазами: – Прошу знакомиться, господа офицеры: ротмистр Казанцев. Ну, а хозяев вы, господин Казанцев, знаете.

(71) „Darf ich bekannt machen", sagte Löbe, „dies ist Staatssekretär Braun! Und das, Herr Braun, ist Senator Wengert."

4.3. VORSTELLEN

4.3.1. Prototypisches VORSTELLEN

Das Sprachhandlungsmuster VORSTELLEN wird mithilfe eines Vermittlers, gewöhnlich des Sprechers, realisiert und ist, wie unter 1. gezeigt, in der Regel an eine ranghöhere Zielperson gerichtet. Die stilistisch nicht markierte und universell anzutreffende Formel, die somit als zentral im kommunikativ-pragmatischen Feld angesiedelt ist, stützt sich auf das performative Verb *я представляю* und *ich stelle vor* sowie auf die Anführung des Adressaten im Dativ und der Zielperson im Akkusativ mit der Namensnennung. Manchmal kann es auch sein, und in dem deutschen Beleg (73) ist das ganz offensichtlich, dass der Name der Zielperson bekannt ist und er in seiner neuen Funktion vorgestellt wird, vgl.

(72) Представляю вам нового министра Блохина Александра Викторовича.
(73) Ich stelle vor: der soeben mit großer Mehrheit gewählte neue Vorsitzende, Dr. Peter Kleiber.

4.3.2. VORSTELLEN mit einleitendem WUNSCH

Von der Frequenz her sind die Formen des VORSTELLENS, die einleitend als WUNSCH deklariert werden, nicht geringer als die der zentralen Ausprägung. Dabei sind den russischen Wunschkonstruktionen (*Мне хочется представить Вам*) in der Regel die deutschen Fragen um Erlaubnis (*Darf ich Ihnen vorstellen?*) adäquat, vgl. (74) und (75). Naturgemäß gelten diese Realisierungen als höflich, vgl.

(74) Мне хочется представить Вам молодого поэта с 1-го курса нашего отделения.
(75) Frau Gräfin, darf ich Ihnen hier unsern Dorfherrscher vorstellen? Schulze Kluckhuhn, alter Vierundsechziger.

4.3.3. V̲o̲r̲s̲t̲e̲l̲l̲e̲n̲ mit einleitender B̲i̲t̲t̲e̲

Im Russischen gilt die B̲i̲t̲t̲e̲ in Form der Frage nach Erlaubnis als offiziell, für junge Menschen teilweise als altmodisch. Die entsprechenden deutschen Konstruktionen sind relativ weit verbreitet, vgl.

    (76)   Позвольте представить вам жену мою, – сказал он, приехав из Москвы, и поставил пред собою голубоглазую пухленькую куколку с кудрявой, свёрнутой набок головкой.

    (77)   Wir machen Fotos von allen, und dann sehen wir weiter. „Darf ich dir Isabell vorstellen?" Die Frau neben ihm grüßte Lisa wortlos.

4.3.4. V̲o̲r̲s̲t̲e̲l̲l̲e̲n̲ mit einleitendem Ausdruck der Ehrerbietung

Besonders in höchst offiziellen Situationen findet man Wendungen wie in (78) und (79), die im heutigen Sprachgebrauch in beiden Kommunikationsgemeinschaften eher als peripher zu charakterisieren sind, vgl.

    (78)   Босс, имею честь представить вам очаровательное создание по имени Марина, – обратился он к спинке кресла.

    (79)   Ich habe die große Ehre, Ihnen unseren heutigen Gast vorzustellen, die Direktorin des Instituts für Klassische Philologie, Frau Prof. Dr. Elisabeth Grauen.

4.4. V̲o̲r̲s̲t̲e̲l̲l̲u̲n̲g̲ am Telefon

Die Situation einer V̲o̲r̲s̲t̲e̲l̲l̲u̲n̲g̲ am Telefon zeichnet sich dadurch aus, dass die Gegenüberstellung der beteiligten Personen nicht direkt, sondern immer vermittelt ist und nur auditiv realisiert wird. Der Hintergrund einer natürlichen Gesprächssituation sowie die Mimik und Gestik der Kommunikation sind am Telefon nicht relevant (vgl. Akišina/Akišina 2007: 5–6). Das führt auch in Bezug auf die V̲o̲r̲s̲t̲e̲l̲l̲u̲n̲g̲ zu einer Reihe von Besonderheiten. Da die folgenden Bemerkungen auf die gegenseitige Vorstellung von u. U. unbekannten Menschen gerichtet sind, wird nur auf das Sprachhandlungsmuster des S̲e̲l̲b̲s̲t̲v̲o̲r̲s̲t̲e̲l̲l̲e̲n̲s̲ im Russischen und Deutschen im Vergleich eingegangen. Die Spezifik der Vorstellungssituation am Telefon liegt darin, dass das S̲e̲l̲b̲s̲t̲v̲o̲r̲s̲t̲e̲l̲l̲e̲n̲ sowohl den Anrufer (den Sprecher) als auch den Angerufenen (den Adressaten) betrifft. Beide haben das Ziel, sich durch das S̲e̲l̲b̲s̲t̲v̲o̲r̲s̲t̲e̲l̲l̲e̲n̲ gegenseitig zu identifizieren.

4.4.1. S̲e̲l̲b̲s̲t̲v̲o̲r̲s̲t̲e̲l̲l̲e̲n̲ des Angerufenen

In Russland stellt sich der Angerufene in der Regel nicht vor, meist wird nur ein Signal der Anwesenheit am Telefon gegeben: *Алло!*, etwas höflicher: *Я вас слушаю.* Erst in den letzten Jahren ist zu beobachten, dass besonders bei Dienstgesprächen nach oder vor einer Begrüßungsformel auch der Name des Angerufenen genannt wird (vgl. Akišina/Akišina 2007: 9–11), z. B. *Здравствуйте! Гладков слушает; Парамонова у телефона, добрый день! Райффайзенбанк, Екатерина.* Bei entsprechenden Rückfragen kann es auch notwendig sein, dass Vor-, Vaters- und Familiennamen zu nennen sind.

In Deutschland ist es für den Angerufenen üblich, beim Abheben des Hörers seinen Namen zu nennen, z. B. *Jan Brinkmann; Brinkmann am Apparat.* Die Begrüßungsformel kann der Namensnennung folgen oder auch vorangehen, z. B. *Guten Tag! Hier ist Marie Rutenberg; Norddeutsche Sparkasse. Holger Ginster. Guten Morgen!*

4.4.2. SELBSTVORSTELLEN des Anrufers

In Russland stellt sich der Anrufer dann namentlich vor, wenn er ein persönliches Anliegen hat, das u. U. ein Gespräch erfordert. Ansonsten wird sich auch hier vielfach allein mit der Interjektion *Алло!* gemeldet. In der Gegenwart ist zu beobachten, dass das namentliche SELBSTVORSTELLEN im Geschäftsleben bzw. in der offiziellen Öffentlichkeit im Zuge der Globalisierung zunimmt (vgl. Volivach 2010: 9–11).

In Deutschland stellt sich der Anrufer in der Regel namentlich vor und verbindet das SELBSTVORSTELLEN mit einem Gruß, z. B. *Guten Morgen! Hier ist Petra Stenzel.*

Auch beim SELBSTVORSTELLEN sind für beide Sprachen die kommunikativ-pragmatischen Faktoren von Belang, die für die VORSTELLUNG generell gelten (s. unter 3.) Wenn der Anrufer in einem offiziellen Gespräch davon ausgeht, dass der Adressat einen höheren sozialen Status hat oder deutlich älter ist, dann kann er das Gespräch mit einer Vorstellungsformel wie beispielsweise *Вас беспокоит Суслова Ирма Семёновна* beginnen. Die adäquate deutsche Entsprechung dazu lautet: *Entschuldigen Sie die Störung. Hier spricht Beate Schütz.*

Die beiden folgenden Belege geben Telefongespräche wieder, in denen Anrufer und Angerufene sich vorstellen, um einander identifizieren und das Ziel des Anrufs realisieren zu können, vgl.

(80) – Алло!
– Я вас слушаю.
– Будьте любезны, попросите, пожалуйста, Петра Николаевича.
– Это я.
– Здравствуйте, Пётр Николаевич. Говорит Попова Нина Михайловна.
– Добрый день, Нина Михайловна.

(81) Das Telefon klingelt: „Winkler, guten Tag."
„Guten Tag, Herr Winkler. Hier ist Sarah Stoß. Könnte ich kurz Ihre Tochter sprechen?"
„Eine Sekunde. Ich hole sie ans Telefon."
„Hallo, Petra!"
„Hallo, Sarah!"

4.5. Mimik und Gestik bei der Vorstellung

Die drei Realisierungen des Sprachhandlungsmusters Vorstellung werden in erster Linie verbal realisiert. Ausdrucksmittel der Mimik und Gestik haben hier nur eine begleitende Funktion. Dazu gehören in offiziellen Situationen und in Anwesenheit eines Vermittlers vor allem eine leichte Verbeugung oder ein Kopfnicken der Vorgestellten. Der Vermittler seinerseits verweist durch angedeutete Gesten auf die Vorgestellten.

In Deutschland werden die Gesten der Vorgestellten in der Regel durch ein Lächeln oder einen freundlichen Blickkontakt ergänzt, was in Russland weniger zu beobachten ist (vgl. u. a. Prochorov/Sternin 2006: 143). Vielfach kann der Akt der Vorstellung durch einen Handschlag abgeschlossen werden, der, wie auch in anderen Situationen, von der weiblichen bzw. älteren oder sozial höher gestellten Person ausgeht, wobei Frauen seltener als Männer vom Handschlag Gebrauch machen. In informeller Umgebung und besonders unter Vertretern der jungen Generation ist die Gewichtung von Mimik und Gestik bei der Vorstellung sowohl in Russland als auch in Deutschland deutlich geringer.

5. Reaktionen auf die Vorstellung

Verbale Reaktionen auf das Selbstvorstellen, Bekanntmachen oder Vorstellen sind nicht obligatorisch, sie können durch ein freundliches Lächeln oder Kopfnicken ersetzt werden. Aber sowohl in Russland als auch in Deutschland formulieren die Adressaten in der Regel ihre Zufriedenheit über die Klärung der Identität der jeweiligen Gesprächspartner.

Die Standardformel für die Reaktion auf eine Vorstellung in einer offiziellen Situation ist im Russischen *Очень приятно!* Dafür gibt es im Deutschen die wörtliche Entsprechung *Sehr angenehm!* Einige Etikettenbücher empfehlen aber eher Wendungen wie *Ich freue mich!* oder *Sehr erfreut!*, wozu es auch im Russischen direkte Entsprechungen gibt, vgl.

(82) – Дуняша, – отрекомендовалась девочка.
– Тимоша, очень приятно, – откликнулся мальчик.

(83) „Lotte Lenya", sagte Frau Ihering. „Sehr angenehm", sagten wir beide im Chor. Dabei stieß ich aus Verlegenheit ein Glas auf dem Tisch um.

(84) Вышел из-за стола, протянул руку (улыбка до ушей): – Петров Николай Николаевич, очень рад познакомиться, давно мечтал.

(85) Werner begrüßte den Bruder und stellte mich als seinen Freund, Herrn Müller, vor. „Sehr erfreut, Herr Müller", versetzte Johannes, reichte mir die Hand, und wir setzten uns in Bewegung.

Diese formelhaften Reaktionen können auch in offiziellem Rahmen in beiden Sprachen durch persönlich formulierte Sätze erweitert werden, vgl.

(86) – А я, признаться, и фамилии вашей раньше не слыхал. Рад познакомиться.
– И мне чрезвычайно приятно.

(87) Ich habe schon viel von Ihnen gehört und freue mich, Sie endlich persönlich kennenzulernen.

Hin und wieder stößt man in Russland nach dem BEKANNTMACHEN oder VORSTELLEN auf eine phraseologische Wendung des Vermittlers, die im Deutschen kein Äquivalent hat: *Прошу любить и жаловать.* Diese Formel drückt ungefähr folgenden WUNSCH aus: *Ich hoffe, dass Sie gute Freunde werden.* Balakaj verweist auf den häufig scherzhaften Gebrauch dieser Wendung: „Просьба, предложение проявить расположение к тому, кого посредник представляет при знакомстве" (Balakaj 2001: 421).

(88) Следователь прокуратуры Смолянинов, – кивнул он на Михаила. – Прошу любить и жаловать!

Bisweilen kommt es auch vor, dass Menschen einander vorgestellt werden, die sich schon kennen, die schon voneinander gehört haben bzw. die meinen, sich schon einmal begegnet zu sein. In dieser Situation trifft man dann u. a. auf folgende Reaktionen, vgl.

(89) Мы уже знакомы. Wir kennen uns schon.
(90) Я о Вас слышал. Ich habe schon von Ihnen gehört.
(91) Извините, пожалуйста, я Вас где-то видел. Entschuldigung, Sie kommen mir irgendwie bekannt vor.

VII. Kompliment

1. Definition des Sprachhandlungsmusters

In der Alltagskommunikation begegnet man KOMPLIMENTEN sowohl in Russland als auch in Deutschland nicht selten. Sie sind charakteristisch für einen höflichen Umgang der Kommunikationspartner miteinander und können eine wohlwollende Gesprächsatmosphäre schaffen. Das geschieht dadurch, dass KOMPLIMENTE Äußerungen sind, die an einer Person etwas Positives hervorheben, was naturgemäß vom Adressaten als angenehm empfunden wird, vgl.

(1) Du siehst bezaubernd aus mit Brille. Als ob sie zu deinem Gesicht gehört.
(2) Классная стрижка. Тебе очень идёт.

Dabei ist es nicht immer einfach und leicht, Komplimente zu machen und zu verstehen sowie angemessen auf sie zu reagieren. Im Unterschied zu Sprachhandlungsmustern wie DANK, BITTE oder ENTSCHULDIGUNG ist das KOMPLIMENTE MACHEN und die KOMPLIMENTERWIDERUNG im Russischen und Deutschen nicht voll standardisiert, es wird z. B. im Unterschied zu den genannten anderen Sprachhandlungsmustern Kindern in der sprachlichen Erziehung nicht beigebracht (vgl. Lubecka 2000: 198). Sowohl für den Komplimentgeber als auch für den Komplimentempfänger stellt die Beherrschung dieses Sprachhandlungsmusters einen kulturellen Wert dar, der eine hohe soziale und pragmalinguistische Kompetenz voraussetzt. Der sichere Umgang mit KOMPLIMENTEN ist eine Schlüsselkompetenz der sprachlichen Höflichkeit, die es erlaubt, dem Wunsch nach „Anerkennung, Wertschätzung und sozialer Integration" (Neuland 2011: 130) entgegen zu kommen.

Die Definitionen des Sprachhandlungsmusters KOMPLIMENT in der Fachliteratur sind im Wesentlichen übereinstimmend, sie setzen in ihren Formulierungen aber unterschiedliche Akzente. K. Wagner (2001: 244) definiert mit Bezug auf Searle/Vanderveken (1985: 215) lapidar: „Der Sprecher bringt dem Hörer freundliche Anerkennung zum Ausdruck über etwas, das den Hörer betrifft." N. I. Formanovskaja (2009: 308–309) verweist auf die positiv wertende Ausrichtung des Sprachhandlungsmusters, die sich sowohl auf äußere Qualitäten (Gesicht, Kleidung) als auch auf innere Eigenschaften (Charakter, Fähigkeiten, Verträglichkeit) des Adressaten beziehen kann.

O. S. Issers (2002: 182, 184) unterstreicht eine wesentliche Bedingung für das Gelingen eines KOMPLIMENTS: die positiv wertende Äußerung des Sprechers über den Adressaten muss aufrichtig gemeint sein. Fehlt das Merkmal der Aufrichtigkeit, kann die Äußerung leicht als Schmeichelei verstanden und vom Adressaten zurückgewiesen werden, vgl.

(3) „Du siehst heute wunderschön aus, Schätzchen."
„Hör auf, ich habe die ganze Nacht nicht schlafen können."
(4) – Позвольте выразить своё восхищение – вы блестяще провели процесс.
– Не льстите мне, господин Невельсон, я этого не люблю. Ничего блестящего в деле не было.

Auch wenn das Sprachhandlungsmuster KOMPLIMENT, das das emotionale Befinden des Kommunikationspartners verbessern und eine angenehme Gesprächsatmosphäre schaffen soll, im Unterschied zu Sprachhandlungsmustern wie DANK, ENTSCHULDIGUNG oder BEGRÜSSUNG formell nicht standardisiert ist, gehört es zu den „konventionellen Genres" (Šerstjanych 2013: 312–313). Das wird durch eine charakteristische evaluative Lexik, besonders durch bestimmte Epitheta, durch stabile und einfache syntaktische Strukturen, durch eine entsprechende Intonation sowie durch eine gegebene Mimik und Gestik vermittelt (vgl. Chen 2010: 93). Auf diese im Sprachverhalten relativ regulär auftretenden Ausdrucksmittel im Russischen und im Deutschen wird hier unter 2. und 4. ausführlicher eingegangen.

Eine Definition des Sprachhandlungsmusters KOMPLIMENT in der natürlichen semantischen Metasprache mithilfe von semantischen Primitiva hat A. Wierzbicka vorgelegt. Sie konzentriert sich auf den Anlass des KOMPLIMENTS sowie auf seine Funktion und definiert erstmals in polnischer Sprache:

Komplement
Mówię: można o tobie powiedzieć coś dobrego
czuję z tego powodu podziw dla ciebie
mówię to bo chcę żeby ci było przyjemnie[11] (Wierzbicka 1983: 130)

Mit dieser knappen Formulierung wird das Wesen des Sprachhandlungsmusters KOMPLIMENT und sein illokutiver Charakter voll erfasst. Mit den Fragestellungen zum KOMPLIMENT: Was? Wem? Wodurch? Wozu? Wo und Wann? sollen die wichtigsten Kriterien für die Verwendung dieses Sprachhandlungsmusters hier noch einmal zusammenfassend gekennzeichnet werden.

Was? Als Gegenstand von Komplimenten sind in erster Linie Eigenschaften charakterlicher Art (Ausdauer, Geduld etc.), Fähigkeiten des Adressaten (zum

---

11 *Kompliment*
Ich sage: über dich kann man etwas Gutes sagen
Ich bewundere dich aus diesem Grunde
Ich sage das, weil ich möchte, dass es dir angenehm ist.

Komponieren, zum Zeichnen etc.), sein Aussehen (Gesicht, Figur, Frisur, Kleidung) und ihm Zugehöriges (Wohnung, Auto, Garten, Kinder) zu nennen. Sie finden in der Formulierung des Sprechers ihre positiv wertende Kennzeichnung.

Wem? Diese Fragestellung bezieht sich auf die Person, auf die ein KOMPLIMENT gerichtet ist. Es muss sich immer direkt auf den in der Kommunikation anwesenden Adressaten beziehen. Auf dieses Kriterium hat A. Wierzbicka in ihrem Wörterbuch der englischen Sprechaktverben hingewiesen: „A *compliment* has to refer directly to something about the adressee" (Wierzbicka 1987: 201).

Wodurch? Diese Frage zielt auf die Bedingungen, die für das Gelingen der Sprachhandlung des KOMPLIMENTS Voraussetzung sind. Wie die Beispiele (3) und (4) schon illustriert haben, ist das vor allem die Aufrichtigkeit der Äußerung des Sprechers. Für die russische und die deutsche Kommunikationsgemeinschaft gilt, dass für die Wirkung des KOMPLIMENTS, für seinen perlokutiven Effekt, die Aufrichtigkeit der Äußerung des Sprechers nicht durch Streben nach Eigennutz getrübt sein darf. Dass KOMPLIMENTE allerdings in anderen Regionen der Welt auch „strategisch", also mit dem Ziel, sich persönliche Vorteile zu verschaffen, eingesetzt werden können, hat Farenkia (2006: 136) am Beispiel von Kamerun geschildert. Natürlich kann es auch Grenzfälle geben, worauf bei N. N. Germanova (1993: 34) hingewiesen wird. Die Autorin hat hier kranke und verzweifelte Menschen im Sinn, die durch KOMPLIMENTE ermuntert werden sollen. Offensichtlich geht es dabei jedoch nicht um das Kriterium der Aufrichtigkeit, die bei derartigen Äußerungen durchaus gewahrt ist, sondern um das in diesem Falle nicht relevante Wahrheitskriterium.

Wozu? Auf die wesentliche Funktion des KOMPLIMENTS, als Mittel der Kontakt- und Beziehungspflege zu wirken, wurde schon in den ersten Untersuchungen zu diesem Sprachhandlungsmuster verwiesen (Manes/Wolfson 1981; Wolfson 1983). KOMPLIMENTE können helfen, in nichtformellen Situationen sowohl in Russland als auch in Deutschland Kontakte aufzubauen und zu unterhalten. Dadurch, dass durch KOMPLIMENTE eine Atmosphäre der gegenseitigen Gewogenheit geschaffen wird (Šerstjanych 2013: 313), können sie das Selbstwertgefühl des Hörers positiv beeinflussen und die Distanz bzw. Nähe zwischen Sprecher und Adressat regulieren (Issers 2002: 177; Larina 2009: 360–363). Insofern sind KOMPLIMENTE eine sprachliche Taktik der Distanzsteuerung im Sinne der Minderung des Abstandes zwischen dem Sprecher und dem Adressaten. Dadurch, dass der Komplimentempfänger vom Komplimentgeber in einer Atmosphäre des Ausgleichs und des freundlichen Entgegenkommens in die Kommunikation einbezogen wird, funktionieren KOMPLIMENTE als Mittel der positiven Höflichkeit (vgl. Brown/Levinson 1987). Das Gesicht des Adressaten wird nicht angetastet oder verletzt, sondern für sein Image werden in der Gesprächssituation Sympathien und Anerkennung geschaffen.

Wo und Wann? Am besten funktionieren KOMPLIMENTE sowohl in Russland als auch in Deutschland im nichtoffiziellen Verkehr und in einer ungezwungenen Atmosphäre. Sie sind naturgemäß nicht in offiziellen Bereichen wie z. B. im Gericht oder in der Kirche sowie in tragischen Situationen anzutreffen. Dass in anderen Kommunikationsgemeinschaften in Bezug auf das Komplimentieren ein nicht vergleichbares Sprachverhalten anzutreffen ist, hat, wie schon angedeutet, beispielsweise in Farenkia (2006: 136, 225) anhand der Gesprächskultur in Kamerun, wo KOMPLIMENTE interessengeleitet auch in offiziellen Situationen gegenüber sozial höher stehenden Personen gemacht werden, anschaulich gezeigt.

Auf der Grundlage dieser Erkenntnisse kann für das Sprachhandlungsmuster KOMPLIMENT folgende Definition in der Sprache der semantischen Primitiva vorgeschlagen werden (vgl. hier auch die präzisierenden Formulierungen bei Wierzbicka 1987: 201):

(a) Ich meine: über dich kann man etwas Gutes sagen
(b) Ich sage: etwas ist gut an dir
(c) Ich sage das, weil ich möchte, dass du weißt, dass ich gut über dich denke
(d) Ich gehe davon aus, dass dir das angenehm ist.

2. Struktur des Sprachhandlungsmusters

Das KOMPLIMENT gehört zu den Sprachhandlungsmustern, von deren bloßer Struktur ihr illokutiver Charakter nicht unmittelbar abzulesen ist. Das ist in erster Linie dadurch bedingt, dass es keine performativen Verben des KOMPLIMENTS gibt, wie es für Sprachhandlungsmuster wie GRATULATION, ENTSCHULDIGUNG, DANK u. a. kennzeichnend ist (auf einen bestimmten Grenzbereich in Verbindung mit Modalausdrücken wird hier gleich noch einzugehen sein). Aber trotzdem gibt es bestimmte rekursive Merkmale, die für das Sprachhandlungsmuster KOMPLIMENT charakteristisch ist. Die Struktur des KOMPLIMENTS soll auf folgenden Ebenen gezeigt werden: auf der propositional-semantischen, auf der konstruktiv-syntaktischen und auf der Diskursebene im Dialog.

2.1. Propositional-semantische Struktur

Unter propositional-semantischem Aspekt können die Konstituenten des Sprechers, des Adressaten, der evaluativen Sprachhandlung und der Begründung unterschieden werden. Es ist charakteristisch für das Sprachhandlungsmuster KOMPLIMENT, dass diese Konstituenten nicht obligatorisch und unmittelbar in fixierten Strukturen widergespiegelt werden. Andererseits lassen sich aber durchaus Belege finden, in denen Sprecher, Adressat, bewertende Sprachhandlung und Begründung leicht zu identifizieren sind, vgl.

(5) Я просто в восторге от того, как Вы сумели превратить старую электростанцию в художественную галерею.
(6) Ich bin begeistert, mit welcher Leichtigkeit du immer die richtigen Hebel bedient hast.

Der Sprecher ist in beiden Äußerungen durch ein Personalpronomen in der 1. Pers. ausgedrückt, der Adressat durch ein Pronomen der 2. Pers. Die evaluative Sprachhandlung wird jeweils durch ein nominales Prädikat wiedergegeben: *в восторге*, *bin begeistert*; und die Begründung wird hier in beiden Sprachen durch einen kompletiven Nebensatz formuliert. Im Weiteren werden die vier propositional-semantischen Konstituenten des KOMPLIMENTS, kurz etwas näher erläutert.

2.1.1. Sprecher

Der Sprecher ist der Komplimentgeber und steht damit in einer aktiven Position. Er nennt ein positives Merkmal des Adressaten, der dadurch gehalten ist, auf das KOMPLIMENT zu reagieren (Issers 2002: 181; Šerstjanych 2013: 312). Der Sprecher kann eine beliebige Person sein, sie ist situativ und sozial nicht festgelegt. Formell ist die Sprecherperson, wie die Beispiele (5) und (6) illustrieren, durch eine Nominativform in der 1. Pers. gekennzeichnet. Allerdings kann der Sprecher das KOMPLIMENT auch durch ein Zitat eines Dritten ausdrücken, sodass hier ein Kompliment aus fremdem Munde vorliegt, vgl.

(7) Мне уже Женя рассказывал, как ты хорошо готовишь.
(8) Ich habe bereits gestern gehört, dass du dir nicht die Butter vom Brot nehmen lässt.

2.1.2. Adressat

Der Adressat ist wie der Sprecher während der Komplimentäußerung unmittelbar anwesend. Im Vergleich zum Sprecher ist der Adressat in der schwächeren Position, er muss auf das Kompliment reagieren, z. B. durch Dank oder Ablehnung. Formell kann der Adressat durch die 2. Pers. gekennzeichnet sein, im Russischen als Entsprechung für deutsche *haben*-Konstruktionen auch in der entsprechenden präpositionalen Konstruktion vom Typ *у тебя*, vgl. *Du hast wunderschöne Augen ~ У тебя удивительно красивые глаза*.

2.1.3. Sprachhandlung

Die Sprachhandlung ist der propositional-semantische Kern des Sprachhandlungsmusters KOMPLIMENT. Sie drückt die positive Wertung des Adressaten durch den Sprecher aus. Die evaluative Sprachhandlung ist vornehmlich lexikalisch gekennzeichnet. Sie kann durch entsprechende syntaktische Konstruktionen, durch Intonation, Mimik und Gestik, aber auch durch rhetorische Mittel unterstützt werden.

Wie einleitend unter 2. schon festgestellt, ist für die Kennzeichnung der Sprachhandlung des KOMPLIMENTS davon auszugehen, dass es weder im Russischen noch im Deutschen performative Verben des Komplimentemachens gibt. Es finden sich allerdings in Verbindungen mit Modalprädikativen (*надо, можно*) und Modaladjektiven (*должен, вынужден*) im Russischen sowie mit Modalverben (*müssen, dürfen, können*) im Deutschen performative Konstruktionen wie *говорить/делать комплименты* bzw. *ein Kompliment/ Komplimente machen*, vgl.

(9) Я должен сделать вам комплимент. Это было самое интересное выступление, которое мне удалось услышать за последнее время в нашем клубе.

(10) Darf ich Ihnen dann das Kompliment machen, dass Sie sich von Ihrem früheren Beruf lobenswert fortentwickelt haben?

2.1.4. Begründung

Die Begründung (an anderer Stelle auch „Argumentation" oder „Konkretisierung" genannt, vgl. Šerstjanych 2013: 314) ist in der Struktur des KOMPLIMENTS völlig fakultativ. Sie wird aber sowohl im Russischen als auch im Deutschen nicht selten benutzt, um die Glaubwürdigkeit und Aufrichtigkeit des KOMPLIMENTS zu erhöhen. Beim Vergleich zwischen beiden Sprachen ergibt sich, dass im Deutschen die Konstituente der Begründung häufiger anzutreffen ist, wodurch Komplimentäußerungen hier in der Regel länger sind als im Russischen (vgl. Mironovschi 2009: 134, 135). Formell kann die Begründung unterschiedlich gestaltet sein In (5) und (6) tritt sie beispielsweise in Form von kompletiven Nebensätzen auf. Eine andere Möglichkeit wäre die Form eines postponierten Hauptsatzes im Rahmen einer Satzverbindung, vgl.

(11) Ты настоящая красавица: я таких еще не видел.
(12) „Du bist wirklich ein Genie: solche Menschen trifft man selten", sagte Peggy.

2.2. Konstruktiv-syntaktische Struktur

Auf einige syntaktische und lexikalische Merkmale in der Struktur des KOMPLIMENTS wurde hier schon hingewiesen. Die syntaktische Basis von Komplimentäußerungen bilden im Russischen und im Deutschen häufig einfache Sätze, und zwar sowohl mit nominalem Prädikat wie in (13) und (14) als auch mit verbalem Prädikat wie in (15) und (16), vgl.

(13) Ваша квартира чрезвычайно уютная.
(14) Dein Auto ist einfach klasse, hätte ich auch gern.
(15) Я обожаю твои новые духи – восторженно воскликнул Витя.
(16) „Du siehst um einige Jahre jünger aus", sagte Alexander fast verlegen, als er seine Mutter erblickte.

Nicht selten finden sich in beiden Sprachen auch elliptische Konstruktionen (vgl. Meshkova 2007: 39–45), und zwar häufig in der Gestalt von Ausrufesätzen, vgl.

(17) Классная кофточка! Тебе идёт.
(18) „Heißer Schlitten! Könnte mir auch gefallen", rief Felix begeistert.

In Bezug auf die lexikalische Füllung der syntaktischen Konstruktionen treten naturgemäß die wertenden Adjektive hervor, vgl. u. a. *сногсшибательный, очаровательный, изумительный, шикарный* für das Russische und *super, großartig, wunderschön, toll* für das Deutsche. Vielfach werden sie durch Intensifikatoren verstärkt, vgl. u. a. *очень, исключительно, просто* bzw. *sehr, wirklich, unvergleichlich.* Häufig sind auch Belege mit Interjektionen, vgl.

(19) Эх, вот так тачка!
(20) Wow, das war wirklich schön bei dir!

2.3. Diskursstruktur

Schon in den ersten sprechakttheoretischen Untersuchungen zum KOMPLIMENT wird darauf hingewiesen, dass das Sprachhandlungsmuster KOMPLIMENT im Kommunikationsprozess im Rahmen von zwei Äußerungen zu sehen ist: dem eigentlichen KOMPLIMENT und der unmittelbar folgenden Antwort des Adressaten darauf (Pomerantz 1978). Das Kompliment gehört in die gemeinsame Diskurssequenz mit der KOMPLIMENTERWIDERUNG (s. u. a. Golato 2005: 167–199; Nixdorf 2002: 19–28).

Der zweite Teil der Diskurssequenz, die KOMPLIMENTERWIDERUNG, ist schwerer zu realisieren als der erste Teil, das eigentliche KOMPLIMENT. Denn der Adressat muss den Ausgleich finden zwischen der Maxime des Taktgefühls: er muss sich als dankbar für die Anerkennung durch das KOMPLIMENT erweisen, und der Maxime der Bescheidenheit: er will sich nicht als überheblich oder zu selbstsicher erweisen (vgl. Lubecka 2000: 215). In diesem Sinne ergeben sich für die KOMPLIMENTERWIDERUNG prinzipiell zwei Möglichkeiten ihrer Ausprägung: die Annahme bzw. die Zustimmung zum Kompliment, die mit der Formulierung des Danks bzw. entsprechenden Gesten oder Gesichtsausdrücken verbunden sein kann, und die Ablehnung, die ebenfalls sprachlich oder nichtverbal ausgedrückt wird. Daneben finden sich sowohl im Russischen als auch im Deutschen noch andere Reaktionsmöglichkeiten, die zwischen Zustimmung und Ablehnung liegen, z. B. der Zweifel des Adressaten, der durch eine Vergewisserungsfrage ausgedrückt werden kann. Diese drei Möglichkeiten der KOMPLIMENTERWIDERUNG werden in beiden Sprachen in ähnlichen konstruktiv-syntaktischen Strukturen wiedergegeben. Die folgenden drei Beispielpaare illustrieren die Standardausprägungen der KOMPLIMENTERWIDERUNG: die Zustimmung, die Ablehnung und die Bezweiflung des KOMPLIMENTS (s. ausführlicher unter 5.), vgl.

(21) „Sie waren ein höchst aufmerksamer Gastgeber. Es hat uns an nichts gefehlt."
 „Das freut mich, dass Sie sich wohl gefühlt haben. Vielen Dank!"
(22) – Света, какая у тебя красивая блузка! Она тебе очень идёт!
 – Я рада. Я ведь в ней очень хорошо себя чувствую.
(23) „Ihr Vortrag, Herr Dr. Brehmer, war wie immer sehr anschaulich und überzeugend."
 „Nein, nein, mein Lieber. Ich habe gesehen, dass einige Zuhörer ruhig geschlafen haben."
(24) – Ты так легко танцуешь, Зина! Совершенно потрясающе!
 – Ну что ты, Валя! Ты мне льстишь.
(25) „Mit dir macht es Spaß zu arbeiten! Das reinste Vergnügen."
 „Ja wirklich? Meinst du?"
(26) – У тебя дочь – вся в тебя. Просто красавица.
 – На самом деле? Ты так думаешь?

3. Kommunikativ-pragmatische Faktoren

Die Spezifika des Komplimentemachens in Russland und in Deutschland und die jeweiligen Besonderheiten ihrer strukturellen Gestaltung sind naturgemäß von bestimmten sozialen, situativen und kulturellen Gegebenheiten abhängig. Diese kommunikativ-pragmatischen Faktoren sind in ihrer Relevanz unterschiedlich, sie stehen aber untereinander in der Regel in engen korrelativen Beziehungen. Zu diesen Faktoren, die für das Funktionieren von KOMPLIMENTEN und für ihre sprachliche Formulierung bestimmend sind, gehören vor allem folgende Merkmale: der soziale Status der Interaktanten, der mit dem Kriterium der sozialen Distanz verbunden ist, das Geschlecht der Kommunikationspartner und ihr Alter. Diese drei Kriterien sollen im Weiteren kurz erläutert und hinsichtlich ihrer Relevanz für Gemeinsamkeiten und Unterschiede zwischen dem Russischen und Deutschen vorgestellt werden.

3.1. Sozialer Status und soziale Distanz

In Russland und in Deutschland funktionieren KOMPLIMENTE unter Menschen mit vergleichbarem sozialem Status relativ leicht, weil in dieser Konstellation am wenigsten falsch interpretiert werden kann. Komplimente hinsichtlich von Fähigkeiten und Leistungen finden sich vielfach auch zwischen statusungleichen Personen, aber nur in der Richtung „von oben nach unten". In umgekehrter Richtung werden in beiden Kommunikationsgemeinschaften KOMPLIMENTE vermieden, weil es hier leicht zu Missverständnissen kommen kann. Entsprechende Untersuchungen zeigen, dass man in dieser Situation wegen des Verdachts des Eigennutzes oder der Schmeichelei in Deutschland noch sensibler ist als in Russland (Meshkova 2007: 34). Komplimente gegenüber Statushöheren sind allenfalls in Bezug auf die Wohnung, das Auto oder Kinder des Adressaten möglich, vgl.

(27) Ой, какой хорошенький! Весь в папу, Михаил Андреевич, – восклицала Вера.

(28) „Ihre Wohnung ist beeindruckend, Frau Dr. Beer. Ich könnte Sie beneiden", sagte Winter bei der Verabschiedung im Flur.

Mit dem Faktor des sozialen Status korreliert das Kriterium der sozialen Distanz. Man kann sowohl in Russland als auch in Deutschland davon ausgehen, dass die besten Möglichkeiten, KOMPLIMENTE auszusprechen und auf sie zu reagieren, sich unter Freunden in einer informellen Situation ergeben, während unter fremden Menschen mit unbekanntem sozialen Status der Umgang mit KOMPLIMENTEN am schwierigsten ist (Germanova 1993: 37), vgl. die vorsichtigen Formulierungen in den beiden folgenden Beispielen.

(29) Какой Вы добрый человек, Варвара Михайловна, – тихо сказал Рементьев.

(30) Es war sehr angenehm, Herr Botschafter, sich mit Ihnen unterhalten zu können. Vielen Dank für die Einladung.

Im Unterschied dazu funktionieren KOMPLIMENTE bei geringer sozialer Distanz bzw. bei menschlicher Nähe sicherer und können somit freier formuliert werden. Das zeigen die beiden folgenden Beispiele, die aus Gesprächen unter befreundeten Personen stammen, vgl.

(31) Она прекрасная. Вы с ней очень друг другу подходите.

(32) Eine tolle Frau, die du da eingefangen hast. Voll sympathisch!

3.2. Geschlecht

In Bezug auf den kommunikativ-pragmatischen Faktor „Geschlecht" zeigen sich Unterschiede zwischen dem Russischen und Deutschen in vielerlei Hinsicht. Zum einen wird beobachtet, dass Komplimente unter Frauen und Komplimente unter Männern in Russland nicht unbedingt als Norm empfunden werden. In Deutschland ist dieser Aspekt der geschlechtsbestimmten Richtung des KOMPLIMENTS weniger relevant (Mironovschi 2009: 133). Für die Gesprächskultur beider Länder ist aber charakteristisch, dass Frauen häufiger KOMPLIMENTE erhalten als Männer (vgl. Lubecka 2000: 243), und im Vergleich russische Frauen häufiger als deutsche Frauen (vgl. Meshkova 2007: 36–38). Die Zurückhaltung bei deutschen Männern wird dadurch erklärt, dass man hier, und zwar besonders in offiziellen Situationen unter unbekannten Menschen, vermeiden möchte, dass die als KOMPLIMENT gedachte Äußerung als Anmache verstanden wird. L. Mironovschi (2009: 133) spricht in Bezug auf derartige das Merkmal des Geschlechts betonende Äußerungen von Macho-Komplimenten. Bei KOMPLIMENTEN unter Frauen geht es darum, dass eine entsprechende Äußerung der Komplimentgeberin für sie leicht als Imageverlust interpretiert werden kann (vgl. Farenkia 2006: 84). Deshalb wird die Komplimentäußerung häufig durch die Frage ergänzt, wie der positiv bewertete Gegenstand oder Sachverhalt auch durch die Komplimentgeberin erreicht oder erworben werden kann, vgl.

(33) Du bist ja wunderbar schlank geworden! Kannst du mir deine Diät verraten?
(34) Скатерть у тебя удивительно красивая. А где ты её брала?

3.3. Alter

Der Faktor „Alter" wird in der Fachliteratur in seiner Relevanz für das Komplimentemachen in ähnlicher Weise gesehen wie das kommunikativ-pragmatische Kriterium des sozialen Status: bei Gleichaltrigen gibt es – ähnlich wie bei Statusgleichheit – keine Restriktionen. Bei Altersunterschieden gilt die Richtung von der älteren Person zur jüngeren als problemlos, bei umgekehrter Richtung wird für das Russische zur Vorsicht ermahnt, weil eine derartige Konstellation leicht als Anbiederung angesehen wird (Formanovskaja 2009: 309). Die gleiche Einschränkung wird auch für das Deutsche gesehen. Vertrauliche Beziehungen zwischen den Gesprächspartnern und eine informelle Gesprächssituation können derartige Begrenzungen allerdings überlagern.

4. Ausdrucksformen des kommunikativ-pragmatischen Feldes

Die Ausdrucksformen des KOMPLIMENTS werden in diesem Abschnitt unter zwei Aspekten dargestellt. Zum einen geht es um die verschiedenen Typen des KOMPLIMENTS, die von ihrer zentralen Ausprägung bis hin zu ihren peripheren Realisierungsmöglichkeiten im Rahmen des funktional-pragmatischen Feldes des KOMPLIMENTS charakterisiert werden (4.1.). Zum anderen werden das Zusammenwirken bzw. die gegenseitige Abgrenzung im Verhältnis zu benachbarten kommunikativ-pragmatischen Feldern, die eine ähnliche, aber doch andere Funktion erfüllen, gezeigt (4.2.).

4.1. Typen des KOMPLIMENTS in der Struktur des kommunikativ-pragmatischen Feldes

Aus dem Zusammenwirken von Struktur des KOMPLIMENTS und Handlungsplan des Komplimentgebers resultieren unterschiedliche Typen von KOMPLIMENTEN. Sie werden im Folgenden skizziert und so angeordnet, dass die direkt und explizit sowie sprachlich eindeutig formulierten Komplimentäußerungen als zentrale Sprachhandlungsmuster im Kern des kommunikativ-pragmatischen Feldes des Komplimentierens angesiedelt werden, während die indirekten und erzwungenen Äußerungen als periphere Ausprägungen des KOMPLIMENTS angesehen werden.

4.1.1. Direkte Bewertungen des Adressaten

Die direkten KOMPLIMENTE können als zentrale bzw. prototypische Ausprägungen des Sprachhandlungsmusters charakterisiert werden. Sie entstehen unmittelbar bei einer Begegnung der Gesprächspartner, in denen der Sprecher ein positives Merkmal des Adressaten benennt. Diese Bewertung betrifft unmittelbar sowohl Eigenschaften und Fähigkeiten der Person als auch sein Äußeres, vgl.

(35) Рита, ты одета с таким вкусом, просто прелесть!
(36) Gut erkannt, Emma! Du bist, wie immer, gleich voll im Bilde!

4.1.2. Bewertung der Umgebung des Adressaten

Auch in Bezug auf Dinge, die dem Adressaten zugehörig sind, wie Haus, Garten, Auto, aber auch Kinder oder Schüler, können bekanntlich KOMPLIMENTE geäußert werden. Auf diese Weise erhält auch der Adressat eine positive Bewertung. Derartige KOMPLIMENTE gehören auch zum Kern des Sprachhandlungsmusters, vgl.

(37) Твой участок – прямо как парк культуры и отдыха!
(38) „Ein prächtiges Baby, und ganz die Mutter", rief Semmler entzückt aus.

4.1.3. Vergleichsbewertung

Die positiven Wertungen, die sich durch einen Verweis auf Autoritäten oder auch auf den Vergleich mit dem Adressaten selbst in einer anderen Situation beziehen können, gehören in die Zone zwischen Zentrum und Peripherie des kommunikativ-pragmatischen Feldes KOMPLIMENT. Mit letzteren Vergleichen, die sich auf den Adressaten selbst beziehen, gilt es allerdings vorsichtig zu sein (Issers 2002: 189), weil der Adressat hier leicht auch eine Kritik bzw. eine Abwertung erkennen kann, vgl. *„Du siehst heute jung aus wie nie, Helena!" – „Mache ich sonst den Eindruck einer alten Frau?"*, erwiderte Helena trocken. Dagegen stellen die folgenden Beispiele des Typs Vergleichsbewertung Belege für geglückte Komplimente dar.

(39)   Ты сегодня пела прямо как Анна Нетребко.
(40)   „Das war nicht leicht zu gewinnen! Aber du hast ja gerechnet wie Adam Ries persönlich."

4.1.4. Wahrnehmungsbewertung

In die Zone zwischen Zentrum und Peripherie rechnet man auch jene KOMPLIMENTE, die dadurch ausgedrückt werden können, dass der Sprecher eine persönliche Begegnung oder Wahrnehmung des Adressaten positiv bewertet, indem er seine Gefühle, die sich dabei einstellen, benennt, vgl.

(41)   Я всегда очень рада тебя видеть, – улыбаясь сказала Болдаева.
(42)   Immer wenn ich dich sehe, fühle ich mich gleich zu Hause.

4.1.5. Bewertung aus fremdem Munde

Wenn die Autorenschaft des KOMPLIMENTS auf eine dritte Person bzw. eine andere Instanz zurückgeht, spricht man von einem KOMPLIMENT aus fremdem Mund. Dieser Typ kann ebenfalls in den Bereich zwischen Zentrum und Peripherie eingeordnet werden. Er wird dann verwendet, wenn der Sprecher seiner positiven Bewertung eine bestimmte Objektivität verleihen oder wenn er seine sympathisierenden Gefühle gegenüber dem Adressaten nicht so offen zeigen will (vgl. Issers 2002: 189), vgl.

(43)   Я слышала, что у Вас прекрасный голос. А почему Вы не выступаете?
(44)   Man hat uns erzählt, dass nur Sie sich hier im Lande etwas auskennen. Ein Glück, dass wir Sie noch angetroffen haben!

4.1.6. Indirekte Bewertung als Fragestellung

Während die Typen 4.1.1. bis 4.1.5. zu den direkten KOMPLIMENTEN gezählt werden, ordnet man den Typ 4.1.6. den indirekten KOMPLIMENTEN zu, die an der Peripherie des kommunikativ-pragmatischen Feldes anzusiedeln sind. Dieser Typ ist propositional-semantisch als Frage gekennzeichnet, drückt aber illokutiv eine positiv bewertende Assertion aus, vgl.

(45) Ты всегда такая очаровательная, Леночка?
(46) Hat dir noch niemand gesagt, dass du bezaubernde Augen hast?

4.1.7. Zwangsbewertung

Außerhalb des kommunikativ-pragmatischen Feldes des KOMPLIMENTS liegt eine positive Bewertung, die durch einen Kommunikationspartner quasi erzwungen wurde. In der Fachliteratur findet man eine generelle Klassifizierung der Komplimente, die die sog. Initiativkomplimente (hier in diesem Abschnitt die Typen 4.1.1. bis 4.1.6.) von den sog. Zwangskomplimenten (4.1.7.) unterscheidet (Issers 2002: 185–186). Erzwungene Komplimente sind in neutralen Gesprächsrunden gebildeter Personen naturgemäß seltener. Sie werden in der Regel von einzelnen Gesprächspartnern provoziert. Bekannt ist dieses Sprachverhalten unter den Begriffen „Fishing for compliments" oder „Komplimente angeln" in der Bedeutung des Herausforderns von KOMPLIMENTEN durch eine negative oder extrem bescheidene Selbstdarstellung, vgl.

(47) – Прошу прощения, – сказала Людмила Ильинична. – Десерт совсем не получился.
– Нет, наоборот, – ответил Миша. – Я ваши десерты обожаю.
(48) „Ich bin ein schlechter Gastgeber", sagte Lambert, „ich habe vergessen, den Wein rechtzeitig kühl zu stellen und…"
„Ist mir lieber so bei dieser Witterung", fiel ihm Werner ins Wort. „Besser könnte die Temperatur nicht sein."

4.2. Das KOMPLIMENT und ähnliche Sprachhandlungsmuster

Die Wechselwirkung des KOMPLIMENTS mit ähnlichen Sprachhandlungsmustern zeigt sich darin, dass sich einerseits andere Sprachhandlungsmuster in ihrer Funktion mit dem KOMPLIMENT teilweise überlagern und andererseits Äußerungen in der Form und Struktur des KOMPLIMENTS die Funktion von anderen Strukturmustern realisieren können Die folgenden Beispiele illustrieren derartige den KOMPLIMENTEN formell ähnliche Sprachhandlungsmuster wie LOB, DANK, BITTE, SCHMEICHELEI, ANMACHE, GLÜCKWUNSCH und VERHÖHNUNG.

4.2.1. KOMPLIMENT und LOB

Das Sprachhandlungsmuster LOB ist zwar in seinem Inhalt wie in seiner Form und Struktur dem KOMPLIMENT zum Verwechseln ähnlich, aber in Bezug auf die Fragen Wer? Was? und Wozu? kann man beide deutlich differenzieren.

Wer? bzw. *Wem?* bezieht sich auf den Sprecher bzw. den Adressaten. Während das KOMPLIMENT in diesem Verhältnis in der Regel reziprok funktioniert, sind die Lobenden meist ältere und sozial höher gestellte Personen (Lehrer, Eltern, Vorgesetzte), die Adressaten dagegen z. B. Schüler, Kinder, Studenten, Mitarbeiter. Das heißt, bei den Lobenden wird eine höhere Bewertungskompetenz vorausgesetzt.

Was? fragt nach dem Gegenstand des Lobs. Ein LOB ist in der Regel die positive Bewertung von Leistungen, das heißt von erledigten Aufgaben und abgeschlossenen Tätigkeiten, während sich ein KOMPLIMENT hauptsächlich auf Eigenschaften innerer und äußerer Art, also beispielsweise Fähigkeiten und Aussehen, bezieht. Die Frage

Wozu? ist hinsichtlich des LOBs dahin gehend zu beantworten, dass dieses Sprachhandlungsmuster nicht allein im Interesse des Adressaten, seiner Ermunterung und Bestärkung, funktioniert, sondern auch im Interesse des Lobenden: es ist für ihn ein Mittel der Erziehung. Die beiden Belege zum Russischen und Deutschen sollen diese Spezifika des LOBs gegenüber dem KOMPLIMENT illustrieren.

(49) Таня, ты настоящая молодец! Все сделала отлично, – сказала Екатерина Петровна.
(50) Vera Bender, Sie sind die beste Studentin des Seminars, Sie haben alle Fragen ohne Fehler richtig beantwortet.

4.2.2. KOMPLIMENT und DANK

Der DANK ist ein reaktives Sprachhandlungsmuster, das ein angenehmes Gefühl beim Adressaten vermitteln will, weil dieser etwas Positives für den Sprecher getan hat (s. Kap. III. DANK). Das KOMPLIMENT dagegen hat in diesem Sinne keine situativen Voraussetzungen. Es will ein angenehmes Gefühl beim Adressaten vermitteln, um Nähe, Vertrautheit und eine ungezwungene Atmosphäre zu erzielen. Die Beispiele (51) und (52) kennzeichnen diese Spezifik des DANKs gegenüber einem KOMPLIMENT.

(51) Ты, Боря, просто на все руки мастер, бесконечно благодарен тебе.
(52) Ich weiß nicht, wie ich mich für deine prima Hilfe bedanken soll.

4.2.3. KOMPLIMENT und BITTE

Die BITTE ist eine Aufforderung an den Adressaten, der nicht verpflichtend nachgekommen werden muss (s. Kap. XVII. BITTE). Ein KOMPLIMENT, das eine solche Bitte enthält, versteht selbst diese nur symbolisch. Die beiden folgenden Belege enthalten derartige Aufforderungen, die aber nur rein formell als solche zu sehen sind. Der illokutive Sinn ist hier die Verstärkung des KOMPLIMENTS.

(53) Ты рассказывай, а я буду наслаждаться твоей изящной русской речью.
(54) Tu das nur, du bleibst doch mein Klügster!

4.2.4. KOMPLIMENT und SCHMEICHELEI

Das Sprachhandlungsmuster SCHMEICHELEI ist in seinem propositionalen Inhalt dem KOMPLIMENT äußerst ähnlich. Ihm fehlt allerdings das Kriterium der Aufrichtigkeit. Das heißt, die positive Benennung von Eigenschaften und Fähigkeiten des Adressaten geschieht aus Gründen des Eigennutzes des Sprechers. Seine positive Einstellung zum Adressaten ist im Wesentlichen vorgetäuscht. Der volle illokutive Sinn der beiden folgenden Beispiele erschließt sich erst aus dem Kontext bzw. aus der Situation, in der die Äußerungen verankert sind.

(55) Вы, Сергей Пантелеевич, мой самый любимый преподаватель, – никак не краснея сказала Валя.
(56) Sie, Herr Dr. Lehmann, sind der beste Chef, den man sich vorstellen kann.

4.2.5. KOMPLIMENT und ANMACHE

Abgesehen von Intonation, Mimik und Gestik und allein in der sprachlichen Formulierung ist die ANMACHE dem Sprachhandlungsmuster KOMPLIMENT sehr ähnlich. Während der Sprecher aber beim KOMPLIMENT davon ausgeht, auf keinen Fall das Image des Komplimentempfängers zu verletzen, spielt es für den Produzenten der Anmache keine Rolle, dass er dem Adressaten durch das „Kompliment" zu nahe tritt und somit dessen persönliches Territorium angreift. Derartige Äußerungen sind, obwohl sie Lexeme mit positiv wertender Bedeutung enthalten, für den Adressaten in keiner Weise angenehm.

(57) Эй, красавица, телефончик не дашь?
(58) Hey, mein Täubchen, zeig mal, wie schön du auch von vorne bist!

4.2.6. KOMPLIMENT und GRATULATION

Ein GLÜCKWUNSCH wird in der Regel zu bestimmten Anlässen wie zu Feiertagen oder zu erzielten Erfolgen geäußert. Ein KOMPLIMENT dagegen kann in verschiedenen Situationen und zu beliebigen Anlässen ausgesprochen werden.

Hier geht es um eine positive Wertung von Eigenschaften, Fähigkeiten und Aussehen. Diese Abgrenzung beider Sprachhandlungsmuster könnte irritieren, wenn man im Deutschen die Äußerung *Mein Kompliment!* hört, und zwar als Reaktion auf einen erzielten Erfolg, vgl. (60). Da hier also ein bestimmter Anlass für den Adressaten gemeint ist, kann man auch von einem GLÜCKWUNSCH sprechen. Das zeigt auch, was als Standardentsprechung im Russischen gilt: *Поздравляю с успехом!* Allerdings trifft man auch in Russland in dieser Situation Gratulationsäußerungen wie *Мой комплимент!* oder *Мои комплименты!*, die, wie der folgende Beleg zeigt, einem KOMPLIMENT sehr nahe sind.

(59) Не знаю, чему приписать, что вы сегодня пели, как никогда не пели, Ольга Сергеевна, по крайней мере я давно не слыхал. Вот мой комплимент! – сказал он, целуя каждый палец у неё.

(60) Mein Kompliment zu Ihrem Erfolg!

4.2.7. KOMPLIMENT und VERHÖHNUNG

Äußerungen in der Form und Struktur eines KOMPLIMENTS können auch in der Funktion einer VERHÖHNUNG verwendet werden. In diesen Fällen wird zwar ein Merkmal des Adressaten hervorgehoben und als positiv bewertet, aber der Sprecher steht nicht hinter dieser Einschätzung, er meint es nicht ernst, sondern eher ironisch. Mit anderen Worten, es fehlt das für ein KOMPLIMENT notwendige Kriterium der Aufrichtigkeit. In Beispiel (61) wird die Äußerung in Bezug auf die angesprochene originelle Lösung für einen vom Sprecher als primitiv eingeschätzten Vorschlag gemacht. Beispiel (62) bezieht sich auf die schriftliche Äußerung des Adressaten, die darauf beruht, dass er notwendige Hinweise zu dem angesprochenen Sachverhalt nicht gelesen und deshalb fehlerhaft argumentiert hat. In beiden Äußerungen geht es dem Sprecher nicht wie beim KOMPLIMENT darum, gute Beziehungen zu ermöglichen oder zu pflegen, sondern darum, eine Konfliktsituation herauf zu beschwören (vgl. Issers 2002: 192–193).

(61) Да уж, Вы нашли очень оригинальное решение – лететь бизнес-классом! А где деньги на это взять?

(62) Wie man sieht, können Sie sehr gut schreiben, aber versuchen Sie doch auch einmal, etwas genauer zu lesen.

Derartige Äußerungen werden auch als Antikompliment bezeichnet (Issers 2002: 189). Hier liegt nur noch propositional-semantisch und konstruktiv-syntaktisch ein KOMPLIMENT vor, aber illokutiv gesehen geht es um eine VERHÖHNUNG (63) oder wie in (64) um eine KRITIK (vgl. auch Lubecka 2000: 236–237), vgl.

(63) Спасибо за всё! Было очень вкусно, особенно хлеб.
(64) Du hast ja recht, mein geliebter Lügner!

5. Reaktionen auf Komplimente

Unter Punkt 2.3. wurde schon auf die Spezifik der Einbettung des KOMPLIMENTS in die Diskursstruktur verwiesen, die darin liegt, dass im natürlichen Kommunikationsprozess die Äußerung des KOMPLIMENTS vielfach mit einer KOMPLIMENTERWIDERUNG verbunden sein kann. In der KOMPLIMENTERWIDERUNG realisiert sich der perlokutive Effekt des KOMPLIMENTS: die positive Bewertung des Sprechers kann durch den Adressaten angenommen oder abgelehnt werden. Die Reaktion vermag verbal zu erfolgen, woraus sich die zweigliedrige Diskurssequenz von KOMPLIMENT und KOMPLIMENTERWIDERUNG ergibt, oder nichtverbal. Im letzteren Fall kann ein Lächeln oder ein dankbarer Blick des Adressaten die Annahme des KOMPLIMENTS signalisieren, ein Schulterzucken oder ein verächtlicher Blick die Ablehnung (vgl. Issers 2002: 182; Šerstjanych 2013: 326–327).

Die KOMPLIMENTERWIDERUNGEN von der Akzeptanz des KOMPLIMENTS bis zu seiner Ablehnung können unterschiedlich sein, denn die Wahl zwischen dem natürlichen Wunsch nach Annahme des Kompliments und dem Gebot der Bescheidenheit und der daraus folgenden Ablehnung ist für den Adressaten sehr schwierig (vgl. Germanova 1993: 34). Hier zeigen sich auch Unterschiede im Sprachverhalten zwischen Russen und Deutschen. Kontrastive Analysen haben festgestellt, dass in Russland KOMPLIMENTE häufiger akzeptiert werden als in Deutschland (Mironovschi 2009: 129).

Im Vergleich zu völlig anderen Kulturkreisen wird immer wieder darauf verwiesen, dass z. B. in China KOMPLIMENTE fast immer abzulehnen sind (s. Chen 2010). Wierzbicka erläutert die Normen des Sprachverhaltens bei der KOMPLIMENTERWIDERUNG in Japan, wo der Adressat sich nicht, wie beispielsweise in Russland und Deutschland, für ein KOMPLIMENT bedanken darf, sondern es ablehnen und zum Ausdruck bringen muss, dass er sich selber oder auch die Seinen schlechter bewertet als im KOMPLIMENT des Sprechers ausgedrückt. Das verlangt die Norm der KOMPLIMENTERWIDERUNG in Japan, um stets die eigene Bescheidenheit zu signalisieren (vgl. Wierzbicka 1996: 527–555).

Bei der Annahme des KOMPLIMENTS sind für Russen die Originalität und Eleganz der Äußerung wichtig, für Deutsche eher die daraus ablesbare Aufrichtigkeit und Liebenswürdigkeit (Mironovschi 2009: 126). In jedem Falle ist die richtige KOMPLIMENTERWIDERUNG höchst wichtig für die Fortführung des Gesprächs und die Entwicklung einer guten Atmosphäre im Verhältnis der Interaktanten.

Das Spektrum der KOMPLIMENTERWIDERUNGEN von der Akzeptanz bis zur Ablehnung ist sehr differenziert (vgl. Chen 2010: 94). Schon unter 2.3. wurde darauf hingewiesen, dass zwischen beiden ein weiter Zwischenraum liegt. Allein die Strategie der Akzeptanz des KOMPLIMENTS kann in sich noch verschiedenartig ausgeprägt sein, beispielsweise durch die Verknüpfung der Annahme mit dem Ausdruck von Zustimmung, von Dank oder von Freude. Deshalb werden im Weiteren diese Strategien der KOMPLIMENTERWIDERUNGEN im Einzelnen in ihrer Bedeutungsdifferenzierung kurz angeführt (vgl. auch Germanova 1993: 36–37; Nixdorf 2002: 34–37; Lubecka 2000: 215–236; Wierzbicka 1991: 236–148; Golato 2005: 201–210; Formanovskaja 2009: 315–316). Da es sich um relativ eindeutige Reaktionen handelt, werden die vorangegangenen KOMPLIMENTE nicht mit zitiert, die Kennzeichnung der direkten Rede wird hier vernachlässigt.

5.1. Zustimmung

- Annahme und Zustimmung

Eine nichtmarkierte Annahme ist die verbale Zustimmung zum KOMPLIMENT durch den Adressaten. Sie gilt sowohl im Russischen als auch im Deutschen als neutrale und angemessene Reaktion auf ein KOMPLIMENT.

(65) Да, мне самому нравятся туфли.
(66) Ja, die Kutte ist echt klasse.

- Annahme und Dank

Die Akzeptanz des KOMPLIMENTS in Verbindung mit dem Ausdruck des Dankes seitens des Adressaten gilt als höfliche Standardstrategie der KOMPLIMENTERWIDERUNG.

(67) Спасибо за высокую оценку.
(68) Danke für das Kompliment.

- Annahme und Freude

In diesen KOMPLIMENTERWIDERUNGEN geht es um die Verknüpfung der Signalisierung der Annahme des Kompliments mit dem Ausdruck der Freude.

(69) Я рада, что тебе нравится.
(70) Es freut mich, dass es Ihnen schmeckt.

- Annahme und Scherz

Um sein Image zu wahren und den Verdacht auf Eitelkeit zu zerstören, kann der Adressat die Akzeptanz des KOMPLIMENTS durch eine scherzhafte Antwort zerstreuen. Eine derartige Strategie der KOMPLIMENTERWIDERUNG gilt als elegant.

(71) Другого не носим.
(72) Klar, ich sehe immer schick aus.

- Annahme und Zurückgabe des Kompliments

Auch die Annahme eines KOMPLIMENTS in Verbindung damit, dass ein vergleichbares KOMPLIMENT vom Adressaten an den Sprecher zurückgegeben wird, gilt als elegante Form der KOMPLIMENTERWIDERUNG und als Ausdruck der Gesichtswahrung durch den Adressaten.

(73) Ты тоже прекрасно выглядишь.
(74) Du hast heute aber auch eine tolle Frisur.

- Annahme und Angebot

Bei dieser Modifizierung der Akzeptanz des KOMPLIMENTS geht es darum, dass der Adressat zu dem Bereich, den die positive Wertung betrifft, ein Angebot zur Nutzung desselben unterbreitet, beispielsweise in Bezug auf ein Kleidungsstück oder Ähnliches.

(75) Могу дать тебе на завтрашний вечер.
(76) Willst du die (Tasche) mal ausleihen?

- Annahme und Ermunterung

Die Verknüpfung der Annahme mit einer sog. Ermunterung bedeutet, dass der Adressat dem Komplimentgeber vorschlägt, Hinweise dazu zu geben, auf welche Art und Weise jener an die gleichen positiv bewerteten Gegenstände oder Sachverhalte aus dem KOMPLIMENT ebenfalls herankommt.

(77) Если хочешь, могу тебе сказать, где брала.
(78) Soll ich dir mal sagen, wo ich die her habe?

- Annahme und Erklärung

Mit entsprechenden Kommentaren des Adressaten zu den mit einem KOMPLIMENT versehenen Dingen oder Verhältnissen sollen diese gegenüber dem Sprecher verringert werden, um gleichzeitig der Gesichtswahrung zu dienen.

(79) Это мне моя тётя из Франции подарила.
(80) Ach, die habe ich mal bei Aldi bekommen.

- Annahme und Zweifel

Die Verbindung zwischen Annahme des KOMPLIMENTS und Zweifel an seiner Berechtigung geht in ihrer illokutiven Wirkung schon in die Nähe der Ablehnung.

Das heißt, eine zweifelnde Reaktion liegt zwischen Annahme und Ablehnung des Kompliments (s. auch unter 2.3.).

(81) Ты правда так думаешь?
(82) Ehrlich? Meinst du wirklich?

5.2. Ablehnung

Der Ausdruck einer Ablehnung im Rahmen der Komplimenterwiderung ist unter dem Aspekt der Beachtung von Höflichkeitsregeln relativ kompliziert. Die glatte Ablehnung eines gut gemeinten Kompliments würde immer zu einer Imageverletzung beim Sprecher führen, denn seine Kommunikationsabsicht wäre missglückt. Deshalb empfiehlt es sich, in etikettenhaften Ablehnungen mit Selbstironie zu reagieren.

(83) Ну что ты! Какая я красавица?
(84) Nun bleib mal auf dem Teppich, ich kann doch gar nicht singen!

VIII. Kondolieren

1. Definition des Sprachhandlungsmusters

Das Sprachhandlungsmuster KONDOLIEREN wird in Situationen verwendet, in denen ein Sprecher dem Kommunikationspartner sein Mitgefühl versichert mit dem Kummer und Leid, das jenen durch einen Schicksalsschlag getroffen hat, vgl.

(1) Я Вам, Вера Михайловна, искренне соболезную.
(2) Ich spreche Ihnen, sehr geehrter Herr Wagner, mein aufrichtiges Beileid aus.

Für diese Bedeutung stehen im Russischen und im Deutschen die Verben *соболезновать* und *kondolieren* zur Verfügung. Wie die Beispiele (1) und (2) aber zeigen, kann nur das russische Verb performativ, das heißt, in der 1. Pers. Präsens, verwendet werden: *соболезную*. Im Deutschen kann im performativen Gebrauch statt **ich kondoliere* nur ein Funktionsverbgefüge wie *ich drücke mein Beileid aus* auftreten oder synonyme Wendungen wie *ich spreche mein Beileid aus; ich übermittle meine Anteilnahme* u. ä.

In seinem propositionalen Inhalt bezieht sich das KONDOLIEREN auf einen Sachverhalt, der in der Vergangenheit geschehen ist. Dieses Ereignis in der Vergangenheit hatte für den Gesprächspartner negative Folgen und machte ihn traurig. Der Sprecher möchte durch das Sprachhandlungsmuster KONDOLIEREN dem Adressaten übermitteln, dass auch er wegen dieses Schicksalsschlages Kummer und Leid empfindet.

Das Sprachhandlungsmuster KONDOLIEREN hat das perlokutive Ziel, den Kommunikationspartner psychisch zu stützen und ihm zu helfen, indem der Sprecher ihm in dieser Situation sein Mitgefühl signalisiert. Durch den Ausdruck der Anteilnahme mit dem Kummer und Leid des Adressaten will der Sprecher erreichen, dass der Gesprächspartner positiv reagiert und sich psychisch besser fühlt.

Diese semantische Charakterisierung spricht dafür, dass das KONDOLIEREN zu den expressiven Sprachhandlungsmustern gerechnet wird. Zu den Expressiva als einem der fünf Basistypen von Sprachhandlungsmustern hatte Searle auch Sprechakte wie BEGRÜSSUNG, VERABSCHIEDUNG, GRATULATION, WUNSCH, DANK und ENTSCHULDIGUNG gerechnet (Searle 1971; vgl. auch Harras et al. 2004: 335; Pisarek 1995: 38).

Das Belegmaterial zeigt außerdem, dass das KONDOLIEREN sowohl im Russischen als auch im Deutschen stark ritualisiert und formelhaft ist. Aus diesem

Grunde ist das KONDOLIEREN zu den Sprachhandlungsmustern der Spracheti-
kette zu zählen (vgl. Pisarek 1995: 39–40; Šerstjanych 2013: 108), vgl. die beiden
Belege, die quasi auf das Verbalsubstantiv *соболезнование* bzw. das Kernwort des
Funktionsverbgefüges *Beileid* reduziert sind, vgl.

    (3)   Примите мои глубокие соболезнования!
    (4)   Mein herzliches Beileid!

Die ritualisierte und formelhafte Verwendung des Sprachhandlungsmusters
KONDOLIEREN bedeutet, dass es bestimmten gesellschaftlichen Konventionen
entspricht, sein Mitgefühl gegenüber einem von Leid betroffenen Menschen aus-
zudrücken. Das kann sich sowohl auf den Bereich des persönlichen, vertraulichen
Umgangs beziehen – vgl. Belege (5) und (6), als auch auf offizielle und öffentliche
Situationen – vgl. (7) und (8):

    (5)   Hubert Schnabel, Elfies Mann, nahm Lucies Hand und sagte: „Ich möchte dir mein
            tiefstes Beileid aussprechen."
    (6)   Ох, ну ты извини, такое горе у тебя, ох, сыночка потерял, соболезную...
    (7)   „Von meiner Seite möchte ich allen, die davon betroffen waren, mein Beileid aus-
            drücken", sagte Merkel am Freitag.
    (8)   „Я искренне соболезную горю семей погибших в авиакатастрофе", – сказал
            президент.

Die prototypischen Realisierungen des KONDOLIERENS, russ. *я соболезную* und
dt. *ich drücke mein Beileid aus,* sind in ihrer semantischen und pragmatischen
Bedeutung in beiden Sprachen zwar nahe, aber es gibt auch einen wesentlichen
Unterschied zwischen ihnen, der sich auf das Anlassspektrum des KONDOLIERENS
bezieht, das, wie auch die Wörterbucheintragungen deutlich machen, im Russischen weiter gefasst ist als im Deutschen. Es betrifft nicht nur das Ableben eines
nahestehenden Menschen, sondern allgemein schwere Schicksalsschläge, vgl.
соболезновать: „Сочувствовать кому-л., сочувственно переживать чьё-л.
горе, страдания... Выражать сочувствие горю, страданиям кого-л." (Evgen'eva 1984, T. 4: 170), vgl. das russische Beispiel:

    (9)   – Ведь дочка в бессрочной каторге, и то из милости.
            – Слыхал, слыхал и искренно соболезную...

Im Deutschen hingegen bezieht sich *Beileid aussprechen* allein auf den Verlust
eines dem Adressaten nahestehenden Menschen, vgl. im Wörterbuch: „jmdm., der
einen ihm nahestehenden Menschen durch den Tod verloren hat, sein Mitgefühl
ausdrücken" (Kempcke 1984, Bd. 1: 151). In Deutschland spricht man vom *Beileid
ausdrücken* nur im Falle des Ablebens eines Menschen, der dem Gesprächspartner

verwandtschaftlich, freundschaftlich oder beruflich bzw. institutionell verbunden war (vgl. Harras 2004: 335), vgl. u. a. folgendes deutsches Beispiel:

(10) Dann kommt ein japanischer Funktionär auf mich zu und sagt: „Ich habe gehört, dass Steve Jobs gestorben ist. Ich möchte Ihnen mein Beileid aussprechen."

Die Wendung, die auch im Russischen nur im Falle des Todes eines nahen Menschen verwendet wird, ist die implizite Beileidsformel *скорблю вместе с Вами – ich trauere mit Ihnen*, vgl.

(11) В этот тяжёлый час я разделяю боль невосполнимой утраты и скорблю вместе с вами.

In der Definition, die wir dem Vergleich des Sprachhandlungsmusters KONDOLIEREN im Russischen und Deutschen zugrunde legen, muss also, wie gezeigt wurde, der Anlass für die Formulierung des Kondolierens allgemeiner bzw. umfassender gesehen werden. Es geht nicht nur um den Verlust eines nahestehenden Menschen, sondern um etwas schwerwiegend Negatives im Leben des Adressaten, um einen Schicksalsschlag. Das heißt, der Kummer und das Leid des Kommunikationspartners können sich zum Beispiel auf eine abgebrannte Wohnung, auf eine lebensbedrohliche Krankheit, auf eine willkürliche Verhaftung, auf den Verlust eines sicher geglaubten Arbeitsplatzes oder eben auf den schmerzlichen Tod eines Verwandten oder Freundes beziehen.

A. Wierzbicka hatte schon 1972 in ihrem Buch zur Entwicklung des Begriffs der semantischen Primitiva eine Deskription der illokutiven Bedeutung von KONDOLIEREN vorgelegt. Hier äußert sich der Bezug auf einen enger gefassten Anlass für das Kondolieren, auf den Tod, wie er auch für das Deutsche charakteristisch ist, vgl.

My condolences! = Knowing that something bad happened to you (someone close to you died),
assuming that you are unhappy because of it,
wanting to cause you to know that I am unhappy because of it too,
I say: I am unhappy because of it too. (Wierzbicka 1972: 141)

Gut zehn Jahre später kommt Wierzbicka auf diese Definition noch einmal zurück und ergänzt sie in dem in polnischer Sprache erschienenen Aufsatz um die Formulierung des perlokutiven Effekts, der durch den Sprecher beim Hörer erzielt werden soll: *Ich sage das, weil ich möchte, dass du weniger traurig bist*, s.:

Kondolencje
wiem że stało się coś dla ciebie złe (ktoś w twojej rodzinie umarł)
sądzę że czujesz smutek z tego powodu

mówię: i ja czuję smutek z tego powodu
mówię to bo chcę żebyś się czuł mniej smutny¹² (Wierzbicka 1983: 130)

Da, wie wir gesehen haben, das Anlassspektrum für das KONDOLIEREN in der Kommunikationsgemeinschaft der Russen offensichtlich weiter ist als in Deutschland, England und Polen, muss das Tertium Comparationis für den Vergleich des Russischen und Deutschen die Beschränkung auf den Tod eines nahestehenden Menschen aufgeben und einen allgemeineren Schicksalsschlag formulieren (als semantisches Primitivum: *etwas sehr Schlechtes*), vgl.

(a) Ich weiß, dass etwas geschehen ist, was für dich sehr schlecht ist
(b) Ich denke, dass du aus diesem Grunde traurig bist
(c) Ich sage: auch ich bin aus diesem Grunde traurig
(d) Ich sage das, weil ich möchte, dass du weniger traurig bist.

2. Struktur des Sprachhandlungsmusters

Der strukturelle Aufbau des Sprachhandlungsmusters KONDOLIEREN weist zwischen dem Russischen und Deutschen keine prinzipiellen Unterschiede auf. Nur im formellen Ausdruck der einzelnen Konstituenten zeigen sich naturgemäß bestimmte Differenzen. Die Grundstruktur des Sprachhandlungsmusters verfügt in beiden Sprachen über vier Konstituenten: (1) den Sprecher in der Form der 1. Pers., (2) die Sprachhandlung mit einer finiten Verbalform im Präsens, (3) den Adressaten im Dativ und (4) den Anlass des Kondolierens in der Form einer präpositionalen Konstruktion oder eines Nebensatzes, vgl.

(12) Я искренне соболезную Вам, Виктор Петрович, в связи с постигшим Вас горем.
(13) Herr Doktor, ich spreche Ihnen zu Ihrem schweren Verlust mein aufrichtiges Beileid aus.

Dabei treten die Konstituenten des Sprechers und der Sprachhandlung – außer in elliptischen Konstruktionen – obligatorisch auf, die Konstituenten des Adressaten und des Anlasses können weggelassen werden. Der Anlass wird aufgrund

---

12 *Kondolenz*
Ich weiß dass etwas geschehen ist was für dich schlecht ist (jemand aus deiner Familie ist verstorben)
ich denke dass du aus diesem Grunde traurig bist
ich sage: auch ich bin aus diesem Grunde traurig
ich sage das weil ich möchte dass du weniger traurig bist.

der Eindeutigkeit der Kondolenzsituation in beiden Sprachen nur selten konkret benannt.

2.1. Der Sprecher

Die Sprecherkonstituente wird in der Regel durch die Nominativform des Personalpronomens der 1. Pers. Sg. oder Pl. ausgedrückt. Während das Pronomen im Deutschen obligatorisch ist, kann im Russischen diese Konstituente auch allein an der Personalform des Sprachhandlungsverbs deutlich werden, vgl.

> (14) Соболезную всем родственникам погибших.
> (15) Rasmussen sprach sein Mitgefühl aus nach dem Tod von 44 Bundeswehrsoldaten: „Ich spreche den Familien und Hinterbliebenen der deutschen Soldaten mein Beileid aus."

Das Personalpronomen der Sprecherkonstituente kann in beiden Sprachen durch Vertretungskonstruktionen wie *от имени* bzw. *im Namen* erweitert sein:

> (16) От имени губернатора я искренне соболезную Вам в связи с гибелью подполковника М. В. Старцевского.
> (17) Im Namen der Landesregierung spreche ich Ihnen mein aufrichtiges Beileid aus Anlass des tragischen Todes der Verunglückten aus.

2.2. Die Sprachhandlung

Auf den Unterschied zwischen dem Russischen und Deutschen hinsichtlich des Sprachhandlungsverbs des KONDOLIERENS wurde unter 1. schon hingewiesen: Nur im Russischen kann das verbale Simplex performativ verwendet werden (*соболезную*). Im Deutschen erscheint in dieser Rolle ein Funktionsverbgefüge (*ich spreche mein Beileid aus*), vgl. die Beispiele (1) und (2). Vergleichbar strukturierte Funktionsverbgefüge sind auch im Russischen gebräuchlich, wie z. B. *выражаю/приношу соболезнование*. Hier ist interessant, dass im Russischen das Verbalabstraktum im Unterschied zum Deutschen auch im Plural stehen kann. Die Pluralform hat in diesem Fall naturgemäß nicht die Numerusbedeutung der Vielheit, sondern drückt hier eine, wie Vinogradov schreibt, qualitativ-intensivierende Nuancierung der Bedeutung des Substantivs aus (Vinogradov 1972: 130), vgl.

> (18) Выражаем соболезнования всему американскому народу в связи с кончиной бывшего президента Рональда Рейгана.

Im Deutschen kann von dem Abstraktum *Beileid* keine Pluralform gebildet werden. Eine gewisse Steigerung der Intensität des Gefühlsausdrucks geschieht hier in der Verwendung von Komparationsformen (Superlativ) bei den Epitheta (z. B.

aufrichtigstes Beileid, tiefstes Mitgefühl). Epitheta zur Modifizierung der Intensität finden sich auch im Russischen (vgl. unter 4.1.2.3.). Hier das Illustrationsbeispiel für die Verwendung von Superlativformen im Deutschen:

> (19) Zum Tode Ihrer Ehefrau möchte ich Ihnen mein herzlichstes Beileid aussprechen.

2.3. Der Adressat

Die Konstituente des Adressaten der Anteilnahme ist in der Regel eine Person oder eine Personengruppe und wird formell in beiden Sprachen durch eine Dativform ausgedrückt, vgl.

> (20) Я искренне соболезную Вам и Вашим близким.
> (21) Ich möchte Ihnen mein tief empfundenes Beileid übermitteln.

Im Russischen findet sich daneben aber auch eine Reihe von Belegen, in denen der Ausdruck des Mitgefühls nicht auf eine Person, sondern auf deren Schmerz, Leid und Kummer gerichtet ist. Derartige Konstruktionen sind für das Deutsche nicht typisch, hier steht in der Position der Adressatenkonstituente eine Person.

> (22) От всей души соболезную Вашим испытаниям и Вашему горю.

2.4. Der Anlass

Wenn die Anlasskonstituente des Sprachhandlungsmusters KONDOLIEREN verbalisiert wird, geschieht das im Deutschen prototypisch durch die präpositionalen Konstruktionen *zu* + Dat. *(zum Tode, zum Ableben), für* + Akk. *(für den schmerzlichen Verlust), angesichts* + Gen. *(angesichts des Unglücks)*. Daneben finden sich auch Belege mit *anlässlich, aus Anlass*. Im Russischen stehen in dieser Position in der Regel Situationsnominationen wie *по поводу авиакатастрофы; в связи с уходом из жизни; по случаю его кончины*, vgl.

> (23) Zum Tode von Altbundespräsident Heuss, dem hervorragenden ersten Bundespräsidenten der Bundesrepublik Deutschland, spreche ich Ihnen mein aufrichtiges Beileid aus.
> (24) Aus Anlass der schrecklichen Katastrophe möchte ich Ihnen und den Angehörigen der Opfer unser tief empfundenes Beileid übermitteln.
> (25) Я хочу ещё раз выразить Вам соболезнования по поводу жертв, которые имели место в связи с террористическими актами в Узбекистане.
> (26) Хочу выразить глубокие соболезнования в связи с недавним терактом в Грозном.

Sowohl im Russischen als auch im Deutschen kann die Anlasskonstituente außer durch präpositionale Konstruktionen auch durch Nebensätze wiedergegeben werden, vgl.

(27) Mein aufrichtiges Beileid, dass Sie trotz all Ihrer Liberalisierungsbestrebungen solch einen schwarzen Tag erleben mussten.
(28) Крайне соболезную, – отвечал я с соучастием, – что вы в этом маленьком доме не все забыли горести житейские.

2.5. Elliptische Strukturen

Im Zusammenhang mit dem hohen Grad an formaler Konvention und Ritualisierung finden sich in beiden Sprachen auch elliptische Konstruktionen des Sprachhandlungsmusters KONDOLIEREN. Sie enthalten keinen prädikativen Kern und beschränken sich auf das Substantiv der analytischen Konstruktion im Akkusativ, vgl.

(29) Mein Beileid.
(30) Aufrichtige Anteilnahme.
(31) Мои искренние соболезнования.
(32) Всем привет и соболезнование. Обнимаю, целую.

3. Kommunikativ-pragmatische Faktoren

Die kulturellen, sozialen und situativen Faktoren, die sowohl in Russland als auch in Deutschland christlich geprägten Bräuchen und Riten entspringen und die Formulierung des KONDOLIERENS determinieren können, sind in beiden Ländern ähnlich. Es gibt jedoch einige Spezifika, die teilweise auf orthodoxe Traditionen einerseits oder evangelische und katholische Regeln andererseits zurückgehen. Bei orthodoxen Gläubigen gehört z. B. die Gedächtnisfeier am 40. Tag nach dem Ableben des Toten dazu, die als *сороковины* bzw. (deutlich seltener, vor allem landschaftlich) als *сорочины* bezeichnet wird, und aus deren Anlass den Angehörigen erneut das Beileid ausgesprochen wird, was in Deutschland unbekannt ist, vgl.

(33) Примите мои соболезнования по случаю сороковин Николая Семёновича. Я разделяю Вашу скорбь.
(33a) Lassen Sie mich mein Beileid aus Anlass des 40. Tages nach dem Ableben von Nikolaj Semenovič übermitteln. Ich teile Ihren Schmerz.

Hier soll auch noch einmal auf das weitere Anlassspektrum im Russischen verwiesen werden (s. Punkt 1.), das zur Übermittlung einer Beileidsäußerung führen kann, wozu in Russland außer einem Todesfall auch noch andere Schicksalsschläge gehören, vgl. die russischen Beispiele (34) und (35) sowie ihre Übersetzungen ins Deutsche (34a) und (35a):

(34) Соболезную Вам, что Вы не смогли уследить за своими чадами, и они уехали в Сирию.
(34a) Ich drücke Ihnen mein Beileid aus, dass es Ihnen nicht gelungen ist, auf Ihre Kinder aufzupassen, und sie nach Syrien gefahren sind.
(35) – Стало создаваться ощущение, что горло начало потихоньку опухать.
– Соболезную. Поправляйтесь.
(35a) „Es begann sich das Gefühl einzustellen, dass die Kehle langsam anfing anzuschwellen."
„Mein Beileid. Gute Besserung."

In Bezug auf das Verb des Kondolierens im Russischen ist zu berücksichtigen, dass mit *соболезновать* ‚Beileid ausdrücken' ein tieferes und weiter reichendes Gefühl bezeichnet wird als mit *сочувствовать* ‚Mitgefühl ausdrücken', vgl.

(36) – У нас с Ирой больше ничего нет.
– Сочувствую. Теперь ты решил со мной гулять?

Ein wichtiger sozialer Faktor für die Formulierung des Sprachhandlungsmusters KONDOLIEREN ist das Kriterium der Nähe des Sprechers zum Verstorbenen und seinen Angehörigen. Hier zeigen sich sowohl im Russischen als auch im Deutschen Unterschiede, wenn es einerseits um vertrauliche und andererseits um distanzierte Beziehungen zwischen den Kommunikationspartnern geht. Grob gesagt, kann man feststellen, dass mit größerer sozialer Distanz zwischen dem Adressanten und dem Adressaten der Grad der Formelhaftigkeit des Textes wächst. In den beiden folgenden Beispielpaaren signalisiert die Duzform der Anrede in den Belegen (37) und (38) die vertrauliche Kommunikationsbeziehung und den stilistisch nicht markierten Ausdruck des Kondolierens, während im Beispielpaar (39) und (40) der stilistisch gehobene Ausdruck des Kondolierens widergespiegelt wird, vgl.

(37) „Ich hab' von deinem Vater gehört", sagt er. „Mein Beileid. Wie geht es dir?"
(38) – Я ведь вдова.
– Соболезную. Наверное, тебе придется уехать отсюда, чтобы оформить наследство?
(39) Der türkische Außenminister Ahmet Davutoglu twitterte: „Ich übermittle dem ägyptischen Brudervolk mein Beileid."
(40) Выражаем соболезнования народу и правительству Китайской Народной Республики в связи с трагической гибелью её граждан.

Wie die Beispiele (37) und (38) einerseits und (39) und (40) andererseits zeigen, überschneiden sich das Kriterium der Vertrautheit vs. Distanz mit dem Faktor des Mediums, der Gegenüberstellung von Mündlichkeit vs. Schriftlichkeit.

Ein Spezifikum in Deutschland sind die sog. Kondolenzkarten bzw. Trauerkarten, die als Ausdruck des Beileids an Verwandte und Bekannte im Todesfalle versandt werden können, wenn ein Kondolenzbesuch oder eine Beteiligung an der Beerdigung nicht möglich oder nicht angezeigt ist. Die Trauerkarten tragen auf der Außenseite eine graphisch gestaltete Kondolenzformel (z. B. *Herzliches Beileid*) oder ein textloses Trauersymbol und erlauben auf der Innenseite persönliche Formulierungen, die sich gegebenenfalls auf die Betroffenheit des Adressanten beziehen und den Verstorbenen würdigen, vgl. als Beleg:

(41) Die Nachricht vom plötzlichen Tod Ihres Gatten hat mich zutiefst erschüttert. Ich drücke Ihnen auf diesem Wege mein tief empfundenes Beileid aus.

4. Ausdrucksformen des kommunikativ-pragmatischen Feldes

Eine Gegenüberstellung von Kondolenzsituationen in Russland und Deutschland zeigt, dass man in beiden Sprach- und Kulturgemeinschaften einerseits explizites und implizites Kondolieren gegenüberstellen kann und dass sich andererseits verbale und nonverbale Ausdrucksmittel unterscheiden lassen (vgl. Filenberg 2002; Akišina/Formanovskaja/Akišina 2016: 213–220; Dirschauer 2011). Im Folgenden werden die verschiedenen Ausdrucksmittel in ihrer Feldstruktur dargestellt, das heißt, dass zwischen zentralen (4.1.) und peripheren Ausdruckformen (4.2.) differenziert wird und die kondolierenden Illokutionen in Wechselwirkung mit ihrer kontextuellen Einbettung (4.3.), in ihrer übertragenen Bedeutung (4.4.) und in Relation zu nonverbalen Ausdrucksmitteln (4.5.) gezeigt werden.

4.1. Zentrale Realisierungsformen

4.1.1. Explizite Beileidsbekundungen

Die zentralen Kondolenzformeln sind in beiden Sprachen die expliziten Konstruktionen, die lexikalisch durch die performativen Verben bzw. Funktionsverbgefüge des Kondolierens gekennzeichnet sind und die unter 2. beschriebene Grundstruktur mit den vier Konstituenten (Sprecher, Sprachhandlung, Adressat und Anlass) aufweisen. Dabei werden der Sprecher und die Sprachhandlung in der Regel auch sprachlich signalisiert, während der Adressat sowie der Anlass aufgrund der eindeutigen Situation weggelassen werden können. Die Kondolenzhandlung wird prototypisch durch die Nominationen *соболезновать, выражать/приносить соболезнование; выражать сочувствие* im Russischen und *Beileid ausdrücken/aussprechen; Anteilnahme bekunden/ausdrücken* im Deutschen wiedergegeben.

(42) Я искренне соболезную Вам по поводу скоропостижной кончины Виталия Петровича.
(43) Ich übermittele Ihnen mein aufrichtiges Beileid zum Tode Ihres Vaters.

4.1.2. Modifizierungen

a) Modale Modifizierungen

Zu den zentralen Realisierungsformen des Sprachhandlungsmusters KONDOLIEREN gehören auch die zahlreichen Modifizierungen durch Modalverben in beiden Sprachen, vgl.

(44) Теперь, - высказывает своё пожелание Каддафи, - я хочу выразить соболезнование семье усопшего.
(45) „Ich möchte jenen mein Beileid aussprechen, die Familienangehörige verloren haben", sagte Minister Takada in seiner ersten Stellungnahme.

b) Voluntative und interrogative Modifizierungen

Konstruktionen, die formell als Aufforderung oder Frage gekennzeichnet erscheinen, sind zwar stilistisch erhaben, sie finden sich aber sowohl in russischen als auch in deutschen Texten sehr häufig. Das sind Äußerungen wie

(46) Примите, Лев Владимирович, мои искренние соболезнования!
(47) Ещё раз позвольте выразить вам своё глубокое соболезнование! – сказал Люсин, входя в комнату, и низко склонился перед Людмилой Викторовной.
(48) Darf ich Ihnen mein herzliches Beileid übermitteln? Wir sind alle tief erschüttert.
(49) Gestatten Sie mir, Ihnen mein tief empfundenes Beileid auszudrücken!

Die Aufforderungs- und Fragebedeutung ist in diesen Belegen völlig reduziert. Es geht allein um eine spezielle Markierung von Höflichkeit.

c) Modifizierungen der Intensität

Wie viele der vorangegangen Beispiele belegen, kann die Beileidsbekundung in beiden Sprachen durch entsprechende Adverbien (50), adverbiale Konstruktionen (51) oder Adjektive wie in (52) und (53) in ihrer Intensität verstärkt werden, vgl.

(50) Я, как врач и как человек, искренне соболезную родителям этой девочки.
(51) И я понимаю, как тяжело им сейчас. От всего сердца соболезную им.
(52) Земля тебе пухом. Искренние соболезнования семье и близким покойного.
(53) Zum Tode Ihres Gatten spreche ich Ihnen zugleich im Namen aller Mitarbeiter meiner Firma mein tiefempfundenes Beileid aus.

4.2. Periphere Realisierungsformen

Besonders bei vertraulichen Beziehungen zwischen den Kommunikationspartnern und bei direkten, d. h. mündlichen Kontakten zwischen beiden, werden häufig formelhafte Beileidsbekundungen vermieden und implizite Äußerungen genutzt. Derartige Beileidsausdrücke finden sich größtenteils in beiden Kommunikationsgemeinschaften, vgl. die Belege (54) bis (61).

Zu den impliziten Beileidsbekundungen gehören im Russischen und im Deutschen Äußerungen, in denen der Sprecher darauf verweist, dass er durch die Todesnachricht in gleicher Weise erschüttert ist wie der Adressat, vgl.

(54) Из всех сотрудников фирмы я узнал о случившемся первым, – сказал я. – Я потрясён.

(55) Die Nachricht vom Verlust unseres lieben Freundes und Kollegen hat uns tief erschüttert. Wir werden sein Andenken stets in Ehren halten.

Nicht selten geht der Sprecher darauf ein, dass ihm die Worte fehlen, um sein Mitgefühl mit den Trauernden auszudrücken, vgl.

(56) У меня просто нет слов выразить то, что я чувствую.

(57) Angesichts des plötzlichen Todes deiner Schwester fehlen mir die Worte auszudrücken, was ich in dieser schrecklichen Situation empfinde.

Vielfach wird das Beileid dadurch ausgedrückt, dass dem Adressaten gute Wünsche übermittelt werden, die helfen sollen, seinen Schmerz zu lindern, vgl.

(58) С глубоким прискорбием узнала о постигшем Вас несчастье. Будьте стойким, возьмите себя в руки.

(59) Erst gestern habe ich die traurige Nachricht erhalten. Ich wünsche Ihnen viel Kraft.

Das Beileid kann in beiden Sprachen auch dadurch ausgedrückt werden, dass der Sprecher versichert, dass er das Leid und den Schmerz des Adressaten teilt, vgl.

(60) Соболезную искренне – и тоже чрезвычайно огорчён, – сообщил он, встряхивая руку Самгина.

(61) Ich teile Ihren Schmerz über den großen Verlust, den Sie durch den Tod Ihrer geliebten Mutter erlitten haben.

Stark emotional geprägte Beileidsäußerungen, die formell durch Exklamativsätze wiedergegeben werden, sind vornehmlich für die russische Kommunikationsgemeinschaft charakteristisch. Vergleichbare deutsche Konstruktionen sind kaum nachweisbar. Im Deutschen finden sich dafür eher, wie schon unter 2.2., Beispiel (18) erwähnt, Komparationsformen der Epitheta bei den Nominationen der Anteilnahme, vgl.

(62) Какая большая и невосполнимая утрата для детей и для взрослых!

Für das Deutsche finden sich implizite Formulierungen des Beileids, die darauf eingehen, dass der Sprecher versichert, dass ihm der Schicksalsschlag des Adressaten leid tue, vgl.

> (63) Der unersetzbare Verlust, der Sie betroffen hat, tut mir unendlich leid.

Derartige Äußerungen im Todesfalle *(мне очень жаль)* finden sich auch im Russischen, sie drücken aber, ähnlich wie *сочувствую*, eine etwas schwächere Beileidsbekundung aus. Ihre Verwendung beim Ausdruck des Beileids im Falle des Ablebens von nahen Menschen wird deshalb in der Fachliteratur von einigen Linguisten nicht empfohlen (vgl. Šerstjanych 2013: 344).

4.3. Kontextuelle Einbettung der Beileidsäußerung

In der natürlichen Kommunikation ist die performativ formulierte Beileidsbekundung eingebettet in einen situativen Kontext sowie begleitende und untergeordnete Sprachhandlungen. Dazu gehören einleitende Situations- und Zustandsbeschreibungen, Worte des Trostes, Angebote zur Hilfe für den Adressaten, Wünsche für den Toten (neben den schon angeführten Wünschen für den Adressaten, vgl. (58) und (59), würdigende Worte über den Toten und, speziell für das Deutsche, Abschlussformeln in schriftlichen Beileidstexten.

Besonders im schriftlichen Bereich werden der Beileidsbekundung häufig einleitende Situations- und Zustandsbeschreibungen vorangestellt, die etwas zu Zeit und Ort des Erhalts der Todesnachricht und zu den Empfindungen dabei sagen, vgl.

> (64) Der Erhalt der traurigen Nachricht vom Tode Ihres Lebensgefährten hat mich tief erschüttert. Ich möchte Ihnen mein tief empfundenes Beileid ausdrücken.
> (65) С прискорбием узнал о кончине Бориса Николаевича. Прошу принять мои искренние соболезнования.

Viele Kondolenzäußerungen sowohl in Russland als auch in Deutschland versuchen, dem Adressaten Trost zu spenden, um seinen Kummer und sein Leid zu mildern. Der Adressant vermittelt eine Beziehung der Empathie, indem er darauf verweist, dass er den Schmerz des Betroffenen teilt, dass er ihn aufruft, nicht in Verzweiflung zu verfallen, sondern mit Zuversicht in die Zukunft zu schauen, vgl.

> (66) Скорблю вместе с Вами, Маргарита Петровна. Не печальтесь, всё устроится.
> (67) Ich teile Deinen Schmerz, Manfred, und bin in dieser schweren Zeit in Gedanken bei Dir.

In nicht wenigen Fällen wird besonders in Russland – aber auch in Deutschland gibt es dafür Belege – den Trauernden konkrete Hilfe für die Beerdigungsfeierlichkeiten, aber auch für die weitere Gestaltung der Zukunft angeboten, vgl.

(68) Wenn Sie Hilfe brauchen, Frau Nolting, denken Sie daran, wir sind immer für Sie da.
(69) Держись, Маша. Всегда готова тебе помочь.

In russischen Beileidsäußerungen gehören vielfach Wünsche an die Adresse des Toten dazu. Das sind die bekannten Formeln wie *Пусть земля будет ему пухом; Мир праху его*. In Deutschland werden derartige Wendungen wie *Friede seiner Asche; Ruhe sanft* gewöhnlich bei der Beerdigungszeremonie durch den Grabredner ausgesprochen.

Die Würdigung des Toten ist besonders in offiziellen Situationen ein wichtiger Bestandteil der Beileidsadresse, vgl.

(70) Als Bürger dieses Staates werde ich nie vergessen, was Ihre Frau für unser Land getan hat.
(71) Погиб выдающийся человек, который много сделал для города Смоленска. Его смерть большая потеря для всей губернии. Нам будет его не хватать.

Genau wie die Trauerkarten ein Spezifikum der Kondolenzkultur in Deutschland sind, gehören auch die Abschlussformeln in den Beileidsschreiben zu den Besonderheiten deutscher Beileidstexte. Sie schließen gewöhnlich mit Wendungen wie

(72) In tiefer Trauer   Mit aufrichtiger Anteilnahme   In stillem Gedenken
     Ihr Peter Schildt   Ihre Annemarie Bauer   Marcel Pohl

4.4. Beileid außerhalb des kommunikativ-pragmatischen Feldes des KONDOLIERENS

Es wurde schon erwähnt, dass in Deutschland Beileidsformeln nur im Falle des Ablebens eines nahen Angehörigen verwendet werden, während in Russland sich der Anwendungsbereich von expliziten Beileidsbekundungen auch auf andere schwerwiegende Schicksalsschläge erstrecken kann. Nun finden sich aber sowohl im Deutschen als auch im Russischen manchmal Situationen und Texte, in denen eine Beileidsäußerung wie *Соболезную; Herzliches Beileid; Mein Beileid* mit Ironie und scherzhaftem Unterton verwendet werden, und zwar beispielsweise dann, wenn der Adressant eine Entscheidung gegen das Interesse des Adressaten im Grunde genommen begrüßt (73) oder wenn der Adressat eine aktuell unangenehme Aufgabe erhalten hat, die der Sprecher quasi mit einem Schicksalsschlag vergleicht (74). Derartige Äußerungen sind an der äußersten Peripherie bzw. außerhalb des kommunikativ-pragmatischen Feldes des Kondolierens anzusiedeln, weil hier die Beileidsbekundung eine pragmatische Umdeutung im Sinne eines freundschaftlichen Bedauerns erfährt, vgl.

(73) Правительство Российской Федерации рассмотрит проект, который запретит курить в общественных местах: – Курильщики, соболезную вам!
(74) Habe gehört, du musst schon wieder auf deinen kleinen Neffen aufpassen. Na dann, herzliches Beileid.

Auf eine mögliche ironische Verwendung der Beileidsformel in Russland verweist auch N. I. Formanovskaja (2012: 185).

4.5. Nonverbales KONDOLIEREN

Nonverbale Ausdrucksmittel, also eine bestimmte Gestik und Mimik, können die sprachliche Realisierung einer Beileidsäußerung begleiten, sie vermögen aber auch in einer eindeutigen Situation eine selbstständige Rolle zu spielen. Wenn das Beileid verbalisiert wird, geschieht das in einem ruhigen Tonfall und mit gedämpfter Stimme.

In beiden Kommunikationsgemeinschaften ist es üblich, sich beim Kondolieren anzusehen. Der Blickkontakt zwischen den Kommunikationspartnern wird als Ausdruck der Aufrichtigkeit des Sprechers verstanden. Vor und nach der Beileidsäußerung wird der Blick gesenkt. Ein umherschweifendes Umsehen passt nicht in die Kondolenzsituation.

Auch die polyfunktionale Geste des Händedrucks sowie das Auflegen der Hand auf die Schulter des Hinterbliebenen können wesentliche Bestandteile der direkten Beileidsbekundung sein. Bei vertraulichen Beziehungen zwischen den Kommunikationspartnern kann die Beileidsäußerung von einer Umarmung, gegebenenfalls auch von Küssen begleitet sein (vgl. Gorodonikova/Dobrovol'skij 2001: 222).

Bei direktem Kontakt zwischen Sprecher und Adressat ist es in Russland und Deutschland auch möglich, und zwar besonders dann, wenn sich in einer Bestattungszeremonie mehrere Menschen der Reihe nach an die Hinterbliebenen wenden, dass das Beileid allein durch Blickkontakt und Händedruck sowie Schweigen ausgedrückt wird.

5. Reaktionen auf eine Beileidsbekundung

Eine sprachliche Reaktion des Adressaten auf eine an ihn gerichtete Beileidsäußerung ist in beiden Kommunikationsgemeinschaften, in Russland und in Deutschland, ein Signal dafür, dass die vom Sprecher intendierte Illokution der Sprachhandlung erreicht wurde. In der spezifischen Situation des Sprachhandlungsmusters KONDOLIEREN muss allerdings beachtet werden, dass durch die hohe seelische Belastung, die Trauer und den Schmerz, vielfach sprachliche Reaktionen der Hinterbliebenen ausbleiben. Ein Dank für das Mitgefühl und die Anteilnahme wird dann durch einen Blick, durch Kopfnicken oder durch einen Händedruck verdeutlicht.

In vielen Fällen des Beileidsdialogs wird auf das Sprachhandlungsmuster KONDOLIEREN mit dem Sprachhandlungsmuster DANK geantwortet, vgl.

(75) – Вы понесли большую утрату, Илья Львович. Я искренне соболезную Вам.
– Благодарю за сочувствие.

(76) – Примите мои глубокие соболезнования. Скорблю вместе с Вами, Павлина Леонтьевна.
– Спасибо за добрые слова.

In Deutschland hört man während der Bestattungszeremonie vergleichbare Dialoge, s.

(77) „Mein herzliches Beileid, Martin. Wir werden Monika immer im Gedächtnis behalten."
„Danke für die Anteilnahme und danke, dass ihr Monika auf dem letzten Weg begleitet habt."

Weit verbreitet sind im deutschsprachigen Raum auch Danksagungen in Tageszeitungen. In manchen Familien werden Dankeskarten mit vergleichbaren Texten auch speziell gedruckt und persönlich versandt, vgl.

(78) Für die erwiesene Anteilnahme am Tode meines lieben Mannes sage ich allen, auch im Namen meiner Tochter, herzlichen Dank.
In stiller Trauer
Renate Bogans

Informationshandlungen

IX. Zustimmung

1. Definition des Sprachhandlungsmusters

1.1. Die ZUSTIMMUNG als reaktives Sprachhandlungsmuster

Das Sprachhandlungsmuster ZUSTIMMUNG gehört zu den illokutiven Typen des reaktiven Äußerns, die auf eine vorausgegangene Äußerung oder Handlung des Gesprächspartners Bezug nehmen (vgl. Wunderlich 1976: 59; Harras/Proost/Winkler 2007: 86–87). Somit ist die ZUSTIMMUNG immer in einen Interaktionsablauf eingebettet, ihr semantischer Gehalt ist in gewissem Maße von einem initiierenden Sprechakt abhängig. Dementsprechend erweist sich das Sprachhandlungsmuster ZUSTIMMUNG als ein kompliziertes Phänomen, das einige Subtypen unter einer Bezeichnung vereinigt (vgl. Larreta Zulategui 2014: 245–246):

1.1.1. Kommissiver Subtyp

Der erste Subtyp bezieht sich auf eine vorausgegangene Aufforderung (Bitte, Vorschlag u. ä.), der zugestimmt wird. In diesem Fall übernimmt der Sprecher die Verpflichtung, der Aufforderung zu folgen. Somit trägt dieser Subtyp kommissiven Charakter.

(1) – Lasst uns zuerst die Adressen besorgen, dann können wir uns am Wochenende treffen.
– Einverstanden.
(2) Ты хотел жениться на мне? Я согласна.

Manche Forscher begrenzen den Inhalt des Sprachhandlungsmusters ZUSTIMMUNG auf den kommissiven Teil (s. z. B. Wagner 2001: 309). Die benachbarten Sprachhandlungsmuster sind in diesem Fall EINWILLIGEN, AKZEPTIEREN.

1.1.2. Assertiver Subtyp

Der zweite Subtyp bezieht sich auf eine vorausgegangene Behauptung bzw. Mitteilung des Gesprächspartners. Der Sprecher will hervorheben, dass er diese Aussage für richtig und plausibel hält und dieselbe Meinung vertritt. Dementsprechend ist dieser Subtyp als assertiv zu betrachten.

(3) „Ich fand den Film genial. Ich habe dazu auch eine Review auf meinem Blog gemacht, kannst sie dir ja mal durchlesen."
„Ich habe genau die gleiche Meinung wie du."
(4) – Похоже, этот твой Рудик сам деньги и забрал, – уверенно сказал Антон.
– Я тоже так думаю.

Zu dieser Gruppe wird auch eine positive Antwort auf eine Entscheidungsfrage gezählt:

(5) „Ist das da wirklich ein graues Haar, was ich im Spiegel sehe?"
„Ja", habe ich grinsend geantwortet, „ich werde solide."

(6) – Иными словами, уровень качества закладывается в конструкторском бюро?
– Да, именно так. Наш принцип: конструкторы – главенствующее заводское звено.

Eine derartige Antwort stellt die unmarkierte Form der positiven Reaktionsmöglichkeiten dar, während die performativen Verben *zustimmen, zugeben* u. a. als markierte Formen gelten (vgl. Wagner 2001: 189).

Eine ähnliche Illokution haben die Sprachhandlungsmuster BESTÄTIGEN und BEJAHEN.

1.1.3. Deklarativer Subtyp

Der dritte Subtyp bezieht sich auf die Mitteilung des Gesprächspartners, dass er eine bestimmte Handlung ausführen will oder ausgeführt hat. Die Zustimmung des Sprechers besteht in diesem Fall in der Erklärung, dass er das geplante Vorhaben billigt oder dass er das schon Realisierte für richtig hält. Die Äußerung des Sprechers hat somit deklarativen Charakter.

(7) „Kann ich in diesem Semester in den Bachelor einsteigen?"
„Ja. Der Bachelor BWL erlaubt den Studienbeginn im Winter- und im Sommersemester."

(8) Да-да, послушайте, я ничего не имею против, если вы завели новую собаку... но нельзя же позволять ей повсюду носиться и пугать всех соседей!

Dieser Subtyp ist den Sprachhandlungsmustern ERLAUBEN und BILLIGEN benachbart.

1.2. Beschreibung des illokutiven Gehalts mithilfe von semantischen Primitiva

Drei verschiedene Möglichkeiten des Gebrauchs des englischen Verbs *agree* (≈ *zustimmen*) unterscheidet auch A. Wierzbicka. Die ersten zwei stimmen mit den oben beschriebenen Subtypen überein. Ihre Bedeutung wird mithilfe der semantischen Primitiva auf folgende Weise formuliert:[13]

---

13 Die Formulierungen von Wierzbicka werden in einer verkürzten Form angegeben.

Agree₁:
I know that person X thinks Y (because X has said so)
I assume that X would want other people to say that they think the same
I say: I think the same (Wierzbicka 1987: 116)

Wie aus der Definition zu ersehen ist, entspricht *agree₁* dem zweiten, dem assertiven Subtyp und schildert die Reaktion des Hörers auf eine Mitteilung des Sprechers. Es ist zu beachten, dass unter "person X" in der Regel der Kommunikationspartner verstanden wird, der erste Satz könnte also auch als "I know that you think Y (because you have said so)" formuliert werden.

Die erste von den oben erwähnten Interpretationen verbindet sich mit dem Verb *agree₂* und schildert die Reaktion des Hörers auf eine Aufforderung des Sprechers:

Agree₂:
I know that you want me to do X (because you said so)
I assume that you don't know if I will do it
I assume that you want me to think about it and to say that I will do it
I say: I will do it (Wierzbicka 1987: 117–118)

Diese beiden Interpretationen sind auch in der Definition des russischen Sprechaktverbs *соглашаться* (~ *zustimmen*) von M. Ja. Glovinskaja berücksichtigt (vgl. Glovinskaja 1993: 204–205).

Die Bedeutung des Verbs *agree₃* verbindet Wierzbicka mit der Situation, dass die Gesprächspartner etwas gemeinsam machen wollen, dabei aber unterschiedliche Ideen haben, wie die geplante Tätigkeit ausgeführt werden kann. Nach einer Diskussion können die beiden Gesprächspartner zu einer gemeinsamen Entscheidung kommen. Das englische Verb *agree (on some solution)* entspricht in diesem Fall dem deutschen Verb *sich (auf etw.) einigen* und dem russischen Verb *договориться о чём-л., сойтись на чём-л.*

Die deklarative Bedeutung des Sprachhandlungsmusters ZUSTIMMUNG gibt auch das russische Verb *соглашаться/согласиться* wieder. Glovinskaja rechnet aber diesen Gebrauch des Verbs dem Sprachhandlungsmuster ERLAUBNIS – Разрешение zu (Glovinskaja 1993: 204). Somit betrachtet sie diese Verwendungen als homonymische Gebrauchsmöglichkeiten.

Hier soll vorgeschlagen werden, den kommissiven Subtyp des Sprachhandlungsmusters als AKZEPTIERENDE ZUSTIMMUNG, den assertiven – als BESTÄTIGENDE ZUSTIMMUNG und den deklarativen – als SANKTIONIERENDE ZUSTIMMUNG zu bezeichnen.

Für jeden Subtyp lässt sich mithilfe der semantischen Primitiva folgende Definition formulieren:

AKZEPTIERENDE ZUSTIMMUNG:

(a) Ich weiß, dass du willst, dass ich X tue (weil du das gesagt hast)
(b) Ich gehe davon aus, dass du nicht weißt, ob ich das mache
(c) Ich gehe davon aus, dass du willst, dass ich darüber nachdenke und dass ich sage, ob ich das mache
(d) Ich sage: ich mache das.

BESTÄTIGENDE ZUSTIMMUNG:

(a) Ich weiß, dass du X denkst (weil du das gesagt hast)
(b) Ich gehe davon aus, dass du willst, dass andere Menschen sagen, dass sie dasselbe denken
(c) Ich sage: ich denke dasselbe.

SANKTIONIERENDE ZUSTIMMUNG:

(a) Ich weiß, dass du X gemacht hast bzw. machen willst
(b) Ich gehe davon aus, dass du nicht weißt, ob ich das für richtig halte
(c) Ich gehe davon aus, dass du willst, dass ich darüber nachdenke und dass ich sage, ob ich das für richtig halte
(d) Ich sage: ich halte das für richtig.

Die Ausdrucksmittel für alle drei Subtypen der ZUSTIMMUNG haben viel Gemeinsames, deshalb wird im Folgenden das Sprachhandlungsmuster als ein einheitliches Phänomen analysiert; auf eventuelle Unterschiede wird gesondert hingewiesen.

2. Struktur des Sprachhandlungsmusters

Beim Ausdruck einer ZUSTIMMUNG kommen am häufigsten folgende Modelle vor:

a) Eingliedrige Äußerungen, die vor allem durch die Standardpartikel *ja*, aber auch mithilfe von verschiedenen anderen Partikeln, Modalwörtern, Adverbien und Partizipien mit zustimmender Bedeutung realisiert werden: *ja, sicher, bestimmt, (na) klar, jawohl, ok* bzw. *да, пожалуй, несомненно, конечно, идёт* etc.
b) Explizit performative Äußerungen mit dem entsprechenden performativen Verb oder mit synonymischen performativen Konstruktionen: *ich stimme Ihrem Vorschlag zu* bzw. *я полностью согласен с Вашим мнением*.
c) Implizit performative Äußerungen in Form von elliptischen und (seltener) vollständigen Aussagesätzen: *wir kommen sehr gern; ich bin einverstanden; gut,*

mache ich bzw. *я обязательно ему передам; я полностью разделяю Ваше мнение; хорошо, я схожу.*

2.1. Eingliedrige Äußerungen

Äußerungswörter mit zustimmender Bedeutung werden zum Ausdruck von allen Typen der Zustimmung gebraucht, denn sie haben keine Konstituentenstruktur und sind in Bezug auf die kommunikative Situation in den meisten Fällen neutral. Es können Wörter verschiedener Wortarten zu diesem Zweck verwendet werden: Gesprächspartikeln wie *ja* bzw. *да*, Modalwörter wie *okay, natürlich* bzw. *окей, конечно*, Modaladverbien wie *gut, genau, gern* bzw. *хорошо, точно, охотно*, finite Verbformen im Russischen wie *пойдём*, Partizipien im Deutschen wie *abgemacht* etc.:

(9) „Der schnellste bekommt einen Preis."
„Okay, aber warum laufen die anderen?"
(10) – Лёша, тебе чаю налить?
– Да-да, – промычал он из-за газеты.

2.2. Explizit performative Äußerungen

Explizit performative Äußerungen beinhalten das performative Verb *zustimmen* bzw. *соглашаться/согласиться* als Handlungskonstituente, das immer im Indikativ steht.

Die Sprecherkonstituente wird in der Regel mithilfe der Personalpronomen *ich/wir* bzw. *я/мы* ausgedrückt. Im Russischen ist es bekanntlich möglich, dass diese Konstituente ausschließlich aufgrund der Personalendungen des performativen Verbs zum Vorschein kommt:

(11) Соглашаемся с тем, что о направлениях и достижениях современной науки пишем мы недостаточно.

Der Gebrauch des performativen Verbs kommt im Russischen selten vor, dagegen werden regelmäßig die Kurzformen des gleichstämmigen Adjektivs *согласный (согласен, согласна, согласны)* performativ verwendet. Die deutsche Entsprechung ist das implizite Performativ *einverstanden sein*:

(12) Наталья Сергеевна не раздумывала ни секунды. – Я согласна. Делайте всё, что считаете нужным.
(12a) Natalja Sergeevna zögerte keine Sekunde. „Ich bin einverstanden. Machen Sie alles, was Sie für nötig halten."

Seltener wird die performative Konstruktion mit dem gleichstämmigen Substantiv im Bestand des Funktionsverbgefüges *seine Zustimmung geben* bzw. *дать/ изъявить согласие* gebraucht:

(13) Ich gebe meine Zustimmung, dass das Bild meines Kindes ohne weitere Rücksprache veröffentlicht werden darf.
(14) Я, разумеется, радуюсь такому приглашению и даю своё согласие.

Die grammatischen Kennzeichnungen der weiteren Konstituenten hängen von dem Subtyp des Sprachhandlungsmusters ZUSTIMMUNG ab.

Bei der BESTÄTIGENDEN ZUSTIMMUNG steht die Adressatenkonstituente im Deutschen im Dativ, im Russischen dagegen wird sie mithilfe der Präposition *c* und dem Instrumental (*с кем-либо*) eingeführt:

(15) Ich stimme Ihnen zu, eine Seitenzahl hinter Texten und Fotos auf der Titelseite wäre sicherlich wünschenswert und hilfreich.
(16) Согласен с вами. Генерал Гиндин – любопытнейший тип.

Auch die Anlasskonstituente, die das Objekt der Zustimmung beschreibt, kann im Deutschen mithilfe des Dativobjekts und im Russischen mithilfe desselben präpositionalen Objekts ausgedrückt werden. Dabei dürfen die beiden Konstituenten nicht gleichzeitig in ein und derselben Äußerung vorkommen:

(17) Wir stimmen dieser Aussage zu und dehnen sie auf alle sozialwissenschaftlichen Theorien aus.
(18) Я согласен с оценкой, которую дал господин Президент этим переговорам.

Wenn sowohl die Adressaten- als auch die Anlasskonstituente im Bestand der Äußerung vorkommen, so wird im Deutschen die erste Konstituente als Nominalphrase im Dativ und die zweite Konstituente entweder als Präpositionalphrase mit *in* oder als mit *dass* eingeleiteter Nebensatz realisiert (vgl. Harras/Proost/Winkler 2007: 87). Auch uneingeleitete Satzergänzungen sind möglich:

(19) Herr Kollege, ich stimme Ihnen in allen Punkten zu, die Sie genannt haben.
(20) Ich stimme Ihnen zu, dass gewisse Leistungen wie z. B. Transplantations- und Neurochirurgie nur an ausgewählten Zentren durchgeführt werden können.
(21) Sehr geehrter Herr Behr, ich stimme Ihnen zu: Im Salzburger Zentrum heißt es für Radfahrer viel zu oft „Absteigen".

Im Russischen ändert sich in diesem Fall auch die Realisierungsart der Anlasskonstituente, und zwar wird sie mithilfe der Präposition *в*, der Ausdrücke *по поводу, относительно* oder eines Nebensatzes ausgedrückt:

(22) Согласен с Вами во многом, но попробую добавить несколько моментов.

(23) Скажу, что согласен с тобой относительно выбора профессии для твоего сына.
(24) Соглашаемся с автором, что по отрывку нельзя судить о целом.

In beiden Sprachen kann die Anlasskonstituente auch ohne Verbindung mit der Adressatenkonstituente mithilfe eines Nebensatzes realisiert werden:
(25) Ich stimme zu, dass hier enormer Handlungsbedarf besteht.
(26) Я соглашаюсь с тем, что мой последний поступок, именно посылка браслета, была ещё большей глупостью.

Bei der AKZEPTIERENDEN ZUSTIMMUNG ist die Adressatenkonstituente in der Regel nicht realisiert, oder deren Realisierung ist in die Anlasskonstituente in Form des entsprechenden Possessivpronomens eingebettet.
(27) Ich stimme deinem Vorschlag zu, die beiden Artikel sind nahezu völlig identisch.
(28) И я согласен с твоим советом, мне он нравится и им стоит пользоваться!

Die Anlasskonstituente kann in diesem Fall nicht nur durch eine Satzergänzung, sondern auch durch eine Infinitivkonstruktion realisiert werden:
(29) Ich stimme dem Vorschlag zu, die Erinnerung zu bewahren und als ganz Deins zu schätzen.
(30) Мы согласны выполнить за деньги любую работу, самую грязную, самую опасную.

Im Falle der SANKTIONIERENDEN ZUSTIMMUNG wird das explizit performative Modell im Deutschen selten gebraucht. Im Russischen dagegen ist es ziemlich oft in der Form von gleichstämmigen Adjektiven in der Kurzform anzutreffen. Die Besonderheit dieses Subtyps ist es, dass die Anlasskonstituente durch eine Imperativkonstruktion im Russischen und durch eine deontische Modalkonstruktion im Deutschen ausgedrückt werden kann, was für andere Subtypen nicht charakteristisch ist:
(31) „Ich würde erst einmal die Möglichkeit für eine gütliche Einigung auf dem Verhandlungsweg ausnutzen, bevor ich ein gerichtliches Verfahren einleite."
„Ja, ich bin einverstanden. Du solltest einfach mit dem Nachbarn reden."
(32) – С прагматической точки зрения лучше всего было бы позвонить Марку.
– Согласен. Позвони.

2.3. Implizit performative Äußerungen in Form von Aussagesätzen

Dieses Modell hat ein breites Spektrum von Ausdrucksmöglichkeiten in beiden Sprachen. Es kommen sowohl vollständige als auch elliptische Äußerungen vor. Einige davon sind auch für einen bestimmten Subtyp spezifisch, wie z. B. *ich bin ganz deiner Meinung; Sie haben vollkommen recht* bzw. *я разделяю Вашу точку зрения; ты совершенно прав* (BESTÄTIGENDE ZUSTIMMUNG); *ich bin gerne bereit; das mache ich sofort; abgemacht* bzw. *я готов; сейчас сделаю; договорились* (AKZEPTIERENDE ZUSTIMMUNG), aber viele Ausdrücke gelten für alle Subtypen: *ich bin einverstanden; na klar* bzw. *не возражаю; ну конечно* etc.:

(33) Ganz deiner Meinung. Unsere Anlage ist schon etwas altersschwach.
(34) Он поддакивал: „Да, да, странный человек Тютчев, ты совершенно прав!"
(35) Ich bin einverstanden, dass Sie Ihre Mutter bei der Badereise nach Wiesbaden begleiten.
(36) – Я говорю, значит надо делать, вы знаете, что я даром не говорю.
 – Хорошо, хорошо, сделаю, не волнуйся.

3. Kommunikativ-pragmatische Faktoren

Beim Sprachhandlungsmuster ZUSTIMMUNG spielen die kommunikativ-pragmatischen Faktoren des Alters und der sozialen Distanz eine gewisse Rolle. Auch der Typ der kommunikativen Situation kann auf die Realisierungsformen der ZUSTIMMUNG einen Einfluss ausüben. Diese Faktoren werden im Folgenden behandelt.

3.1. Alter

Sowohl im Deutschen als auch im Russischen gibt es Zustimmungsformeln, die vorwiegend von Jugendlichen verwendet werden. Sie beziehen sich aber ausschließlich auf die AKZEPTIERENDE ZUSTIMMUNG. Dazu gehören z. B. *gebongt; eingeloggt; alles paletti* bzw. *оки; замётано; лады* etc.:

(37) „Gehen wir heute in die Suite?"
 „Eingeloggt!"
(38) – Так, значит, ты это устроишь, Миха?
 – Ладно, замётано. Сделаю.

Manche Wörter aus der Jugendsprache können umgangssprachlich auch von Erwachsenen verwendet werden.

3.2. Distanz

Bei einer größeren Distanz zwischen den Gesprächspartnern werden häufig statt der Äußerungswörter und elliptischen Ausdrücke vollständige Äußerungen verwendet, die oft einen Hinweis darauf enthalten, dass der Sprecher seine Zustimmung mit Freude und Vergnügen gibt:

(39) „Es wird Zeit für den Neuanfang. Sind Sie dabei?"
„Sie können sich auf mich verlassen. Ich freue mich auf unser Projekt!"
(40) – Но ежели мне поможете, то в убытке не будете!
– Что же, мы с превеликим удовольствием, Иван Максимович, за нами остановки не будет!

3.3. Kommunikationstyp

Dem inoffiziellen Kommunikationstyp wird traditionell der zwischenmenschliche Verkehr in der privaten Lebenssphäre zugerechnet. Für Alltagsgespräche ist eine spontane und lockere Ausdrucksweise kennzeichnend, die umgangssprachliche Wörter und Wendungen zulässt, wie *stimmt; von mir aus; alles klar* bzw. *ладно; чудненько; само собой* (vgl. Gorodnikova/Dobrovol'skij 2001: 30–38) etc.

Die Kommunikation in Behörden, Ämtern und anderen Institutionen gilt gewöhnlich als offiziell. Die Ausdrucksweise ist in diesem Fall neutral bis gehoben, es werden sowohl kurze Äußerungen wie *selbstverständlich; mit großem Vergnügen* bzw. *само собой разумеется; с большим удовольствием*, als auch vollständige Sätze wie: *ich bin ganz Ihrer Meinung; ich bin immer bereit zu kooperieren* bzw. *я полностью разделяю Ваше мнение; я всегда готов к сотрудничеству* etc. gebraucht, z. B.

(41) Ich bin ganz Ihrer Meinung, Sir. Sie können sicher sein, dass dieser Mann aufs härteste bestraft wird.
(42) – Значит, господин министр, Вы за военный призыв?
– Да, само собой разумеется.

4. Ausdrucksformen des kommunikativ-pragmatischen Feldes

Im Bestand des kommunikativ-pragmatischen Feldes des Sprachhandlungsmusters ZUSTIMMUNG können entsprechend den drei Subtypen bestimmte Mikrofelder unterschieden werden, die aber eine Reihe von Überschneidungen aufweisen.

4.1. Zentrale Realisierungsformen

Zu den zentralen Realisierungsformen gehören in beiden Sprachen vor allem Äußerungswörter, die in Bezug auf die möglichen Subtypen der ZUSTIMMUNG unmarkiert sind. Die meisten Äußerungswörter geben also nur die kommunikativmodale Bedeutung der Zustimmung wieder, es wird aber nicht ausgedrückt, womit der Sprecher einverstanden ist.

Das häufigste Wort ist die Gesprächspartikel *ja* mit ihrer Variante *jawohl* im Deutschen und *да* im Russischen. Sehr oft werden auch Modalwörter wie *bestimmt; sicher* bzw. *безусловно; несомненно* gebraucht. Regelmäßige Verwendung finden verschiedene Kombinationen von Partikeln, Modalwörtern, Konjunktionen und Interjektionen: *aber ja; na klar; sicher doch* bzw. *ну конечно; безусловно да; точно так* etc.:

(43) „Kriegt ihr auch alle Jägermeister zu trinken?"
„Na klar", haben wir geantwortet.
(44) – Вас устроило бы утром в понедельник?
– Ну конечно.

Es gibt aber auch Äußerungswörter, die nur eine bestimmte Art der Zustimmung ausdrücken, z. B. *das stimmt; genauso* bzw. *совершенно верно; именно так* (BESTÄTIGENDE ZUSTIMMUNG), *gern; gleich* bzw. *охотно; сейчас* (AKZEPTIERENDE ZUSTIMMUNG). Für die SANKTIONIERENDE ZUSTIMMUNG konnten keine spezifischen Lexeme nachgewiesen werden.

Äußerungswörter können sich mit Partikeln verbinden. Dabei ist es möglich, dass – abhängig von der Intonation – derartige Kombinationen eine ganz andere Bedeutung erhalten:

(45) – Я собираюсь этим летом в Ялту, к тёте. Думаю, она мне будет рада.
– Ну конечно, так тебя там все и ждут с распростёртыми объятиями!

Im Beispiel (45) drückt die Verbindung *ну конечно* keine Zustimmung, sondern umgekehrt Zweifel und Skepsis aus.

Zu den zentralen Ausdrucksmöglichkeiten gehören auch elliptische Formen, die zu vollen Äußerungen entfaltet werden können. Das können finite Verbformen sein, darunter auch sehr oft von den performativen Verben *zustimmen* bzw. *соглашаться/согласиться,* wie *ich stimme zu; mache ich* bzw. *согласен/согласна/согласны; схожу; сделаю* etc.:

(46) Die Polizei hat mich gefragt: „Kochst du?"
Da habe ich gesagt: „Gut, mache ich." Dann war ich ihr Koch.
(47) – Знаете, интуитивно я тоже чувствую, что главное первого родить, а со вторым не должно быть проблем.
– Да, именно так. Согласна.

Die russischen Kurzformen *согласен/согласна/согласны* werden häufiger als die deutsche Entsprechung *einverstanden* bzw. *ich stimme zu* gebraucht.

Bei der Realisierung des Subtyps AKZEPTIERENDE ZUSTIMMUNG wird im Russischen oft das Verb in der Sprecheräußerung redupliziert (vgl. Formanovskaja 2009: 263–264; Ozarovskij 1980: 113). Im Deutschen finden sich als korrespondierende Entsprechungen häufiger neutrale Verben, wie *machen,* s. Beispiel (49a).

(48) – А ты мне поможешь вылезти отсюда?
– Помогу, помогу….

(49) – Может, принесёшь мне свои записи лекций? У меня завтра экзамен.
– Хорошо, принесу.
(49a) „Kannst du mir vielleicht deine Vorlesungsnotizen bringen? Ich habe morgen eine Prüfung."
„Gut, mache ich."

Im Deutschen gehören zu den zentralen Mitteln Partizipien wie *einverstanden* und *abgemacht*, die im Russischen mithilfe der verbalen Form *договорились* wiedergegeben werden können:

(50) „Fangen wir morgen an, die Wohnung zu streichen? Ich bringe Farbrollen mit."
„Sehr gut. Abgemacht."
(50a) – Начнём завтра белить квартиру? Я принесу с собой валики.
– Хорошо. Договорились.

Das performative Modell findet auch in den Funktionsverbgefügen mit gleichstämmigen Substantiven wie *seine Zustimmung geben* bzw. *дать/ выразить своё согласие* seinen Ausdruck. Diese Modelle werden eher in der offiziellen Kommunikation gebraucht:

(51) „Somit gebe ich meine Zustimmung, bei den Präsidentschaftswahlen zu kandidieren", sagte der 64-jährige Jelzin am Montag.
(52) Скажи коменданту, – отвечал он довольно спокойно, – что я даю свое согласие; но требую шести часов, чтобы выпроводить отсюда жителей Мариенбурга.

4.2. Periphere Realisierungsformen

4.2.1. Stilistisch markierte Äußerungen

Manche von den oben angeführten Ausdrücken haben stilistisch markierte Varianten, die im kommunikativ-pragmatischen Feld peripher platziert sind. Zu den umgangssprachlich markierten Ausdrücken gehören z. B. *geht in Ordnung; na klar; na schön; ich bin mit von der Partie* bzw. *ладно; ладненько; чудненько; само собой; ясное дело* etc.:

(53) „Es wäre schön, wenn wir beide zusammen den Hunnen eins auf die Haube hätten geben können."
„Ich bin mit von der Partie, verlass dich drauf!"
(54) – Но если он был в обществе шулеров, так ведь такой тебе не годится, чай?
– Ну, само собой, нечего и думать.

Auch in diesem Fall ist es im Russischen möglich, dass in bestimmten Kontexten Äußerungswörter in Verbindung mit Partikeln nicht die Zustimmung, sondern im Gegenteil die Ablehnung ausdrücken, wie die Wortverbindung *да ладно* im folgenden Beispiel:

(55)   – Ты всё время, Таня, что-то плохое обо мне думаешь!
       – Да ладно, не думаю я ничего!

Zur Behördensprache können folgende Äußerungen gezählt werden: *das ist selbstredend; mich überzeugt Ihre Meinung; hiermit erkläre ich meine Bereitschaft* etc. bzw. *какие могут быть сомнения; я убеждён в вашей правоте; настоящим сообщаю о своём согласии* etc.:

(56)   „Das, was man aus dem Justizbereich hört, deutet sicher deutlich darauf hin, dass da mehr Stellen geschaffen werden müssen."
       „Ich finde, das ist selbstredend."
(57)   Если правила страховщика построены по первой конструкции, то я полностью разделяю позицию суда – выплата должна быть произведена.

4.2.2. Wertende, bestätigende und interrogative Äußerungen

Zu den peripheren Formen der ZUSTIMMUNG werden zahlreiche Äußerungen gezählt, die einen beliebigen lexikalischen Bestand haben können, dabei aber keine Wiederholungen der Bestandteile des vorausgegangenen Sprechaktes enthalten. Darunter finden sich wertende, bestätigende und interrogative Äußerungen.

Zu den wertenden Äußerungen, die zum Ausdruck einer ZUSTIMMUNG dienen, gehören z. B. *das ist nicht schlecht/gut; das wäre praktisch; eine gute Idee* bzw. *это было бы хорошо/неплохо; это целесообразно; хорошая идея* etc.; zu den bestätigenden Äußerungen, z. B. *ich würde das unterstützen; ich bin dafür* bzw. *я вполне поддерживаю; я – за* etc., zu den interrogativen Äußerungen: *warum auch nicht?* bzw. *почему бы и нет?*

(58)   „Allen Vorschlägen gemeinsam ist die Annahme, dass der Ausschluss von Kindern und Jugendlichen von der Wahl eine ausreichende Berücksichtigung ihrer Interessen und Ideen in der Politik verhindert."
       „Ja, ich bin dafür, dass auch Jugendliche wählen und zwar auf allen Ebenen!"
(59)   – Мой зам просит меня квартиру продать.
       – Я думаю: почему бы и нет?

4.2.3. Äußerungen der unsicheren Zustimmung

Zur Peripherie werden auch Äußerungen gezählt, mit deren Hilfe der Sprecher zwar seine Zustimmung gibt, dabei aber auch zeigt, dass diese Entscheidung ihm schwerfällt oder dass er nicht sicher ist, ob sie richtig ist: *von mir aus; das muss ich wohl* bzw. *так и быть; придётся* etc.

(60) „Du musst mir glauben, sagte ich. Sie wandte den Blick ab."
„Ja, sagte sie, das muss ich wohl."
(61) – Кто из нас врач? Не спорьте!
– Ну, так и быть, осматривайте.

5. Reaktionen auf eine ZUSTIMMUNG

Da ZUSTIMMUNG selbst ein reaktiver Sprechakt ist, schließt sie gewöhnlich eine Sprechaktsequenz ab. Weitere Reaktionen kommen selten vor. Wenn eine Reaktion folgt, so können folgende Arten unterschieden werden:

- Freude über die Zustimmung des Gesprächspartners:
    (62) Ich freue mich über Ihre Zustimmung an dieser Stelle. Sie haben ja eben deutlich genickt, Frau Erdsiek-Ravel.
    (63) Я очень рад, что вы согласились нам помочь, – чему-то посмеиваясь, сказал Фонарин.

- Schilderung der Perspektiven
    (64) Ich hoffe, Ihre Zustimmung realisiert sich nachher auch in konkreter Arbeit.
    (65) Максим, ты не пожалеешь о своём согласии. Мы прекрасно поработаем вместе.

- Dankesbezeigung
    (66) Liebe Kolleginnen und Kollegen, vielen Dank, dass Sie zugestimmt haben, vor der endgültigen Gesetzesverabschiedung eine Expertenanhörung durchzuführen.
    (67) Прежде всего, хочу Вас поблагодарить за то, что Вы согласились приехать на мероприятие, связанное с пуском новой электростанции.

X. Ablehnung

1. Definition des Sprachhandlungsmusters
1.1. Die ABLEHNUNG als reaktives Sprachhandlungsmuster

Unter ABLEHNUNG wird allgemein eine negative Reaktion auf einen Aufforderungsakt des Gesprächspartners (z. B. VORSCHLAG, BITTE, EINLADUNG) verstanden (vgl. Wagner 2001: 169; Nixdorf 2002: 37–38; Simonova 2011: 7; Bhatti/Žegarac 2012: 285):

(1) „Ich kann aber den Wagen lenken!", rief der kleine Pierrot und kam angerannt.
„Nein, das kommt nicht in Frage", wies ihn Alix zurecht.

(2) – Так Вы зачислите меня на факультет?
– А вот с этим не так просто. К сожалению, я ничего не могу для Вас сделать.

Die ABLEHNUNG wird gemeinhin als Gegenreaktion in Bezug auf das Sprachhandlungsmuster ZUSTIMMUNG betrachtet. In dieser Hinsicht können bei der ZUSTIMMUNG drei Subtypen unterschieden werden, und zwar: BESTÄTIGENDE, AKZEPTIERENDE und SANKTIONIERENDE ZUSTIMMUNG (s. Kap. IX. ZUSTIMMUNG). Der Subtyp BESTÄTIGENDE ZUSTIMMUNG hat aber weder im Deutschen noch im Russischen – im Unterschied z. B. zum Englischen (DISAGREE) – ein entgegengesetztes Sprachhandlungsmuster, das explizit performativ ausgedrückt werden kann. Bei der Realisierung der entgegengesetzten Illokution werden in diesem Fall vorwiegend verneinende Formen der entsprechenden expliziten und impliziten Performativa, die eine Zustimmung realisieren, verwendet: *nicht zustimmen; nicht einverstanden sein*, bzw. *не соглашаться; быть несогласным* usw. Derartige Ausdrucksformen können aber nicht dem Sprachhandlungsmuster ABLEHNUNG zugeordnet werden, sondern man muss in diesem Fall von einem separaten Sprachhandlungsmuster NICHTZUSTIMMUNG bzw. несогласие sprechen (vgl. Borger 2004: 10). Somit können bei der ABLEHNUNG also nur zwei Subtypen unterschieden werden, die hier als ZURÜCKWEISENDE und AUSSCHLAGENDE ABLEHNUNG bezeichnet werden.

1.1.1. Zurückweisende ABLEHNUNG

Der erste Subtyp bezieht sich auf eine zukünftige Handlung des Hörers, zu der ihn der Sprecher bewegen will. Der Hörer gibt bekannt, dass er die vom Sprecher angekündigte Handlung nicht ausführen wird. Er kann dabei Gründe angeben, die ihn daran hindern, das zu machen; das ist aber nicht obligatorisch.

(3) Martin Klöti fragt die Rentnerin, ob sie denn auch noch wählen gehe.
„Nein, das mache ich doch nicht mehr", schmunzelt sie.

(4) – Вы будете вкладывать средства в отрасль сельского хозяйства?
– Нет, не буду. Вкладывать деньги в какую-то отрасль – это всё равно, что просто закопать их в землю.

Dabei können nur nichtbindende Aufforderungen, die eine Alternative erlauben (wie z. B. BITTE oder VORSCHLAG), d. h. auf die der Hörer sowohl positiv als auch negativ reagieren kann, abgelehnt werden (s. Wagner 2001: 169). Bindende Aufforderungen (wie z. B. BEFEHL oder ERPRESSUNG), bei denen normalerweise keine negativen Reaktionen vorkommen dürfen, werden im Falle der Nichtbefolgung nicht abgelehnt, sondern die Ausführung der vorgeschriebenen Handlung wird verweigert.

1.1.2. Ausschlagende ABLEHNUNG

Der zweite Subtyp bezieht sich auf eine zukünftige Handlung des Sprechers. In diesem Fall gibt der Hörer dem Gesprächspartner zu verstehen, dass er zu dessen Absicht eine negative Haltung hat und dass die von dem Sprecher geplante Tätigkeit für ihn unerwünscht ist.

(5) Der Instruktionsrichter hat die Ansicht geäußert, die Kinder sollten nach der Scheidung meinem Mann zugeteilt werden. Ich bin dagegen, einerseits weil ich meine Kinder liebe, anderseits weil ich sonst überall abgestempelt bin als schlechte Mutter.

(6) – Я хотел бы в Лондоне встретиться с твоей сестрой.
– Нет, я не одобряю это. Не надо.

1.2. Beschreibung des illokutionären Gehalts mithilfe von semantischen Primitiva

Im Englischen gibt es drei Sprachhandlungsverben, die das deutsche Muster ABLEHNUNG umfasst: REFUSE, DECLINE und REJECT. Ihre Illokutionen formuliert A. Wierzbicka mithilfe der semantischen Primitiva auf folgende Weise:[14]

> *Refuse*:
> I know that you want me to do X (because you said so)
> I think you assume that I will do it
> I say: I don't want to do it and I will not do it
> I assume that I don't have to do it if I don't want to do it) (Wierzbicka 1987: 94)

---

14 Die Formulierungen von Wierzbicka werden in einer verkürzten Form angegeben.

Wie aus der Definition zu ersehen ist, gehört das englische Verb *refuse* (≈ *zurückweisen*) in den Bereich der ZURÜCKWEISENDEN ABLEHNUNG, weil der Hörer die Aufforderung des Sprechers zurückweist, eine bestimmte Tätigkeit (X) auszuführen.

> *Decline*:
> I know that you would want me to do X if I wanted to (because you said so)
> I know that you don't assume that I will do it
> I assume that you want me to say if I will do it
> I say: I will not do it (Wierzbicka 1987: 95)

Das Verb *decline* (~ *ablehnen*) gehört auch zu dem zurückweisenden Subtyp der ABLEHNUNG, stellt aber eine mildere, höflichere Variante der Absage dar. Auch die Aufforderung seitens des Sprechers ist nicht so inständig wie im Falle von *refuse*. Im Falle von *decline* sagt der Hörer zwar, dass er die erwünschte Handlung nicht ausführen wird, aber er sagt nicht, dass er das nicht machen will. Das Deutsche besitzt kein separates Verb, das diese Bedeutungsnuance ausdrücken könnte.

> *Reject*:
> I know that some people want X to happen
> I assume that X can be thought of as something that happens to me
> I assume they would understand that they can't cause it to happen if I say that I don't want it to happen
> I say: I don't want it to happen (Wierzbicka 1987: 97)

Die Definition des Verbs *reject* (~ *ausschlagen*) enthält keinen Hinweis darauf, dass die erwünschte Handlung vom Hörer ausgeführt werden muss. In dieser Hinsicht kann es beiden Subtypen zugeschrieben werden, seine Besonderheit besteht dabei darin, dass in diesem Fall nicht die Position des Adressaten, sondern ein Sachverhalt abgelehnt wird.

M. Ja. Glovinskaja gibt eine sehr weite Definition für das russische Verb *отказываться*. Zum ersten meint sie, dass nicht nur der Sprecher, sondern auch andere Personen daran interessiert sein können, dass die erwünschte Aktion stattfindet: „Сам X или какое-то другое лицо хотело, чтобы было P" (Glovinskaja 1993: 179). Dadurch werden auch Fälle erfasst, wenn der Sprecher in jemandes Auftrag handelt, z. B.

(7) Я вынужден отказаться от заключения договора с Вашим предприятием.

Zum zweiten spricht Glovinskaja nicht von der Handlung des Hörers, sondern von seiner Rolle in der Situation P: „P не может быть, если X не выполняет свою роль в ситуации P" (ibid.). Auf diese Weise will sie auch Fälle mit berücksichtigen, wenn es nicht um eine Aktion, sondern um ein Objekt bzw. Phänomen geht:

(8) Мы договорились, что жена будет выплачивать ипотеку, а я, в свою очередь, отказываюсь от своей доли в квартире.

Die Semantik des russischen Verbs *отказываться* ist in dieser Hinsicht weiter als die Semantik des Verbs *ablehnen*, weil im Deutschen in diesen Kontexten andere Verben, und zwar *verzichten, zurücktreten, verweigern* u ä. gebraucht werden müssen, die naturgemäß dann anderen Sprachhandlungsmustern zuzuordnen sind.

Für die oben erwähnten beiden Subtypen des Sprachhandlungsmusters ABLEHNUNG können folgende Definitionen mithilfe der semantischen Primitiva formuliert werden:

ZURÜCKWEISENDE ABLEHNUNG:

(a) Ich weiß, dass du willst, dass ich X mache (weil du das gesagt hast)
(b) Ich gehe davon aus, dass du nicht weißt, ob ich das mache
(c) Ich gehe davon aus, dass du willst, dass ich sage, ob ich das mache
(d) Ich sage: ich mache das nicht.

AUSSCHLAGENDE ABLEHNUNG:

(a) Ich weiß, dass manche Leute X machen wollen
(b) Ich gehe davon aus, dass du nicht weißt, ob ich das für gut halte
(c) Ich gehe davon aus, dass du willst, dass ich sage, ob ich das für gut halte
(d) Ich sage: ich halte das für nicht gut.

Wie auch bei der ZUSTIMMUNG haben die Ausdrucksmittel der beiden Subtypen der ABLEHNUNG viel Gemeinsames, deshalb wird im Folgenden das Sprachhandlungsmuster als ein einheitliches Phänomen analysiert, auf eventuelle Unterschiede wird gesondert hingewiesen.

2. Struktur des Sprachhandlungsmusters

Im Unterschied zu der ZUSTIMMUNG, die in gesichtsbeschützenden Sprechakten realisiert wird, ist die ABLEHNUNG als eine gesichtsbedrohende Sprachhandlung zu charakterisieren (vgl. Salazar Campillo/Safont-Jordà/Codina-Espurz 2009: 140; Eslami 2010: 2017; Bhatti/Žegarac 2012: 285). Das beeinflusst maßgebend die Struktur des Sprachhandlungsmusters. Während die ZUSTIMMUNG sehr häufig mithilfe von kurzen eingliedrigen Äußerungen realisiert wird, ist der Ausdruck der ABLEHNUNG in der Regel komplex, verbunden mit Einleitungen, Erläuterungen oder Rechtfertigungen.

Verallgemeinernd können folgende Hauptmodelle bei der Realisierung der ABLEHNUNG festgestellt werden:

a) Explizit performative Äußerungen, in der Regel mit einer Modalisierung (debitive Bedeutung) und in Begleitung von Ausdrücken des Bedauerns: *es tut mir leid, aber ich muss Ihnen absagen* bzw. *к сожалению, я вынужден Вам отказать*.
b) Implizit performative Äußerungen, oft mit einer Modalisierung (potentielle Bedeutung) und in Begleitung einer Verneinung: *ich kann Ihrer Bitte nicht nachkommen; ich mache das nicht* bzw. *я не могу выполнить Вашу просьбу; я не буду это делать*.
c) Eingliedrige und elliptische Äußerungen, die vor allem durch die Standardpartikel *nein* bzw. *нет*, aber auch mithilfe von anderen Ausdrücken mit verneinender Bedeutung realisiert werden: *keinesfalls; keineswegs; ausgeschlossen; niemals; nie (und nimmer)* bzw. *ни в коем случае; ни за что; исключено; никогда; ни под каким видом* etc.

2.1. Explizit performative Äußerungen

Explizit performative Äußerungen beinhalten ein performatives Verb als Handlungskonstituente: *ablehnen, absagen* oder *abschlagen* bzw. *ausschlagen* im Deutschen und *отказывать(ся)/отказать(ся)* oder *отклонять/отклонить* im Russischen. Die performativen Verben verbinden sich regelmäßig mit Modalverben oder Modalausdrücken, die dem Hörer zeigen, dass der Sprecher unter dem Einfluss von bestimmten Faktoren oder Umständen gezwungen ist, eine abschlägige Antwort zu geben:

(9) Oh Gott, nein, ich kann keine weiteren Aufträge übernehmen. Ich kann nicht mehr, ich sitze schon den ganzen Tag auf der Buchmesse. Nein, tut mir leid, muss ich absagen.
(10) Очень жаль, но я вынужден отказаться, – быстро говорит рыцарь.

Bei der ABLEHNUNG hat die Handlungskonstituente vorwiegend einen verbalen Charakter, nominale Varianten mit den Substantiven *Ablehnung, Absage* bzw. *отказ* kommen in der mündlichen Kommunikation seltener vor und sind stilistisch als offiziell markiert:

(11) Wir haben deinen Vorschlag gerade ausführlich diskutiert und müssen dir leider mit einer Absage antworten.
(12) К сожалению, мы должны ответить отказом на предложение создания академии „Гуанчжоу Эвергранд" в Мадриде.

Die Sprecherkonstituente wird, wie es auch bei anderen Sprachhandlungsmustern beobachtet werden kann, mithilfe der Personalpronomen *ich/wir* bzw. *я/мы*, im Russischen auch mithilfe der Personalendungen des performativen Verbs ausgedrückt.

Die grammatischen Kennzeichnungen der weiteren Konstituenten hängen von dem Subtyp des Sprachhandlungsmusters ABLEHNUNG und vom entsprechenden performativen Verb ab.

Bei der ZURÜCKWEISENDEN ABLEHNUNG werden alle oben erwähnten performativen Verben verwendet. Im Deutschen wird die Anlasskonstituente bei den Verben *ablehnen, abschlagen* am häufigsten durch ein Substantiv im Akkusativ ausgedrückt wird. Die Adressatenkonstituente wird in der Regel nicht realisiert, oder deren Realisierung ist in die Anlasskonstituente in Form des entsprechenden Possessivpronomens eingebettet:

(13) Vorschläge wie die der Opposition, eine Quasi-Bezirksregierung wieder aufzubauen, lehne ich ab. Da können vielleicht verdiente Personen untergebracht werden, aber die Region hat nichts davon.

(14) Diese Bitte muss ich abschlagen. Zu groß waren unsere Verluste, zu eng ist damit das Schicksal deines Kameraden verbunden.

Mögliche Formen der Realisierung der Anlasskonstituente beim Verb *ablehnen* sind auch Infinitivkonstruktionen:

(15) „Ich lehne es ab, den Namen zu tragen und den Kopf eines Mannes zu präsentieren, der Propaganda für die Nazis gemacht hat", sagte Appelbaum in einer Rede, die er am Freitagabend im Theater der Welt in Mannheim hielt.

Bei dem Verb *absagen* kann die Adressatenkonstituente im Dativ stehen. In diesem Fall fehlt oft die Anlasskonstituente.

(16) Obwohl wir dem Bewerber absagen müssen, loben wir seine Qualifikationen und wünschen ihm viel Erfolg bei der Job-Suche.

Im Russischen wird das Verb *отклонять/отклонить* ebenso wie im Deutschen vorwiegend mit Substantiven im Akkusativ in der Rolle der Anlasskonstituente gebraucht:

(17) Благодарю вас, госпожа, но я вынужден отклонить ваше предложение. Если вдруг на меня нападут, я не хочу, чтобы мои враги знали о вашей причастности к этому делу.

Beim Verb *отказывать/отказать* steht das Substantiv im Präpositiv in Verbindung mit der Präposition *в*, die Adressatenkonstituente steht dabei im Dativ:

(18) Если теперь я разговариваю с Вами и выставляю аргументы, то это потому, что мне приходится отказывать Вам в Вашей просьбе.

Manche Substantive wie *предложение, приглашение, план* usw. lassen den Gebrauch im Rahmen der präpositionalen Gruppe kaum oder gar nicht zu: **я отказываю Вам в Вашем приглашении* ist ungrammatisch.

Bei der reflexiven Variante des Performativs *отказываться/отказаться* wird der Gegenstand der Ablehnung mithilfe einer präpositionalen Konstruktion mit der Präposition *от* + Gen. oder mithilfe einer Infinitivkonstruktion ausgedrückt:

(19) Мама обижается, что я отказываюсь от её услуг, конечно, ей спокойнее дать последние напутствия дочке у вагона, а не за час до отъезда, но я ничего с собой поделать не могу.
(20) Я отказываюсь признать свои ошибки, потому что их не было.

Die AUSSCHLAGENDE ABLEHNUNG wird sowohl im Deutschen als auch im Russischen in der Regel implizit performativ realisiert, explizite Formen kommen selten vor. Beim expliziten Ausdruck wird das Verb *untersagen* im Deutschen und *отказывать* bzw. *запрещать* im Russischen verwendet:

(21) Die religiösen Stimmen behaupten: „Wir haben die Antwort. Wir untersagen euch, Abtreibungen vorzunehmen. Wir sagen Ja zum Schulgebet. Wir sagen Nein zu Scheidungen."
(22) Нет, не настаивай. Я отказываю тебе в возможности посещать ребёнка по воскресеньям.

Wie aus den Beispielen zu ersehen ist, überschneidet sich dieser Subtyp der ABLEHNUNG mit dem Sprachhandlungsmuster VERBOT. Es ist dabei zu beachten, dass die ABLEHNUNG immer ein reaktiver Sprechakt ist, während das VERBOT sowohl reaktiv als auch initiativ sein kann.

2.2. Implizit performative Äußerungen

Dieses Modell wird in beiden Sprachen vor allem durch die Verneinung des Verbs, das die erwünschte Handlung bezeichnet, realisiert:

(23) Dann, als der Abend kam, riefst du mich an, du wärst heute Nacht alleine, und ob ich käme? Nein, ich komme nicht.
(24) Я Лену спросила: „Ты идёшь со мной на эту премьеру или нет?", а она говорит: „Нет, я не иду."

Oft werden derartige implizit performative Äußerungen mit verneinender Gesprächspartikel *nein* bzw. *нет* eingeleitet, was auch die oben angeführten Beispiele belegen.

Falls im Russischen in der Aufforderung die erwünschte Handlung mit dem Hilfsverb *быть* gebildet wird, so wird dieses in der Antwort auch verneint, nicht das Vollverb wie im Deutschen, vgl. das Beispiel (25) und die deutsche Übersetzung in (25a):

(25)   – Ну что, ты будешь суп холодный есть?
       – Нет, не буду.
(25a) „Na, was ist? Wirst du die kalte Suppe essen?"
       „Nein, ich esse sie nicht."

Im Deutschen wird oft statt eines handlungsbezeichnenden Verbs das Verb *machen* verneint. Im Russischen dagegen wird das wörtliche Äquivalent *делать* selten verwendet, in diesem Fall kann dann das Verb *быть* in negierter Form die Ablehnung ausdrücken, vgl. das Beispiel (27) und die deutsche Übersetzung in (27a):

(26)   Du kannst doch hier bleiben. Bitte, lass mich fliegen.
       Katharina war entsetzt: „Nein, das mache ich nicht."
(27)   – Погадайте мне, – дерзко сказал я.
       – Нет, не буду.
(27a) „Können Sie mir mal wahrsagen?" sagte ich dreist.
       „Nein, das mache ich nicht."

Das handlungsbezeichnende Verb kann von dem Modalverb *können* (seltener *dürfen*) bzw. *мочь* begleitet werden, das verneint wird:

(28)   „Kannst Du bitte heute die Kinder vom Fechten abholen?"
       „Nein, ich kann nicht, ich bin heute alleine in der Praxis."
(29)   – Ты можешь меня утешить, – негромко произнёс он. Помолчал. Через минуту договорил: – Собственно, только ты и можешь это сделать.
       – Нет, не могу, – покачала она головой.

Das Modalverb in negierter Form kann auch ganz allgemein die Ablehnung ausdrücken:

(30)   Seine Hand streicht sanft über meine Wange. „Bitte bleib!"
       „Nein!", höre ich mich sagen. „Nein, ich kann nicht."
(31)   – Зовите Тишей, как и все зовут.
       – Нет, не могу. Мы не так давно знакомы.

In beiden Sprachen gibt es auch stehende Wendungen, die darauf spezialisiert sind, eine ABLEHNUNG auszudrücken, z. B. *auf keinen Fall; das kommt nicht in Frage; unter keiner Bedingung; in keiner Weise; nicht im Entferntesten/Geringsten; nicht um alles in der Welt; nie und nimmer; um keinen Preis* bzw. *ни в коем случае; об этом не может быть и речи; ни под каким видом; ни за что (на свете); с какой стати; с какой радости* usw.:

(32) „Ich möchte, dass Sie einen Termin bei Professor Bauchau für mich arrangieren."
„Wie bitte? O nein, das kommt gar nicht in Frage. Der Daily Mirror hat kein Interesse an einem Interview mit diesem Mann."

(33) – Идите, я вас подожду. У меня есть твёрдое намерение проводить вас до дому.
– Нет, нет, ни под каким видом. Это невозможно. Я здесь до ночи останусь.

2.3. Eingliedrige Äußerungen

Zu den eingliedrigen Äußerungen gehören Äußerungswörter mit verneinender Bedeutung wie *nein, keinesfalls, keineswegs, ausgeschlossen* bzw. *нет, никогда, исключено* usw., sowie auch elliptische Äußerungen, zu denen auch viele der unter Punkt 2.2. erwähnten stehenden Wendungen gezählt werden können. Nicht selten werden diese Ausdrucksmöglichkeiten miteinander kombiniert. Wie bereits erwähnt, werden eingliedrige Äußerungen, die eine ABLEHNUNG ausdrücken, in der Regel erweitert, indem die Ablehnung erläutert oder begründet wird:

(34) „Beabsichtigen Sie sich nun auch in dieser nordamerikanischen Rennsportserie zu engagieren?"
„Nein, keinesfalls. Mir geht es alleine darum, Simona über die Runden zu helfen."

(35) – Я смогу вас сфотографировать для этого интервью?
– Нет, ни в коем случае, исключено. Извините, но вы поймёте из моего рассказа, почему так.

3. Kommunikativ-pragmatische Faktoren

Eine ABLEHNUNG auszusprechen kann in vielen Situationen schwierig sein – das ist mit der gesichtsbedrohenden Natur dieses Sprachhandlungsmusters verbunden. Der Begriff des Gesichts sowie auch die Strategien der Gesichtswahrung sind dabei aber kulturspezifisch. "What is considered appropriate refusal behaviour may vary across cultures…" (Eslami 2010: 218) – dieser Feststellung kann man nicht widersprechen. Der wichtigste Unterschied besteht darin, ob die Höflichkeitsnormen der entsprechenden Kultur es erlauben, eine Ablehnung direkt zum Ausdruck zu bringen oder eher nicht. Allgemein bekannt ist die Besonderheit der japanischen Kultur, in der die Ablehnung nie direkt ausgedrückt werden darf: "They never say no, never refute entirely another's argument and never break off negotiations as long as harmony prevails" (Lewis 2006: 514). M. Robinson (1992) berichtet, dass japanische Frauen in einem fremden Milieu große Schwierigkeiten haben, auf eine Bitte oder auf eine Einladung mit einer Absage zu antworten, denn sie können es nicht übers Herz bringen, einfach *nein* zu sagen.

Dementsprechend können alle Kulturen in „stark involvierte" (high involvement cultures) und „schwach involvierte" (low involvement cultures) eingeteilt werden (vgl. Tobback 2016; Tannen 1987). Folgende Merkmale kennzeichnen die zwei Kulturtypen:

Stark involvierte Kulturen	Schwach involvierte Kulturen
Eigene Meinung wird direkt geäußert	Eigene Meinung wird indirekt geäußert
Meinungsverschiedenheit zerstört nicht die soziale Harmonie	Ausdruck der Meinungsverschiedenheit wird deutlich vermieden
Unmissverständliche, unverblümte Äußerungen werden in der Regel verwendet	Mildernde und meidende Strategien werden in der Regel verwendet

Zum ersten Typ werden u. a. die deutsche, französische und hebräische Kultur gezählt, zum zweiten Typ – nordeuropäische, angelsächsische, viele asiatische Kulturen (Tobback 2016). Die russische Kultur ist u. E. schwächer involviert als die deutsche, aber viel stärker als z. B. die asiatischen. Das findet unter anderem darin seinen Ausdruck, dass die Russen in der Regel ausführlicher und emotionaler den Grund einer Ablehnung beschreiben als die Deutschen (vgl. Bhatti/Žegarac 2012: 294 in Bezug auf die Polen).

Bekannt ist auch die Tatsache, dass die slawischen Völker (vor allem Russen und Polen) auf das Angebot von Speisen oder Getränken oft aus Höflichkeitsgründen zuerst mit einer direkten oder indirekten Ablehnung reagieren, es wird aber dabei erwartet, dass das Angebot wiederholt wird (vgl. Yakovleva 2004: 312). Erst danach wird es angenommen. Das ist für die deutsche Kultur nicht typisch:

(36) – Кушайте рыбку! Это малосольная. – Благодарствую, не хочется.
– А вы попробуйте, кладите на тарелку, угощайтесь! – потчевала повеселевшая хозяйка.

Die üblichen kommunikativ-pragmatischen Faktoren wie Alter, soziale Distanz und Grad der Bekanntschaft sind bei der Realisierung des Sprachhandlungsmusters ABLEHNUNG wenig relevant. Wenn es im Deutschen einige wenige Ausdrücke gibt, die für die Jugendsprache kennzeichnend sind, wie *kein Bock; auf keinsten; auf allerkeinsten*, so konnten im Russischen ähnliche Wendungen nicht nachgewiesen werden, vgl. das Beispiel (37) und seine russischen Übersetzung im (37a):

(37) „Komm runter und lass uns im Garten chillen."
„Auf keinsten!" rufe ich. „Das ist mir viel zu heiß."
(37a) – Спускайся, давай в саду потусуемся.
– Ни за что! – кричу я. Слишком жарко.

Bei einer größeren Distanz zwischen den Gesprächspartnern werden Erläuterungen und Rechtfertigungen, die dem Hörer den Grund der Ablehnung bekannt geben müssen, allerdings häufiger verwendet:

(38) Die Idee an und für sich ist gut, aber die Zeit hierfür ist noch nicht gekommen. Wir werden die Entwicklung sorgsam beobachten und dann mutig entscheiden. Bis dahin müssen Sie sich noch gedulden. Für heute müssen wir leider ablehnen.

(39) Как мне ни неприятно, но на Вашу просьбу я должен ответить отказом, так как вести 8 часов лекций в неделю мне теперь не под силу – я тоже прихожу в инвалидность (горло не в порядке: пропадает голос).

4. Ausdrucksformen des kommunikativ-pragmatischen Feldes

4.1. Zentrale Realisierungsformen

Zu den zentralen Realisierungsformen können drei Gruppen von Äußerungen gezählt werden.

4.1.1. Eingliedrige Äußerungen

Am häufigsten wird die Gesprächspartikel *nein* bzw. *нет* verwendet, die aber – insbesondere im Deutschen – fast immer in Verbindung mit einer Dankesformel erscheint, sodass eine zusammenhängende Floskel *nein, danke* bzw. *нет, спасибо* entsteht (vgl. Nixdorf 2002: 124; Reukova 2005: 129). Als Varianten können Kombinationen wie *danke, nicht nötig; danke, das geht schon* bzw. *спасибо, не надо; благодарю Вас, не хочется* etc. gebraucht werden:

(40) „Wie wär's mit etwas Rezentem aus dem Bündnerland?", fragt die überaus nette Verkäuferin. „Nein danke, kein Bedarf!", entgegnet Studli barsch.

(41) – Слушай, любитель романов, хочешь чаю?
– Нет, благодарю, я домой пойду.

Ohne Dankesformel erscheint die verneinende Partikel nur in stark emotional gefärbten Äußerungen oder in äußerst kategorischen Ablehnungen. In diesem Fall kann die Partikel *nein* bzw. *нет* durch andere verneinende Mittel verstärkt oder ersetzt werden, z. B. *nein, unter keinen Umständen; nie und nimmer* bzw. *нет, никогда; нет, ни за что на свете* etc.:

(42) „Ich habe den Verleger angerufen, ob man sich bei Gelegenheit vielleicht bei einem Kaffee…"
„Nein, unter keinen Umständen! Herr Professor, der Mann steht auf der Leitung."

(43) – Что ты, с ума сошла? – возразил отец, – давно ли ты стала так застенчива, или ты к ним питаешь наследственную ненависть, как романическая героиня? Полно, не дурачься…
– Нет, папа, ни за что на свете, ни за какие сокровища не явлюсь я перед Берестовыми.

Neben den Dankesformeln kann die verneinende Gesprächspartikel mit einer Entschuldigung, Rechtfertigung, dem Ausdruck des Bedauerns oder des Versprechens etc. verbunden werden.

4.1.2. Negierte Äußerungen mit Modalverben

Da die ABLEHNUNG ein stark gesichtsbedrohendes Sprachhandlungsmuster ist, werden, wie bereits erwähnt, bei seiner Realisierung Diskursstrategien verwendet, die diese Bedrohung mildern sollten. Oft wird eine Ablehnung damit begründet, dass es dem Hörer nicht möglich ist, das Erwünschte zu erfüllen. Am häufigsten werden in diesem Fall negierte Äußerungen mit den Modalverben *können* (seltener *dürfen*) bzw. *мочь* in finiten Formen gebraucht. Diese Realisierungsmöglichkeit kommt aber nur bei der ZURÜCKWEISENDEN ABLEHNUNG in Frage:

(44) „Ein Tänzchen in Ehren kann niemand verwehren."
„Ich hab' gesagt, nein, ich kann nicht tanzen."
(45) – Ты сможешь выделить дополнительные деньги на содержание первого канала?
– Нет, не могу. Денег нет.

Seltener kann auch im Deutschen das negierte Hilfsverb *dürfen* gebraucht werden, wenn der Hörer auf ein fremdes Verbot hinweisen will, das es ihm unmöglich macht, eine positive Antwort zu geben:

(46) „Vielen Dank noch mal für das wunderschöne Geschenk! Nur leider darf ich es nicht annehmen …"

Die Verben *wollen/mögen* bzw. *хотеть* kommen in negierten Äußerungen seltener vor, weil sie auf den subjektiven Charakter der ABLEHNUNG hinweisen, was nicht immer als ausreichender Grund für eine negative Antwort gelten kann:

(47) „Nein, ich will keinen dieser elenden Geldstinker!", zwängelt Prinzessin Olivia und setzt sich trotzig auf den großen Holz-Thron.
(48) – В футбол будешь? – спрашивает Быра.
– Нет, не хочу. Мы вчера уже играли, и он всё время мухлевал.

Unpersönliche Ausdrücke wie *nicht nötig* bzw. *не надо; нельзя* sind für den Subtyp AUSSCHLAGENDE ABLEHNUNG kennzeichnend:

(49) „Ich meine nur, falls ich Ihnen helfen kann, stehe ich Ihnen natürlich zur Verfügung."
„Nein danke, nicht nötig", wehrte Hendrik ab und wies ihn hinaus.
(50) - Отдохни, поспи, не ходи сегодня никуда, - сказала Людмила Николаевна, - я тебе постелю.
Женя, полузакрыв глаза, покачала головой. - Нет-нет, не надо...

4.1.3. Explizit performative Äußerungen

Das Verb *ablehnen* stellt die unmarkierte Form dar und wird daher sowohl in der privaten als auch in der öffentlichen Kommunikation gebraucht. Auch das Verb *absagen* ist stilistisch neutral, es bezieht sich aber überwiegend auf Terminabsprachen (vgl. Wagner 2001: 169–170). Diese beiden Verben werden dementsprechend in den performativen Realisierungen des Sprachhandlungsmusters ABLEHNUNG am häufigsten gebraucht:

(51) „Wenn mir im Restaurant oder auf einer Feier jemand was zu trinken anbietet, lehne ich ab und sage: ‚Nein, ich habe ein Alkoholproblem'."
(52) Der US-Schauspieler Wentworth Miller hat eine Einladung zum Russischen Filmfestival in St. Petersburg mit diesen Worten ausgeschlagen: „Ich danke Ihnen für die freundliche Einladung, doch als schwuler Mann muss ich absagen."

Die Verben *abschlagen* und *abweisen* dagegen sind für bestimmte stilistische Bereiche kennzeichnend. Das erste Verb kommt ausschließlich in privater Kommunikation vor und das zweite wird vor allem im offiziellen Raum, genauer im juristischen Bereich, gebraucht:

(53) Juromaru hält mir die Hand entgegen, doch schlage ich ab und versuche selbst aufzustehen. Es gelingt mir auch und ich nehme ihm den Kimono ab.
(54) Die Klageforderung ist vollständig unberechtigt, die Klage muss daher abgewiesen werden.

Die beiden russischen performativen Verben *отказывать(ся)/отказать(ся)* und *отклонять/отклонить* haben keine stilistischen Besonderheiten, es ist nur zu erwähnen, dass das zweite Verb immer ein Objekt verlangt:

(55) Мне очень грустно, что я должен отказать тебе, моя милая, - ласковым, печальным голосом сказал Матвей Ильич, - но это дело уже решённое: ты поедешь в Опухтино.
(56) За вами не может быть признано право требовать за такое осуждение удовлетворения путём поединка. Поэтому помимо других соображений, я отклоняю ваш вызов.

Als stilistisch gehoben gilt das Verb *отвергать/отвергнуть*, das sowohl in poetischen und prosaischen Werken als auch in der offiziellen Kommunikation anzutreffen ist. Ebenso wie *отклонять/отклонить* verlangt auch dieses Verb ein direktes Objekt:

(57) Нет, Леонор, никак не можешь ты отрицать: вина – моя;
Её отвергнуть и желанья отвергнуть должен буду я.

(58) Раз так, я отвергаю ваше предложение, – сказал Жуков. – Войска доверены мне, и командую ими здесь я.

4.2. Periphere Realisierungsformen

4.2.1. Implizit performative Äußerungen ohne Modalisierung

Zu den implizit performativen Formen der ABLEHNUNG werden Äußerungen gezählt, die einen beliebigen lexikalischen Bestand haben können, dabei aber die Illokution der ABLEHNUNG eindeutig wiedergeben. Dazu gehören negierte Äußerungen, in denen das Prädikat verneint wird, z. B. *ich gehe nicht hin; ich werde nicht nach ... fahren; ich mache das nicht* bzw. *я не пойду; я не еду в ...; не буду (писать)* (typisch für ZURÜCKWEISENDE ABLEHNUNG); assertive Äußerungen wie *ich bin dagegen; ich widerspreche* bzw. *я против; я возражаю* (typisch für AUSSCHLAGENDE ABLEHNUNG) und stehende Wendungen (s. 2.2.), die meisten davon können beide Subtypen der Ablehnung realisieren:

(59) Tauben schlachten? Nein, das mache ich nicht. Sie sind Hobby, keine Nutztiere.

(60) Генерал протягивает Кириллову табакерку. – Угощайтесь! – Не привык, – качает головой Кириллов. – Ну, ради любопытства. Тут все нежные ароматы земли!

(61) „Hier könnte ein Naturschutzgebiet entstehen", sagt der Pensionär.
„Aber ich bin dagegen. Denn dann kann man hier nicht mehr mit Schulklassen hinkommen.

(62) Врач поднял брови и заявил решительно: – Но как медик я возражаю, чтобы вы его сейчас допрашивали. Это может окончательно нарушить его психику.

4.2.2. Stilistisch markierte Äußerungen

Sowohl im Deutschen als auch im Russischen gibt es Ablehnungsformeln, die vorwiegend umgangssprachlich verwendet werden. Dazu gehören z. B. *nö, nein-verstanden; nicht die Spur* bzw. *не-а; фигушки; нифига* (grob); *ни капли* etc.:

(63) „Sie könnten mich heute Abend begleiten. Aber dazu haben Sie ja keine Lust."
„Nein, nicht die Spur."

(64) – Наливайте себе ещё, миссис Маккуль.
– Ну уж нет, фигушки! Не дождётесь!

Zur Behördensprache können folgende Äußerungen gezählt werden: *wir können derzeit Ihren Vorschlag nicht akzeptieren; die Entscheidung ist nicht zu Ihren Gunsten gefallen; wir haben eine negative Entscheidung getroffen* etc. bzw. *мы не можем в данный момент принять Ваше предложение; решение принято не в Вашу пользу; принято негативное решение* etc.

(65) Leider können wir Ihren Vorschlag nicht annehmen, da wir uns in dieser Zeit am Bundesstart des Filmes „Minions" beteiligen.

(66) К сожалению, в данный момент позитивное решение принято нами в пользу другого кандидата, чей профессиональный опыт более соответствует объёму и сложности решаемых в данной должности задач.

4.2.3. Interrogative Äußerungen

Mithilfe einer Frage kann der Hörer seine Verwunderung oder Empörung über das Angebot bzw. die Bitte des Sprechers zum Ausdruck bringen. Somit gibt er auch dem Gesprächspartner zu verstehen, dass er seiner Aufforderung nicht folgen will. In der Regel wird die Ablehnung, die durch eine Frage realisiert ist, in den nächsten Äußerungen begründet oder erläutert:

(67) „Ich denke, wir werden unser Kind nach seinem Großvater benennen!"
„Bist du verrückt? Der Kleine kann doch nicht Opa heißen!"

(68) – Я провожу тебя до дома, внезапно заявила она, когда они вышли из метро на Чистых прудах.
– Зачем? – удивилась Женя. – Меня никто не украдёт. Ещё совсем светло.

Derartige Äußerungen sind im Grunde genommen rhetorische Fragen. In diesem Fall erwartet der Hörer keine Antwort auf seine Frage, deshalb fungiert sie als reine Ablehnung.

4.2.4. Äußerung der ausweichenden Ablehnung

Zur Peripherie gehört auch die Situation, wenn der Hörer seine Ablehnung nicht direkt ausdrücken will, sondern eine ausweichende Antwort gibt. Dabei können folgende Strategien verwendet werden: der Hörer verschiebt die Antwort auf einen späteren Zeitpunkt (*wir sprechen lieber später darüber; jetzt kann ich das nicht entscheiden* bzw. *давай(те) поговорим об этом позже; сейчас я не могу принять решение* etc.); der Hörer teilt mit, dass er keine genaue Antwort geben kann (*ich weiß nicht; ich muss das mir noch überlegen* bzw. *даже не знаю; мне надо подумать* etc.); der Hörer schlägt eine Alternative vor (*vielleicht wäre es besser...; was meinst du, wenn wir lieber ...* bzw. *может быть, лучше ...; как ты думаешь, если бы мы ...* etc.):

(69) „Ob du am Dienstag zur Halloween-Party gehst, muss ich mir noch überlegen," schimpfte seine Mutter, „du warst heute ein echter Quälgeist!"
(70) – Я предлагаю купить „Шкоду". Очень хороший автомобиль, немецкое качество.
– Может быть, лучше присмотреться к „Рено"?

5. Reaktionen auf eine ABLEHNUNG

Obwohl die ABLEHNUNG ein reaktiver Sprechakt ist, wird der Dialog in diesem Fall oft fortgesetzt. Reaktionen auf eine Ablehnung kommen in folgenden Fällen vor:

- der Gesprächspartner widerspricht der Absage (mit oder ohne Begründung):

    (71) „Nein, du bleibst hier, ich geh' allein angeln."
    „Das ist jetzt nicht dein Ernst, Papa? Ich habe davon die ganze Woche geträumt."
    (72) – Вы же знаете, этому никогда не быть.
    – Но мне нужна такая женщина, как ты. Ты не можешь мне отказать.

- der Gesprächspartner schlägt eine Alternative vor:

    (73) „Nein, ich kann leider nicht länger bleiben."
    „Dann können wir vielleicht zusammen nach Berlin fahren?"
    (74) – Нет, такую сумму я дать тебе не могу.
    – Ну, тогда хотя бы 50–60 долларов.

- der Gesprächspartner will die Gründe für die Absage wissen:

    (75) „Lass mich in Ruh! Ich habe keinen Hunger."
    „Ich verstehe es einfach nicht. Warum willst Du jetzt nichts essen? Es ist immer dasselbe."
    (76) – Пусть ещё несколько дней мальчик побудет у меня.
    – Нет.
    – Но почему – нет? – раздражённо спросил он.

- der Gesprächspartner bestätigt, dass er sich mit der Absage abfindet:

    (77) „Das kommt aber nicht in Frage, da ich gerade meinem Freund zuliebe nach Hamburg gezogen bin und der Mietvertrag auch noch ein Jahr läuft."
    „Na gut, wenn nicht, dann nicht, danke jedenfalls."
    (78) – Броня! Мы никуда завтра не поедем. Сейчас за городом так хорошо...
    – Ну нет так нет, – деланно улыбнулась жена.

XI. Wunsch

1. Definition des Sprachhandlungsmusters

Der WUNSCH gehört wie die GRATULATION, der DANK, und der GRUSS zu den Sprachhandlungsmustern, die gegenüber dem Adressaten ein Wohlwollen ausdrücken, vgl.

(1) Ich wünsche Ihnen gute persönliche Eindrücke.
(2) Вот и всё, Люся. Желаю Вам здоровья, счастья, радости.

Es gehört in Deutschland und in Russland zur sprachlichen Etikette, dass zu Geburtstagen oder anderen positiven Anlässen gute Wünsche häufig an eine Gratulation angeschlossen werden, vgl.

(3) Ich gratuliere dir herzlich zum Geburtstag und wünsche dir für das neue Lebensjahr viel Glück und Freude.
(4) Поздравляю Вас с наступающим праздником и желаю Вам радости и счастья.

Religiöse oder staatliche Feiertage wie Weihnachten, Ostern oder Neujahr, die in Deutschland der Anlass für das Austauschen von WÜNSCHEN sind, können in Russland die Motivation von GRATULATIONEN sein, s.

(5) Ich wünsche Ihnen allen, liebe Schwestern und Brüder, ein gesegnetes Osterfest.
(6) Поздравляю Вас с праздником Пасхи! Христос воскресе!

Hier liegt zwar ein identischer motivierender Anlass vor, aber in beiden Ländern ergeben sich daraus unterschiedliche Sprachhandlungsmuster: WUNSCH im Deutschen und GRATULATION im Russischen. Aus diesem Grunde sind beispielsweise wörtliche Übersetzungen vom Russischen ins Deutsche, also etwa eine Äußerung wie *Ich gratuliere herzlich zum neuen Jahr* als Entsprechung von *Сердечно поздравляю с Новым годом* falsch (s. auch Kap. V. GRATULATION).

A. Wierzbicka schlägt für das Verb *wünschen* (~ *wish*) mithilfe von semantischen Primitiva folgende Definition vor:

Wanting you to have luck
knowing that I cannot cause it by saying it
I say: I want you to have luck (Wierzbicka 1972: 143)

Diese Definition macht drei wesentliche Charakteristika des Sprachhandlungsmusters WUNSCH deutlich. Zum einen geht es darum, dass der Sprecher dem Adressaten Wohlergehen, also etwas Positives, wünscht. Dieser Interpretation entspricht auch die Bedeutungsexplikation des Verbs *wünschen* bzw. *желать* in den deutschen und russischen Wörterbüchern: Das adressatengerichtete Wünschen – im Unterschied zum sprechergerichteten (*ich wünsche mir etwas*) – bezieht sich auf etwas Angenehmes für den Adressaten: *Glück, Freude, Erfolg* (vgl. genauer unter Punkt 2). Zum zweiten wird darauf verwiesen, dass der Sprecher diesen Wunsch äußert, obwohl er weiß, dass er durch die Äußerung des Wunsches eigentlich gar nichts bewirken kann. Das dritte Merkmal ist der Zeitbezug. Wenn der Sprecher äußert, dass er für den Adressaten etwas Angenehmes möchte, dann bezieht sich das auf die Zukunft. Darin unterscheidet sich das Sprachhandlungsmuster WUNSCH vom Sprachhandlungsmuster GRATULATION. Gratuliert werden kann auch zu etwas, was sich in der Vergangenheit vollzogen hatte, z. B. eine Gratulation zum Sieg, zum bestandenen Examen, zur Auszeichnung usw.

Neben der Definition Wierzbickas im Sinne: *Ich möchte, dass dir etwas Angenehmes geschehen soll, auch wenn ich das selber nicht bewirken kann* gibt es in der Fachliteratur eine Auffassung, die das Sprachhandlungsmuster WUNSCH aufgrund der Bedeutung des Verbs *wünschen/желать* in dem Sinne weiter fasst, dass etwas Gutes oder etwas Böses gewünscht werden kann:

> X желает Y-у P ≅
> (1) X хочет, чтобы с Y-ом случилось P;
> (2) X говорит словесную формулу, принятую для этого;
> (3) произнесение формулы как бы способствует осуществлению P;
> (4) X говорит это, чтобы Y знал, что чувствует X по отношению к нему.
> В отличие от других исследователей, мы не описываем P как обязательно нечто хорошее. P может быть и плохим, об этом говорят примеры типа *Желаю тебе провалиться на экзамене*, „*Чтоб ты подох*", – злобно пожелал он. (Glovinskaja 1993: 211)

Wie schon erwähnt, hatte Wierzbicka in der Diskussion ihres Definitionsvorschlags für das Sprachhandlungsmuster WUNSCH darauf hingewiesen, dass davon auszugehen ist, dass der Sprecher für die Realisierung des Wunsches nichts tun kann. Dem FLUCH dagegen wird genau wie dem SEGEN diese magische Kraft, dass der bezeichnete Sachverhalt in Erfüllung geht, zugeschrieben:

> The essential difference between blessing and cursing on the one hand, and wishing on the other hand seems to consist in the assumption of the power of one's words in the first case, and their powerlessness in the second. (Wierzbicka 1972: 143)

Dieser Unterschied zwischen dem Wunsch für etwas Gutes einerseits und der magischen Verwünschung, dem Fluch, andererseits wird von Glovinskaja vernachlässigt. Sie geht davon aus, dass beide quasi von einer Realisierungskraft („как бы способствует осуществлению P") getragen werden.

Eine mit Glovinskaja in gewisser Weise vergleichbare, weite Auffassung vom Sprachhandlungsmuster WUNSCH findet sich auch bei D. Komorova. Sie spricht einerseits von etikettenhaften Wünschen – das ist der sog. positive WUNSCH – und andererseits von nicht etikettenhaften Wünschen – das sind die Sprechakte FLUCH und SEGEN (vgl. Komorova 2005: 13–15). Damit unterstreicht Komorova den qualitativen Unterschied zwischen dem Sprachhandlungsmuster WUNSCH, s. die Beispiele (7) und (8), bei denen die Übermittlung von etwas Angenehmem etikettenhaften, ritualisierten Charakter hat, und den beiden Sprachhandlungsmustern FLUCH, vgl. (9) und (10), und SEGEN, vgl. (11) und (12), bei denen der Sprecher von der magischen Kraft seiner gezielten Willensäußerungen, etwas Negatives oder Positives auch bewirken zu können, überzeugt ist.

(7) Ich wünsche dir viel Glück im neuen Lebensjahr.
(8) Желаю тебе здоровья и благополучия.
(9) Du sollst verflucht sein bis in alle Ewigkeit!
(10) Чтобы тебе вовек пусто было!
(11) Ich will dich segnen und deinen Namen nennen, und du sollst ein Segen sein (1. Mose 12, 2b).
(12) Благословляю тебя на новый путь.

In ihrem Wörterbuch der englischen Sprechaktverben bringt Wierzbicka eine präzisierte Definition des Verbs *wish*:

I say: I would want something good (X) to happen to you
I imagine that by saying this at this time I could cause it to happen
I know that I can't cause it to happen
I say this because I want to cause you to know that I feel something good towards you
(Wierzbicka 1987: 227)

Die semantische Präzisierung betrifft zwei Punkte. Zum einen wird festgestellt, dass der Sprecher sich zwar einbildet, dass er durch die Äußerung eines WUN-SCHES gleichzeitig diesen Sachverhalt auch bewirken kann, dass er aber im Grunde genommen weiß, dass er das Geschehen in der Zukunft durch seine Worte nicht beeinflussen kann. Zum anderen wird formuliert, dass der Sprecher möchte, dass der Adressat weiß, dass er, der Sprecher, ihm wohl gesonnen ist. Somit wünscht der Sprecher nicht nur etwas für den Adressaten, sondern auch für sich selber, nämlich, dass der Adressat durch die Sympathiebekundung des Sprechers von ihm guter Meinung ist (Gladrow 2015: 195–196).

So ergibt sich zusammengefasst folgende Definition des Sprachhandlungsmusters WUNSCH:

(a) Ich möchte, dass für dich etwas Angenehmes geschieht

(b) Obwohl ich weiß, dass ich das durch meine Äußerung nicht bewirken kann, sage ich:
(c) Ich möchte, dass etwas Angenehmes für dich geschieht
(d) Ich sage das, weil ich möchte, dass du weißt, dass ich etwas Gutes für dich empfinde.

2. Struktur des Sprachhandlungsmusters

Die Grundstruktur des Sprachhandlungsmusters WUNSCH wird sowohl im Russischen als auch im Deutschen durch das explizit-performative Modell dargestellt. Den Kern bildet das performative Verb *желать/пожелать* bzw. *wünschen*, das sich mit drei Konstituenten verbinden kann: den Konstituenten des Sprechers, des Adressaten und des Desideratums. Damit weist der syntaktische Aufbau des Sprachhandlungsmusters WUNSCH vier konstitutive Elemente auf (vgl. Pisarek 1995: 137):

- das performative Verb zum Ausdruck der Sprachhandlung als Handlungskonstituente,
- die Konstituente des Sprechers,
- die Konstituente des Adressaten,
- die Konstituente des Desideratums (des Gewünschten),

vgl. die beiden Beispiele für die Grundstruktur des Sprachhandlungsmusters WUNSCH:

(13) Ich wünsche Ihnen gutes Gelingen.
(14) Желаю Вам крепкого здоровья.

2.1. Das Sprachhandlungsverb

In beiden Sprachen gibt es für die Wiedergabe der Sprachhandlung jeweils ein Verb: im Russischen die beiden Aspektformen *желать* sowie *пожелать* und im Deutschen das Verb *wünschen*.

Dabei ist zu berücksichtigen, dass die Lexeme *желать* und *wünschen* in zwei unterschiedlichen Bedeutungen verwendet werden. In beiden Sprachen liegt der Unterschied in der Ausrichtung des WUNSCHES auf den Sprecher oder den Adressaten. In N.Ju. Švedovas „Russischem semantischen Wörterbuch" steht deshalb das Verb *желать* an zwei verschiedenen Stellen:

желать 1. Испытывать желание, стремление, охоту к чему-н., стремиться получить, сделать что-н. (Švedova 2007a: 310) *желать* 2. Высказывать какие-н. приветствия, выражать желание, чтобы что-н. осуществилось, сбылось. (Švedova 2007a: 507)

Diese Bedeutungsdifferenzierung lässt sich auch am deutschen Lexem erkennen:

wünschen 1. einen Wunsch, Wünsche haben (und ihn, sie jemandem gegenüber aussprechen), *wünschen* 2. jemandem gegenüber die Erwartung aussprechen, dass sich etwas bestimmtes Positives für ihn verwirklichen möge. (Kempcke 1984: 1355)

Als verbaler Kern des Sprachhandlungsmusters WUNSCH ist nur die zweite, adressatengerichtete Bedeutung von *wünschen* bzw. *желать* relevant, also

(15) Ich wünsche Ihnen weiterhin Gesundheit und wache Sinne.
(16) Желаю Вам набраться опыта и знаний.

Diese Abgrenzung des adressatengerichteten Wunsches von einem Wunsch allgemein, der nicht zwischen Sprechergerichtetheit und Adressatengerichtetheit differenziert, wird im Russischen durch verschiedene Substantivierungen sprachlich manifestiert. Es gibt im Russischen im Unterschied zum Deutschen zwei Verbalabstrakta: *желание* und *пожелание*, und nur Letzteres ist die Nomination für das hier definierte Sprachhandlungsmuster, vgl. *Пожелание успеха, удачи, счастья; Новогодние пожелания; Примите мои наилучшие пожелания* (vgl. Švedova 2003: 293, 295).

M. Ja. Glovinskaja (1993: 211) führt für *wünschen* im Russischen noch das Verb *напутствовать* an, das dem Ausdruck von Abschiedswünschen in der Bedeutung ‚einen Wunsch mit auf den Weg geben' dient. Es wird heute eher selten gebraucht und, da es performativ gar nicht verwendet wird, ist es für das Sprachhandlungsmuster WUNSCH nicht relevant, vgl.

(17) На прощание соседи напутствовали меня добрыми пожеланиями.
(17a) Zum Abschied gaben mir die Nachbarn gute Wünsche mit auf den Weg.

2.2. Die Sprecherkonstituente

Wie die Beispiele (18) und (19) im Vergleich zeigen, wird die Sprecherkonstituente im Russischen in der Regel nur in der Personalform des Verbs und nicht wie im Deutschen auch durch ein Personalpronomen in der 1. Pers. Sg. ausgedrückt, d.h., das Weglassen des Personalpronomens gilt im Russischen als stilistisch unmarkiert. Insofern entspricht diese Konstruktion ohne Personalpronomen dem deutschen Satz mit Pronomen in der 1. Pers. Sg., wo die Verwendung des Pronomens grammatisch und stilistisch die Norm ist, vgl.

(18) Желаю Вам приятных предновогодних хлопот.
(19) Ich wünsche Ihnen viel Erfolg und einen Traumjob mit Traumgehalt.

2.3. Die Adressatenkonstituente

Sowohl im Russischen als auch im Deutschen steht das Nomen bzw. Pronomen, das den Adressaten des Wunsches bezeichnet, im gleichen Kasus, und zwar im Dativ. Wenn aus dem Kontext bzw. aus der Situation heraus klar ist, an wen der Wunsch gerichtet ist, kann die Adressatenkonstituente in beiden Sprachen auch wegfallen, vgl.

(20) Ich wünsche Ihnen viel Glück.
(21) Желаю тебе, как всегда, всего самого наилучшего.
(22) Ich wünsche viel Glück.
(23) Желаю, как всегда, всего самого наилучшего.

2.4. Das Desideratum bzw. das Gewünschte

Durch die unterschiedliche Rektion des russischen und deutschen Sprachhandlungsverbs steht das nominale Desideratum in beiden Sprachen in verschiedenen Kasus. Das Verb *желать/пожелать* regiert den Genitiv, das Verb *wünschen* ist transitiv und verlangt den Akkusativ, vgl.

(24) Я не хочу тебя огорчать, я просто желаю тебе успеха.
(25) Ich wünsche dir eine schöne Zeit in den Bergen.

Im Unterschied zur Adressatenkonstituente kann das Desideratum in Konstruktionen des adressatengerichteten Wunsches nicht wegfallen.

Außer dem nominalen Ausdruck durch die Kasusform im Genitiv bzw. Akkusativ kann das Desideratum in beiden Sprachen – im Deutschen allerdings seltener – auch durch einen verbalen Infinitiv oder durch einen Nebensatz, vgl. u. a. (26), (27), wiedergegeben werden, vgl.

(26) Желаю поскорее выздороветь.
(27) Ich wünsche Ihnen, mit Ihrer Arbeit voranzukommen.

Die Nennung des Anlasses des Wunsches ist eine periphere und absolut fakultative Konstituente des Strukturmusters WUNSCH. Sie wird im Deutschen in der Regel durch die präpositionale nominale Konstruktion *zu* + Dat. ausgedrückt, die im Russischen keine gleichgelagerte Entsprechung hat, vgl.

(28) Zur Silberhochzeit wünschen wir Ihnen, verehrtes Jubelpaar, beste Gesundheit und noch viele schöne Erlebnisse.

Im Russischen steht in der Funktion der Anlassbezeichnung häufig die Nennung des Datums, wie z. B.

(29) В день серебряной свадьбы желаю Вам крепкого здоровья и долгих лет жизни.

Anlassnennungen mithilfe von Konstruktionen wie *по поводу, по случаю, в связи с* sind im Russischen stilistisch markiert und vornehmlich in der offiziellen Kommunikation anzutreffen.

    (30)   По случаю Вашего юбилея желаю Вам, Игорь Степанович, дальнейших творческих успехов.

Im Deutschen sind derartige Konstruktionen äußerst selten und nur auf der offiziellen Ebene möglich.

    (31)   Aus Anlass des Firmenjubiläums übermittle ich Ihnen, sehr geehrter Herr Buschkopf, die besten Wünsche des Bürgermeisters für die Zukunft.

2.5. Ellipse

In umgangssprachlichem Gebrauch finden sich sowohl im Russischen als auch im Deutschen häufig elliptische Konstruktionen. Den Kern der Ellipse bildet in beiden Sprachen die Konstituente des Desideratums. Der Unterschied zwischen den Sprachen liegt in der nominalen Ellipse zum einen, wie sich aus Punkt 2.4. ergibt, im Kasus (Genitiv im Russischen vs. Akkusativ im Deutschen), und zum anderen darin, dass im Deutschen das Substantiv in der Regel durch ein Attribut erweitert wird, während im Russischen das substantivische Desideratum häufig ohne Erweiterung verwendet wird, vgl.

    (32)   Viel Erfolg! Gutes Gelingen! Schönen Urlaub!
    (33)   Здоровья, счастья Вам и оптимизма!

In Bezug auf die Desiderata, die sich auf allgemeine und religiöse Festtage beziehen, steht dem Sprachhandlungsmuster WUNSCH im Deutschen das Sprachhandlungsmuster GRATULATION im Russischen gegenüber, sodass in den elliptischen Konstruktionen dem deutschen WUNSCH mit der Benennung des Desideratums die russische GRATULATION mit der Benennung des Anlasses entspricht (s. a. Kap. V. GRATULATION: 2.5.), vgl.

    (34)   Gutes Neues Jahr! Frohes Fest!
    (35)   С Новым годом! С праздником!

Neben den nominalen finden sich vor allem im Russischen auch verbale Ellipsen mit dem Infinitiv (36). Die optative Bedeutung kann durch die Partikel *бы* zusätzlich markiert sein (37). Als deutsche Entsprechungen finden sich meist nominale Ellipsen (38) oder Imperativkonstruktionen (39), vgl.

    (36)   Поправиться бы тебе поскорее!
    (37)   Отдохнуть бы тебе хорошенько, набраться сил!

(38) Gute Besserung!
(39) Bleib gesund!

3. Kommunikativ-pragmatische Faktoren

Hinsichtlich des Gebrauchs des Sprachhandlungsmusters WUNSCH zeigen sich beim Vergleich zwischen dem Russischen und Deutschen sowohl Gemeinsamkeiten im Ausdruck als auch Unterschiede. Die Differenzen im Funktionieren der Sprachhandlungsmuster liegen im Wesentlichen in drei Bereichen. Sie zeigen sich, erstens, in der etikettenhaften Verwendung der Wunschformulierungen, zweitens, im Zusammenwirken des WUNSCHES mit Formeln der VERABSCHIEDUNG und der GRATULATION, und, drittens, in den Faktoren, die den Ausdruck des WUNSCHES determinieren.

3.1. Etikette im Deutschen und persönlich ausformulierte Wünsche im Russischen

Schon ein flüchtiger Blick auf das Repertoire von Standardwünschen in Deutschland und Russland lässt erkennen, dass das Deutsche durch eine starke Tendenz zum Gebrauch von elliptischen Routineformeln gekennzeichnet ist, für die das Russische vielfach keine gleichgelagerten Entsprechungen aufweist, sondern eher ausformulierte Wendungen bevorzugt (vgl. Komorova 2005: 15). Allerdings trifft man im Zeichen der Globalisierung in der Gegenwart auch im Russischen immer häufiger elliptische Routineformeln wie *Хорошего Вам дня!* an. Vgl. ansonsten die Unterschiede zwischen (40) und (42) einerseits und (41) und (43) andererseits:

(40) Schönes Wochenende!
(41) Желаю хорошо провести праздники!
(42) Einen schönen Tag noch! Viel Spaß!
(43) Желаю счастливо отдохнуть!

3.2. WUNSCH in der Nachfolge von GRATULATION oder VERABSCHIEDUNG

In der alltäglichen Kommunikation, und zwar besonders in geschriebenen Texten, wird das Sprachhandlungsmuster WUNSCH häufig im Anschluss an die Äußerung einer GRATULATION oder einer VERABSCHIEDUNG realisiert. Insofern sind die GRATULATION und die VERABSCHIEDUNG in beiden Sprachen nicht selten die linken Partner einer Übermittlung von WÜNSCHEN (vgl. Vdovina 2007: 10). Das illustrieren z. B. die Belege für GRATULATION + WUNSCH, vgl. (44), (45), und VERABSCHIEDUNG + WUNSCH, vgl. (46), (47):

(44) Wir gratulieren Ihnen zu Ihrem großartigen Erfolg und wünschen Ihnen für die Zukunft weiterhin gutes Gelingen.
(45) Сердечно поздравляю ветеранов страны и желаю здоровья, благополучия и успехов.
(46) Ich sage Ihnen „Auf Wiedersehen" und wünsche Ihnen alles erdenklich Gute.
(47) Я прощаюсь с вами. Всего, всего наилучшего.

Neben der gemeinsamen Äußerung von GRATULATION + WUNSCH sowie VERABSCHIEDUNG + WUNSCH, die für beide Sprachen vergleichbar ist, kann auch die Verwendung des Sprachhandlungsmusters WUNSCH statt einer VERABSCHIEDUNG beobachtet werden.

Den Gebrauch eines WUNSCHES statt einer GRATULATION treffen wir, wie schon erwähnt, in Bezug auf religiöse und staatliche Feiertage beim Vergleich des Russischen mit dem Deutschen an. In Situationen, in denen der Russe gratuliert, spricht der Deutsche gute Wünsche aus (vgl. unter 2.6. und s. ausführlicher in Kap. V. GRATULATION: 2.5.):

(48) Поздравляем Вас с Рождеством Христовым, прекрасным праздником всепрощения, светлых чувств, любви!
(49) Ich wünsche Ihnen ein gesegnetes Weihnachtsfest und dass Ihr Husten Sie nicht aus dem Schlaf reißt!

Die Verwendung eines WUNSCHES statt einer VERABSCHIEDUNG findet sich häufig in der Alltagskommunikation vor allem in Russland. Sprachpflegerisch bewusste Sprecher z. B. in Moskau oder St. Petersburg reagieren auf eine Abschiedsformel gern mit einer Wunschformel oder umgekehrt, wie z. B.

(50) – До свидания!
     – Всего доброго!

In Deutschland hingegen – aber auch in Russland sind derartige Verknüpfungen manchmal anzutreffen – wird die Abschiedsformel häufiger durch eine Wunschformel ergänzt, z. B.

(51) Auf Wiedersehen und gute Besserung!
(52) Tschüss und halt die Ohren steif!

3.3. Determinierende Faktoren des Sprachhandlungsmusters WUNSCH

Wie das Belegmaterial zeigt, sind die wichtigsten Faktoren, die die sprachliche Realisierung des Wunsches im Deutschen und Russischen determinieren können, die soziale Distanz zwischen den Kommunikationspartnern, der soziale Status der Interaktanten und das Medium der Kommunikation (vgl. Komorova 2005: 17).

Hinsichtlich der sozialen Distanz wird vornehmlich die Beziehung der Nähe zwischen den Gesprächsteilnehmern, weniger der soziale Abstand, sprachlich zusätzlich markiert. Im Deutschen und Russischen kann soziale Nähe vor allem durch die Verwendung umgangssprachlicher Mittel wie Lexemwiederholungen zur Ausdrucksverstärkung erzielt werden, vgl. Beispiel (53) für das Deutsche und Beispiel (47) für das Russische. Im Russischen finden sich besonders häufig modale Modifizierungen, vgl. Beispiel (54), s. auch unter 4.

(53) Ich wünsche dir für das neue Lebensjahr alles, alles Gute.
(54) От всей души хочу пожелать тебе, чтобы все твои желания осуществились.

In Bezug auf den sozialen Status der Gesprächspartner erfährt vornehmlich die Beziehung gegenüber Höhergestellten ihre sprachliche Markierung. Im Deutschen kann man dann in der Formulierung des Wunsches eine Anrede an den Adressaten finden, gegebenenfalls auch mit akademischem Titel, vgl. (55). Im Russischen können in diesem Falle Wunschäußerungen mit Formeln der Distanzhöflichkeit (*Разрешите*...; *Примите*...usw.) eingeleitet werden, vgl. (56):

(55) Wir wünschen Ihnen, sehr verehrte Frau Professor Burger, für den neuen Lebensabschnitt Schaffenskraft und gute Gesundheit.
(56) Позвольте в этот день пожелать Вам дальнейших творческих успехов.

Der dritte determinierende Faktor, das Kommunikationsmedium, ist hinsichtlich der schriftlichen Wunschäußerung häufig speziell markiert. Im Deutschen findet sich z. B. das Muster eines Wunschtextes, das dadurch gekennzeichnet ist, dass die performative Konstruktion substituiert wird durch eine Äußerung mit spezifischer Wortfolge und der Nomination des Autors am Ende der Wunschformel, vgl. Beispiel (57). Im Russischen können besonders in schriftlichen Wunschäußerungen nicht selten Konstruktionen mit einleitender Anlassnennung (58) oder auch mit der Nomination des Adressaten nach dem Personalpronomen (59) angetroffen werden.

(57) Eine schöne Geburtstagsfeier und alles Gute für das kommende Lebensjahr wünscht Dir Deine Elisabeth.
(58) По случаю Вашего юбилея желаем Вам дальнейших успехов и долгих лет жизни.
(59) Желаем Вам, уважаемая Надежда Павловна, радости, счастья и благополучия.

4. Ausdrucksformen des kommunikativ-pragmatischen Feldes
4.1. Finit-verbale Ausdrucksmittel

Die explizit-performativen Wunschformeln mit dem Verb *wünschen* sowie *желать/пожелать* und mit dem nominalen Ausdruck des Desideratums im Akkusativ bzw. im Genitiv bilden das Zentrum des Feldes des WUNSCHES. Dazu gehören ebenfalls die davon abgeleiteten elliptischen Konstruktionen im Deutschen und Russischen, vgl.

(60) Ich wünsche Ihnen und Ihrem Sohn weiterhin Kraft und Zuversicht.
(61) Желаю Вам успеха в работе, Паулина Юрьевна.
(62) Viel Erfolg in der neuen Schule!
(63) Удачи на новом поприще!

Diese zentralen Wunschkonstruktionen werden ergänzt durch die Wunschformeln mit dem Ausdruck des Desideratums durch den Infinitiv, vgl. (64) und (65), durch einen Nebensatz, vgl. (66) und (67), sowie durch Funktionsverbgefüge mit Funktionsverben wie *senden, übermitteln, слать, посылать*, die in der Regel in schriftlichen Texten, vgl. (68) und (69), zu finden sind:

(64) Ich wünsche euch, in aller Ruhe über die Feiertage entspannen zu können.
(65) Желаю влюбляться в кого надо и не влюбляться в кого не надо.
(66) Bleib gesund, Christa! Ich wünsche dir sehr, dass du mit deiner Arbeit vorankommst.
(67) Желаю, чтобы разочарований было поменьше, а искреннего счастья побольше.
(68) Ich sende Ihnen die besten Wünsche für eine baldige Genesung.
(69) Посылаю Вам наилучшие пожелания! Удачной операции и скорого выздоровления!

4.2. Imperativische Ausdrucksmittel

Zu den zentralen Ausdrucksmitteln gehören auch die implizit-performativen Konstruktionen in beiden Sprachen mit einer verbalen Imperativform, vgl.

(70) Schlaf gut, mein Schatz, und hab eine gute Nacht!
(71) Так выздоравливай! Здесь тебе не палата номер шесть.

Dazu lassen sich ebenfalls Konstruktionen zählen, in denen sich der Imperativ des Hilfsverbs oder einer halbabstrakten Kopula mit einem Adjektiv verbindet, vgl.

(72) Bleib gesund! Halt dich tapfer!
(73) Будь здоров! Будь и впредь счастлив!

Eher peripher einzuordnen sind Konstruktionen mit der Partikel *пусть* im Russischen und dem modalen Hilfsverb *mögen* im Deutschen, vgl.

(74) Пусть тебе приснится он под утро в страусовых перьях.
(75) Mögen Sie sich damit perfekt modisch angezogen fühlen.

Auch die russischen Infinitivsätze in imperativischer Funktion sind in ihrer Gebrauchsfrequenz als peripher einzuordnen, vgl.

(76) Выздороветь бы Вам поскорее!

Gleichgelagerte Konstruktionen finden sich im Deutschen nicht. Übersetzungen würden auch hier zum deutschen Hilfsverb *mögen* greifen, vgl. z. B.

(76a) Mögen Sie bald wieder gesund sein!

Die im Folgenden aufgeführten intensivierenden und modalen Modifizierungen sind periphere Varianten des Sprachhandlungsmusters WUNSCH.

4.3. Intensivierende Modifizierungen

Die intensivierenden Modifizierungen drücken die verstärkte emotionale Anteilnahme des Sprechers aus. Als modifizierende Adverbien fungieren beispielsweise *искренне, сердечно, горячо* bzw. *aufrichtig* und *herzlich*. Den zwei präpositionalen Formeln *от (всей) души; от всего сердца* im Russischen steht die eine deutsche Formel *von ganzem Herzen* gegenüber, vgl.

(77) Искренне желаю тебе приобрести много хороших друзей.
(78) Ich wünsche Ihnen aufrichtig viele glückliche und streitbare Jahre.
(79) От всей души желаю Вам, чтобы Ваши мечты сбылись.
(80) Ich wünsche Ihnen von ganzem Herzen ein Stück der Zuversicht, die wir aus der weihnachtlichen Botschaft schöpfen können.

4.4. Modale Modifizierungen

Die modalen Modifizierungen des Sprachhandlungsmusters WUNSCH betreffen einerseits verschiedene voluntative Differenzierungen der Wunschformel, vgl. (81) bis (83), und andererseits permissive Erweiterungen des Grundmusters im Sinne der Distanzhöflichkeit, vgl. (84) und (85):

(81) Ich möchte Ihnen und Ihrer wundervollen Frau Barbara besinnliche Feiertage wünschen.
(82) Я хочу пожелать Вам верить в себя и в своё будущее.
(83) Я хотел бы пожелать всем Вам здравствовать и радоваться.

(84) Erlauben Sie mir, Ihnen von ganzem Herzen zu wünschen, dass Sie selbst einmal ernten, was Sie in vielen Jahren gesät haben.
(85) Разрешите пожелать Вам крепкого здоровья и долгих лет жизни.

Eine modale Modifizierung kann im Russischen auch durch die Verwendung des perfektiven Aspekts in der Präsensform ausgedrückt werden (vgl. Bondarko 1990: 34–36). Die modale Schattierung wird in der deutschen Entsprechung deutlich, vgl.

(86) Пожелаю тебе, голубчик, чтобы он был у тебя первым и последним.
(86a) Ich möchte dir, mein Täubchen, wünschen, dass er für dich der Erste und Letzte sei.

4.5. Periphere Wunschformeln in anderer Bedeutung

An der Peripherie des Feldes WUNSCH kann es zu Überschneidungen mit Bedeutungen anderer kommunikativ-pragmatischer Felder kommen (vgl. Vdovina 2007: 22–23). Im Deutschen und im Russischen finden sich Belege dafür, dass Wunschformeln in der Funktion von anderen Sprachhandlungsmustern auftreten, und zwar vor allem als VERABSCHIEDUNG, als BEGRÜSSUNG und als KOMPLIMENT.

4.5.1. VERABSCHIEDUNG

Die Genitivform des Abschiedsgrußes zur Nacht im Russischen verweist darauf, dass diese Formel ursprünglich als WUNSCH fungierte. Die deutsche Entsprechung mit dem Desideratum im Akkusativ kann in gleicher Weise interpretiert werden, vgl.

(87) Спокойной ночи!
(88) Gute Nacht!

Auch weitere WÜNSCHE können in Abschiedssituationen in beiden Sprachen als Grüße verwendet werden. Sie signalisieren dem Gesprächspartner die Bedeutung des Sprachhandlungsmusters VERABSCHIEDUNG, dass der Sprecher an weiteren Kontakten mit ihm interessiert ist, vgl.

(89) Всего доброго! Счастливого пути! Будьте здоровы!
(89a) Alles Gute! Glückliche Reise! Bleiben Sie gesund!

4.5.2. BEGRÜSSUNG

Die BEGRÜSSUNG dient außer der Kontaktherstellung zum Gesprächspartner auch dem Ausdruck des Wohlwollens des Sprechers gegenüber dem Adressaten, was in spezifischen Situationen auch durch Wunschformeln signalisiert werden kann (vgl. Balakaj 2001[2]: 549–551), vgl.

(90) Guten Appetit! Wohl bekomm's!
(91) – Хлеб да соль вам!
 – Спасибо!
 – Садитесь с нами.

4.5.3. KOMPLIMENT

Wenn in Form eines WUNSCHES über den Adressaten etwas ausgesagt wird, was für diesen positiv und dadurch angenehm ist, kann dieses Sprachhandlungsmuster auch als KOMPLIMENT gebraucht werden. Vielfach sind das Imperativkonstruktionen der Kopula im Russischen und deutsche Konstruktionen mit dem modalen Hilfsverb *mögen*, vgl.

(92) Будь всегда такой же красивой и очаровательной.
(92a) Mögest du immer so schön und bezaubernd sein.

5. Reaktionen auf einen WUNSCH

Der perlokutive Effekt des Sprachhandlungsmusters WUNSCH kann sich in Dankesrepliken des Adressaten oder auch in Antwortwünschen äußern, vgl.

(93) Спасибо за добрые пожелания! Vielen Dank für die guten Wünsche!
(94) Спасибо. И Вам тоже! Danke. Ihnen ebenfalls!
(95) И Вам того же желаю! Ihnen wünsche ich das Gleiche!

Bei speziellen, individuellen Wünschen, wie z. B. zum Bestehen von Examina, kann in der Antwortreplik eine Hoffnung auf die Erfüllung des Wunsches ausgedrückt werden, vgl.

(96) Неплохо было бы, если бы всё получилось. Es wäre nicht schlecht, wenn es klappt.
(97) Надеюсь на это. Hoffen wir.

Die phraseologisierte Wunschformel für den Ausgang eines schwierigen Unternehmens (*Hals- und Beinbruch!*), für die das Deutsche keine standardisierte Antwort kennt, verlangt im Russischen eine bestimmte verbale Reaktion, vgl.

(98) – Hals- und Beinbruch! – Ни пуха, ни пера!
 – ... – К чёрту!

In der klassischen russischen Literatur und in den letzten Jahren in der gegenwärtigen Alltagskommunikation wieder häufiger finden sich auch religiös motivierte Dankesformeln, vgl.

(99) Дал бы Бог! Mit Gottes Hilfe!

XII. Einladung

1. Definition des Sprachhandlungsmusters

1.1. EINLADUNG unter den direktiven Sprechakten

Die Stellung des Sprachhandlungsmusters EINLADUNG wird in verschiedenen Klassifikationen der Sprechakte und der kommunikativen Muster unterschiedlich bestimmt. In der klassischen Taxonomie von J. Searle wird die EINLADUNG zu der Gruppe der direktiven Sprechakte gezählt (Searle 1982: 32–33), wobei Searle bekanntlich keine Abgrenzung der einzelnen kommunikativen Muster innerhalb einer Sprechaktklasse vornimmt. Im „Handbuch deutscher kommunikativer Verben" wird das *einladen*-Paradigma als „spezifische Vorannahme des Sprechers, dass P im Interesse von Sprecher und Hörer ist, wobei es sich bei P um eine gemeinsame Aktivität von S und H handelt" charakterisiert (Harras/Proost/Winkler 2007: 170). G. Hindelang betrachtet die EINLADUNG als eine Abart des VORSCHLAGS, er unterscheidet dabei zwei Varianten des Vorschlags – Problemlösungsvorschlag und Anregung – und rechnet die EINLADUNG dem zweiten Untertyp zu (Hindelang 1978: 464–471). Hindelang macht auch eine wichtige Bemerkung bezüglich der Abgrenzung der oben erwähnten Sprachhandlungsmuster, indem er schreibt:

> Als EINLADUNG ist eine ANREGUNG dann zu betrachten, wenn Sp1 den zur Durchführung der gemeinsamen Aktivität notwendigen materiellen Bedingungsrahmen schafft oder zur Verfügung stellt und eventuell im Zusammenhang mit dem gemeinsamen X-en entstehende Kosten oder Arbeiten übernimmt. (ibid.: 470–471)

Das kann eine Anregung zu einem Besuch, Aufenthalt, gemeinsamen Zeitvertreib, einer Tätigkeit o. ä. sein:

(1) Ich lade dich ganz herzlich zu meiner Geburtstags-Abenteuerparty im Kikolino in Ludwigsburg ein.
(2) Мы с Карандашом приглашаем вас отправиться в путешествие на воздушном шаре.

Das Merkmal, dass der Sprecher sich verpflichtet, im Falle der Einladung für den Hörer zu sorgen und ihm ein Vergnügen zu bereiten (s. auch Formanovskaja 2009: 273), ist der Grund dazu, neben der direktiven Komponente in diesem Muster auch eine gewisse kommissive Komponente anzusetzen. Diese Besonderheit kann in bestimmten Situationen für die Abgrenzung der EINLADUNG von dem VORSCHLAG entscheidend sein, vgl.

(3) In meinem Reiseführer habe ich ein nettes Restaurant in der Nähe von der Kao San Road gefunden und schlage vor, dort hinzufahren.
(3a) In meinem Reiseführer habe ich ein nettes Restaurant in der Nähe von der Kao San Road gefunden und ich lade dich zum Abendessen ein.
(4) Предлагаю пойти в ресторан потанцевать, закажем что-нибудь лёгкое.
(4a) Приглашаю тебя пойти в ресторан потанцевать, закажем что-нибудь лёгкое.

In den Situationen (3) und (4) steht es nicht fest, wer die Rechnung im Restaurant begleichen wird, höchstwahrscheinlich werden die Kosten geteilt. In den Situationen (3a) und (4a) aber will der Sprechende hervorheben, dass er beabsichtigt, für die Restaurantkosten aufzukommen.

K. Wagner vermerkt in seiner Definition der EINLADUNG auch, dass der Sprecher den größten Teil der Vorbereitung, der Durchführung und der Kosten der bevorstehenden Aktivität trägt, meint aber, dass die EINLADUNG als eine Unterart der BITTE eingestuft werden muss (Wagner 2001: 2008).

Der Unterschied zur EINLADUNG besteht neben dem schon erwähnten Merkmal auch darin, dass bei der BITTE die bevorstehende Handlung in der Regel nur im Interesse des Sprechers liegt, bei der Einladung hingegen hofft der Sprecher wenigstens, dass der Adressat auch daran interessiert ist und dass diese Handlung ihm angenehm sein wird, vgl.

(5) Wir laden euch ein, die neue Bibliothek zu erkunden.
(5a) Wir bitten euch, ausgeliehene Bücher im vorgegebenen Zeitraum wieder abzugeben.
(6) Приглашаю тебя пройти к тому столику.
(6a) Ради бога, я прошу тебя, проходи вон туда, к столику.

Auf diesen Umstand macht auch A. Wierzbicka bei der Analyse der englischen Verben *invite* (~ *einladen*) und *ask* (~ *bitten*) aufmerksam. Sie meint, dass die Semantik der beiden Verben sich in zweierlei Hinsicht unterscheidet: erstens, bei der BITTE zeigt sich der Sprecher an der erwünschten Handlung in größerem Maße interessiert, als bei der EINLADUNG; zweitens, bei der BITTE präsentiert der Sprecher die bevorstehende Aktivität als vorteilhaft für sich selbst und bei der EINLADUNG sowohl für sich selbst als auch für den Adressaten (Wierzbicka 1987: 82).

Somit können VORSCHLAG und BITTE als zu der EINLADUNG benachbarte kommunikative Muster der Klasse der Direktiva betrachtet werden. In manchen Fällen können die oben erwähnten Muster sich überschneiden, sodass es kaum möglich ist, den Unterschied klar zu stellen, vgl.

(7) Ich lade Sie zum Tanzen ein ~ Ich schlage vor, dass wir zusammen tanzen.

(8) Теперь мы готовы начать осмотр тюрьмы и, если вам угодно, приглашаем вас и ваших спутников последовать за нами ~ Теперь мы готовы начать осмотр тюрьмы и, если вам угодно, предлагаем вам и вашим спутникам последовать за нами.

In den Situationen (7) und (8) kann man nicht behaupten, dass die Sprecher mehr Mühe als die Adressaten in die Vorbereitung der bevorstehenden gemeinsamen Aktivität investiert haben oder dass sie dafür irgendwelche Kosten oder Verantwortung übernehmen. Daher stimmt in diesen Beispielen das Sprachhandlungsmuster EINLADUNG mit dem VORSCHLAG überein:

(9) Der Bundesrat wird eingeladen, die Sache endlich in die Hand zu nehmen. ~ Der Bundesrat wird gebeten, die Sache endlich in die Hand zu nehmen.
(10) Приглашаем вас отдать свой голос Шахиджаняну. ~ Просим вас отдать свой голос Шахиджаняну.

In den Beispielen (9) und (10) ist es nicht offensichtlich, dass die erwünschte Handlung für die Adressaten vorteilhaft und angenehm ist. Deshalb kann man davon ausgehen, dass in diesen Äußerungen mithilfe der EINLADUNG die Illokution einer höflichen BITTE ausgedrückt wird.

Somit kann die EINLADUNG als nicht kategorische (nicht bindende) Aufforderung mit beidseitiger Präferenz charakterisiert werden, die neben der direktiven Komponente in bestimmten Fällen auch eine gewisse kommissive Komponente haben kann.

1.2. Beschreibung des illokutiven Gehalts mithilfe von semantischen Primitiva

Wierzbicka geht davon aus, dass es zwei Arten der EINLADUNG gibt: man kann jemanden einladen, an einen Ort zu kommen; und man kann jemanden einladen, etwas zu machen (Wierzbicka, op. cit.). Wir schlagen vor, die erste Unterart als LOCUS-EINLADUNG, und die zweite als ACTUS-EINLADUNG zu bezeichnen. In manchen Definitionen (s. z. B. Glovinskaja 1993: 211; Purkert 1990: 154, 157) ist nur die erste Art berücksichtigt. Wir halten es aber für günstiger, eine einheitliche Definition des Sprachhandlungsmusters EINLADUNG für die beiden Unterarten zu formulieren.

Neben den oben erwähnten Merkmalen müssen in der Definition noch folgende Tatsachen berücksichtigt werden:

1) Es wird vorausgesetzt, dass der Hörer die vom Sprecher erwünschte Handlung nicht von selbst ausführen wird bzw. kann. In der Regel ist eine Anregung seitens des Sprechers nötig, er erweist sich dabei als die Person, die in der

gegebenen kommunikativen Situation dominiert. Ich lade z. B. in mein Haus ein, weil ich das Recht habe, zu bestimmen, wer mein Haus betreten darf; oder: Ich lade zu einer Reise ein, wenn ich die notwendigen Informationen gesammelt, eventuell auch bestimmte Vorbereitungen schon getroffen bzw. finanzielle Möglichkeiten zur Verfügung habe usw.

2) Es wird vorausgesetzt, dass der Hörer willig ist, die bevorstehende Tätigkeit auszuführen. Wierzbicka (1987: 82) meint:

> If I *invite* you to do something, I am not really saying that I want you to do it. Rather, I am saying that I would want you to do it – if you want to do it."

Deshalb ist der Sprecher nicht unbedingt enttäuscht oder verärgert, wenn der Hörer die erwünschte Handlung nicht realisiert.

Zusammenfassend kann die Definition in folgender Weise formuliert werden:

(a) Ich nehme an, dass du das nicht machst, wenn ich nicht sage, dass ich gern möchte, dass du das tust
(b) Ich nehme an, dass das gut für dich sein wird
(c) Ich weiß, dass du das nicht machen musst
(d) Ich weiß nicht, ob du das machen wirst oder nicht
(e) Ich möchte gern, dass du das tust – wenn du das tun willst.

2. Struktur des Sprachhandlungsmusters

Zum Ausdruck einer EINLADUNG werden in beiden Sprachen am häufigsten folgende drei Modelle gebraucht:

a) explizit performative Modelle mit und ohne Modalisierung: *Ich möchte dich zum Essen einladen*; *Приглашаем Вас на юбилейные торжества в Кремлёвском дворце*;
b) implizit performative Modelle in Form von Aussage- und Fragesätzen: *Wir würden uns freuen, Sie bei uns begrüßen zu können*; *Hast du Lust mitzukommen?*; *Сочту за честь, если Вы придёте ко мне на свадьбу*; *Не согласишься ли ты поужинать со мной?*
c) Modelle mit Imperativkonstruktionen: *Komm, tanz mit mir!*; *Приходи завтра ко мне на день рождения*.

Die Prototypizität des Modells für die Wiedergabe einer EINLADUNG ist, wie im Punkt 4. des Kapitels gezeigt werden wird, von der jeweiligen Sprache abhängig.

2.1. Explizit performatives Modell

Das explizit performative Modell beinhaltet bei der EINLADUNG in den meisten Fällen alle vier Konstituenten der prototypischen performativen Formel:

- Handlungskonstituente, die insbesondere die Illokution des Sprechakts wiedergibt;
- Sprecherkonstituente, die angibt, wer die Einladung ausspricht;
- Adressatenkonstituente, die zeigt, an wen die Einladung gerichtet ist;
- Anlasskonstituente, die erläutert, was der Grund der Einladung ist.

Alle vier Konstituenten sind notwendig, damit der Hörer ausreichende Informationen dazu bekommt, wie er der Einladung folgen kann.

Die Handlungskonstituente enthält das performative Verb in der 1. Pers. Sg. oder Pl., bei diesem Sprachhandlungsmuster sind Pluralformen ziemlich häufig, weil die Sprecherkonstituente ganze Familien, Arbeits- und Interessentengruppen umfassen kann.

Die Sprecherkonstituente findet in den entsprechenden Personalpronomen oder – im Russischen – in den entsprechenden Personalendungen des performativen Verbs ihren Ausdruck.

Die Adressatenkonstituente wird in beiden Sprachen mithilfe eines Personalpronomens oder eines Substantivs im Akkusativ wiedergegeben.

Die Anlasskonstituente wird in den meisten Fällen durch ein Verb im Infinitiv bzw. eine Infinitivgruppe oder durch ein präpositionales Substantiv mit unterschiedlichen Ergänzungen ausgedrückt. Beim Substantiv wird im Deutschen die Präposition *zu* + Dat. gebraucht, im Russischen dagegen *на* + Akk., vgl.

(11) Ich lade Sie herzlich ein, an unserem Nationalfest teilzunehmen.
(12) Приглашаем вас присылать научный фольклор к нам в редакцию.
(13) Ich lade alle Gemeindemitglieder und Bürger am Sonntag zum Gottesdienst ein.
(14) Приглашаем Вас на традиционный школьный праздник „За честь школы".

Im Russischen ist die stehende Wendung *приглашать в гости* zu beachten, die allein oder in Verbindung mit einer anderen Anlasskonstituente gebraucht werden kann:

(15) На чай приглашаю, в гости! Вот мой дом – рукой подать.

Im Deutschen korreliert mit dem russischen Ausdruck die Redewendung *zu Besuch einladen*, die einen anderen lexikalischen Bestand hat, vgl.

(16) Zum Schluss möchte ich Sie noch ganz herzlich zu einem Besuch zu uns nach Hannover einladen.

Die Anlasskonstituente kann neben den typischen Fällen aber auch mithilfe von finiten Verbalformen, Imperativsätzen, Umschreibungen u. a. m. ausgedrückt werden, vgl.

(17) Ich lade Sie ein: Folgen Sie unserem Olma-Motto „Schmeck den Süden Deutschlands".
(18) Я тебя приглашаю: посидим за бутылочкой вина, поговорим о том, о сём.
(19) Товарищ Давыдов, у нас нынче свадьба, приглашаем вас всем семейством.

Bei der LOCUS-EINLADUNG muss noch der Ort bestimmt werden, an dem die bevorstehende Tätigkeit stattfinden wird, sowie auch der Zeitpunkt, sofern das aus der kommunikativen Situation nicht klar ist, vgl.

(20) Herr Grabb, ich lade Sie gerne zu einem Stück Kuchen und einer Tasse Kaffee auf meiner Terrasse zu etwa um 16 Uhr ein.
(21) Я приглашаю тебя на обед сегодня к восьми часам вечера в „Арагви".

Die performative Formel kann modalisiert werden. In Aussagesätzen werden in diesem Fall die Modalverben *wollen/mögen* bzw. *хотеть* im Indikativ oder Konjunktiv gebraucht, vgl.

(22) Ich möchte dich gerne einladen, mit mir durch meine Bildergalerie zu gehen.
(23) Я хочу пригласить вас съездить ко мне на пару часиков.

In Fragesätzen kommen die Modalverben *können* bzw. *мочь* vor, im Russischen oft in negierter Form, vgl.

(24) Sagen Sie, kann ich Sie zu einem Kaffee einladen? Dann erzählen Sie mir alles.
(25) Простите, но мне неудобно, не могу ли я пригласить Вас к себе домой на чашку кофе?

2.2. Implizit performatives Modell

Das nicht imperativische implizit performative Modell wird entweder durch einen Deklarativsatz oder durch einen Fragesatz ausgedrückt. Mithilfe eines Deklarativsatzes gibt der Sprecher seine Vorfreude in Bezug auf die zukünftige gemeinsame Aktivität wieder, vgl.

(26) Es wäre schön, Sie in den Reihen der Mitarbeiter zu haben.
(27) Мы были бы рады видеть вас завтра на пикнике.

Mithilfe eines Fragesatzes will der Sprecher klar stellen, ob der Hörer seiner Einladung folgen will, vgl.

(28) Hast du Lust, mit mir Schach zu spielen?
(29) Слушай, Куделин, не согласишься ли ты пообедать со мной?

2.3. Modelle mit Imperativkonstruktionen

In Übereinstimmung mit der allgemeinen Tendenz der Realisierung der direktiven Sprachhandlungsmuster (s. Kap. XVII. BITTE, Kap. XVIII. RATSCHLAG, Kap. XIX. VORSCHLAG) ist dieses Modell vor allem für das Russische typisch. Es wird vorwiegend bei der LOCUS-EINLADUNG gebraucht – wenn der Sprecher den Hörer einlädt, zu einem bestimmten Ort zu kommen oder zu fahren. Dementsprechend bezeichnen die Verben, die im Falle der EINLADUNG im Imperativ verwendet werden können, in der Regel eine Fortbewegung: *приходи(те), заходи(те), приезжай(те), поедем(те)*, u. ä., z. B.

(30) Обращаясь к бригадиру, вдруг сказал: – Приезжай ко мне в Дзауджикау. Гостем будешь.

Im Deutschen ist der Gebrauch der Imperativformen bei der Realisierung einer EINLADUNG zwar möglich, aber nicht so verbreitet wie im Russischen. Imperativäußerungen werden hauptsächlich in der inoffiziellen Kommunikation verwendet, vgl.

(31) Lizzi, komm zu mir in meine Baracke am Stadtrand an der Mündung dieses Flusses.
(32) Kommen Sie heute um 10 Uhr zu unserer Geschäftsstelle. Dort gibt es 50 x 2 Karten für die ersten 50 Besucher – gratis und solange der Vorrat reicht.

Die Illokution der EINLADUNG kann dabei nur aus dem propositionalen Gehalt erschlossen werden. Wenn der Kontext nicht eindeutig ist, kann die Äußerung auch als BITTE oder VORSCHLAG verstanden werden.

3. Kommunikativ-pragmatische Faktoren

In welchen Situationen das Sprachhandlungsmuster EINLADUNG im Deutschen und Russischen realisiert wird und welche Besonderheiten dabei zu berücksichtigen sind, ist von den allgemeinen kulturellen Unterschieden und Höflichkeitsvorstellungen abhängig. In der russischen Kultur sind die Regeln der Höflichkeit durch den Einfluss des Solidaritätsgefühls, das in slawischen Gesellschaften prioritär ist, bedingt (vgl. Rathmayr 1996b: 178–185; s. auch Kap. XVIII. RATSCHLAG und Kap. XVII. BITTE). Dementsprechend fühlt sich der Sprecher berechtigt, die Einladung direkt und kategorisch auszusprechen, weil er ziemlich sicher ist, dass der Hörer seine Vorfreude bezüglich der bevorstehenden Aktivität teilt und dass die Einladung für ihn angenehm ist (vgl. Larina 2009: 238–244; Vinantova 2010: 42; Vasilina 2013: 126). Die russischen Kommunikanten können die EINLADUNG sogar mit Nachdruck äußern, was im Deutschen unzulässig ist, vgl.

(33) Феликс, я хочу пригласить тебя на чашечку кофе. И предупреждаю, что отказа не принимаю.

In der deutschen Kultur sind die Höflichkeitsregeln von einem Distanzgefühl beeinflusst (s. Rathmayr: 1996b), deshalb sind Deutsche allgemein bestrebt, jegliche Aufdringlichkeit bei der Einladung zu vermeiden, insbesondere im mündlichen Verkehr (vgl. Yakovleva 2004: 308–310). Aus diesem Grunde werden in der Regel modalisierte Äußerungen und indirekte Sprechakte in Form von Aussage- und Fragesätzen verwendet, vgl.

(34) Ich wäre sehr froh, wenn du uns mal besuchen könntest.
(35) Vielleicht kannst du mal vorbeikommen und mit uns zu Abend essen?

Wenn die EINLADUNG im Deutschen zu indirekt ausgedrückt ist, kann es dazu führen, dass russische Kommunikationspartner zweifeln, ob sie aufrichtig gemeint ist und ob man der Einladung folgen sollte. Die deutschen Gesprächspartner dagegen können sich bei den kategorischen russischen Einladungen unter Druck gesetzt und deshalb nicht wohl fühlen (s. Yakovleva, op. cit.).

Ein weiterer Unterschied, der auf der Gegenüberstellung von Solidaritäts- und Distanzhöflichkeit basiert, bezieht sich auf die Verbindlichkeit und Rechtzeitigkeit einer LOCUS-EINLADUNG. In Deutschland ist es nicht üblich, ohne Einladung zu Besuch zu gehen, weil durch ein unerwartetes Erscheinen die private Sphäre und die Handlungsfreiheit der zu besuchenden Personen gestört werden kann. In Russland dagegen gehen Besucher davon aus, dass gute Bekannte immer froh sind, sich zu treffen, weshalb eine Einladung bei vertrauten Beziehungen nicht unbedingt notwendig ist.

Andererseits können in der russischen Kultur LOCUS-EINLADUNGEN ziemlich kurzfristig ausgesprochen werden, während in Deutschland zwischen der Einladung und der geplanten Aktivität genug Zeit vergehen muss, damit der Eingeladene sich auf den bevorstehenden Besuch einstellen und seine Tätigkeiten entsprechend planen kann, vgl.

(36) И тут Света произносит: „Дима, приходи завтра ко мне на день рождения. Я тебя приглашаю."

Die Formulierung der Einladung ist in gewissem Maße auch von solchen pragmatischen Faktoren wie Alter und sozialer Distanz abhängig. Jüngere Kommunikanten sowie Gesprächspartner mit geringer sozialer Distanz ziehen bei der Formulierung der EINLADUNG verkürzte Formen vor. Im Russischen sind das vorwiegend bloße Imperative oder kurze Imperativkonstruktionen wie *Заходи(те) (ко мне); Проходи(те); Забегай(те)* u. ä. Das Präfix *за-* hebt die Kurzfristigkeit und Beiläufigkeit der Handlung hervor (s. Formanovskaja 2009: 276). Im

Deutschen wird in diesem Fall oft die Partikel *mal* verwendet, vgl. *Komm doch mal vorbei; Du könntest mich mal besuchen* u. ä.

4. Ausdrucksformen des kommunikativ-pragmatischen Feldes

4.1. Zentrale Realisierungsformen

Bei der typischen Einladung will der Sprecher hervorheben, dass er die Verantwortung dafür übernimmt, dass die bevorstehende Aktivität gelingt und für den Hörer angenehm ist. Deshalb ist der Gebrauch der performativen Formel mit dem Verb *einladen* bzw. *приглашать* für dieses Sprachhandlungsmuster prototypisch und in Bezug auf die Feldstruktur zentral, vgl.

(37) Wir laden euch und eure Eltern und Freunde ein, am Sonntag, dem 27. Februar, ab 11 Uhr in das Altstadtrathaus zu kommen.

(38) Я приглашаю всех, кто разделяет мои убеждения, к сотрудничеству.

Die lexikalischen Intensifikatoren sind nicht zahlreich, dazu gehören Adverbien und Ausdrücke wie *aufrichtig, herzlich, von ganzem Herzen* bzw. *искренне, сердечно, от всего сердца*, z. B.

(39) Wir laden Sie ganz herzlich ein und freuen uns auf ein Wiedersehen.

(40) Я от всего сердца приглашаю Вас на конференцию „Огонь на Алтаре" в Чикаго.

Die nominale Variante der performativen Formel mit den synonymischen Substantiven wird nur in der Konstruktion *Nehmen Sie meine Einladung an* bzw. *Примите моё приглашение* verwendet. Diese Konstruktionen sind aber in beiden Sprachen offiziell markiert und werden vorwiegend im schriftlichen Verkehr verwendet, vgl.

(41) Nehmen Sie bitte meine Einladung zur Unterkunft im historischen Zentrum der einzigartigen Renaissancestadt an.

(42) Сделайте мне честь, примите моё приглашение пообедать вместе у Тестова.

Zum Kern des russischen Feldes gehören auch imperativische Formen, die als direkte Aufforderungen fungieren. Nach Angaben von T. Larina verwenden russische Kommunikanten bei der Realisierung der EINLADUNG in 41 Prozent der Fälle Äußerungen mit bloßem Imperativ oder verschiedenen Imperativkonstruktionen (Larina 2009: 245). Eine besondere Gruppe stellen Modelle mit den Verben *erlauben, gestatten* bzw. *разрешать, позволять* im Imperativ in Verbindung mit dem Infinitiv des performativen Verbs dar, vgl.

(43) Erlauben Sie mir, Sie nach der Rentendebatte auf einen Kaffee einzuladen?

(44) Позвольте вас пригласить для приятной прогулки по набережной.

Ziemlich verbreitet ist im Russischen auch das Modell mit der Partikel *давай(те)*, das, wie auch beim VORSCHLAG, zum Ausdruck des inklusiven Imperativs dient, vgl.

(45) Знаешь что, давай сегодня пойдём ко мне, будем пить чай с мёдом и читать стихи.

Kurze EINLADUNGEN vom Typ *забегай, заглядывай, заскакивай*, die stilistisch als umgangssprachlich markiert sind, werden oft auch als Abschiedsformeln verwendet, vgl.

(46) Если что, забегай, – с удручившей Марго бодростью уже в дверях напутствовала ее хозяйка.
(47) Кивнув в сторону двери, он торопливо сунул мне руку. – Заскакивай завтра.

Im Deutschen gehören die imperativischen Äußerungen auch zu den verbreiteten, d. h. zentralen Realisierungsformen, sie können aber nicht zum eigentlichen Kern des Feldes gezählt werden, weil man in Deutschland eher explizite performative Äußerungen bevorzugt, vgl. die deutsche Entsprechung der üblichen russischen Einladungsformel, vgl.

(48) Вчера позвонил мой дядя Арменак: – Приходи ко мне на день рождения.
(48a) Gestern rief mich mein Onkel Armenak an: – Ich lade dich zu meinem Geburtstag ein.

Implizite Performativa, insbesondere in Form von Deklarativsätzen, nehmen in beiden Sprachen eine Übergangsposition zwischen dem Zentrum und der Peripherie ein, weil sie in der inoffiziellen Kommunikation wenig gebräuchlich sind. Im offiziellen Stil finden sich Äußerungen wie:

(49) Wir würden uns freuen, auch Sie in unserem Laden begrüßen zu dürfen.
(50) Если Вы свободны, я был бы счастлив встретиться с Вами в театре.

In der inoffiziellen Kommunikation kommen in demselben situativen Kontext eher andere Modelle vor:

(49a) Wir laden Sie in unseren Klub ein!
(50a) Приходи вечером в театр, если сможешь.

4.2. Periphere Realisierungsformen

4.2.1. *Stilistisch markierte Synonyme der performativen Ausdrücke*

Bei der Einladung zum Tanz oder zur Ausführung einer künstlerischen Tätigkeit können in beiden Sprachen andere Verben in der Funktion des Performativs verwendet werden, und zwar *ангажировать* bzw. *engagieren*, die aus dem Französischen entlehnt sind und im synonymischen Gebrauch zu *einladen* stilistisch als veraltend markiert sind:

(51) Plötzlich sagte er: „Ich engagiere Sie gleich zum Konzert."
(52) Я таки опять имею честь вас ангажировать pour mazure.

Im Deutschen ist in der kommunikativen Situation des Tanzes auch der Gebrauch des Verbs *auffordern* üblich, das als Hyperonym zu allen direktiven Sprechakten fungiert. Im Russischen ist ein derartiger Gebrauch des äquivalenten Verbs *побудить* undenkbar:

(53) Er forderte an dem Abend mehrmals die Tochter seines Chefs auf.

Zum gehobenen Stil gehören die Wendungen *habe die Ehre, Sie einzuladen* bzw. *имею честь пригласить Вас*. In der alltäglichen Kommunikation können diese Ausdrücke jedoch auch ironisch gebraucht werden, vgl.

(54) Ich hab die Ehre, die Damen und Herren aus der Aristokratie, den höheren Ständen, der Gelehrten- und Künstlerwelt zu unserem Fest einzuladen.
(55) Он подошёл и торжественно-иронически произнёс: „Имею честь пригласить вас на свадьбу, которая состоится 13 января 1970 года."

4.2.2. Indirekte Mittel der EINLADUNG

Indirekte Mittel sind beim Ausdruck der EINLADUNG selten, weil der Sprecher seine Absicht, für das Wohl des Hörers zu sorgen, deutlich zum Ausdruck bringen will. Zu den indirekten Mitteln können gezählt werden, vgl.

a) modalisierte Deklarativsätze im Indikativ und Konjunktiv

Zum Ziel der Modalisierung werden die Verben *wollen/mögen* bzw. *хотеть* verwendet. Derartige Äußerungen sind aber nur schwer von den allgemeinen Aufforderungen zu unterscheiden, vgl.

(56) Ich gebe nächste Woche eine kleine Dinnerparty im Club, und ich möchte gern, dass du kommst.
(57) 11 августа у меня свадьба. Хочу видеть вас на нашем торжестве.

b) modalisierte Fragesätze mit und ohne Negation

Während nicht modalisierte Fragesätze als implizite Performativa fungieren, weil das kommunikative Ziel in diesen Fällen eindeutig ausgedrückt wird, sind in den modalisierten Fragesätzen zwei Illokutionen – primäre und sekundäre – nachweisbar, vgl.

(58) Harald, wäre es möglich, dich als Gast in unserem Haus zu empfangen?
(59) Может быть, нам удастся увидеть вас в наших краях совсем скоро?
(60) В воскресенье крестины моего внука. Не мог бы ты почтить нас своим присутствием?

In den Beispielen (58), (59) и (60) ist die Illokution der Frage sekundär, primär funktionieren die Äußerungen als Einladungen.

5. Reaktionen auf eine EINLADUNG

Die Reaktion auf eine EINLADUNG ist in der Regel entweder positiv oder negativ, ausweichende Reaktionen kommen selten vor, weil der Sprecher wissen muss, ob der Adressat seine Einladung annehmen wird oder nicht. Bei der positiven Reaktion wird die Einladung angenommen. Die Bestätigung der Bereitschaft, der Einladung zu folgen, ist oft mit einem Dank verbunden, oder der Adressat bringt auf eine andere Weise seine Freude über die Einladung zum Ausdruck, vgl.

(61) „Du, ich habe bald Geburtstag und ich möchte dich zu meiner Geburtstagsparty einladen."
„Oh, klasse, wann denn?"
(62) – Не могу ли я пригласить вас на танец?
– С удовольствием, – улыбнулась парню Хартфелия, и парочка удалилась на танцплощадку.

Die Ablehnung einer Einladung ist häufig mit einer Entschuldigung und/oder Rechtfertigung verbunden. Aber auch in diesem Fall ist ein Dank angebracht, vgl.

(63) „Was machen Sie heute Abend? Darf ich Sie ins Kino einladen?"
„Heute? Tut mir leid. Heute geht es nicht."
(64) – Приглашаю тебя, Николай Степанович, в субботу в финскую баню.
– Спасибо, но, во-первых, у меня ванная есть, а во-вторых, я уже в среду мылся.

Wenn der Adressat sich nicht sicher ist, ob er der Einladung folgen kann, kann auch eine ausweichende Reaktion erfolgen. In diesem Fall verspricht aber der Adressat in der Regel, bald eine eindeutige Antwort zu geben, denn der Sprecher muss wissen, ob er bestimmte mit der EINLADUNG verbundene Vorbereitungen treffen muss oder nicht:

(65) „Ich wollte Sie nur sehr herzlich zum Gedächtnismahl einladen."
„Danke für die Einladung. Ich weiß noch nicht genau, ob ich an diesem Tag Zeit haben werde."
(66) – Аглая, я тебя на свидание хочу пригласить.
– Ну, даже не знаю, как такое приглашение принимать.

XIII. Versprechen

1. Definition des Sprachhandlungsmusters

1.1. VERSPRECHEN unter den kommissiven Sprechakten

Das Sprachhandlungsmuster VERSPRECHEN wird nach den Klassifikationen von J. Austin und J. Searle zu der Gruppe der kommissiven Sprechakte gezählt. Das Ziel eines Kommissivs besteht allgemein darin, dass der Sprecher sich zur Ausführung einer zukünftigen Handlung verpflichtet: „Sprecher will, dass Hörer glaubt, dass Sprecher eine Aktion tun will" (Harras 1983: 209).

(1) Ich verspreche, dass wir uns Mühe geben, gute Arbeit zu leisten.
(2) Создавайте книги, а мы обещаем читать и откликаться на них.

Zur Klasse der Kommissiva wird eine relativ große Gruppe von einzelnen Sprachhandlungsmustern gezählt, wie VERSPRECHEN, ANBIETEN, DROHEN, SCHWÖREN, SICH VERPFLICHTEN, GARANTIEREN und andere (vgl. u. a. Austin 1962; Katz 1977; Searle 1979).

E. Filimonova geht davon aus, dass VERSPRECHEN das einzige Mitglied der Klasse Kommissiva ist, das keine Überschneidungen mit anderen Sprechaktklassen hat und durch alle in der Definition der Kommissiva angeführten Merkmale gekennzeichnet ist. Somit kann VERSPRECHEN als prototypisches Sprachhandlungsmuster dieser Klasse angesehen werden (Filimonova 2003: 9; vgl. auch Antonova 2004: 11–12).

Searle (1971: 88–95) hat bestimmte Bedingungen für ein erfolgreiches Versprechen formuliert (vgl. auch Rolf 1987: 88–91). Die wichtigsten davon sind die Folgenden:

1) Der Gegenstand des Versprechens muss deutlich gemacht werden;
2) Der propositionale Gehalt des Versprechens muss sich auf die Zukunft beziehen;
3) Das Versprochene muss für den Adressaten vorteilhaft (benefaktiv) sein;
4) Die versprochene Handlung des Sprechers muss einen Sinn haben, d. h. nicht selbstverständlich sein. So ist z. B. das Versprechen, jeden Tag zu schlafen, sinnlos, wenn beide Gesprächspartner wissen, dass der Sprecher gesund ist.

Diese Charakteristika des Sprachhandlungsmusters beeinflussen seine Struktur und Realisierungsformen, wie das in den weiteren Paragraphen dieses Kapitels gezeigt werden wird.

1.2. Beschreibung des illokutiven Gehalts mithilfe von semantischen Primitiva

In ihrer Analyse der Sprechakte betrachtet A. Wierzbicka das Sprachhandlungsmuster VERSPRECHEN (PROMISE) im Vergleich mit dem Sprachhandlungsmuster GARANTIEREN (GUARANTEE). Sie weist sowohl auf Gemeinsamkeiten als auch auf Unterschiede dieser Sprechakte hin. Ebenso wie Searle meint Wierzbicka, dass in beiden Fällen der Sprecher eine Verpflichtung übernimmt. Sie formuliert dementsprechend die Definition des Sprachhandlungsmusters VERSPRECHEN wie folgt:

> Assuming that you want me to do Z,
> not wanting not to do what you want me to do,
> wanting to cause you to be able to think that I am obliged to do it,
> I say: I will do Z (Wierzbicka 1972: 138)

Die Definition des Sprechaktes GARANTIEREN unterscheidet sich von der oben angeführten Definition in zwei Aspekten: erstens, es ist nicht unbedingt notwendig, dass der Sprecher die erwünschte Handlung selbst ausführt; zweitens, der Grad der Verpflichtung ist viel höher (ibid.: 137).

In ihrem späteren Wörterbuch der englischen Sprechaktverben formuliert Wierzbicka das kommunikative Ziel des Verbs *promise* (≈ *versprechen*) viel ausführlicher und verwendet dabei das in diesem Wörterbuch übliche Schema, nach dem jeder Punkt der Definition mit „Ich + finites Verb" beginnen muss (Wierzbicka 1987: 205). Die Ergänzung bezieht sich auf die Searlesche Bedingung der Aufrichtigkeit des Versprechens (vgl. Searle 1971: 93), und zwar, dass der Sprecher die übernommene Verpflichtung erfüllen muss, sonst verliert er das Vertrauen des Adressaten:

> I want us to think that if I don't do it, people will not believe anything that I say I will do

Diese Ergänzung ist auch in der Definition des russischen Sprechaktverbs *обещать* (~ *versprechen*) von M. Ja. Glovinskaja berücksichtigt (vgl. Glovinskaja 1993: 177).

Eine wichtige Veränderung in der späteren Definition von Wierzbicka betrifft den Grad der Offensichtlichkeit der Verpflichtung bei einem Versprechen, der in der neuen Definition vermindert wird (Wierzbicka: op. cit.):

> I know that you think that I may not to do it

Die beiden Korrekturen werden in der von uns formulierten Definition des illokutiven Zwecks des Sprachhandlungsmusters VERSPRECHEN berücksichtigt. Im „Handbuch deutscher Kommunikationsverben" wird in der Charakteristik des Rekurssituationstyps Versprechen die Aufrichtigkeitsregel als „S will: H erkennt:

S will: P tun" formuliert (Harras/Proost/Winkler 2007: 226). Ähnlich wird in der hier vorgeschlagenen Definition die Aufrichtigkeitsregel als adressatenorientierter Wunsch des Sprechers, seine Absicht zu bestätigen, formuliert:

(a) Ich weiß, dass du wünschst, dass ich A mache
(b) Ich weiß, dass du denkst, dass es möglich ist, dass ich das nicht mache
(c) Ich will das machen, weil du das wünschst
(d) Ich sage: ich will A tun
(e) Ich will, dass du glaubst, dass ich A mache.

2. Struktur des Sprachhandlungsmusters

Es können folgende zwei Hauptmodelle beim Ausdruck des VERSPRECHENS unterschieden werden:

a) Explizit performatives Modell mit dem entsprechenden performativen Verb oder mit synonymischen performativen Konstruktionen: *Ich verspreche den Leuten, es wird sehr schön; Даю обещание, что этого больше не будет.*

b) Implizit performatives Modell, vorwiegend in Form eines Aussagesatzes ohne Performativ: *Ich helfe dir morgen bei der Vorbereitung des Referats*; *Я буду тебя регулярно посещать в больнице.*

2.1. Explizit performatives Modell

Das explizit performative Modell eines kommissiven Sprechaktes und somit auch eines Versprechens hat nach Searle (1979: 22, 1982: 42) folgende Tiefenstruktur:

I verb (you) + I Fut Vol Verb (NP) (Adv) =
Ich Verb (dir/Ihnen) + Ich Futur Voluntativ Verb (Nominalphrase) (Adverb)

Dementsprechend kann das Modell in zwei Teile gegliedert werden, der erste wird als Vordersatz (performativer Vorspann) und der zweite als Nachsatz (eingebettete Ergänzung) bezeichnet (vgl. Hindelang 2004: 23).

Der Vordersatz enthält das performative Verb (in der 1. Pers. Sg. oder Pl. Indikativ Präsens Aktiv) als obligatorische Handlungskonstituente, das Personalpronomen (in der 1. Pers. Sg. oder Pl.) als Sprecherkonstituente, sowie auch ein Personalpronomen bzw. ein Substantiv als Adressatenkonstituente. Das performative Verb ist im Falle der Kommissiva ein Voluntativ (d. h. ein Verb, das einen Wunsch bzw. eine Absicht ausdrückt):

(3) Ich verspreche euch, dass ich es euch mitteilen werde, sobald der Termin feststeht.
(4) Мы обещаем читателю Благовещенскому, что выясним причины дефицита ледяной рыбы в Москве.

Die Bestandteile des explizit performativen Modells können auch in der rückläufigen Reihenfolge erscheinen. Solche Äußerungen sind stilistisch markiert:

(5) Wir werden heiraten, das verspreche ich dir.
(6) А племянницу твою мы поддержим, обязательно поддержим, это я тебе обещаю.

Alle anderen Konstituenten können fakultativ erscheinen. Im Russischen wird die Sprecherkonstituente oft nur in der verbalen Flexion realisiert, das Personalpronomen wird ausgelassen:

(7) Обещаю биться за каждый мяч и демонстрировать всё, что умею.

Im Deutschen dagegen ist der Gebrauch des Personalpronomens obligatorisch:

(7a) Ich verspreche um jeden Ball zu kämpfen und alles zu zeigen, was ich kann.

Die Adressaten- wie auch die Absichtskonstituente können in beiden Sprachen ausgelassen werden, z. B. ohne Adressatenkonstituente:

(8) Ich gebe mein Versprechen, dass ich mit einem Sieg aus Australien zurückkehren werde.
(9) Обещаем маму слушать, умываться, кашку кушать.

Die elliptische performative Formel ohne Adressaten- und Absichtskonstituente, die in der Regel einen reaktiven Charakter hat, tritt im Deutschen in Form eines Partizips II auf, wobei im Russischen in diesem Fall das finite Verb in der 1. Pers. Sg. bzw. Pl. Präsens Indikativ gebraucht wird:

(10) Versprochen – Обещаю/Обещаем.

Im Deutschen ist dabei auch die Sprecherkonstituente nicht realisiert.

Der Nachsatz enthält ausschließlich die Absichtskonstituente, die den Inhalt des Versprechens und somit die beabsichtigte Handlung bekannt gibt. Die Ausdrucksform der Absichtskonstituente kann ein Infinitiv bzw. eine Infinitivgruppe oder ein Nebensatz sein:

(11) Ich verspreche, künftig mit mehr Respekt zu handeln.
(12) Я обещаю тебе список уничтожить и забыть о нём.
(13) Ich verspreche, es wird eine Überraschung geben.
(14) Даю слово, что я посажу тебя на самолёт, летящий прямо в Америку.

Ein Versprechen kann sich aber auch auf ein Objekt beziehen und in diesem Fall wird die Absichtskonstituente durch eine Nominalphrase (*NP* in der Formel) im Akkusativ ausgedrückt:

(15) Ich verspreche nicht in kürzester Zeit eine blühende Landschaft.

(16) За это я обещаю тебе помилование.

Fakultativ kann der Nachsatz auch eine Adverbialbestimmung enthalten, die darauf hinweist, dass die Handlung in der Zukunft erfolgen wird, was Searle in seiner Formel als (*Adv*) bezeichnet:

(17) Ich verspreche Ihnen, dass heute Abend sicher nichts aufgekocht wird.
(18) Я не обещаю, что завтра все будут жить как в малине.

In der ungezwungenen Kommunikation ist eine Inversion von Protasis und Apodosis möglich:

(19) Nun wird es nicht mehr lange dauern, ich verspreche es dir!
(20) Мы обязательно увидимся и, может быть, даже будем жить вместе, обещаю тебе.

Die performative Formel kann mithilfe von Modalverben modifiziert werden. Der Gebrauch der Modalverben mildert in gewissem Maße den Grad der Verpflichtung des Sprechers und wird deshalb bei einer nicht kategorischen Verpflichtung bevorzugt. Das Modalverb wird dabei im Indikativ gebraucht:

(21) Ich kann versprechen, dass wir die Vorfinanzierung sicherstellen.
(22) К 15-му сентября я могу обещать Вам вполне законченную повесть.

Die konjunktivischen Formen sind weniger kategorisch im Vergleich zu den indikativischen:

(23) Ich könnte versprechen, dass wir die Vorfinanzierung sicherstellen.
(24) К 15-му сентября я мог бы обещать Вам вполне законченную повесть.

Obwohl das Sprachhandlungsmuster VERSPRECHEN oft als Paradebeispiel einer performativen Äußerung gilt (vgl. Austin 1962: 32; Searle 1971: 88–96), kann das performative Modell nicht als ein prototypisches angesehen werden.

2.2. Implizit performatives Modell

Das implizit performative Modell enthält keine performativen Elemente und wird in der Regel durch einen Deklarativsatz ohne Modalisierung ausgedrückt:

(25) Wenn du nicht willst, werde ich nie mehr seinen Namen erwähnen.
(26) Я обязательно приглашу Вас на обед.

Eine Modalisierung der impliziten Äußerung eines VERSPRECHENS kann dazu führen, dass sie als ein Angebot empfunden wird:

(27) Wenn du nicht willst, dann könnte ich nie mehr seinen Namen erwähnen.
(28) Я могу/мог бы пригласить Вас на обед.

Das Tempus des Deklarativsatzes, der ein VERSPRECHEN ausdrückt, ist entsprechend der Regel des propositionalen Gehalts hauptsächlich das Futur. Im Falle der Modalisierung werden aber die Modalverben im Präsens Indikativ oder Konjunktiv gebraucht (s. Beispiele (27) und (28)).

3. Kommunikativ-pragmatische Faktoren

Die kommunikativ-pragmatischen Faktoren sind bei der Realisierung des Sprachhandlungsmusters VERSPRECHEN von den allgemeinen kulturellen Unterschieden und Höflichkeitsvorstellungen abhängig.

R. Lewis (2006: 27–43) teilt alle Kulturen in drei Typen: linear-aktive Kulturen, multiaktive Kulturen und reaktive Kulturen. Nach dieser Klassifikation sind Deutsche typische Vertreter einer linear-aktiven Kultur, während Russen grundsätzlich zum multiaktiven Typ gehören. Bei der Charakteristik der Kulturtypen ist auch das Verhalten ihrer Vertreter zu den Verpflichtungen unterschiedlicher Art beschrieben: "Multi-active people are not very interested in schedules or punctuality. They pretend to observe them, especially if a linear-active partner insists. They consider reality to be more important than man-made appointments" (Lewis 2006: 30). In Bezug auf das Versprechen bedeutet das, dass die Deutschen nur dann ein Versprechen geben, wenn sie sicher sind, dass es realisierbar ist. So schreibt der deutsche Dichter Friedrich Rückert: „Gib nicht zu schnell Dein Wort, so brauchst Du's nicht zu brechen! Viel besser ist es, mehr zu halten als versprechen". Die Russen dagegen können zuerst impulsiv dem Gesprächspartner etwas versprechen und erst danach realisieren, dass sie nicht imstande sind, das Versprochene zu halten (s. Kotorova 2017: 413). Für den Sprecher ist es oft sehr schwer, in der Öffentlichkeit zu gestehen, dass er nicht imstande ist, das auszuführen, was von ihm erwartet wird. Diese Tendenz ist auch in den Werken der russischen schöngeistigen Literatur beschrieben, vgl.

(29) – Ох, до чего же мне надоели эти звонки с просьбой выступить где-нибудь. Никак не могу научиться отказывать. Виляю, виляю, а потом сдаюсь или переношу на другой месяц. Но в другом-то месяце выполнить обещание надо!
– А вы не отказывайтесь. Говорите сразу: приду, и не приходите. Я всегда так делаю. (Виктор Розов. Удивление перед жизнью)

Das Sprachhandlungsmuster VERSPRECHEN ist in Bezug auf die wichtigsten pragmatischen Faktoren wie Alter, soziale Distanz, sozialer Status, Region eher indifferent. Ein Versprechen kann ein Kind dem Vater, ein Vorgesetzter dem Unterstellten, ein Student dem Professor und umgekehrt geben. Dabei können kaum Unterschiede in den Realisierungsformen beobachtet werden:

(30) „Ich verspreche dir, nicht wieder zu schnell zu fahren", sagte sie einem der freudestrahlenden Nachwuchspolizisten.
(31) US-Schwimmstar Michael Phelps hat sich für ein Foto entschuldigt, das ihn beim Marihuana-Rauchen zeigt: „Ich verspreche meinen Fans und der Öffentlichkeit, dass das nicht wieder vorkommt."
(32) Папа, обещаю тебе поехать к бабушке, но только не в этот лагерь!
(33) И теперь, мой народ, я обещаю не только мудро, но и добро и кротко править тобою!

Der Faktor des Grads der Verantwortung für die versprochene Handlung beeinflusst die Auswahl des performativen Verbs und kann somit dazu führen, dass das Sprachhandlungsmuster VERSPRECHEN durch ein anderes kommissives Sprachhandlungsmuster ersetzt wird.

Wenn der Sprecher zeigen will, dass er eine Verpflichtung übernimmt, benutzt er dazu die performativen Verben. Den höchsten Grad der Verpflichtung können die Verben *schwören* und *geloben* bzw. *клясться* ausdrücken:

(34) Ich schwöre, dass ich dich nie verlassen werde.
(35) Клянусь, завтра же я пускаюсь в дальний путь.

In den Beispielen (34) und (35) ist der Gebrauch des Verbs *schwören* und *клясться* im Fokus der Äußerung, der Sprecher will hervorheben, dass er so überzeugt ist, dass er einen Schwur leisten kann. Es ist dabei zu beachten, dass in diesem Fall der Nebensatz die Benennung der Absicht enthalten und Zukunftsbedeutung haben muss.

Das performative Verb *versprechen* würde in derselben Äußerung einen niedrigeren Grad an Verpflichtung, Verantwortung und Überzeugung ausdrücken, deshalb wird es durch ein anderes kommissives Verb ersetzt. Wenn aber der Sprecher dazu tendiert, eine Verpflichtung nicht explizit auszudrücken, sondern nur anzudeuten, werden die performativen Verben eher vermieden:

(36) Ich komme morgen um 17 Uhr ins Café.

Viel seltener wird dabei das vollständige explizite Modell gebraucht:

(37) Ich verspreche dir, dass ich morgen um 17 Uhr ins Café komme.

Vgl. auch im Russischen:

(38) Мы напечатаем Вашу статью в следующем номере нашего журнала.
(39) Мы обещаем, что напечатаем Вашу статью в следующем номере нашего журнала.

In diesem Fall ist der propositionale Gehalt der Äußerung wichtiger als der performative Vorspann.

4. Ausdrucksformen des kommunikativ-pragmatischen Feldes

Im kommunikativ-pragmatischen Feld des VERSPRECHENS können folgende Gruppen von Realisierungsformen unterschieden werden.

4.1. Zentrale Realisierungsformen

Im Kern sowohl des deutschen als auch des russischen Feldes stehen implizit performative Äußerungen (die sogenannten semantischen Performativa – s. Galljamova 2010: 27) ohne performatives Verb. Oft wird die illokutive Kraft der Äußerung mithilfe von Modaladverbien und Modalpartikeln verstärkt:

(40) Ich schicke umgehend Hilfe, sobald ich im Dorf angelangt bin.
(41) Sie bekommen ganz sicher Anfang Februar Texte zu Gesicht, die jeder Gymnasiast verstehen kann.
(42) Я точно смогу к тебе вырваться сегодня вечером.
(43) Мы ни на йоту не будем вмешиваться в ваши дела, не сомневайтесь.

In diesem Fall übernehmen in der Regel assertive Sprechakte die Illokution eines Versprechens. Sie werden oft in Sprechaktsequenzen als Reaktion auf eine Anfrage gebraucht, z. B.

(44) „Frau Schmidt, entschuldigen Sie bitte, aber ich warte immer noch auf mein Arbeitszeugnis."
„Ich mache das nächste Woche fertig!"
(45) – С тортиком-то что решила?
– Тортик я приготовлю.

Explizite Performativa können auch zu den zentralen Mitteln gezählt werden, sie werden aber nur dann gebraucht, wenn der Sprecher seine Verantwortung für die versprochene Handlung hervorheben will:

(46) Wir versprechen den Banken, unsere Schulden zu tilgen.
(47) Ich verspreche dir, alles anzunehmen, was du von mir verlangst!
(48) Но чтоб тебе было спокойнее, я обещаю: сегодня или завтра я найду её, поговорю и разберусь с этим делом.
(49) Поверьте, досадная ошибка произошла совершенно случайно, и мы обещаем впредь внимательнее относиться к цифрам телефонных номеров.

Die performative Formel kann nur mit wenigen Intensifikatoren verstärkt werden, sie werden zudem seltener gebraucht. Im Deutschen gehört dazu das Adverb *fest*, im Russischen – *точно*; umgangssprachlich kann auch das Adverb *eisern* bzw. *железно* in übertragenem Sinne gebraucht werden:

(50) Ich werde Sie, das verspreche ich fest, weiterempfehlen.
(51) Но точно обещаю: мы сможем вас удивить!

(52) Ich verspreche euch eisern, dass ich den Mörder finde.
(53) Железно обещаю главу на следующих выходных.

Lexikalische Intensifikatoren werden selten gebraucht, weil das VERSPRECHEN, wie erwähnt, dadurch verstärkt werden kann, dass ein anderes performatives Verb gebraucht wird, was den Wechsel zu einem anderen Sprachhandlungsmuster verursacht, vgl.

(54) Ich verspreche, dass ich nach meinem Rücktritt auch nicht wiederkommen werde.
Ich versichere, dass ich nach meinem Rücktritt auch nicht wiederkommen werde.
Ich schwöre, dass ich nach meinem Rücktritt auch nicht wiederkommen werde
(55) Обещаю тебе, что больше никогда не буду ссориться с тобой.
Заверяю тебя, что больше никогда не буду ссориться с тобой.
Клянусь тебе, что больше никогда не буду ссориться с тобой.

Um die Aufrichtigkeit des Versprechens hervorzuheben, werden Adverbien wie *ehrlich, aufrichtig* bzw. *искренне, правда* verwendet:

(56) Also ich verspreche ehrlich, sollte ich jemals wieder einen Schluck trinken, gehe ich freiwillig in eine Selbsthilfegruppe.
(57) Люда, я тебе правда обещаю, что больше ни-ни, ни капли.

Der Gebrauch des Modaladverbs *feierlich* bzw. *торжественно* unterstreicht die Wichtigkeit des Moments und die Gewichtung des Versprechens:

(58) Ich verspreche feierlich, dass ich immer bereit sein werde, Leben, Eigentum, Zeit und Ehre für meinen Glauben, meine Gemeinschaft und meine Nation zu opfern.
(59) Я торжественно обещаю посвятить всю свою жизнь служению человечеству!

In beiden Sprachen gibt es nominale Varianten der performativen Formel mit den synonymischen Substantiven im Bestand eines Funktionsverbgefüges: *ein Versprechen geben* bzw. *дать обещание*:

(60) Ich gebe mein Versprechen, dass ich mein Bestmögliches dazu beitrage.
(61) Считаю себя виновным в нарушении дисциплины и даю обещание, что этого больше не будет.

Zum Ausdruck des VERSPRECHENS wird auch das Funktionsverbgefüge *eine Verpflichtung übernehmen* bzw. *брать/давать обязательство* gebraucht, im Russischen oft ironisch:

(62) Беру обязательство посмотреть в ближайшем будущем фильмы „Великий Гэтсби" и „Волк с Уолл Стрит", а то вдруг Ди Каприо уйдёт из мира...

Auch implizit performative Äußerungen können einen nominalen Charakter haben: *ein Wort geben; Ehrenwort, dass...* bzw. *дать слово; честное слово, что...*:

> (63) Sie haben mein Ehrenwort, dass ich nur mit Ihnen zusammen sein werde.
> (64) Даю слово себе и его памяти, что сделаю всё, чтобы измениться.

4.2. Periphere Realisierungsformen

4.2.1. Modifizierte und stilistisch markierte Synonyme der performativen Ausdrücke

Eine Eigenart des Deutschen ist, dass in der Gegenwartssprache zwischen VERSPRECHEN als neutralem Akt und VERHEISSEN als gehobenem Akt unterschieden wird. Das Verb *verheißen* wird vorwiegend im religiösen Kontext verwendet (vgl. Wonneberger/Hecht 1986):

> (65) In einem Traum erschien ihr der heilige Franziskus von Assisi und sprach zu ihr: „Fasse Mut, ich verheiße dir und den Deinen den Sieg."

Außerhalb der religiösen Schriften wird das Verb *verheißen* in gehobenem Stil in der Bedeutung ‚feierlich in Aussicht stellen' gebraucht:

> (66) Ich verheiße dir, o Königin! Ich verheiße dir alles zu tun, was dir gefällt, und alles zu wirken, was deine Ehre verbreitet.

In den meisten Fällen wird das Verb in der Alltagssprache ironisch verwendet:

> (67) Ich habe euch hier noch nie gesehen, aber ich verheiße euch einen schönen Abend in meinem Etablissement.

Das Russische hat kein gehobenes Synonym zum Performativ *versprechen*, verfügt aber über umgangssprachliche Synonyme wie *обещаться, сулить*, das Letzte gilt als veraltet:

> (68) Этот человек меня любит, я вижу его чистую душу и обещаюсь быть ему послушной женой.
> (69) Я готов посулить Вам лошадь, но, разумеется, не на долгое время.

4.2.2. Indirekte Mittel des VERSPRECHENS

Die Funktion eines VERSPRECHENS können andere Sprachhandlungsmuster übernehmen. In diesem Fall wird die primäre Illokution indirekt ausgedrückt.
Das indirekte Versprechen kann auf folgende Weise realisiert werden:

a) mithilfe eines Sprechaktes, der ein nicht kommissives performatives Verb enthält. In solchen Äußerungen kommen vor allem illokutionsindizierende Verben des Sagens vor:

(70) Ich sage dir doch, dass ich dir das Geld geben werde.
(71) Я хочу тебе сообщить, что ты можешь рассчитывать на мою финансовую поддержку.

In beiden Beispielen werden performative Verben gebraucht, und zwar solche, die zu der Klasse der Assertiva gehören (*sagen, сообщать*). Der propositionale Gehalt der Äußerungen und die Partikel *doch* im ersten Beispiel weisen darauf hin, dass die eigentliche illokutive Rolle mehr als eine bloße Mitteilung ist.

b) mithilfe eines Fragesatzes;

Fragesätze werden selten zum Ausdruck eines Versprechens gebraucht. Es sind vor allem rhetorische Fragen, die die Funktion eines Versprechens übernehmen, z. B.

(72) „Ich würde mich so freuen, wenn du mitfahren würdest!"
„Kann ich da etwa nein sagen?"
(73) – Посиди здесь. Только, ради бога, ничего не трогай!
– Да что я – враг самому себе?

5. Reaktionen auf ein Versprechen

Die häufigste Reaktion auf ein Versprechen ist ein Dank, weil laut der Glückensbedingung das Versprochene für den Adressaten vorteilhaft sein muss. Bei einem reaktiven Versprechen, das durch eine Bitte oder eine Anspielung initiiert ist, kann der Dank als einzig mögliche Reaktion angesehen werden. Dabei werden sprachliche Mittel gebraucht wie *danke, ich weiß das zu schätzen; das ist sehr nett von dir* usw. bzw. *спасибо, благодарю, никогда не забуду; весьма обязан* usw., z. B.

(74) „Ich verspreche, dass ich dieses Feuer in dir immer unterstützen werde."
„Danke. Ich weiß das zu schätzen."
(75) – Прошу Вас, заклинаю, не говорить ему ни слова.
– Хорошо, я ничего не скажу.
– Благодарю, благодарю Вас!

Bei der Initiierung durch eine Aufforderung oder einen Befehl kann die Reaktion auf das Versprechen ganz ausbleiben, z. B.

(76) „Füttere die Ochsen! Gib ihnen ihr Körnerfutter!"
„Mach ich bestimmt."
(77) – Немедленно иди домой!
– Пойду через пять минут, обещаю.

Eine negative Reaktion ist sehr selten, sie kann grundsätzlich nur bei Missverständnissen vorkommen oder wenn der Adressat es sich anders überlegt hat:

(78) „Ich nehme deine Wasserschuhe mit, wenn du sie zum Baden brauchst."
„Ach lass! So war das nicht gemeint. Das geht auch ohne."

(79) – Хорошо, я тебя подвезу до дома.
– Да ладно, я передумала, сама дойду.

XIV. Erlaubnis

1. Definition des Sprachhandlungsmusters
1.1. ERLAUBNIS in den Sprechaktklassifikationen

Unter ERLAUBNIS versteht man allgemein einen Sprechakt, mit dessen Hilfe der Sprecher dem Hörer das Recht erteilt, eine Aktion zu vollziehen, die im Interesse des Hörers liegt (vgl. Beljaeva 1992: 17; Apresjan 2003: 930; Harras/Proost/Winkler 2007: 188). Dementsprechend sind für das Sprachhandlungsmuster ERLAUBNIS folgende kommunikative Bedingungen relevant:

1) der Hörer ist an der Realisierung bzw. Nichtrealisierung einer bestimmten Tätigkeit interessiert;
2) es existieren gewisse Umstände oder Einschränkungen, die die Realisierung bzw. Nicht-Realisierung dieser Tätigkeit verhindern;
3) der Sprecher ist imstande, die bestehenden Hindernisse zu beseitigen;
4) der Hörer wird durch die Mitteilung des Sprechers zur Ausführung der gewünschten Tätigkeit befugt (vgl. Izotov 1998: 97; Militz 1976: 161), vgl.

> (1) Ich erlaube dir, frei in dein Schloss zurückzugehen, aber du darfst es nie mehr verlassen.
> (2) Я отказываюсь от всех моих отцовских прав на Жоржа Шарля Дантеса и в то же время разрешаю вам усыновить его в качестве вашего сына...

Die Stellung der ERLAUBNIS in der allgemeinen Taxonomie der Sprechakte ist stark umstritten. Searle und Vanderveken zählen dieses Sprachhandlungsmuster zu den direktiven Sprechakten und somit zu den Aufforderungshandlungen (Searle 1979: 14; Searle/Vanderveken 1985: 202). Spätere Untersuchungen haben jedoch den besonderen Status der ERLAUBNIS offengelegt. So wird in einigen Studien dieses Sprachhandlungsmuster zu den kommunikativen Handlungen gerechnet, die allgemein die positive Reaktion auf eine Anfrage des Sprechers ausdrücken (vgl. Formanovskaja 2009: 262–265; Galaktionova 1988: 145–146; Izotov 1998: 98–99; Vasilina 2014: 40 u. a.). Es steht somit in einer Reihe mit Mustern wie ZUSTIMMUNG, BILLIGUNG, BESTÄTIGUNG, die einen ausgeprägten assertiven Charakter haben. Andererseits wird die Meinung geäußert, dass im Falle der ERLAUBNIS der Sprecher sich verpflichtet, nichts dagegen zu unternehmen, wenn der Hörer die Aktion A vollzieht, was auf deren kommissiven Charakter hinweist (Hindelang 2010: 140). Am überzeugendsten ist der Standpunkt von K. Wagner (2001: 215), der meint, dass der Hörer, der um Erlaubnis nachsucht, schon durch sein eigenes Interesse motiviert ist. Dementsprechend muss er gar nicht dazu bewegt werden, die Aktion A zu vollziehen. Der illokutive Zweck einer ERLAUBNIS besteht also nicht in der Aufforderung zu einer Handlung, sondern in der Beseitigung von inneren Hindernissen zur Realisierung dieser Handlung. Deshalb ist die ERLAUBNIS als ein deklaratives Sprachhandlungsmuster einzustufen, weil dadurch ein neuer Zustand hergestellt wird.

Man kann zwei Subtypen des Sprachhandlungsmusters ERLAUBNIS unterscheiden (vgl. Apresjan 2003: 931; Gavrilova 2006: 471). Der erste Subtyp ist unmittelbar auf die Beseitigung der äußeren oder inneren Hindernisse gerichtet, eine von dem Adressaten gewünschte Handlung auszuführen. Dabei können zwei Varianten unterschieden werden. Zum ersten kann die Äußerung eine Antwort auf die Anfrage des Gesprächspartners darstellen und somit ein reaktiver Sprechakt sein, z. B.

(3) „Darf ich bitte spanisch reden?" fragt er verschmitzt.
     Alle sagen: „Ja."
(4) – А можно, я чуть-чуть гостинцев попробую?
     – Можно, – усмехнулся Дед Мороз.

Zum zweiten kann die Situation selbst die Handlung des Sprechers bestimmen, indem er sich dazu veranlasst sieht, eine Erlaubnis zu erteilen. Derartige Äußerungen sind im Diskurskontext initiativ, stellen aber vom pragmatischen Standpunkt her auch eine Antwort auf bestehende Umstände dar, vgl.

(5) Wenn sie wütend ist, egal worüber, und ihre Wut raus schreien muss, dann sage ich ihr: „Du darfst wütend sein."
(6) В приоткрывшуюся дверь просунулась мужская голова, заросшая волосами и бородой до такой степени, что я подумал, будто на нас напали варвары. Но варвар приветливо улыбнулся и сказал: „Здрасте!"
     – Вы можете войти целиком, – великодушно разрешил я.

Dieser erste Subtyp mit seinen reaktiven und initiativen Varianten soll als BILLIGENDE ERLAUBNIS bezeichnet werden.

Der zweite Subtyp ist von einer gewissen Anfrage unabhängig und hat einen verallgemeinernden Charakter. Dementsprechend ist dieser Subtyp grundsätzlich initiativ und legt bestimmte Normen fest. Die Erlaubnis gilt in diesem Fall als eine ständige Dauerregel. Der zweite Subtyp ist als NORMIERENDE ERLAUBNIS zu betrachten, er findet vor allem in Vorschriften, Gesetzen und Instruktionen seinen Ausdruck und hat somit einen sozialen Charakter. Für die Realisierung der NORMIERENDEN ERLAUBNIS als Teil des Diskurses und somit als eine Sprachhandlung ist ein bestimmter Kontext notwendig, der auf den handelnden Charakter der Äußerung hinweist. Das kann eine einführende Frage (vgl. Beispiel 7) oder ein Begleitsatz sein, der in die direkte Rede einführt bzw. die Annonce einleitet (vgl. Beispiel 8):

(7) „Kann ich mit meinen Winterreifen das ganze Jahr fahren?"
„Ja, es ist erlaubt, Winterreifen das ganze Jahr zu fahren. Es ist auch erlaubt, Sommerreifen das ganze Jahr zu fahren, solange keine winterlichen Straßenverhältnisse vorliegen."

(8) Напротив входа висело объявление: „Животных разрешается кормить только свежим мясом и хлебом." Ни того, ни другого у Виктора и Сони с собой не было.

In vielen Fällen lässt sich nur aus dem weiteren Kontext erschließen, ob die Äußerung als eine Erlaubnis oder als eine Mitteilung funktioniert, und es ist nicht immer möglich, in den folgenden Beispielen den ganzen Kontext anzuführen. Deshalb wird davon ausgegangen, dass die Belege für eine NORMIERENDE ERLAUBNIS immer einen derartigen Kontext explizit oder implizit voraussetzen.

Beide Subtypen haben bestimmte Besonderheiten in ihrer sprachlichen Realisierung, was in den weiteren Paragraphen dieses Kapitels gezeigt wird.

1.2. Beschreibung des illokutiven Gehalts mithilfe von semantischen Primitiva

Das Sprachhandlungsmuster ERLAUBNIS umfasst im Deutschen die Sprechaktverben *erlauben*, *gestatten* und *gewähren* (Harras/Proost/Winkler 2007: 188). Die Verben *gewähren* und *gestatten* gehören einem gehobenen Stilregister an.

Während im Deutschen das performative Verb *erlauben* zum Ausdruck sowohl der BILLIGENDEN als auch der NORMIERENDEN ERLAUBNIS gebraucht werden kann, gibt es im Englischen zwei korrespondierende Verben – *allow* und *permit*, die in gewissem Maße spezialisiert sind. Das erste wird grundsätzlich zur Realisierung der BILLIGENDEN, und das zweite zur Realisierung der NORMIERENDEN ERLAUBNIS verwendet.

A. Wierzbicka formuliert in ihrem Wörterbuch der englischen Sprechaktverben die Definitionen für die Verben *permit* und *allow*.[15] Den semantischen Unterschied zwischen diesen beiden Verben sieht sie darin, dass im Falle von *permit* die Einwilligung des Sprechers auf der Kenntnis der allgemein gültigen Regeln basiert, während bei *allow* der Sprecher aus eigenen Erwägungen heraus handelt (Wierzbicka 1987: 110–111). Diese Bedeutungsschattierung findet auch in den Definitionen der Verben ihren Ausdruck. Bei *allow* wird die illokutive Bedeutung auf folgende Weise formuliert:

   I assume that you want to do X
   I assume that you cannot do it if I say that I don't want you to do it

---

15 Textsortenspezifische Verben wie *sanktionieren*, *legitimieren* bzw. *authorize*, *legitimize* etc. werden dabei ausgeklammert.

> I say: I don't want to say that I don't want you to do it
> I say this because I don't want to cause you not to be able to do it
> I assume that you will be able to do it because of that (Wierzbicka 1987: 111)

Die Definition des Verbs *permit* unterscheidet sich grundsätzlich von der oben angeführten Definition dadurch, dass statt "you" in allen Kontexten "some people" verwendet wird:

> I assume that some people (someone) will want to do X in Y (to Y) ... etc. (Wierzbicka 1987: 111)

Das soll nach Meinung von Wierzbicka den förmlichen und unpersönlichen Charakter des Verbs hervorheben und darauf hinweisen, dass der Adressat in diesem Fall eher hypothetisch ist.

Im Deutschen kann ein derartiger semantischer Unterschied bei den Verben *erlauben* und *gestatten* nicht nachgewiesen werden. Im Duden-Wörterbuch wird zwar das Verb *gestatten* als ein dem förmlichen Stil angehöriges charakterisiert (Duden 1999, Bd. 4: 1494), es funktioniert aber auch in der persönlichen Kommunikation bei einer größeren Distanz zwischen den Gesprächspartnern.

Die Definition des russischen Verbs *разрешать*, formuliert von Glovinskaja (1993: 184–185), fällt grundsätzlich mit der Beschreibung der Illokution des englischen Verbs *allow* zusammen:

> X разрешает Y-у P ≅
> (1) X и Y знают, что Y-у нельзя делать P, если X не сказал, что можно делать P;
> (2) X знает, что Y хочет делать P;
> (3) X говорит Y-у, что можно делать P;
> (4) X говорит это потому, что хочет, чтобы Y делал P, раз Y хочет делать P.

Bei der Beschreibung der Unterschiede zwischen den Synonymen *разрешать*, *позволять* und *дозволять* weist Ju. Apresjan darauf hin, dass *позволять* und *дозволять* – ähnlich wie *permit* und *gestatten* – häufiger in den Situationen gebraucht werden, die einen offiziellen Charakter haben (Apresjan 2003: 931).

Zusammenfassend wird folgende Definition des Sprachhandlungsmusters ERLAUBNIS mithilfe der semantischen Primitiva vorgeschlagen (vgl. auch Wierzbicka 1972: 134; 1983: 130):

(a) Ich gehe davon aus, dass du X tun willst
(b) Ich weiß, dass du verstehst: du kannst das nicht tun, wenn ich nicht will, dass du das tust
(c) Ich sage: ich habe nichts dagegen, dass du das tust
(d) Ich sage das, weil ich will, dass du das tun kannst
(e) Ich gehe davon aus, dass du es jetzt tun wirst.

2. Struktur des Sprachhandlungsmusters

Die beiden Subtypen der ERLAUBNIS unterscheiden sich wesentlich in ihrer Struktur. Das ist damit verbunden, dass im Falle der BILLIGENDEN ERLAUBNIS die Kommunikanten durch die Situation genau bestimmt und personifiziert werden, während bei der NORMIERENDEN ERLAUBNIS der Präskriptor abstrakt und die handelnden Personen hypothetisch sind.

Die BILLIGENDE ERLAUBNIS wird in beiden zu analysierenden Sprachen in ähnlichen Modellen realisiert, am häufigsten kommen folgende Äußerungsmuster vor:

a) persönliche explizit performative Konstruktionen mit performativen Verben *erlauben* und *gestatten* bzw. *разрешать, позволять* und *дозволять*, oder mit synonymischen nominalen performativen Konstruktionen:

    (9)   Ich gebe dem Verein die Erlaubnis, Bilder, auf denen ich zu erkennen bin, für Vereinszwecke zu verwenden.

    (10)   Там прекрасное общество, составленное из людей образованных, хорошо воспитанных; поезжай с Богом, я позволяю тебе пробыть там праздник Рождества и Новый год.

b) implizit performative Äußerungen mit Modalverben *dürfen* und *können* bzw. *мочь* in Verbindung mit einem Infinitiv. Diese Modelle werden vorwiegend in der alltäglichen (mündlichen) Kommunikation gebraucht:

    (11)   Aber du darfst ruhig Ronaldo zu mir sagen.
    (12)   Если тебе это так нужно, Поленька, ты можешь поехать с нами.

c) implizit performative Äußerungen ohne Modalisierung, die vor allem in dialogischen Sequenzen vorkommen. Da in diesem Fall keine sprachhandlungsbezeichnenden Verben gebraucht werden, wird der Typ des Sprachhandlungsmusters nach dem Inhalt der Anfrage bestimmt. Es können dabei sowohl vollständige als auch elliptische Äußerungen gebraucht werden:

    (13)   „Kann ich dann auch in seine Schule gehen?"
              „Ich habe nichts dagegen. Ich würde mich sogar freuen."
    (14)   – Могу ли я подождать его в кабинете?
              – Не возражаю, оставайтесь.

d) eingliedrige Konstruktionen in Form von Äußerungswörtern. Diese Äußerungen kommen als Antwortreaktionen auf die Anfrage des Gesprächspartners vor. Es werden dabei dieselben Äußerungswörter wie im Falle der ZUSTIMMUNG verwendet, deshalb ist es in manchen Situationen schwer, die beiden

Sprachhandlungsmuster zu unterscheiden. Auch hier spielt dabei der Inhalt der Anfrage die entscheidende Rolle:

(15) „Darf ich Ihnen eine Frage stellen, Herr Kandidat?"
Wladimir Neklajew trinkt einen Schluck Tee und nickt. „Selbstverständlich", antwortet er.

(16) – На улице мокро, в подъезде темно, вы не позволите посидеть у вас и выкурить сигаретку?
– Да-да, – сказала она. Проходите.

Für die NORMIERENDE ERLAUBNIS sind – entsprechend der allgemeinen Charakteristik dieses Subtyps – unpersönliche und unbestimmt-persönliche Modelle charakteristisch. Im Deutschen sind das:

a) unpersönliche Zustands- und (seltener) Vorgangspassivkonstruktionen mit dem Verb *erlauben*, das als Handlungskonstituente zu betrachten ist. Die Sprecherkonstituente ist in den meisten Fällen semantisch nicht realisiert, als Subjekt fungiert das unbestimmt-persönliche Pronomen *es*. Die Adressatenkonstituente steht als indirektes Objekt im Dativ oder (seltener) als präpositionales Objekt nach der Präposition *für* im Akkusativ, sie wird aber oft ausgelassen. Obligatorisch ist dagegen der Gebrauch der Inhaltskonstituente, die das Ziel des Sprachhandlungsmusters wiedergibt, weil ansonsten der Sinn der ERLAUBNIS verloren geht. Die Inhaltskonstituente kann in Form einer Nominalphrase im Akkusativ, einer Infinitivergänzung oder einer finiten Satzergänzung, eingeleitet durch die Konjunktion *dass*, auftreten:

(17) Es ist den Hüttenwirten erlaubt, eine Reservierungsgebühr zu verlangen, die später mit der Übernachtungsgebühr verrechnet wird.
(18) Nur ein Zugriff auf den Server, von dem ein Applet geladen wurde, ist erlaubt.
(19) Ingrid Rasch: „Und es ist für die Kinder erlaubt, gelegentlich zu schimpfen und zu motzen."
(20) „Es ist den Schülern erlaubt, dass sie auf dem Hof laufen", sagt die Lehrerin.

b) unbestimmt-persönliche Indikativkonstruktionen mit dem Verb *erlauben*, deren Gebrauchshäufigkeit aber im Vergleich zu den unpersönlichen Konstruktionen viel geringer ist. In diesem Fall übernimmt das Pronomen *man* die Rolle der Sprecherkonstituente, alle anderen Konstituenten haben dieselben Realisierungsformen wie im vorigen Fall:

(21) Man erlaubt Gästen nur, über die eigene Internet-Verbindung Kontakt zu ausgewählten Servern aufzunehmen.

Im Russischen kommen beim Ausdruck der NORMIERENDEN ERLAUBNIS folgende Modelle vor:

a) explizit performative unpersönliche Passivkonstruktionen mit dem Verb *разрешать*. Dabei wird sowohl die verbale Form *разрешается* als auch das Partizip *разрешено* gebraucht. Die Sprecherkonstituente wird im Russischen in der Regel weder semantisch noch formal ausgedrückt, im Falle ihrer expliziten Realisierung steht diese Konstituente im Instrumental. Die Adressatenkonstituente steht im Dativ. Die Inhaltskonstituente hat in der Regel die Form eines Infinitivs, sie kann auch in der Form eines direkten Objekts im Akkusativ oder eines präpositionalen Objekts mit der Präposition *к* auftreten:

(22) Между тем вышеописанному транспорту разрешается, за небольшим исключением, отступать от требований дорожных знаков и разметки.

(23) Уже в начале экскурсии в царство горилл нас предупреждают: Разрешено приближаться к животным лишь на семь метров, дабы не заразить их микробами, невольными переносчиками которых все мы являемся.

(24) Посещение государственного архива разрешается единственно людям, пользующимся особенною доверенностью начальства, – объясняет мне сотрудница.

(25) В аннотации написано: это средство разрешено к продаже государственным фармацевтическим агентством.

b) unbestimmt-persönliche Indikativkonstruktionen mit dem Verb *разрешать*:

(26) Общая практика такова, объявляет тренер, – родителям разрешают присутствовать на тренировках примерно раз в неделю, обычно – по субботам.

3. Kommunikativ-pragmatische Faktoren

Die funktionale Varietät bestimmt, welcher Subtyp des Sprachhandlungsmusters ERLAUBNIS in der Kommunikation relevant ist. Die BILLIGENDE ERLAUBNIS ist vor allem in der privaten und halboffiziellen Kommunikation anzutreffen. Der wichtigste Bereich ist die Alltagssprache, auch in der Pressesprache ist der Gebrauch dieses Subtyps möglich. Die stilprägenden Züge der Alltagskommunikation sind Ungezwungenheit, Subjektivität und Bildhaftigkeit. Die sprachlichen Charakteristika sind: einfache, oft unvollständige Sätze, Knappheit des Ausdrucks, expressive, oft umgangssprachliche Lexik, Gebrauch von Partikeln und Modalwörtern, vgl. die folgenden Beispiele:

(27) „Papa, darf ich zur Party?"
„Ja, aber um zehn bist du zu Hause."

(28) – Товарищ лейтенант. У нас на борту медвежонок. Звать Егорка. Попал к нам с праздника. Вот он, в кубрике, уплетает хлеб с мёдом.
– Хорош, хорош! – улыбнулся командир и уселся рядом с Егоркой, почёсывая ему за ухом. – Ну ладно, разрешаю остаться ему на борту.

In der offiziellen Kommunikation (insbesondere in der Behörden- und Wissenschaftssprache) werden überwiegend Äußerungen gebraucht, die eine NORMIERENDE ERLAUBNIS ausdrücken. Die Hauptzüge dieses Funktionalstils sind Sachlichkeit, Förmlichkeit und Unpersönlichkeit. Vom sprachlichen Standpunkt aus ist diese Art der Kommunikation durch folgende Merkmale gekennzeichnet: vielgliedrige zusammengesetzte Sätze, Passivkonstruktionen, Infinitivgruppen, neutrale Lexik ohne expressive Färbung, komplexe Wortbildung (vgl. Hoffmann 2007; Eroms 2008), vgl.

(29) Es ist grundsätzlich erlaubt, ein Planschbecken auf dem Balkon aufzustellen, wenn der Mietvertrag und die Hausordnung es nicht ausdrücklich verbieten.

(30) В соответствии со ст. 5 указанного закона организациям разрешено заключать договоры страхования (например, добровольного личного страхования) в пользу своих работников.

Während andere Sprachhandlungsmuster wie VORSCHLAG, VERSPRECHEN, ZUSTIMMUNG, ABLEHNUNG von kommunikativ-pragmatischen Faktoren wie Alter, sozialer Status, soziale Distanz wenig abhängig sind, wird die BILLIGENDE ERLAUBNIS in der Regel von einem älteren oder ranghöheren Gesprächspartner erteilt (vgl. Formanovskaja 2009: 262), wie das auch Beispiele (27) und (28) belegen.

4. Ausdrucksformen des kommunikativ-pragmatischen Feldes

Im Bestand des kommunikativ-pragmatischen Feldes des Sprachhandlungsmusters ERLAUBNIS kann man zwei Mikrofelder unterscheiden, die eine unterschiedliche Struktur und Zusammensetzung aufweisen.

4.1. Das Mikrofeld der billigenden Erlaubnis

Dieser Subtyp des Sprachhandlungsmusters ERLAUBNIS ist häufiger in der Alltagskommunikation anzutreffen.

4.1.1. Zentrale Realisierungsformen

a) Eingliedrige Äußerungen
Wenn die ERLAUBNIS als Reaktion auf eine Frage erfolgt, so wird sie sehr oft kurz und bündig mithilfe von Äußerungswörtern bzw. Prädikativa zum Ausdruck gebracht:

(31) „Hast du nichts dagegen, wenn ich mitkomme?"
„Nein", sage ich und stelle fest, dass es wirklich so ist.

(32) – А с Александром Стальевичем можно переговорить? Если Вы не против, я позвоню завтра с утра?
– Да, хорошо.

Wie es auch bei dem Ausdruck der ZUSTIMMUNG der Fall ist, werden dabei Gesprächspartikeln wie *ja* bzw. *да*, Modalwörter wie *okay*, *natürlich* bzw. *окей*, *конечно*, Modaladverbien wie *gut*, *gern* bzw. *хорошо*, *ладно* etc. verwendet. Im Falle einer negativen Anfrage können auch negierte Kurzäußerungen wie *nein*, *auf keinen Fall* bzw. *нет*, *ни в коем случае* etc. als eine ERLAUBNIS fungieren. Die Spezifik des Sprachhandlungsmusters wird nach den vorangehenden oder nachfolgenden Äußerungen bestimmt, die darauf hinweisen, dass es nicht um eine ZUSTIMMUNG (wie im Beispiel (33)) oder ABLEHNUNG (wie im Beispiel (35)), sondern um eine ERLAUBNIS (wie in Beispielen (34) und (36)) handelt, vgl.

(33) „Meinst du auch, es spielt eine Rolle, ob ein Hund oder ein Jäger ein Reh tötet?"
Hermann Fässler nickt energisch: „Ja, natürlich."
(34) „Darf ich sagen, was ich von euch – Mutter und Tochter – wirklich denke?"
„Ja, natürlich. Die gegenseitigen Erwartungen sollten endlich einmal auf den Tisch gelegt werden, ohne Vorwürfe und Groll."
(35) Глебов подумал: уж не его ли присутствие мешает разговору? Шепнул Соне: может быть, мне лучше уехать?
Соня замотала головой. – Ни в коем случае!
(36) – Вы не возражаете, если мы завтра в буфете накроем стол – у нашего артиста день рождения?
– Ни в коем случае, буду только рад.

Eine besondere Stellung nehmen eingliedrige Verbalkonstruktionen ein. Während beim Ausdruck der Zustimmung finite Verbalformen verwendet werden, kommen beim Ausdruck der ERLAUBNIS Imperativformen vor:

(37) „Hey, Marie kann ich reinkommen?", fragte ich unsicher.
„Ja, komm rein", kam auch schon die Antwort, und ich betrat das Zimmer.
(38) Если мне будет позволено сказать… – Говори, – разрешил я. – Я бы не стал торопиться на твоём месте, светлый Антон.

Derartige Konstruktionen sind sowohl im Russischen als auch im Deutschen gebräuchlich.

b) Explizit performative Äußerungen
Wenn die ERLAUBNIS initiativ ist, werden oft explizit performative Äußerungen gebraucht, die den Standpunkt des Sprechers besonders klar und deutlich wiedergeben:

(39) Wir erlauben so einen Blick hinter die Kulissen, denn wir wollen erläutern, warum wir dieses Thema verworfen und uns für jenes entschieden haben.

(40) Если в той безысходно-мрачной жизни развлечения смогут развеять тяжесть твоей души – что ж, я смирюсь, я разрешаю тебе, милый, я даже настаиваю – изменяй мне, встречайся с другими женщинами.

Auch in diesem Mikrofeld befindet sich das Verb *gestatten* nicht weit vom Kern des Feldes, weil seine Gebrauchsfrequenz im Deutschen relativ hoch ist. In Bezug auf die beiden russischen Synonyme *позволять* und *дозволять* schreibt Apresjan (2003: 930), dass sie bei der Realisierung einer BILLIGENDEN ERLAUBNIS, die einen konkreten Adressaten hat, nur schwach dem Verb *разрешать* gegenübergestellt sind. Die vorliegenden Untersuchungen zeigen aber, dass im performativen Gebrauch das sprachhandlungsbezeichnende Verb *erlauben* bzw. *разрешать* offensichtlich dominiert.

Sehr häufig werden die explizit performativen Konstruktionen vom Sprecher in Bezug auf sich selbst gebraucht:

(41) Ich erlaube mir, alle Personen und Institutionen zu kritisieren oder sogar abzulehnen, die meine Wertevorstellungen nicht akzeptieren.

Im Russischen wird in diesem Fall das Verb *позволять* gegenüber anderen Synonymen bevorzugt:

(42) Я позволю себе привести краткие аннотации к некоторым из размещённых в журнале работ.

Derartige Äußerungen, wie (41) und (42), haben aber keinen performativen Charakter, obwohl sie ein performatives Verb enthalten. Ihnen fehlt das illokutive Ziel der ERLAUBNIS. Die Selbst-Erlaubnis muss daher eher als RECHTFERTIGUNG betrachtet werden.

Explizit performative Äußerungen können auch in der Funktion einer reaktiven ERLAUBNIS auftreten:

(43) „Ich muss gehen, aber ich verspreche, dass ich wieder komme, wenn Sie es erlauben."
„Ja, ich erlaube es. Ich erlaube es sogar ausdrücklich."

(44) – Зачем решать – ехать надо. Если вы разрешите, Толич, уважаемый, да?
– Я разрешаю, разрешаю, Чарик.

c) Implizit-performative Äußerungen in Form von Aussagesätzen mit und ohne Modalisierung

Implizit performative Äußerungen ohne sprachhandlungsbezeichnendes Verb oder Nomen in Form eines Aussagesatzes sind auch relativ gebräuchlich. Dabei werden einerseits Konstruktionen ohne Modalisierung verwendet, z. B. *ich habe nichts dagegen; das geht in Ordnung; von mir aus* bzw. *я не возражаю; ничего не имею против; поступай, как знаешь* etc. Andererseits werden Äußerungen mit Modalverben *können, dürfen* bzw. *мочь* gebraucht:

(45) „Das Doppelzimmer, das eben frei geworden ist... kann die junge Dame es haben?"
„Ja, das geht in Ordnung. Willkommen bei uns."

(46) Сергуненко, открыв дверь, спросил: – Журналисту разрешите со мной?
– Не возражаю.

(47) Ein Virus erwischte mich, und ich wusste bis am Vortag des Rennens nicht, ob ich überhaupt würde teilnehmen können. Erst an diesem Tag konnte mir der Arzt sagen: Ja, Sie können fahren.

(48) Ты можешь зайти ко мне в комнату, – милостиво пригласила она Марека, как будто забыв, как сильно он не нравился ей тридцать лет тому назад.

Auch in diesem Fall ist der vorangehende oder/und nachfolgende Kontext für die Bestimmung des Sprachhandlungsmusters wichtig.

4.1.2. Periphere Realisierungsformen

Die Peripherie des kommunikativ-pragmatischen Feldes der ERLAUBNIS ist nicht reich, weil der Sprecher bestrebt ist, möglichst klar und eindeutig seine Position zum Ausdruck bringen, damit der Hörer imstande ist, die geplanten Aktivitäten in die Wege zu leiten.

a) Stilistisch markierte Synonyme der performativen Verben
Zu den peripheren Synonymen der performativen Verben gehören vor allem entlehnte Verben wie *legitimieren, sanktionieren, permittieren* bzw. *легитимировать, санкционировать*.

(49) Wir legitimieren diesen Wunsch der Schulen und schaffen somit ein lange gefordertes neues Schulangebot in Baden-Württemberg.

(50) Внеплановые проверки мы санкционируем на основе информации, поступающей из других органов, о нарушении трудового законодательства в конкретной организации, по обращениям граждан либо в связи с несчастными случаями на производстве.

Diese Verben gehören zum lexikalischen Bestand des offiziellen Stils und werden selten performativ gebraucht.

b) Rhetorische Fragen
In der Alltagskommunikation können rhetorische Fragen eine ERLAUBNIS ausdrücken, die entsprechende Illokution wird aus dem Inhalt der Frage erschlossen:

(51) „Ich hatte jetzt 7 Schichten und einen Tag frei. Darf ich den nicht haben?"
„Habe ich das jemals verboten?"

> (52) Позволишь мне расчёсывать твои длинные чёрные кудри и вплетать в них золотые нити?
> Куруш вздохнул. – Разве я могу тебе отказать?

Derartige Äußerungen werden grundsätzlich unter Gesprächspartnern gebraucht, die enge familiäre Beziehungen zueinander haben.

4.2. Das Mikrofeld der normierenden Erlaubnis

4.2.1. Zentrale Realisierungsformen

Das zweite Mikrofeld gibt die Ausdrucksmöglichkeiten des Subtyps NORMIERENDE ERLAUBNIS wieder. Zum Zentrum des Feldes gehören explizit-performative Äußerungen mit dem Verb *erlauben* bzw. *разрешать*. Kennzeichnend für die Realisierung dieses Subtyps sind Konstruktionen im Zustandspassiv:

> (53) Das Zelten unterhalb des Bergruinenhofs ist erlaubt und erwünscht, solange Platz vorhanden ist.
> (54) В ходе решения разрешается пользоваться шахматной доской, сообщает судья.

Zum Zentrum des Mikrofeldes können auch Äußerungen mit dem deutschen Verb *gestatten* gezählt werden:

> (55) Die Entnahme von Organen ist gestattet, wenn die verstorbene Person oder ihre Angehörigen keinen gegenteiligen Willen geäußert haben.

Das Verb *gestatten* wird zwar seltener im Vergleich zu dem Verb *erlauben* in den entsprechenden Konstruktionen verwendet, weist aber dabei keine stilistischen Unterschiede auf, weil die NORMIERENDE ERLAUBNIS allgemein für den offiziellen Stil charakteristisch ist.

4.2.2. Periphere Realisierungsformen

Die Synonyme des russischen performativen Verbs *разрешать*, die Verben *позволять* und *дозволять*, werden dagegen zur Peripherie des Mikrofeldes gezählt, weil diese Verben, wie aus dem Nationalen Korpus der russischen Sprache zu ersehen ist, vorwiegend bis zum Anfang des 20. Jahrhunderts im Gebrauch waren und gegenwärtig als veraltet empfunden werden:

> (56) Княжна В. пишет нам: В имении графа Воронцова-Дашкова в Алупке позволено бывать только избранным.
> (57) Только если он очень стар или занимает очень большое положение, пожилому мужчине дозволяется не снимать перчатки, перед тем как пожать руку даме.

Aktuell werden diese Verben in der Regel mit dem Ziel gebraucht, um Pathetik oder Ironie auszudrücken:

(58) Российские рыбаки: мы знаем, когда, где, чего и сколько нам дозволено ловить.

(59) Сегодня никакого дефицита нет, но дома позволяется сдавать не только без благоустройства, но даже без отделки.

Zur Peripherie des russischen Mikrofeldes werden auch unpersönliche Konstruktionen mit dem Prädikativ *можно* gezählt:

(60) С 2007 года малым предприятиям можно не вести бухгалтерию по методу двойных записей.

Derartige Äußerungen sind in geringerem Maße als offiziell markiert und können auch in der Alltagskommunikation verwendet werden, wobei sie dann ihren normierenden Charakter einbüßen.

Im Deutschen können zur Peripherie des Feldes persönliche und unbestimmtpersönliche Konstruktionen mit dem Modalverb *dürfen* gezählt werden:

(61) Gewerkschaften, Kirchen oder Universitäten dürfen Gästewohnungen für eine bestimmte Klientel anbieten.

(62) Man darf in der Schwangerschaft Massagen erhalten, diese müssen halt nur auf eine schwangere Person abgestimmt sein.

5. Reaktionen auf eine ERLAUBNIS

Die BILLIGENDE ERLAUBNIS ist in der Regel ein abschließender Teil der Sprechaktsequenz. Reaktionen auf eine BILLIGENDE ERLAUBNIS sind möglich, aber nicht obligatorisch. Die häufigsten Reaktionen auf eine ERLAUBNIS sind:

- Freude über die Erlaubnis:

(63) „Du darfst mich gern als positives Feedback zitieren. Das ist das Mindeste, was ich für dich tun kann."
„Schön, das ist mir eine Freude!"

(64) Я так рад, что вы разрешили мне путешествовать с вами!

- Dankesbezeigung:

(65) „Ja, du darfst bleiben, komm rein", murmelte der Blondhaarige.
„Danke... danke, Cody, du weißt nicht, wie viel mir das bedeutet", krächzte Charlie.

(66) – А ты ничего, Шурка. Ладно уж, владей золотым оружием, дарю!
– Благодарю вас, Михаил Дмитриевич, – усмехнулся полковник.

- Kompliment für den Sprecher:

    (67)   „Du kannst in den letzten beiden Wochen deines Aufenthaltes in New York bei mir wohnen."
           „Eine wunderbare Idee. Du bist immer so nett zu mir, Rhys."
    (68)   Успокойтесь, – произнёс я, мало-помалу придя в себя. – Идите к нему. Я не буду препятствовать.
           Незнакомка обратила ко мне бледное, убитое лицо, схватила меня за руку и опять зарыдала. – Вы так великодушны, – прошептала она.

Die oben genannten Reaktionen können auch kombiniert werden.

Im Falle der NORMIERENDEN ERLAUBNIS ist der Kreis der Hörer unbestimmt, deshalb wird auch keine Reaktion auf die Präskription erwartet. Die ERLAUBNIS funktioniert in diesem Fall als Vorschrift, die ohne jegliche Kommentare oder Diskussionen befolgt werden muss.

XV. Vorwurf

1. Definition des Sprachhandlungsmusters

Das Sprachhandlungsmuster VORWURF gehört zu den negativ wertenden Sprechakten. Es geht, allgemein gesagt, darum, dass der Sprecher die Handlung, das Verhalten oder auch die Meinung des Adressaten als nicht in Ordnung bewertet und diese Einschätzung dem Gesprächspartner direkt mitteilt (vgl. Wagner 2001: 298; Frankenberg: 1976), vgl.

> (1) „Du hast mich aber heute enttäuscht, mein Junge", sagte Bädelt, als Jens hereinkam.
> (2) Ты забыла, что у твоего племянника сегодня день рождения, – бормотала Муза.

In beiden Sprachen, sowohl im Deutschen als auch im Russischen, gibt es außer dem VORWURF eine ganze Reihe von negativ wertenden Sprachhandlungsmustern, z. B. RÜGE, KRITIK und ANKLAGE. Es ist deshalb notwendig, die Spezifika des Sprachhandlungsmusters VORWURF gegenüber ähnlichen Modellen des kommunikativen Sprachverhaltens herauszuarbeiten (zum Vergleich des VORWURFS mit anderen Sprachhandlungsmustern im Einzelnen s. Abschnitt 4. in diesem Kapitel).

Gehen wir hier zuerst auf die Merkmale ein, die für das Sprachhandlungsmuster VORWURF charakteristisch sind. Wie die Beispiele (1) und (2) deutlich machen, stehen die Kommunikationspartner Sprecher und Adressat in einem persönlichen Kontakt, sie sind einander bekannt oder begegnen sich in der gleichen Situation. Der Sprecher geht auf eine zurückliegende Handlung oder das Ergebnis einer Handlung des Adressaten ein, die ihn selbst betroffen gemacht hat, weil er sie nicht billigen kann bzw. weil er sich in seinen Erwartungen betrogen fühlt (Bulygina/Šmelev 1997: 421). Diese Haltung des Sprechers wird in den Äußerungen benannt, um dem Adressaten die eigene negative Position dazu zu signalisieren. Dabei sind folgende Momente, die eine Vorwurfssituation charakterisieren, hervorzuheben.

Erstens, besteht in der Regel zwischen dem Sprecher und dem Adressaten eine persönliche Beziehung mit geringer Distanz. Wagner (2001: 298) spricht von einem „privaten Bereich", in dem ein VORWURF geäußert wird. Bulygina/Šmelev (1997: 419) sehen eine Vorwurfssituation als eine Beziehung „zwischen einander nahen Menschen". Das bedeutet – wie Gorodnikova/Dobrovol'skij (2001: 93) unterstreichen –, dass ein VORWURF gegenüber einer Person mit höherem sozialen Status nicht typisch ist.

Zweitens geht der Sprecher davon aus, dass das angesprochene Verhalten des Adressaten schuldhaft war, das heißt, dass der Adressat mehr oder weniger leicht davon zu überzeugen ist, dass sein Verhalten nicht angemessen war.

Drittens äußert der Sprecher seinen VORWURF, um dem Adressaten zu verdeutlichen, dass er in den Augen des Sprechers etwas falsch gemacht hat, was ihm leidtun müsste, und dass es notwendig ist, sein Verhalten zu korrigieren.

Diese Charakteristika der Vorwurfssituation erfasst im Einzelnen auch Glovinskaja (1993: 198) bei der Deskription des Verbs *упрекать* ~ *vorwerfen*:

X упрекает Y-a за P ≅
(1) X входит в личную сферу Y-a;
(2) X считает, что P, которое сделал Y, плохо для X-a;
(3) X может ожидать другого P от Y-a;
(4) X говорит Y-у, что он не должен был делать P;
(5) X говорит это так, что Y понимает, что X огорчён;
(6) X говорит это, чтобы Y знал, что P огорчает X-a, и не делал больше P.

Diese Definition Glovinskajas erfährt noch eine Präzisierung in der 2. Auflage des Wörterbuchs der Synonyme der russischen Sprache (Apresjan 2003: 1213), und zwar in der Formulierung zu *упрекать*, die hier von Glovinskaja und Apresjan gemeinsam verfasst wurde. Diese Präzisierung betrifft die Tatsache, dass der Sachverhalt, der negativ bewertet wird, nicht nur eine Handlung des Adressaten sein kann, sondern – wie hier schon einleitend festgestellt – auch ein Zustand oder eine Meinung:

X упрекает... Y-a за P =
(1) Y, входящий в личную сферу X-a, сделал, испытывает или имеет P,
(2) которое X считает нежелательным;
(3) X говорит Y-у что-то такое, из чего прямо следует, что P нежелательно;
(5) X говорит это, чтобы Y понял, что ему не следовало делать, испытывать или иметь P.

So kann also davon ausgegangen werden, dass das, was vom Sprecher negativ bewertet wird, eine Handlung oder aber auch eine Auffassung bzw. eine Haltung des Adressaten sein kann. Diese Differenzierung findet sich in Wierzbickas Wörterbuch der englischen Sprechaktverben noch nicht, ansonsten legt die Verfasserin hier aber für *reproach* ~ *vorwerfen* eine detaillierte pragmatische Bedeutungsexplikation mithilfe der semantischen Primitiva vor (1987: 143), die mit den Deskriptionen von Glovinskaja und Apresjan vergleichbar ist:

I say: you have done something bad
I assume you understand that you shouldn't have done it
I feel something bad because of that

I say this because I want to cause you to think of what you have done and to feel something bad because of that.

Unter Berücksichtigung der angeführten Präzisierungen kann für das Sprachhandlungsmuster VORWURF zusammenfassend folgende Definition mithilfe von semantischen Primitiva vorgeschlagen werden:

(a) Ich sage: du hast etwas Schlechtes getan oder gesagt
(b) Ich gehe davon aus, dass du verstehst, dass du das nicht hättest tun oder sagen sollen
(c) Ich sage das, weil ich bewirken möchte, dass du daran denkst, was du getan oder gesagt hast
(d) Ich sage das, weil ich will, dass du das auch als schlecht empfindest.

2. Struktur des Sprachhandlungsmusters

Der VORWURF gehört zu den Sprachhandlungsmustern, deren illokutive Struktur sich in ihrem Aufbau nicht direkt widerspiegelt. Das hängt naturgemäß damit zusammen, dass der VORWURF in der Regel nicht mit dem performativen Verb *ich werfe dir vor...* bzw. *я упрекаю тебя...* gebildet wird (zu entsprechenden Ausnahmen s. hier unter 2.4.). Hinsichtlich des Aufbaus des Sprachhandlungsmusters VORWURF sollen deshalb folgende Strukturebenen unterschieden werden: die propositional-semantische Struktur, die konstruktiv-syntaktische Struktur und die Diskursstruktur.

2.1. Propositional-semantische Struktur

Die propositionale Struktur bezieht sich auf den illokutiven Aufbau des Sprachhandlungsmusters. Da das Sprachhandlungsmuster VORWURF in der Regel nicht mit einem performativen Verb funktioniert, sind die Konstruktionen der propositional-semantischen Struktur nicht, wie z. B. bei den Sprachhandlungsmustern GRATULATION oder DANK, an einen bestimmten semantischen Aufbau gebunden und insofern relativ variabel. Trotzdem lassen sich von der pragmatischen Funktion her die Konstituenten des Sprechers, des Adressaten und des Anlasses unschwer ausmachen, vgl.

(3) „Du hast einfach kein Gefühl für Humor", stellt Paula trocken fest.
(4) Я сказал тебе, что мы с мамой встретились и поговорили, а ты даже не поинтересовалась, как и что.

In den Beispielsätzen steht die Konstituente des Sprechers zum einen (3) im Begleitsatz der direkten Rede (*Paula*) und zum anderen (4) als Personalpronomen der 1. Pers. (*я*) im einleitenden Hauptsatz. Der Adressat wird in beiden Beispielen durch ein Personalpronomen in der 2. Pers. bezeichnet. Der Anlass, das negativ bewertete Tun oder Sagen, wird in (3) in der Passage der direkten Rede und in (4) durch den adversativen Hauptsatz bezeichnet. Diese drei Konstituenten sollen im Weiteren etwas näher betrachtet werden.

2.1.1. Sprecher

Der Sprecher ist die propositional-semantische Konstituente, die den VORWURF gegenüber dem Adressaten äußert. Der Sprecher ist durch eine bestimmte Handlung oder Auffassung des Adressaten, die nicht den allgemeinen Normen oder seiner persönlichen Vorstellung entspricht, emotional betroffen. Zwischen beiden besteht in den meisten Fällen ein nahes Distanzverhältnis, weshalb der Sprecher sich gegenüber dem Adressaten nicht gleichgültig verhält, sondern weiterhin an guten Beziehungen zu ihm interessiert ist. Auf diese Besonderheit des Vorwurfs im Vergleich zu anderen negativ wertenden Sprachhandlungsmustern wird in der Fachliteratur immer wieder verwiesen: "The speaker somehow cares for the addressee" (Wierzbicka 1987: 143); „Упрек уместен в контексте общего хорошего отношения говорящего к упрекаемому" (Bulygina/Šmelev 1989: 420).

2.1.2. Adressat

Der Adressat ist gegenüber dem Sprecher die schwächere Konstituente, er ist gehalten, irgendwie auf die negative Bewertung seines Handelns und Denkens zu reagieren. Von ihm wird erwartet, dass er versteht, warum der ihm vorgeworfene Sachverhalt für den Sprecher nicht akzeptabel ist, dass er das bedauert und bereit ist, Änderungen im Handeln oder in der Haltung vorzunehmen. Letzteres bedeutet jedoch nicht, dass ein VORWURF für den Adressaten als Strafe zu verstehen ist.

2.1.3. Anlass

Die Konstituente des Anlasses bezieht sich auf das vom Sprecher negativ bewertete Handeln, Verhalten oder Denken des Adressaten. Dieser Sachverhalt muss dem Dialog zwischen Sprecher und Adressat nicht unmittelbar vorangegangen sein, sondern kann auch länger zurück liegen. Vorgeworfen werden können Dinge wie fehlende Aufmerksamkeit, Leichtsinn, Untätigkeit, Vergesslichkeit, Undankbarkeit, Geiz, Überheblichkeit usw. (vgl. Morkovkin 2016: 1309; Akišina/Formanovskaja 2016: 144–154). Diese negative Bewertung des Tuns und Sagens des Adressaten geschieht in der Regel mit einem bestimmten Engagement, sie bezieht sich „auf Situationen, in denen ein Sprecher einem Hörer gegenüber nachdrücklich zum Ausdruck bringt, dass er eine vergangene Handlung dieses Hörers schlecht findet" (Harras/Proost/Winkler 2007: 288). Diese Nachdrücklichkeit der Äußerung verstärkt die Tatsache, dass der VORWURF immer auch ein gesichtsbedrohender Akt ist. Der Vorwurfsempfänger kann sich durch die negative Bewertung in seinem Image verletzt fühlen (vgl. Brown/Levinson 1987: 70–74).

2.2. Konstruktiv-syntaktische Struktur

Hinsichtlich der konstruktiv-syntaktischen Struktur gibt es sowohl im Deutschen als auch im Russischen bestimmte Satztypen (Aussagesatz, Fragesatz, Exklamativsatz) und bestimmte Strukturmuster, die als prototypisch für das Sprachhandlungsmuster VORWURF angesehen werden können. Dazu gehören zum einen einfache bzw. einfach erweiterte Aussagesätze (möglicherweise auch im Rahmen eines zusammengesetzten Satzes), die einen Sachverhalt negativ bewerten, vgl.

(5) „Du hast mich heute", sagte Wolfhardt, „in eine höchst peinliche Situation versetzt."
(6) Ты обидел меня на лодке, проси прощения.

Vielfach werden negative Bewertungen auch als Fragesätze, als Wortfragen, formuliert. In beiden Sprachen machen die Interrogativpronomen und die Partikeln (*denn*, *же*) deutlich, dass die Erwartungen des Sprechers gegenüber dem Adressaten in der Vorwurfssituation nicht erfüllt wurden, vgl.

(7) Warum bist du denn nicht gekommen?
(8) Что же ты не принесла зонтик?

Der dritte Satztyp, der als konstruktiv-syntaktische Basis für eine Vorwurfsäußerung dient, sind Exklamativsätze, vgl.

(9) Das hast du nun von deiner Überheblichkeit!
(10) Вот так удружил!

Zu den nicht seltenen Satzmustern für die Struktur von Vorwürfen gehören auch kompletive Satzgefüge, die durch ein wertendes Adjektiv im deutschen Hauptsatz bzw. ein wertendes Prädikativum im russischen Hauptsatz gekennzeichnet sind, vgl.

(11) Es war nicht klug, dass du gleich zum Direktor gelaufen bist.
(12) Нехорошо, что ты так говоришь о своей учительнице.

Im Rahmen dieser Satztypen bzw. Strukturmuster werden die negativen Bewertungen vor allem durch die lexikalische Füllung der syntaktischen Konstruktionen signalisiert bzw. verstärkt. Das können entweder Substantive sein, wie z. B. *Über-*

heblichkeit in (9), Adjektive wie *peinlich* in (5), Verben wie beispielsweise *обидеть* in (6) oder Partikeln wie *denn* und *же* in den Fragesätzen (7) und (8).

Dadurch, dass der Anlass für den VORWURF sowohl dem Sprecher als auch dem Adressaten bekannt ist, kann das Sprachhandlungsmuster VORWURF auch nichtverbal ausgedrückt werden. So findet man in umgangssprachlichen Situationen nicht selten Ellipsen als konstruktiv-syntaktische Basis für eine Vorwurfsäußerung. Die illokutive Leistung dieser Belege wird wesentlich durch die Partikeln *schon, doch* und *же* getragen (vgl. Bulygina/Šmelev 1997: 420), vgl.

(13) Du schon wieder? Du wusstest doch, dass das nicht geht!
(14) Ну что же ты? Мы же договаривались!

2.3. Diskursstruktur

Die Äußerung eines VORWURFS im Rahmen einer natürlichen Begegnung zweier Kommunikationspartner ist gewöhnlich der erste Teil eines Dialogs, das heißt, dass die Vorwurfsäußerung des Sprechers in der Regel eine Reaktion des Adressaten verlangt. So ist eine Vorwurfssituation sprechakttheoretisch eigentlich zweigliedrig, sie enthält den vom Sprecher vorgetragenen VORWURF und die vom Adressaten entgegnete Antwort. Dabei muss davon ausgegangen werden, dass eine verbale Reaktion des Adressaten nicht obligatorisch ist. Der Sprecher kann in bestimmten Fällen auch mit Schweigen auf einen VORWURF reagieren.

Ein anderes Beispiel für die Reaktion auf einen Vorwurf wäre, dass der Kommunikationspartner sich die Äußerung des Sprechers zu Herzen nimmt. Die Akzeptanz eines Vorwurfs durch den Adressaten kann dazu führen, dass er sich für die vom Sprecher negativ bewertete Handlung oder Auffassung entschuldigt, vgl.

(15) „Schämst du dich nicht? Und das unter fremden Leuten!"
„Entschuldige, Mama, ich habe das nicht gewollt."
(16) – Зачем полез ко мне? Я не просила!
– Извини, я больше не буду.

Neben Entschuldigungen sind auch Reaktionen anzutreffen, in denen sich der Adressat des Vorwurfs verteidigt. Er kann versuchen, sich zu rechtfertigen oder sogar die negativ bewertete Handlung oder Auffassung abstreiten. Auf die unterschiedlichen Reaktionsmöglichkeiten des Adressaten wird in Abschnitt 5. dieses Kapitels näher eingegangen.

2.4. Performative Strukturen

Wie hier schon wiederholt festgestellt wurde, ist der performative Gebrauch der Vorwurfsverben *ich werfe dir vor...* und *я упрекаю тебя...* im Deutschen und im Russischen nicht üblich. Beide Verben finden sich aber in bestimmten syntaktisch abhängigen Positionen, und zwar in modalen Konstruktionen, auch in performativer Verwendung, vgl.

(17) Ich muss dir immer wieder vorwerfen, dass du in derartigen Situationen viel zu leichtsinnig bist.
(18) Я снова должна упрекнуть тебя в несамостоятельности, – строго сказала Зинаида Геннадьевна.

Hinsichtlich der Rektion des Verbs gibt es zwischen dem Deutschen und Russischen zwei Unterschiede. Einerseits steht der Adressat im Deutschen im Dativ (*dir vorwerfen*) und im Russischen im Akkusativ (*упрекнуть тебя*). Andererseits gibt es für die Konstituente des Anlasses, den negativ bewerteten Sachverhalt, im performativen Gebrauch im Deutschen eine Rektionsmöglichkeit, und zwar den Akkusativ (z. B. *etwas vorwerfen*), im Russischen hingegen stoßen wir auf zwei Rektionsmöglichkeiten (*упрекнуть в чем* und *упрекнуть за что*). In beiden Sprachen kann der negativ bewertete Sachverhalt auch als kompletiver Nebensatz ausgedrückt werden (*vorwerfen, dass...* und *упрекнуть в том, что...*). Zu den verschiedenen Rektionsmöglichkeiten im einfachen Satz vgl. die folgenden drei Beispiele:

(19) Ich muss dir Überheblichkeit vorwerfen, auch wenn du das nicht hören willst.
(20) Должен тебя упрекнуть в крайней мягкости и уступчивости.
(21) До сих пор я только препирался с вами, г-н Градовский, теперь же хочу вас и упрекнуть за намеренное искажение моей мысли, главного пункта в моей речи.

Ein eindeutiger pragmatisch-semantischer Unterschied zwischen beiden Rektionen lässt sich für das Russische nicht nachweisen: „То, в чем или за что упрекает говорящий, существует как бы на фоне его общего хорошего отношения к упрекаемому" (Bulygina/Šmelev 1997: 419). Insofern finden beide Rektionen im Russischen ihre Entsprechung in der Akkusativrektion im Deutschen, also *упрекнуть в крайней мягкости* ~ *äußerste Weichheit vorwerfen* wie in (20) und *упрекнуть за намеренное искажение* ~ *eine bewusste Verzerrung vorwerfen* wie in (21).

Es sei hier am Rande bemerkt, dass das deutsche Verb *vorwerfen* im nicht performativen Gebrauch einen entschieden weiteren Bedeutungsumfang haben kann, z. B. ‚jemandem die Schuld an etwas geben, jemandem etwas zur Last legen' wie in *Ihm wurde vorgeworfen, einen Mord begangen zu haben. Ihr wurde Fahrerflucht vorgeworfen.* Derartige Beispiele betreffen aber nicht das Sprachhandlungsmuster VORWURF.

3. Kommunikativ-pragmatische Faktoren

Das Bündel von kommunikativ-pragmatischen Faktoren, das die Formulierung und den Gebrauch des Sprachhandlungsmusters VORWURF determiniert, ist nicht sehr umfangreich und für das Deutsche und Russische nicht prinzipiell differenziert. Generell ist davon auszugehen, dass sich VORWÜRFE vor allem in der Alltagskommunikation finden, sodass Belege für dieses Sprachhandlungsmuster vornehmlich im mündlichen Sprachgebrauch anzutreffen sind. Aus dieser Verwendungssphäre resultieren auch im Einzelnen die kommunikativ-pragmatischen Faktoren, die für das Auftreten des Sprachhandlungsmusters VORWURF charakteristisch sind. Es geht vor allem um die Kriterien der Distanz zwischen den Kommunikationspartnern, um ihren sozialen Status und um den Grad der Öffentlichkeit der Vorwurfssituation.

3.1. Zwischenmenschliche Distanz

Hinsichtlich des kommunikativ-pragmatischen Faktors der Distanz stehen sich zwei Möglichkeiten gegenüber: zum einen können Sprecher und Adressat einander unbekannt sein, sodass man von einer großen Distanz sprechen würde; zum anderen kennen sich beide, zwischen Vorwurfsmacher und Vorwurfsempfänger besteht ein Verhältnis der Nähe, das vielfach auch durch private Kontakte gekennzeichnet sein kann. Für den Gebrauch des Sprachhandlungsmusters VORWURF ist, wie schon in den Abschnitten 1. und 2. mehrfach erwähnt und durch die bisher angeführten Beispiele belegt, eine Beziehung der zwischenmenschlichen Nähe charakteristisch oder, wie es in mehreren russischen Publikationen formuliert wurde: der Adressat des VORWURFS gehört zur persönlichen Sphäre des Sprechers. Wohl jeder Muttersprachler des Deutschen als auch jeder Russischsprecher hat derartige VORWÜRFE aus der persönlichen Lebenssphäre im Ohr, vgl.

(22) Warum hast du das gemacht?
(23) Зачем ты так поступила?

Eine geringe Distanz zwischen den Kommunikationspartnern ist jedoch nicht generell an ein Duzverhältnis gebunden, vgl. die beiden folgenden Beispiele:

(24) Ich muss Ihnen vorwerfen, Kollege Winter, dass Sie immer als Erster den Bleistift hinlegen.
(25) Мария Витальевна! Извините, но я не могу не упрекнуть Вас. Как же так! Вы были в Москве и даже не дали о себе знать. Не позвонили, не зашли.

Im deutschen Beispiel (24) kann beispielsweise die Verwendung der Anrede *Kollege* statt *Herr* Signal dafür sein, dass Sprecher und Adressat offensichtlich aus dem gleichen Arbeitsbereich kommen und insofern einander nahe sind. Das russische Beispiel (25) führt einen negativ bewerteten Sachverhalt an, der zwar eine tiefe Betroffenheit des Sprechers wiedergibt, aber ein derartiger Vorwurf wird aufgrund der offensichtlich geringen Distanz zwischen Sprecher und Adressat kaum zu einem Abbruch ihrer Beziehungen führen.

Wenn der kommunikativ-pragmatische Faktor der geringen Distanz bei der negativen Bewertung eines Sachverhalts nicht vorliegt, geht es nicht um das Sprachhandlungsmuster VORWURF, sondern es kann eine KRITIK vorliegen (vgl. Nagel 2010: 16, 52), vgl.

(26) Ich muss Ihnen sagen, dass Ihr Verhalten nicht korrekt ist. Lassen Sie bitte Herrn Zempin ausreden.
(27) Я бы попросил Вас больше не перебивать других. Это мешает работе и очень трудно сконцентрироваться.

3.2. Sozialer Status

Von hoher Relevanz für das Funktionieren des Sprachhandlungsmusters VORWURF ist der kommunikativ-pragmatische Faktor des sozialen Status. Voraussetzung für das Gelingen eines VORWURFS ist, dass Sprecher und Adressat den gleichen sozialen Status aufweisen oder dass der des Sprechers höher ist. Vielfach ist das Kriterium des sozialen Status mit dem des Alters verbunden. Die beiden folgenden Belege sind nur denkbar, wenn entweder der Sprecher und Adressat vom sozialen Status oder Alter her gleichgestellt werden können oder dem Sprecher eine höhere Position zukommt, vgl.

(28) Das hättest du dir an fünf Fingern abzählen können.
(29) Раньше надо было думать.

Natürlich ist es auch möglich, dass negative Bewertungen eines Sachverhalts von unten nach oben, also von einem geringeren sozialen Status aus, geäußert werden. Dann liegt vielfach kein VORWURF, sondern eher das Sprachhandlungsmuster BESCHWERDE vor, vgl.

(30) Ich habe mich schon zum dritten Mal an die Abteilung Öffentliche Sicherheit gewandt und immer noch keine Antwort erhalten.
(31) Я не доволен тем, как в оргбюро ко мне относятся.

3.3. Öffentlichkeitsgrad

Der kommunikativ-pragmatische Faktor des Öffentlichkeitsgrades umfasst einerseits die Möglichkeit einer nicht öffentlichen Situation, also eines Verhältnisses unter vier Augen, und andererseits die öffentliche Situation, die für den Adressaten keine Schutzfunktion vor fremder Aufmerksamkeit bietet. VORWÜRFE werden in der Regel in nicht öffentlichen Situationen verwendet. Wenn diese Bedingung nicht gewährleistet werden kann, ist der Sprecher gehalten – da ein VORWURF eine Gesichtsbedrohung für den Adressaten bedeutet (s. Abschnitt 2.1.3.) – durch bestimmte Höflichkeitsstrategien das Image des Adressaten zu schützen, vgl. die beiden folgenden Beispiele:

(32) Mir scheint, das war ziemlich grob von dir.
(33) К сожалению, я не могу сказать, что ты прилежно занималась в этом месяце.

In beiden Beispielen wird die Höflichkeitsstrategie zum Schutz des Images des Adressaten dadurch erreicht, dass die Intensität des Vorwurfs zurückgenommen wird. Im Beleg (32) geschieht das durch die modale Modifikation mithilfe des Hauptsatzes, wodurch der Sachverhalt des Nebensatzes als präsumtiv, das heißt durch die Bedeutung der Annahme, gekennzeichnet wird. Im russischen Beispiel (33) wird das durch das Modalwort *к сожалению* erreicht.

4. Ausdrucksformen des kommunikativ-pragmatischen Feldes

Die verschiedenen formellen Realisierungsmöglichkeiten des Sprachhandlungsmusters VORWURF werden im Rahmen des kommunikativ-pragmatischen Feldes des VORWURFS mit seiner Zentrum-Peripherie-Struktur zusammengefasst. In den beiden folgenden Punkten werden zuerst unter 4.1. die zentralen Strukturtypen des VORWURFS skizziert und dann unter 4.2. die Typen, die sich mit ähnlichen negativ wertenden Sprachhandlungsmustern am Rande des kommunikativ-pragmatischen Feldes des VORWURFS berühren oder sich mit ihm überschneiden.

4.1. Zentrale Strukturtypen des Sprachhandlungsmusters VORWURF

Hinsichtlich der pragmatisch-semantischen Deskription des Sprachhandlungsmusters VORWURF wurde festgestellt, dass es hier um in der Vergangenheit liegende Auffassungen und Handlungen, die aber auch bis in die unmittelbare Gegenwart hineinreichen können, geht. Sie werden vom Sprecher negativ bewertet, weil sie nicht seinen Erwartungen entsprechen. Die Äußerung eines VORWURFS liegt also darin, dass ein Sachverhalt sowie seine negative Bewertung benannt werden. Das kann sprachlich sowohl im Deutschen als auch im Russischen auf verschiedene Art und Weise realisiert und daher zusammenfassend kaum vollständig erfasst werden. Deshalb werden hier nur einige der häufigsten konstruktiv-syntaktischen Strukturmuster von einfachen Sätzen und Satzgefügen angeführt, die eine direkte oder indirekte Nomination des negativ bewerteten Sachverhalts erlauben. Beim Vergleich der deutschen und russischen Belege zeigt sich, dass sie einen hohen Grad an strukturellen Übereinstimmungen aufweisen.

Zu den direkten Nominationen gehören in erster Linie einfache Sätze und Satzgefüge, die in Aussagesätzen einen Sachverhalt und seine negative Bewertung konstatieren. Sie bilden den Kern des kommunikativ-pragmatischen Feldes des VORWURFS. Vgl. neben den schon angeführten Belegen (5) und (6) unter Abschnitt 2.2. für den einfachen Satz noch die beiden Beispiele (34) und (35):

(34) Du missachtest immer wieder die Verkehrsregeln. Da brauchst du dich über Strafzettel nicht zu beschweren.
(35) Флёр, я всегда считал тебя мудрой девочкой, но ты сильно разочаровала меня.

Ebenfalls zentral sind die kompletiven Satzgefüge, in denen die Sachverhaltsbenennung im Nebensatz und die negative Bewertung im Hauptsatz stehen. Die Kennzeichnung kann sowohl durch Verben erzielt werden, die eine negative Bedeutungsnuance konnotieren können, z. B. *vergessen, übersehen, missachten, enttäuschen* bzw. *забыть, пропустить, пренебречь, разочаровать* als auch in nominalen Hauptsätzen durch Adjektive und Substantive mit negativer Semantik wie *unklug, kurzsichtig, leichtsinnig* bzw. *неразумный, недальновидный, легкомысленный* sowie *Dummheit, Unaufmerksamkeit* bzw. *глупость, невнимательность* usw., vgl.

(36) Du warst einfach zu kurzsichtig, dass du erneut Werner Barginski vertraut und ihm Glauben geschenkt hast.
(37) Всё-таки это было легкомысленно с твоей стороны позволить Анне Степановне сообщить друзьям, что я прилетел.

Zu den indirekten Nominationen, die noch zu den zentralen Realisierungsformen des VORWURFS gezählt werden können, gehören die Interrogativsätze, vgl. unter 2.2. die Beispiele (7) und (8), und die Exklamativsätze, s. ebenda (9) und (10), sowie die beiden folgenden Belege für einen Interrogativsatz im Deutschen (38) und einen Exklamativsatz im Russischen (39):

(38) Warum bist du nicht gekommen, wie verabredet? Du hast doch gewusst, dass wir warten.
(39) С такой ерундой, любочка моя, ты смогла бы сама справиться!

4.2. Der VORWURF und ähnliche negativ wertende Sprachhandlungsmuster

An der Peripherie des kommunikativ-pragmatischen Feldes des VORWURFS findet sich eine ganze Reihe von Äußerungen, die schon an Felder anderer negativ wertender Sprachhandlungsmuster grenzen und sich auf diese Weise in ihrer illokutiven Funktion mit dem VORWURF nur noch berühren. Hier sollen im Weiteren vor allem Beziehungen des Feldes des VORWURFS mit den Sprachhandlungsmustern KRITIK, RÜGE, ANKLAGE und BESCHWERDE skizziert werden.

4.2.1. VORWURF und KRITIK

Das Sprachhandlungsmuster VORWURF enthält, wie gezeigt wurde, eine negative Bewertung des Handelns oder der Auffassungen des Adressaten, die nicht den Erwartungen des Sprechers entsprechen. Da der Adressat zur persönlichen Sphäre des Sprechers gehört, ist dieser durch das nicht normgerechte Verhalten des Adressaten betroffen. Beim Sprachhandlungsmuster KRITIK geht es zwar auch um eine negative Bewertung, sie betrifft aber nicht die persönlichen Interessen des Sprechers, sondern bezieht sich auf etwas dem Adressaten oder einem Dritten Zugehöriges. Dadurch ist der kommunikativ-pragmatische Faktor der nahen Distanz hier nicht mehr relevant. Die Einschätzung dieser Angelegenheit als schlecht geschieht aufgrund der Bewertungskompetenz des Sprechers, die sozialen Normen werden durch die Äußerung der Kritik nicht verletzt, vgl. den deutschen und den russischen Beleg für eine KRITIK:

(40) Das Beispiel, das Sie angeführt haben, fand ich gut. Aber die anschließende Argumentation lässt eine ganze Reihe von Fragen offen.
(41) Это был интересный доклад, но последняя часть Вашего выступления не совсем тщательно продумана.

4.2.2. VORWURF und RÜGE

Ein wichtiger kommunikativ-pragmatischer Faktor des Sprachhandlungsmusters VORWURF ist die generell gleiche soziale Positionierung von Sprecher und Adressat. Bei der RÜGE dagegen stehen Sprecher und Adressat vielfach in einer sog. pädagogischen Situation im weiteren Sinne (vgl. Zillig 1982: 92), es geht nicht um persönliche Interessen des Sprechers, sondern es werden Verhaltensnormen verletzt. Häufig gehört der Sprecher zur Lehrerschaft oder zu den Eltern, die die Handlungen der Gerügten als nicht normgerecht bewerten. Insofern ist die RÜGE eine „milde Form einer Sanktionshandlung bei Missachtung eines Gebotes" (Wagner 2001: 277), vgl.

(42) Was sind das für Manieren! Kaugummi im Mund, die Hände in den Taschen! So kann man mit dir nirgends hingehen!
(43) Вы, – говорю, – крайне невоспитанный человек. Вашим родителям должно быть за вас стыдно.

4.2.3. VORWURF und ANKLAGE

VORWURF und ANKLAGE basieren beide auf der negativen Bewertung eines Sachverhalts. Sie unterscheiden sich durch die kommunikative Situation der Sprachhandlung. Beim VORWURF gehört der Adressat, wie gesagt, zur persönlichen Sphäre des Sprechers. Bei der ANKLAGE dagegen geht es um einen öffentlichen Bereich. Der Sprecher hält für wahr, dass der gegebene Sachverhalt die Normen der Öffentlichkeit verletzt, wofür der Adressat verantwortlich ist. Die genannten Normen können die persönlichen Interessen des Sprechers berühren oder nicht, sie sind aber in der Regel in Rechtsvorschriften formalisiert, vgl.

(44) „Wir haben Drogen im Auto gefunden. Was können Sie dazu sagen?", fragte Mebel den Fahrer.
(45) Вы нарушили технику безопасности и едва не устроили пожар в коридоре.

4.2.4. VORWURF und BESCHWERDE

Beim Sprachhandlungsmuster VORWURF liegt der negativ bewertete Sachverhalt vor der Meinungsäußerung. Hinsichtlich des Sprachhandlungsmusters BESCHWERDE dagegen sind Handlung, Ereignis bzw. Zustand oder auch eine Person zeitlich nicht spezifiziert, sie liegen aber im Interesse des Sprechers. Er geht davon aus, dass der Adressat für die Missstände verantwortlich ist und aber auch die Möglichkeit hat, diese Angelegenheiten in Ordnung zu bringen. Damit hat die BESCHWERDE auch eine direktive Komponente (vgl. Wagner 2001: 271), vgl.

(46) Ich muss Sie davon in Kenntnis setzen, dass niemand vor Ort, wie es notwendig ist, nach dem Unfallverursacher gefragt hatte.
(47) Я ещё сегодня об этом напишу директору, я этого так не оставлю.

5. Reaktionen auf einen VORWURF

Wie in Abschnitt 2.3. zur Diskursstruktur des Sprachhandlungsmusters schon erläutert, ist der VORWURF gewöhnlich der erste Teil eines Dialogs, dem ein zweiter Teil als Antwort bzw. als Reaktion auf den VORWURF folgt. Wie sowohl das deutsche als auch das russische Sprachmaterial zeigt, finden sich in der Alltagskommunikation verschiedene Entgegnungsmöglichkeiten auf einen VORWURF. Da sich das Sprachverhalten von Deutschen und Russen in derartigen

Situationen nicht wesentlich unterscheidet, werden im Folgenden die Reaktionen für beide Sprachen gemeinsam skizziert. Dabei geht es vor allem um folgende pragmatisch-semantische Typen von Reaktionen: SICH-RECHTFERTIGEN, SICH-ENTSCHULDIGEN, ABSTREITEN oder auch SCHWEIGEN.

Auf die drei Manifestationen der sprachlichen Entgegnung auf einen VORWURF soll hier kurz eingegangen werden. Das sprachliche Material sowohl im Deutschen als auch im Russischen ist größtenteils umgangssprachlich gefärbt. Das unterstreicht den Nähe-Faktor, der für das Funktionieren des Sprachhandlungsmusters VORWURF charakteristisch ist. Vielfach handelt es sich bei den Belegen um indirekte Vorwurfsäußerungen, das heißt, um Interrogativsätze und Exklamativsätze.

5.1. SICH-RECHTFERTIGEN

Der perlokutive Effekt eines VORWURFS ist seine Akzeptanz durch den Adressaten und dessen Absicht, den negativ bewerteten Sachverhalt zu verändern. SICH-RECHTFERTIGEN dagegen bedeutet, dass der Adressat sich für eine Handlung oder eine Position als nicht verantwortlich bzw. als schuldlos erklärt oder dass er dafür „mildernde Umstände" erheischen will.

(48) „Musst du mir dauernd auf die Füße treten?"
„Nein, nein; es war ganz aus Versehen!"
(49) – Это, сынок, было просто неприлично!
– Я не нарочно это сделал, мам!

5.2. SICH-ENTSCHULDIGEN

Die ENTSCHULDIGUNG als Reaktion auf einen VORWURF setzt dessen Akzeptanz durch den Adressaten voraus. Der Vorwurfsempfänger ist sich bewusst, dass er durch sein Handeln oder Denken dem Sprecher Ungemach bereitet hat. Das wird vom Adressaten bedauert. Er möchte durch seine ENTSCHULDIGUNG erreichen, dass der Sprecher ihm weiterhin gewogen ist.

(50) „Du hast ganz allein die Schuld! Reiß dich zusammen!"
„Tut mir leid. Ich werde mich ändern."
(51) – Какой у тебя сложный характер!
– Извини! Не хотела тебя обидеть!

5.3. ABSTREITEN

Das ABSTREITEN ist eine harte Form der Nichtakzeptanz des VORWURFS des Sprechers durch den Adressaten. Der Vorwurfsempfänger hält die negative Bewertung des Sachverhalts für nicht wahr bzw. negiert, wie in den angeführten Beispielen, die Handlung oder die Position an sich.

(52) „Wieso bist du so schüchtern und sagst nichts?"
„Ich, und schüchtern? Ich weiß gar nicht, wovon du sprichst!

(53) – Тань, какая ты невнимательная!
– Не пойму, что ты имеешь в виду!

XVI. Beleidigung

1. Definition des Sprachhandlungsmusters

Das Sprachhandlungsmuster BELEIDIGUNG ergibt sich aus einer abfälligen Äußerung des Sprechers über den Adressaten, wodurch dieser sich verletzt fühlt. Die BELEIDIGUNG gehört wie der VORWURF zu den negativen Bewertungen, unterscheidet sich aber dadurch, dass hier der Adressat erniedrigt werden soll. Im Unterschied zu den Sprachhandlungsmustern wie BITTE, DANK oder WUNSCH wird bei der BELEIDIGUNG das Sprechaktverb *beleidigen* bzw. *оскорблять* nicht performativ gebraucht, es tritt also im Sprachhandlungsmuster selbst – wie z. B. *ich beleidige dich ~ я оскорбляю тебя* – gewöhnlich nicht auf.

Das Spezifische der BELEIDIGUNG liegt in der Wirkung der Äußerung, in ihrer Perlokution, das heißt darin, dass der Adressat sich durch das negative Werturteil des Sprechers über seine Person, über seine Tätigkeit oder über seine Umgebung persönlich getroffen und erniedrigt fühlt (vgl. Wagner 2001: 191–192), vgl.

(1) Du verdammter Feigling! Du kannst mir nicht einmal in die Augen sehen!
(2) Ты лжёшь, мерзавец, самым бесстыдным образом!

Die BELEIDIGUNG ist vergleichbar mit der BESCHIMPFUNG (vgl. Stelmach 2015; Havryliv 2009: 69–71; Ermen 1996). Sie geht aber über sie hinaus, weil bei der BESCHIMPFUNG der Sprecher – meist emotional erregt und mit derben Worten – zwar auch eine negative Wertung über den anwesenden Adressaten und seine Verärgerung über ihn äußert, er vermag jedoch nicht, den Adressaten zu treffen oder ihn zu verletzen, sodass eine mögliche Perlokution ausbleiben kann. In den beiden folgenden Beispielen ist der Sprecher offenbar verärgert über die Schwerfälligkeit des Adressaten und belegt ihn in emotionaler Erregung mit Schimpfwörtern, die sich aus dem metaphorischen Gebrauch von Tierbezeichnungen (*Ochse* bzw. *верблюд*) ergeben. Diese BESCHIMPFUNGEN führen aber nicht unbedingt dazu, dass sich der Adressat beleidigt fühlt, vgl.

(3) Siehst du, solchen Pelz will Lottchen haben, so, wie die da hat – nicht die, du Ochse, die kleine Dicke!
(4) Яков Абрамович бросил папку и расхохотался: – Ах, осёл, осёл – сказал он весело, – и ведь главное – всё записывает...

Wie wichtig bei der BELEIDIGUNG die Perlokution im Vergleich zur Illokution ist, zeigt die Tatsache, dass es auch Kommunikationssituationen gibt, in denen sich der Adressat einer Äußerung beleidigt fühlt, ohne dass der Sprecher seine

Meinungsäußerung als BELEIDIGUNG geplant hatte. Für die Abgrenzung von BELEIDIGUNG und BESCHIMPFUNG ist es charakteristisch, dass nur die BELEIDIGUNG unabsichtlich sein kann. Eine BESCHIMPFUNG geschieht immer mit Absicht. In diesem Zusammenhang hat A. Wierzbicka (1987: 149) darauf hingewiesen, dass man zwar versuchen kann, jemanden zu beleidigen, man kann aber nicht versuchen, jemanden zu beschimpfen.

Bei einer unbeabsichtigten BELEIDIGUNG hat der Sprecher die Möglichkeit, das Missverständnis aufzuklären oder die Reaktion des Adressaten als übertrieben zu bewerten. Die folgenden beiden Beispiele zeigen die beleidigten Reaktionen der Adressaten und die dadurch ausgelösten Klärungsversuche der Sprecher.

(5) „Wie kann man nur so verletzend sein!" schluchzte Regina mit Tränen in den Augen. „Es war nicht so gemeint, Häschen. Beruhige dich!" brummte Paul.
(6) – А ты меня обидел, обидел, – восклицала Маргарита.
– Я этого не хотел. Извини, лапочка.

Eine BESCHIMPFUNG benutzt in der Regel invektive Wörter, um den Adressaten zu treffen. Eine BELEIDIGUNG dagegen kann ohne eine pejorative oder vulgäre Lexik auskommen, sie vermag es, allein durch eine inhaltlich negative Charakterisierung der Person des Adressaten oder seines Tuns und Lassens eine beleidigende Illokution zu erzielen. Insofern ist eine BESCHIMPFUNG gewöhnlich eine exklamatorische Äußerung, die BELEIDIGUNG dagegen kann intonatorisch völlig ruhig und neutral vorgetragen werden, vgl.

(7) „Du bist mit deinen tiefen Gefühlen schwer zu ertragen", sagte Seliger gelangweilt.
(8) Ты не холоден и не горяч, ты только тепловат; не могу тебя терпеть.

Für die BELEIDIGUNG ist es kennzeichnend, dass der Sprecher den Adressaten durch seine verletzende Äußerung kommunikativ unter Druck setzen und ihn in seinem Image bewusst herabsetzen will. Insofern ist eine BELEIDIGUNG eine Form der verbalen Aggression (vgl. Kusov 2004: 8–9), sie verletzt, wie die Beispiele (1) und (2) sowie (7) und (8) sowohl für das Deutsche als auch für das Russische zeigen, durch den kompromittierenden Sachverhalt sowie in vielen Fällen auch durch die Wortwahl gegenüber dem Adressaten die Normen des sprachlichen Umgangs.

Die Beispiele (7) und (8) verdeutlichen außerdem, dass bei der BELEIDIGUNG davon auszugehen ist, dass der Sprecher seine Äußerung bewusst und kontrolliert mit dem Ziel formuliert, den Adressaten persönlich zu treffen und zu verletzen. Diese Absicht des Sprechers unterstreichen auch die Zeilen (3) und (4) in der Definition des Verbs *оскорблять* ~ *beleidigen*, die Glovinskaja (1993: 198) vorgelegt hat:

X оскорбляет Y-a ≅
(1) X плохо думает об Y-е;
(2) X говорит об Y-е или о P, которое сделал Y, нечто такое, чего не говорят о хорошем человеке;
(3) X понимает, что после этих слов Y-у не может не быть неприятно;
(4) X говорит это для того, чтобы Y-у было неприятно.

Dass der Äußerung einer BELEIDIGUNG ein bewusstes Denken oder Fühlen des Sprechers vorausgeht, drückt auch Wierzbicka in ihrer Definition des Verbs *insult* aus. Außerdem unterstreicht die Autorin, dass es bei einer BELEIDIGUNG dem Sprecher mit seiner negativen Wertung der Person des Adressaten oder seines Tuns nicht darum geht, etwas Wahres mitzuteilen, sondern das dessen Verletzung und persönliche Erniedrigung durch die jeweilige Äußerung erreicht werden soll (vgl. Wierzbicka 1987: 148):

I think something bad about you
I feel something bad towards you (/person X)
I want to say something bad about you (/person X)
I want to say: (something bad about you (/X)
I assume you will feel something bad because of that
I assume people would understand that I say this not because I want to say what is true
I say this in this way, because I want to cause you (/X) to feel something bad.

Zusammengefasst kann man sagen, dass das Ziel des Sprachhandlungsmusters BELEIDIGUNG darin liegt, den Adressaten, seine Tätigkeit oder seine Umgebung negativ zu bewerten und ihn dadurch zu verletzen und zu erniedrigen. Das muss nicht auf Tatsachen beruhen, sondern geschieht allein zu dem Zweck, die negative Bewertung und soziale Überlegenheit des Sprechers zu dokumentieren. Der Sprecher realisiert seine beleidigende Äußerung geplant und bewusst, und zwar nicht primär durch pejorative Wörter, sondern durch eine diskriminierende Kennzeichnung des Adressaten, seines Tuns und Lassens und seiner persönlichen Sphäre. Entscheidendes Merkmal der BELEIDIGUNG ist die perlokutive Ausrichtung des Sprachhandlungsmusters: der Adressat muss sich durch die negativ wertende Äußerung des Sprechers verletzt, gekränkt oder erniedrigt fühlen.

In der natürlichen semantischen Metasprache kann auf der Basis der semantischen Primitiva folgende Definition des Sprachhandlungsmusters BELEIDIGUNG vorgelegt werden:

(a) Ich fühle etwas Schlechtes dir gegenüber
(b) Ich will etwas Schlechtes über dich sagen
(c) Ich gehe davon aus, dass du dadurch etwas Schlechtes fühlen wirst
(d) Ich gehe davon aus, dass man versteht, dass ich nicht sagen will, was wahr ist

(e) Ich sage das, weil ich will, dass du etwas Schlechtes fühlst.

2. Struktur des Sprachhandlungsmusters

Das Sprachhandlungsmuster BELEIDIGUNG gehört zu den Sprechakten, die sowohl im Russischen als auch im Deutschen keine spezifische kommunikativ-pragmatische Struktur aufweisen. Es finden sich also keine Konstruktionen, die durch ein performatives Verb wie *ich beleidige dich...* bzw. *я оскорбляю тебя...* gekennzeichnet wären (zu bestimmten Sonderformen des Auftretens beider Verben s. hier unter 2.3.). Die negative Bewertung von Beleidigungsäußerungen kann sich insofern nicht in einem standardisierten oder ritualisierten Aufbau des Sprachhandlungsmusters widerspiegeln, wie man es beispielsweise in Bezug auf den GLÜCKWUNSCH oder das BEILEID feststellen kann. Deshalb sollen hier im Weiteren bestimmte strukturelle Spezifika des Sprachhandlungsmusters BELEIDIGUNG skizziert werden, die für ihre propositional-semantische und ihre konstruktiv-syntaktische Strukturebene charakteristisch sind. Unter 2.4. wird kurz auf die Rolle von Schimpfwörtern in BELEIDIGUNGEN eingegangen.

2.1. Propositional-semantische Struktur

Auf der propositional-semantischen Ebene widerspiegeln sich die illokutiven Konstituenten von Beleidigungsäußerungen. Trotz der großen strukturellen Variationsbreite lassen sich hier die Konstituenten des Sprechers, des Adressaten und des Anlasses bzw. des Objekts der BELEIDIGUNG erkennen, vgl.

(9) „Was, du Schwein, willst Arzt sein?" zischte Greta.
(10) Я лично уже не могу тебя слушать. Надоело, – сказал ей Андрей.

Sowohl im deutschen als auch im russischen Beispiel steht die Konstituente des Sprechers im Begleitsatz der direkten Rede, hier sind es die Eigennamen *Greta* und *Андрей*. Der Adressat wird durch die 2. Pers. des Personalpronomens in der Anrede bzw. im Objekt der direkten Rede, also *du* bzw. *тебя*, bezeichnet. Die Äußerungen der direkten Rede stellen dann die Konstituente des Anlasses, die negativ bewertete Sprachhandlung, dar. Diese drei Konstituenten sollen kurz im Einzelnen etwas näher *charakterisiert* werden.

2.1.1. Sprecher

Der Sprecher ist die propositional-semantische Konstituente, die die Äußerung mit der negativen Bewertung gegenüber dem Adressaten produziert. Diese Äußerung ist zwar in der Regel emotional aufgeladen, was sich häufig in der Verwendung von Schimpfwörtern niederschlägt. Aber der Sprecher ist sich seiner Äußerung und ihrer Wirkung auf den Adressaten voll bewusst. Die Zielstellung, den Gesprächspartner zu verletzen und zu erniedrigen, ist geplant. Dem Sprecher geht es darum, durch die BELEIDIGUNG sein eigenes Image auf Kosten des Adressaten in den Vordergrund zu rücken.

2.1.2. Adressat

Der Adressat ist der Zielpunkt der BELEIDIGUNG. Das Wichtigste, was dieses Sprachhandlungsmuster erreichen soll, ist, dass der Adressat sich getroffen und psychisch schwer verletzt fühlt. In diesem Sinne ist das Sprachhandlungsmuster BELEIDIGUNG vornehmlich perlokutiv gekennzeichnet. Diese perlokutive Prägung der BELEIDIGUNG ist so stark, dass, wie die Beispiele (5) und (6) zeigen, hin und wieder Äußerungen als BELEIDIGUNG aufgefasst werden, die als solche gar nicht geplant waren.

2.1.3. Anlass

Die Anlasskonstituente betrifft die negativ bewertete Sprachhandlung. Die Spezifik dieser Konstituente liegt bei der BELEIDIGUNG darin, dass hier Adressat und Objekt der Sprachhandlung zusammenfallen können (vgl. Glovinskaja 1993: 196). Weiterhin kann das Handeln des Adressaten, sein Tun und Lassen, der Anlass sein, oder auch eine Person aus seiner Umgebung. Letzteres illustrieren die beiden folgenden Belege aus dem Deutschen und dem Russischen, vgl.

(11) „Deine Eltern sind genauso verlogen wie du."
(12) Твоя сестра – обыкновенная проститутка, которую нельзя детям показывать.

2.2. Konstruktiv-syntaktische Struktur

Wie schon festgestellt wurde, sind BELEIDIGUNGEN weder im Deutschen noch im Russischen sprachlich irgendwie ritualisiert. Insofern finden sich BELEIDIGUNGEN in allen Satzarten, das heißt sowohl in Deklarativsätzen wie (13) und (14), als auch in Exklamativsätzen wie (15) und (16), in rhetorischen Interrogativsätzen wie (17) und (18), sowie in Imperativsätzen wie (19) und (20), vgl.

(13) Sie stinken aus dem Mund, Herr Kollege.
(14) А я смотрю, Вы под свой инфантилизм любую теорию подогнать готовы.
(15) Du bist ja ein Verräter! Mit dir will ich nichts zu tun haben.
(16) Вот ещё истеричка! – сказал он с презрительной жалостью.
(17) Bist du wirklich so verblödet, dass du das nicht merkst?

(18) Ну как, как можно быть такой дурой?
(19) „Geh nach Hause! Deine Mama wartet schon!", schleuderte Brinkmann verärgert seinem Kollegen entgegen.
(20) Молчите и не рассыпайте везде короткие корявые реплики!

2.3. Gebrauch der Sprechaktverben

Wie schon einleitend festgestellt wurde, gehört die BELEIDIGUNG zu den Sprachhandlungsmustern, in denen ein performativer Gebrauch der jeweiligen Sprechaktverben nicht üblich ist. Diese Verben finden sich aber in negierten Aufforderungssätzen bzw. in Exklamativsätzen, vgl. z. B.: *Beleidigen Sie ihn nicht!* ~ *Вы его не обижайте!* Dabei fällt auf, dass hier im Russischen als Entsprechung für *beleidigen* neben *оскорблять* häufig auch das Verb *обижать* auftritt, vgl. auch: *Sei nicht beleidigt!* ~ *Не обижайся!* Der Unterschied zwischen *оскорблять* und *обижать* wird in den russischen Wörterbüchern gewöhnlich in der stärkeren Intensität des ersteren gesehen, vgl.: *оскорблять:* ‚тяжело обидеть, унизить' (Švedova 2007b: 577). Das wird durch die Bedeutungsexplikation deutscher Wörterbücher bestätigt, vgl. u. a.: *kränken:* ‚etwas sagen, tun, was jmds. Selbstgefühl angreift'; *beleidigen:* ‚jmdn. durch Wort und Tat in schwerwiegendem Maße kränken' (Kempcke 1984: 685, 156). Genaueres zum Unterschied von BELEIDIGUNG und KRÄNKUNG s. in diesem Kapitel unter Abschnitt 4.

2.4. Lexikalische Ausdrucksmittel

Es wurde schon im ersten Abschnitt darauf hingewiesen, vgl. die Beispiele (7) und (8), dass Beleidigungsäußerungen quasi völlig sachlich und neutral formuliert werden können, ohne dass spezifische lexikalische Marker verwendet werden. Andererseits trifft man auch nicht selten auf BELEIDIGUNGEN, die durch eine negativ wertende und pejorative Lexik gekennzeichnet sind. Dazu gehören Schimpfwörter, die z. B. aus Tiernamen (*Hund, собака*), negativ belasteten Berufen (*Henker, палач*), verachtungswürdigen Verhaltensweisen (*Verräter, предатель*), nicht geschätzten Charaktereigenschaften oder Temperamenten (*Flegel, хам*) usw. abgeleitet sein können (vgl. Kusov 2004: 12–13).

3. Kommunikativ-pragmatische Faktoren

Das Sprachhandlungsmuster BELEIDIGUNG ist sowohl im Deutschen als auch im Russischen vornehmlich in der mündlichen Umgangssprache anzutreffen. Diese Gebrauchssphäre prägt auch die kommunikativ-pragmatischen Faktoren, die die Verwendung und das illokutive Funktionieren von Beleidigungsäußerungen determinieren können. Zu diesen kommunikativ-pragmatischen Kriterien gehören vor allem der soziale Status der Kommunikationspartner, die Distanz zwischen Sprecher und Adressat und das Medium, in dem BELEIDIGUNGEN in erster Linie anzutreffen sind. Dabei muss in Bezug auf alle drei Faktoren konstatiert werden, dass ihre Wirkung in beiden Kommunikationsgemeinschaften, in Deutschland und in Russland, nicht regelmäßig und obligatorisch ist. Wie die Beispiele zeigen, werden sowohl die Grenzen des sozialen Status als auch die Kriterien der sozialen Distanz und des Kommunikationsmediums nicht selten überschritten. Es lassen sich nur gewisse Tendenzen in der Wirkungskraft dieser Faktoren erkennen.

In Bezug auf den sozialen Status kann man davon ausgehen, dass Sprecher und Adressat im Wesentlichen gesellschaftlich gleich gestellt sind. Die Äußerung der BELEIDIGUNG ist Signal dafür, dass der Sprecher in einer bestimmten Situation seine Überlegenheit gegenüber dem Adressaten demonstrieren will. Dabei versucht er, den Adressaten herabzusetzen und in seiner Persönlichkeit zu erniedrigen. Damit wird deutlich, dass die BELEIDIGUNG zu den gesichtsbedrohenden Sprachhandlungen gehört (vgl. Brown/Levinson 1987). Durch die negative Bewertung des Adressaten, seines Tuns oder seiner Umgebung wird dessen Image in gröbster Weise verletzt. In diesem Sinne ist die BELEIDIGUNG keine Äußerung zur Schaffung angenehmer Verhältnisse, sondern ein Mittel des Konkurrenzkampfes. Bei sozial ungleichen Konstellationen werden Beleidigungsäußerungen auch zur Einschüchterung und Erniedrigung Untergebener eingesetzt, also in der sozialen Richtung von oben nach unten, vgl.

(21) Wissen Sie, dass Sie mit dieser Leistung ein erbärmlicher Versager sind?
(22) Два месяца сидим здесь без всякого толку! Всё то, что о вас говорили, – правда! Да Вы просто мямля и тюфяк, Вы не способны эффективно работать!

Hinsichtlich der sozialen Distanz sind BELEIDIGUNGEN meist in Gesprächssituationen anzutreffen, in denen ein geringerer Abstand zwischen Sprecher und Adressat vorliegt. Häufig finden sich Belege für BELEIDIGUNGEN in der Kommunikation von Jugendlichen im Rahmen ihrer Gruppenzugehörigkeit (vgl. Fedorova 2003: 271–272). Wenn eine größere Distanz zwischen den Kommunikationspartnern festzustellen ist, handelt es sich, wie in den Beispielen (21) und (22), häufig um ein Verhältnis zwischen einem Vorgesetzten und einem untergeordneten Mitarbeiter.

Auf das Kriterium des Mediums des Auftretens von Beleidigungsäußerungen wurde schon eingegangen. Die hier zitierten Beispiele sind schriftlich fixierte Belege aus der mündlichen Umgangssprache. Es handelt sich in der Regel um Dialogsituationen aus der gesprochenen Sprache.

4. Ausdrucksformen des kommunikativ-pragmatischen Feldes

Das Feld der Realisierungsformen des Sprachhandlungsmusters BELEIDIGUNG ist vielgestaltig, weil keine typischen oder ritualisierten Beleidigungsstrukturen auszumachen sind. Das hängt naturgemäß damit zusammen, dass bei der BELEIDIGUNG keine performativen Verben funktionieren. Trotzdem lassen sich bestimmte Strukturmuster von Sätzen sowohl im Deutschen als auch im Russischen nachweisen (s. 4.1.), die einerseits als zentral im Raum des kommunikativ-pragmatischen Feldes der BELEIDIGUNG charakterisiert werden können, und, andererseits, Konstruktionen, die eher als peripher zu kennzeichnen sind. Unter 4.2. wird dann auf die Sprachhandlungsmuster eingegangen, die sich an der Peripherie des Feldes der BELEIDIGUNG in bestimmten Punkten berühren oder sich mit ihnen überschneiden (BESCHIMPFUNG, KRÄNKUNG, VORWURF, FLUCH).

4.1. Zentrale und periphere Strukturtypen des kommunikativ-pragmatischen Feldes

Das Zentrum des kommunikativ-pragmatischen Feldes der BELEIDIGUNG lässt sich sowohl in Bezug auf das Deutsche als auch das Russische durch drei Ausprägungen charakterisieren. Das sind, erstens, die Deklarativsätze, die durch eine direkte Formulierung in der Art einer Informationsvermittlung eine BELEIDIGUNG äußern, vgl.

(23) „Du hast überhaupt kein Rückgrat", sagte Simone ihm ins Gesicht.
(24) Зачем принюхиваться? Вонь и так бьёт мне в нос. Ты воняешь.

Zum Zweiten gehören zum Kern des Feldes Exklamativsätze wie (25) und (26), Interrogativsätze wie (27) und (28), sowie Imperativsätze wie (29) und (30), die auf eine indirekte Weise eine BELEIDIGUNG ausdrücken können:

(25) „Du hast ja völlig die Bodenbindung verloren!", bemerkte Angela empört.
(26) Тут в комнату влетает Мария: – Ах, Виктор, какой же ты подлец! Не успела я выйти, как ты мне уже изменяешь!

Bei den Interrogativsätzen, die zum Zentrum des Feldes gerechnet werden, handelt es sich um Wortfragen, also Fragesätze, die mit einem Interrogativpronomen gebildet werden, und häufig geht es gleichzeitig um sog. rhetorische Fragen, die im Grunde genommen keine Antwort auf die Fragestellung verlangen, vgl.

(27) Wie kann man nur so blöd sein und darauf auch noch reagieren?
(28) Как можно до такой степени быть лишённым всякого политического такта?

Auch die Imperativsätze enthalten inhaltlich keine Aufforderung, sondern drücken die negative Bewertung in Form einer Beleidigungsäußerung durch die Befehlsform des Verbs aus, vgl.

(29) Du bist mit deinen ständigen Bedenken völlig fehl am Platz. Mach dich unsichtbar!
(30) Бесстыжая морда! Уйди, говорю!

In allen diesen Strukturen kann, drittens, die BELEIDIGUNG durch Schimpfwörter sowie unflätige und obszöne Lexik verstärkt werden, vgl.

(31) „Du bist eine feige Sau."
„Was, ich feige, du Arsch?", sagte ich.
(32) Ведь ты лжёшь, старый бесстыдник, ведь ты актёр и теперь, несмотря на весь твой „святой" гнев.

An der Peripherie liegen die Konstruktionen, die eine BELEIDIGUNG nicht so eindeutig und klar formulieren. Hier finden sich – vergleichbar in beiden Sprachen, dem Deutschen und dem Russischen – vor allem Interrogativsätze vom Typ der Entscheidungsfrage wie (33) und (34), sowie vom Typ der Ergänzungsfrage wie (35) und (36), Bitten in Form eines Fragesatzes wie (37) und (38), sowie Beleidigungsäußerungen, die als Ratschlag formuliert sind wie (39) und (40):

(33) Bist du wirklich so naiv, Holger, wie du jetzt tust?
(34) Ты знаешь, что ты ничтожество? Ты моего мизинца не стоишь!
(35) Warum sind Sie nur so unausstehlich mit Ihrem dauernden Musikgedudel, Herr Nachbar?
(36) Лёша, ну что ты за оболтус?
(37) Könntest du nicht einfach die Klappe halten, damit nicht jeder merkt, wie dumm du bist?
(38) Ты не мог бы заткнуться и дать мне дописать?
(39) Du solltest mal zum Nervenarzt gehen, Roger!
(40) Тебе не мешало бы похудеть, а то у тебя щёки из-за спины видать.

4.2. Die BELEIDIGUNG und ähnliche negativ wertende Sprachhandlungsmuster

An der äußeren Peripherie des kommunikativ-pragmatischen Feldes der BELEIDIGUNG finden sich Sprachhandlungsmuster, die sich mit anderen negativ wertenden Feldern überschneiden. Hier gibt es nur noch einzelne Berührungspunkte mit der BELEIDIGUNG. Im Weiteren sollen diese Überschneidungen der BELEIDIGUNG mit den Sprachhandlungsmustern BESCHIMPFUNG, KRÄNKUNG, VORWURF und FLUCH im Deutschen und im Russischen kurz gezeigt werden.

4.2.1. BELEIDIGUNG und BESCHIMPFUNG

Beide Sprachhandlungsmuster liegen als Ausdruck einer negativen Wertung nahe beieinander, aber sie können auch klar voneinander abgegrenzt werden. Eine BESCHIMPFUNG ergibt sich aus Ärger des Sprechers über den Adressaten und dessen Auftreten. Die abfällige Äußerung und negative Bewertung ist aber im Unterschied zur BELEIDIGUNG vom Sprecher nicht geplant, um den Adressaten zu verletzen und zu erniedrigen. Wenn jener Effekt doch eintritt, ist die BESCHIMPFUNG in eine BELEIDIGUNG übergegangen. Ein formeller Unterschied zwischen beiden liegt darin, dass nur für die BESCHIMPFUNG die Verwendung invektiver Lexik konstitutiv ist, BELEIDIGUNGEN kommen ohne ein derartiges Wortmaterial aus. Vgl. für die BESCHIMPFUNG folgende Beispiele:

(41) Cenda beginnt, das interessant zu finden – einen Familienkrach, der einen nichts angeht, hat man nicht alle Tage – und ist unvorsichtig genug, Zdenek, der klopft und ihn herauslotsen will, zu sagen: „Ich bleibe noch, hier ist es so interessant, du Ochse!"

(42) Далее комбинация из нескольких слов, в значении которых я разобрался, когда познакомился с пятиклассником Димой Чугуновым. – Вылезай, сволочь! Снова комбинация – это уже в мой адрес.

4.2.2. BELEIDIGUNG und KRÄNKUNG

Auf den pragmatisch-semantischen Unterschied zwischen BELEIDIGUNG und KRÄNKUNG wurde schon unter 2.3. anhand der Bedeutungsexplikation der Verben *beleidigen ~ оскорблять* und *kränken ~ обижать* eingegangen, indem sowohl für das Deutsche als auch für das Russische auf die stärkere Intensität und psychische Wirkung der BELEIDIGUNG hingewiesen wurde. Unter sozial-psychischem Aspekt wird in der Fachliteratur auf folgende Differenzierung verwiesen, die besonders hinsichtlich des Russischen signifikant ist:

> Оскорбление возникает тогда, когда задета честь, обида – задето чувство. Русское обыденное сознание больше реагирует на соотнесенность чувств с окружающей действительностью, чем на непонятное и запутанное понятие чести. В квалификации „оскорбления" участвуют социальные факторы, в обиде – индивидуальные; оскорбление – это социальный проступок, обида – состояние чувств, души. (Kusov 2004: 14)

Eine KRÄNKUNG illustrieren die beiden folgenden Beispiele:

(43) „Das Konfekt kann ich nicht annehmen."
„Sie beleidigen mich, wenn Sie mein Geschenk nicht annehmen."

(44) – Послушай, ты лучше уезжай. Так для всех будет лучше.
– Я уеду, Илья. Я уеду. Только зря ты меня так обидел.

4.2.3. BELEIDIGUNG *und* VORWURF

Mit beiden Sprachhandlungsmustern wird durch den Sprecher an den Adressaten übermittelt, dass dessen Handlungen bzw. sein Verhalten nicht zu billigen sind, und zwar bei der BELEIDIGUNG mit dem Ziel, den Adressaten zu verletzen und zu erniedrigen, beim VORWURF mit dem Ziel, den Adressaten, der dem Sprecher persönlich nicht gleichgültig ist, zu veranlassen, das Gesagte zu akzeptieren und sich zu ändern bzw. etwas zu korrigieren. Bei der BELEIDIGUNG gehört die perlokutive Wirkung des Verletzens und Erniedrigens zum Sprachhandlungsmuster dazu, beim VORWURF wird eine positive Veränderung durch den Adressaten, wie die Belege (45) und (46) zeigen, nur intendiert, vgl.

(45)   Ich muss dir sagen, dass deine Überheblichkeit zum Himmel stinkt. Bedenke das!
(46)   Должен тебя упрекнуть в постоянной нерешительности.

4.2.4. BELEIDIGUNG *und* FLUCH

Die Sprachhandlungsmuster BELEIDIGUNG und FLUCH haben gemeinsam, dass beide eine negative Bewertung ausdrücken können, die vom Sprecher ausgeht und sich auf die Person oder das Tun und Handeln des Adressaten bezieht. Beiden Sprachhandlungsmustern ist gemeinsam, dass der Sprecher dem Adressaten etwas Schlechtes wünscht. Bei der BELEIDIGUNG ist es die persönliche Verletzung der Person des Adressaten und seine Erniedrigung, beim FLUCH geht der Wunsch, dessen mythische Bedeutung für Sprecher und Adressat gleichsam relevant ist, bis zur Vernichtung. Vgl. die beiden Fluchäußerungen:

(47)   „So sei verflucht und stirb auch du!" rief die Herrin von Tula.
(48)   В порыве гнева сказала: – Будь проклят! И вся твоя семья!

5. Reaktionen auf eine BELEIDIGUNG

Auch in Bezug auf die Reaktionen des Adressaten auf beleidigende Äußerungen des Sprechers trifft man in Deutschland und in Russland auf ein ähnliches Sprachverhalten und somit auf vergleichbare sprachliche Formulierungen. Eine Regularität für eine bestimmte sprachliche Gestaltung bei der Antwort auf eine BELEIDIGUNG lässt sich nicht erkennen. Prinzipiell stößt man auf drei verschiedene Arten der Reaktion auf BELEIDIGUNGEN.

Die erste Reaktionsvariante ist das Fehlen einer Antwort: das Schweigen. Sie ist sowohl in Deutschland als auch in Russland meist dann anzutreffen, wenn sozial oder altersmäßig ungleiche Beziehungen zwischen den Kommunikationspartnern vorliegen und die BELEIDIGUNG von einer höher gestellten oder älteren

Person geäußert wird. Dieses Schweigen ist durchaus Ausdruck dessen, dass sich der Adressat getroffen und verletzt fühlt und kann ein In-Sich-Gehen oder eine Selbstprüfung bedeuten. Es kann jedoch auch gestisch oder mimisch in bestimmter Weise begleitet sein: der Adressat kann mit Bocken oder Schmollen, aber auch mit Trauer und Weinen nonverbal auf eine BELEIDIGUNG reagieren.

Die zweite Reaktionsmöglichkeit des Adressaten beruht darauf, dass er sich mit der BELEIDIGUNG durch den Sprecher nicht abfindet und Widerspruch einlegt. Eine häufige Form des Widerspruchs ist der Gegenangriff des Adressaten auf den Sprecher, vgl.

(49) „Ich habe lange nicht so einen Ignoranten wie dich getroffen!"
„Selber Ignorant!"
(50) – Это даже не провокация уже. Ты просто чокнутый.
– А ты – мерзавец.

Als dritten Typ einer möglichen Reaktion kann man auf Situationen verweisen, in denen die beabsichtigte BELEIDIGUNG des Sprechers nicht ernst genommen wird, der Adressat sich nicht beleidigt fühlt oder die BELEIDIGUNG nicht zugeben will. Im ersten Fall ist die BELEIDIGUNG nicht geglückt, die Perlokution als Bestandteil des Sprachhandlungsmusters BELEIDIGUNG wurde nicht realisiert, vgl.

(51) Von dir lasse ich mich schon gar nicht beleidigen.
(52) Ты не оскорбляешь меня, но я ненавижу смуту, которую ты давно сеешь между нами.

Aufforderungshandlungen

XVII. Bitte

1. Definition des Sprachhandlungsmusters

Das Sprachhandlungsmuster BITTE ist ein Aufforderungsakt, der darauf gerichtet ist, den Adressaten zur Durchführung bzw. Unterlassung einer Handlung zu bewegen, die im Interesse des Sprechers liegt. Dabei kann der Handlungsträger frei wählen, ob er diese Handlung durchführen wird oder nicht (vgl. Larina 2009: 212; Blankenhorn 1998: 45–46; Kotorova 2016: 66). Nach dem Merkmal der Wahlfreiheit wird die BITTE im Unterschied beispielsweise zum Befehl zu den nicht kategorischen (nicht bindenden) Aufforderungsakten gezählt, und zwar zu der Gruppe der Requestiva, für die Sprecherbenefaktivität kennzeichnend ist. Neben der BITTE gehören zu dieser Gruppe auch FLEHEN, BESCHWÖREN und ERSUCHEN (vgl. Petrova 2008: 131). Es wird aber gewöhnlich kein Unterschied zwischen den einzelnen requestiven Sprechakten gemacht, sie werden alle unter dem Sprachhandlungsmuster BITTE subsumiert (vgl. Glovinskaja 1993: 180–181; Ermakova 1990: 27). Als Beispiel für eine BITTE können folgende Äußerungen dienen:

(1) Ich bitte Sie, mich in Ruhe zu lassen.
(2) Всех, кто видел моего брата или что-нибудь слышал о нём, очень прошу позвонить мне.

Das illokutive Ziel des Sprechakts BITTE wurde in früheren Arbeiten von A. Wierzbicka (vgl. Wierzbicka 1972: 129, 1983: 129) unter Verwendung der Metasprache der semantischen Primitiva zuerst ganz allgemein formuliert:

(a) I assume that you can do it or not to do it
(b) I want to cause you to do it
(c) I say: I want you to do X

Es ist aber wichtig, in der Definition des Sprachhandlungsmusters auch zwei Einleitungsregeln zu berücksichtigen, die J. Searle bei der Analyse der Aufforderungsakte formuliert hat: 1) H ist in der Lage, A zu tun. S glaubt, dass H in der Lage ist, A zu tun; 2) Es ist sowohl für S als auch für H nicht offensichtlich, dass H bei normalem Verlauf der Ereignisse A aus eigenem Antrieb tun wird (Searle 1971: 100). Dementsprechend muss die Definition von Wierzbicka durch zwei weitere Punkte ergänzt werden:

(d) Ich nehme an, dass du in der Lage bist, das zu tun
(e) Ich weiß, dass X nicht geschehen kann, wenn nicht jemand etwas macht, um das zu veranlassen

In der Tat wird erfahrungsgemäß nicht um etwas gebeten, das offensichtlich nicht gemacht werden kann, zum Beispiel, einen Stern vom Himmel zu holen. Ebenfalls wird auch nicht um etwas gebeten, was selbstverständlich erfolgen wird, z. B. beim Gehen die Beine zu bewegen. Diese Bedingungen werden auch in den späteren Arbeiten von Wierzbicka hervorgehoben: "The *asking* person wants the addressee to do something that would be to his (the speaker's) benefit. He assumes that the addressee can do it, but he doesn't assume that the addressee will do it" (Wierzbicka 1987: 50). Es ist dabei zu beachten, dass Wierzbicka in ihrem semantischen Wörterbuch einzelnen englischen Verben (*ask, request, beg*) unterschiedliche Definitionen zuschreibt, alle diese Verben entsprechen aber im Deutschen in den meisten Fällen dem Verb *bitten*, weshalb für das deutsche Verb eine verallgemeinernde Definition geschaffen werden muss.

Wenn dem Sprachhandlungsmuster BITTE eine weite Bedeutung zugeschrieben wird, dann ist auch die Bemerkung von Glovinskaja berechtigt, die vorschlägt, die Präsupposition dieses Sprechaktes nicht als „Ich sage: Ich will, dass du X machst", sondern als „Ich will, dass du etwas machst, was X veranlasst" (Glovinskaja 1993: 181). Dadurch werden auch Fälle erfasst, wenn eine dritte Person die erwünschte Handlung ausführt, z. B.

(3) Ich bitte dich, das Kind dazu zu bringen, gesund zu essen.
(4) Жена его вполголоса, но твердо сказала: – Я очень прошу: пусть это делает Зиночка.

Die oben erwähnten requestiven Sprechakte weisen dennoch bestimmte Unterschiede auf. FLEHEN kann als eine inständige Bitte verstanden werden (Ich will sehr, dass du etwas machst bzw. nicht machst, was X veranlasst), die oft dadurch bedingt ist, dass der Sprecher selbst nicht imstande ist, X zu veranlassen. Dabei ist X für den Sprecher außerordentlich wichtig, deshalb ist der ganze Sprechakt auch emotional gefärbt:

(5) Tante Anna warf sich vor dem Mann auf die Knie, umfasste seine Beine und sagte: „Sie sind ein guter Mensch, ich flehe sie an, nehmen sie nicht das Kind mit!"
(6) Дорогая, ради бога приезжай в Батуми! Умоляю тебя, приезжай!

Den höchsten Grad an Dringlichkeit weist der Sprechakt des BESCHWÖRENS auf (Harras/Proost/Winkler 2007: 167). In diesem Fall kann der Sprecher sich gezwungen fühlen, sich an magische Kräfte zu wenden, die seines Erachtens bei der Erfüllung der Bitte behilflich sein können. Deshalb wird dieser Sprechakt oft in Mythen, Sagen und Märchen verwendet:

(7) Ritter, ich beschwöre dich, töte mir nicht diesen Schwan.
(8) Всеми богами бездны я заклинаю, выйдите же и отзовитесь на ваши имена!

Die Unterschiede im Grad der Dringlichkeit werden dazu verwendet, die Wichtigkeit der Bitte hervorzuheben und den Druck auf den Gesprächspartner zu erhöhen. Die Reihenfolge der Sprechaktverben in der Äußerung spiegelt ihre Position auf einer steigenden Skala:

(9) Ich bitte euch, ich flehe euch an, empfangt mit Liebe das, was Jesus uns geben will.
(10) Не читайте эту книгу! Прошу, умоляю, заклинаю, не читайте эту книгу.

Das Sprachhandlungsmuster ERSUCHEN bezieht sich auf offizielle Situationen, in denen der Sprecher dem Hörer gegenüber höflich und förmlich zum Ausdruck bringt, dass er X tun soll. Dieser Sprechakt gehört somit einem eher gehobenen Stilregister an (Harras/Proost/Winkler 2007: 165–166):

(11) Ich ersuche sowohl Sie, Herr Bürgermeister, als auch die Damen und Herren von den Grünen um Stellungnahme.
(12) Я ходатайствую перед тобой, чтобы ты поддержал нас перед отделом науки.

Zusammenfassend kann vorgeschlagen werden, die Illokution des Sprachhandlungsmusters BITTE folgendermaßen zu definieren:

(a) Ich gehe davon aus, dass du das machen oder nicht machen kannst
(b) Ich will dich veranlassen das zu tun
(c) Ich nehme an, dass du in der Lage bist, das zu tun
(d) Ich weiß, dass X nicht geschehen kann, wenn jemand nicht etwas macht, um das zu veranlassen
(e) Ich sage: Ich will, dass X gemacht wird.

Neben der Bitte, etwas zu tun (positive BITTE), unterscheidet man, wie aus den oben angeführten Beispielen zu ersehen ist, auch die Bitte, etwas zu unterlassen (negative Bitte). Die Definition der negativen BITTE hat neben der Verneinung der entsprechenden Verben (Ich will dich veranlassen, das zu nicht tun; Ich will nicht, dass X gemacht wird) noch eine zusätzliche Komponente: *Ich nehme an, dass du das machen wirst* (vgl. Ermakova 1990: 23).

Tatsächlich hat es keinen Sinn zu bitten, das zu unterlassen, was nicht gemacht wird und nicht im Begriff ist, gemacht zu werden, z. B. *Wirf mich nicht in den Dornenbusch!* Ansonsten kann es als eine Anstiftung wirken.

Somit kann man die Illokution einer negativen BITTE auf folgende Weise formulieren:

(a) Ich nehme an, dass du das machen wirst
(b) Ich nehme an, dass du das machen oder nicht machen kannst
(c) Ich will dich veranlassen, das nicht zu tun

(d) Ich nehme an, dass du in der Lage bist, das nicht zu tun
(e) Ich sage: Ich will nicht, dass X gemacht wird.

Die Bitten sind nicht als ein homogener Sprechakttyp zu beschreiben, sondern können in einige Klassen unterteilt werden. Für die Analyse der Realisierungsformen des Sprachhandlungsmusters BITTE sind zwei Unterschiede wichtig – zwischen einer symmetrischen und einer asymmetrischen BITTE sowie zwischen einer großen und einer kleinen BITTE.

Eine Bitte wird als symmetrisch bezeichnet, wenn es denkbar ist, dass der Adressat unter ähnlichen Umständen eine vergleichbare Bitte an den Sprecher hätte richten können, die der Sprecher an ihn richtet. In diesem Fall spricht man von einem wechselseitigen Verhältnis in Bezug auf die Möglichkeit zum Bitten. Bei einer asymmetrischen Bitte ist solch eine Möglichkeit ausgeschlossen (vgl. Önnerfors 1993: 83; Hindelang 1978: 498). Als Beispiel kann man die Bitte um einen Kugelschreiber (symmetrisch) und die Bitte um einen Straferlass (asymmetrisch) vergleichen.

Der Wert der Bitte hängt von zwei Faktoren ab, der persönlichen Beziehung zwischen dem Sprecher und dem Adressaten und dem Gewicht der Handlung X, um die der Sprecher bittet. Je mehr Gewicht die gewünschte Handlung hat und je geringer die persönliche Bindung zwischen den Gesprächspartnern ist, desto größer ist die Bitte (Hindelang 2004: 65). Man spricht von einer kleinen Bitte, wenn deren Erfüllung nicht mit nennenswertem Zeitaufwand und größeren Anstrengungen oder Risiken verbunden ist, eine große Bitte setzt beides mehr oder minder voraus. Die Kategorie des Wertes der Bitte lässt sich nicht binär klassifizieren, es ist eine kontinuierliche Variable, die zugleich dem Einfluss von mehreren Faktoren ausgesetzt ist.

2. Struktur des Sprachhandlungsmusters

Der Ausdruck einer Bitte realisiert sich in beiden Sprachen am häufigsten in folgenden drei Modellen:

a) Modelle mit Imperativkonstruktionen: *Bitte kauf mal Brot auf dem Heimweg; Принеси, пожалуйста, сегодняшнюю газету*;
b) explizit performative Modelle mit und ohne Modalisierung: *Ich möchte dich bitten, die Übersetzung bis morgen abzugeben; Прошу Вас больше не опаздывать*;
c) implizit performative Modelle vorwiegend in Form von Fragesätzen: *Könntest du mir ein Foto von dir schicken? Вы не покажете мне город?*

Die Prototypizität des Modells für die Wiedergabe einer Bitte ist von der Sprache abhängig, wie es unter Punkt 4. des Kapitels gezeigt wird.

2.1. Modelle mit Imperativkonstruktionen

Äußerungen mit einem Verb im Imperativ werden im Deutschen vorwiegend zum Ausdruck einer kleinen Bitte verwendet (vgl. Kantorczyk 2008: 72), während im Russischen diese Form im privaten Bereich sowohl bei der kleinen, als auch bei der großen Bitte gebraucht werden kann. Der Imperativ bezeichnet die Handlung, deren Ausführung von dem Sprechenden erwünscht ist:

(13) Bitte machen Sie mal die Tür auf!
(14) Наташа, мне нужна твоя помощь. Присмотри, пожалуйста, завтра за моими детьми, пока я на работе.

Beim Ausdruck einer negativen Bitte wird im Russischen das Verb obligatorisch negiert. Oft wird dabei eine doppelte Verneinung realisiert. Im Deutschen dagegen wird das Verb nur in dem Fall verneint, wenn es im Fokus der Äußerung steht, ansonsten tragen die entsprechenden Satzglieder den negativen Wert:

(15) Не говори никому о том, где я был вчера.
(15a) Sage niemandem, wo ich gestern gewesen bin.
(16) Rauche bitte nicht, mich stört das.

Im Russischen ist folgende Besonderheit zu beachten: eine Bitte, etwas nicht zu tun, kann nur mithilfe eines imperfektiven Verbs zum Ausdruck gebracht werden. Während in einer positiven Bitte ein perfektives Verb verwendet wird, muss bei deren Verneinung der Aspekt geändert werden (vgl. Ermakova 1990: 24–26):

(17) Положи, пожалуйста, книгу на полку, мне она больше не нужна.
(17a) Не клади, пожалуйста, книгу на полку, она мне ещё нужна.

2.2. Explizit performative Modelle mit und ohne Modalisierung

Am häufigsten wird in der performativen Formel des Sprachhandlungsmusters BITTE das Verb *bitten* bzw. *просить* gebraucht, bei der Intensivierung der Illokution können auch die Verben *flehen/anflehen* bzw. *умолять* und *beschwören* bzw. *заклинать* in Erscheinung treten. Die nominale Variante wird nur mit dem Substantiv *Bitte* bzw. *просьба* gebildet.

Die vollständige Struktur einer performativen Formel enthält vier Konstituenten:

a) das entsprechende performative Verb (Handlungskonstituente);
b) die Bezeichnung der sprechenden Person (Sprecherkonstituente);

c) die Bezeichnung des Hörers (Adressatenkonstituente);
d) die Charakteristik des Inhalts der Bitte (Wunschkonstituente).

Die Handlungskonstituente markiert das jeweilige Sprachhandlungsmuster mithilfe des performativen Verbs. Dem deutschen Verb *bitten* steht in diesem Fall das russische Verb in beiden Aspektformen *просить/попросить* gegenüber:

(18) Wir bitten Sie, den Fehler zu entschuldigen.
(19) Я прошу тебя только об одном – умерить гнев свой и не говорить ни слова.

Im Deutschen kann das performative Verb mithilfe des Präfixes *er-* modifiziert werden, was auch die Semantik und die Stilistik des Verbums beeinflusst: *erbitten* gehört zum hohen Stil und bedeutet ‚höflich etw. verlangen, mit Nachdruck fordern':

(20) Ich erbitte nun Ihre Aufmerksamkeit für die letzte Rednerin in dieser Debatte.

Die Sprecherkonstituente ist, wie in einer performativen Formel üblich, durch ein Pronomen in der 1. Pers. Sg. oder Pl. ausgedrückt, dessen Gebrauch für das Deutsche obligatorisch und für das Russische optional ist:

(21) Перестань же плакать, прошу тебя.

Die Adressatenkonstituente steht im Deutschen bei den Verben *bitten, flehen/anflehen* und *beschwören* im Akkusativ, bei dem Verb *erbitten* wird die Adressatenkonstituente mithilfe der Präposition *von* eingeführt:

(22) Ich bitte, ich beschwöre dich, Geliebter, kehre zurück und erwarte den Major.
(23) Ich flehe dich um drei Tage Zeit (F. Schiller).
(24) Ich flehe dich an, Bodo, höre diesmal nicht auf deine Frau Bianca.
(25) Ich erbitte von Ihnen eine klare Auskunft, warum Sie meine Fragen in der Vergangenheit nicht beantwortet haben.

Im Russischen wird die Adressatenkonstituente beim Verb *просить/попросить* im Akkusativ gebraucht:

(26) Мы просим вас ответить на вопросы нашей анкеты.
(27) Я попрошу Вас расстегнуть манжеты.

Die Wunschkonstituente kann ihre Realisation in einem Substantiv, einem Infinitiv bzw. einer Infinitivgruppe oder einem Nebensatz finden. Sowohl im Deutschen als auch im Russischen kann die nominale Wunschkonstituente die Form eines präpositionalen Objekts haben mit der Präposition *um* (+ Akk.) im Deutschen und *o* (+ Präpositiv) im Russischen:

(28) Ich bitte um Respekt für die Privatsphäre meiner Frau und meiner Kinder.
(29) Прошу о продолжении знакомства, а я уж никогда не забуду самых приятнейших дней, проведённых с вами.

Im Russischen kann das Objekt auch im Genitiv ohne Präposition gebraucht werden:

(30) Прошу вашего разрешения вернуться в полк.

Der Gebrauch von Infinitivkonstruktionen und Nebensätzen in der Funktion einer Wunschkonstituente konkurriert in beiden Sprachen mit dem Gebrauch präpositionaler Objekte *Ich bitte um Aufmerksamkeit / Ich bitte (darum), aufmerksam zu sein / Ich bitte (darum), dass Sie aufmerksam sind*, vgl. auch:

(31) Ich bitte Sie, das Gelände zu verlassen. Es ist erst ab acht Uhr freigegeben.
(32) Мы просим вас принять участие в нашем опросе, который посвящён изучению образа жизни современного человека.

Nach den Verben des Bittens ist die russische Entsprechung für die Konjunktion *dass* nicht die Konjunktion *что*, sondern die Konjunktion *чтобы*:

(33) Ich bitte darum, dass er noch eine Chance bekommt.
(34) Я только прошу, чтобы этого больше никогда не было.

Es ist auch möglich, die Wunschkonstituente in Form der direkten Rede zu gestalten, dann wird sie durch einen Doppelpunkt eingeleitet. Am häufigsten wird von dieser Möglichkeit nach der nominalen performativen Formel Gebrauch gemacht:

(35) Deshalb immer wieder meine Bitte an Sie: Drücken Sie sich verständlich aus.
(36) Только у меня есть к тебе просьба: не говори никому, что мы с тобой давно знакомы.

Bei der Realisation des Sprachhandlungsmusters BITTE wird sowohl im Deutschen als auch im Russischen häufig die Adressatenkonstituente ausgelassen:

(37) Wir bitten um Hilfe und Unterstützung.
(38) Тогда я прошу разрешения задать и другой вопрос.

Die Wunschkonstituente steht im Fokus der explizit performativen Äußerung, denn sie schildert den Inhalt der Bitte, deshalb ist ihr Gebrauch obligatorisch.

2.3. Implizit performative Modelle in Form von Fragekonstruktionen

Dieses Modell wird in beiden Sprachen durch Fragekonstruktionen realisiert. Am häufigsten kommen Fragen mit dem Modalverb *können* bzw. *мочь* im Indikativ oder Konjunktiv vor:

(39) Können Sie bitte nach der Patientin am Fenster schauen, sie hat Beschwerden am Arm?
(40) Вы могли бы перед собранием повторить всё то, что рассказали нам?

Im Russischen werden in diesem Fall vorwiegend negierte Fragesätze verwendet. Im Deutschen ist die Verneinung des Modalverbs zwar möglich, aber nicht typisch:

(41) Ты не мог бы приехать ко мне?
(42) Könnten Sie nicht einfach sofort zur Sache kommen?

Eine Bitte kann auch durch einen Fragesatz ohne Modalverb ausgedrückt werden, im Russischen auch in negierter Form, in der Regel im perfektiven Aspekt des Verbs:

(43) Ob du mir was über das Penny Lane erzählst?
(44) Извини, – говорю Клаве, – ты не одолжишь мне двадцать пять рублей?

3. Kommunikativ-pragmatische Faktoren

Das Sprachhandlungsmuster BITTE ist ein prototypischer Aufforderungsakt und somit auch einer der häufigsten gesichtsbedrohenden Sprechakte. Nach der Theorie von Brown/Levinson (2007) ist es bei solchen Akten wichtig, das „Gesicht" des Gesprächspartners, d. h. das öffentliche Bild, das eine Person für sich beansprucht, zu bewahren. Der Sprechakt BITTE ist insofern für das Gesicht bedrohend, als er solche Merkmale des Images des Adressaten wie Anspruch auf Ungestörtheit und Freiheit der eigenen Handlungswahl, die er gern für sich in Anspruch nehmen möchte, verletzen oder einschränken kann. Um das zu vermeiden, verwenden Sprecher bestimmte Strategien mit dem Ziel, die mögliche Bedrohung abzumindern oder auch ganz zu umgehen.

Die Situationen aber, in denen infolge einer Bitte eine Bedrohung für das Gesicht des Gesprächspartners entsteht, sowie auch deren Grad sind kulturabhängig und unterscheiden sich in der deutschen und russischen Sprachgesellschaft. In der russischen Kommunikation ist ein Bitteakt nicht selten in solchen Situationen zu beobachten, in denen im Deutschen in der Regel kein entsprechender Sprechakt verwendet wird, weil man es hier – wenn möglich – vorzieht, das bestehende Problem selbst zu lösen. So ist es für Russen üblich, bei den Nachbarn bei Bedarf (insbesondere beim Kochen) eine Kleinigkeit (wie Salz, Eier, Zwiebeln o. ä.) zu leihen, statt selbst ins Geschäft zu gehen. Derartige Situationen werden oft in der russischen Belletristik erwähnt:

(45) Медсестра пришла к маме, соседка зашла за картошкой. (Ольга Сульчинская)
(46) – Кто там пришёл? – донесся из комнаты голос Лукашина.
 – Соседка зашла за луковицей! – отозвалась мать. (Эльдар Рязанов)

Bis heute wenden sich Russen beim Umzug in eine neue Wohnung an Freunde und Bekannte mit der Bitte, dabei behilflich zu sein, statt sich an eine entsprechende Firma zu wenden. Natürlich hat diese Gewohnheit ihren Ursprung in den Verhältnissen der Sowjetzeit, wo es kaum möglich war, eine derartige Firma zu finden oder zu bezahlen, aber die Gewohnheit besteht bis heute.

(47) Дмитрий встретился со своим другом, Петром, вечером после работы: тот попросил помочь с переездом на новую квартиру. (Сергей Смирнов)

Derartige Unterschiede können auch auf Kulturdifferenzen basieren. So stellte in diesem Zusammenhang R. Rathmayr fest, dass die russische Kultur mehr auf Solidarität orientiert, während die deutsche mehr auf Distanzierung gerichtet ist (Rathmayr 1996b: 178–185). Deshalb wird in der russischen Kultur der Sprechakt der BITTE dank der engen Distanz zwischen den Gesprächspartnern als keine wesentliche Bedrohung empfunden und folglich ist ein Bitteakt eine übliche und häufige Handlung, die vom Adressaten in den meisten Fällen mit Verständnis und Erfüllungsbereitschaft aufgenommen wird (vgl. auch Larina 2009: 131). E. Zemskaja aber konstatiert dabei mit Recht, dass jedes Volk in sozialer und psychologischer Sicht stratifiziert ist, d. h. in jeder Kultur gibt es Personen, die zur Solidaritätshöflichkeit, aber auch andere, die zur Distanzhöflichkeit tendieren (vgl. Zemskaja 2004: 577). Aus diesem Grund müssen die oben erwähnten Charakteristika der russischen und deutschen Kultur als statistisch erwartbare angesehen werden.

Naturgemäß haben die kulturellen Besonderheiten historische Wurzeln und ändern sich mit der Zeit. Bekannt ist der russische Ausdruck *всем миром*, der keine genaue Entsprechung im Deutschen findet, und der ‚mit vereinten Kräften der Mitglieder einer Gesellschaft' bedeutet. So wurden in Russland von alters her die Häuser in den Dörfern gemeinsam (*всем миром*) gebaut, nach dem Prinzip „heute helfe ich dir und morgen hilfst du mir":

(48) В деревнях раньше дома строили всем миром. Собирались жители деревни и за двартри дня возводили дом для молодой семьи. (Василий Шукшин)

Die aktuellen Veränderungen des Lebensstils üben aber auch einen Einfluss auf die psychologischen Einstellungen und auf das kommunikative Verhalten der Russen aus. Die ursprünglichen Sitten und Etikettennormen werden durch neue abgelöst, infolge der Globalisierung nivellieren sich die kulturspezifischen Unterschiede:

(49) Вокруг повырастали высотные дома, поменялись соседи – уже попростецки „соли попросить" не зайдёшь... (Сергей Трофимов)

Eine engere Distanz zwischen den Kommunikanten in der russischen Kultur beeinflusst auch die Auffassung vom Wert der Bitte. Das, was Russen als eine kleine Bitte einstufen, wird von Deutschen als eine große betrachtet, weswegen auch andere sprachliche Mittel zum Ausdruck der Bitte verwendet werden:

(50) Нина, ты не могла бы поменяться со мной дежурством в субботу? (KLEINE BITTE)

(50a) Nora, ich möchte dich um einen Gefallen bitten: Könntest du vielleicht am Sonnabend mit mir den Dienst tauschen? (GROSSE BITTE)

Ansonsten sind die Unterschiede im Ausdruck einer kleinen bzw. großen Bitte im Deutschen und im Russischen vergleichbar (s. Punkt 4. dieses Kapitels).

Die pragmatischen Faktoren der sozialen Distanz und des Alters können unter die Gegenüberstellung der symmetrischen vs. asymmetrischen Bitte subsumiert werden. Sowohl im Deutschen als auch im Russischen werden beim asymmetrischen Verhältnis „von unten nach oben" in größerem Umfang Mittel zur Abschwächung der Bedrohung verwendet, vgl Beispiel (51) für asymmetrische BITTE „von unten nach oben" und Beispiel (52) für asymmetrische BITTE „von oben nach unten":

(51) Яша (Любови Андреевне): Любовь Андреевна! Позвольте обратиться к вам с просьбой, будьте так добры! Если опять поедете в Париж, то возьмите меня с собой, сделайте милость. (Антон Чехов)

(52) Любовь Андреевна (Трофимову): Я могу сейчас крикнуть... могу глупость сделать. Спасите меня, Петя. Говорите же что-нибудь, говорите... (Антон Чехов)

Bei der symmetrischen Bitte hängt die Auswahl der Ausdrucksmittel von der Gewichtigkeit der Handlung und den persönlichen Beziehungen zwischen den Kommunikanten ab, vgl. Beispiel (53) für symmetrische BITTE bei vertraulichem Verhältnis und Beispiel (54) für symmetrische BITTE bei distanziertem Verhältnis:

(53) Kannst du bitte Musik anmachen?

(54) Сусанна Николаевна, усевшись, вдруг поспешно опустила стекло в дверце кареты и крикнула Аграфене Васильевне: – Вы будьте так добры, как-нибудь посетите нас; мы будем вам очень рады. (Алексей Писемский)

Zu den pragmatischen Besonderheiten des situativ-kommunikativen Verhaltens gehören auch Unterschiede in der Wahl der Diskursstrategien (vgl. House 1996: 347; House 1998: 71). Beim Ausdruck der BITTE sind zwei Diskurskonventionen im deutsch-russischen Kontrast zu beachten:

1) Sprecherorientiertheit vs. Adressatenorientiertheit

Im Russischen können beide Strategien parallel gebraucht werden, wobei der Sprechende kaum einen pragmatischen Unterschied zwischen ihnen sieht (vgl. Larina 2009: 131):

(55) Ты не мог бы дать мне на время свой велосипед? = Я могу взять на время твой велосипед?

Im Deutschen dagegen wird die Strategie der Adressatenorientiertheit deutlich bevorzugt:

(56) Könntest du mir bitte dein Fahrrad leihen? (viel seltener:) Könnte ich bitte dein Fahrrad leihen?

2) Direktheit vs. Indirektheit

Der deutsch-russische Vergleich zeigt, dass in Russland auch heute der Sprechakt der Bitte häufiger und ohne besondere Bedenken gebraucht werden kann, wobei die Notwendigkeit, die Bedrohung zu minimieren, nicht so stark ausgeprägt ist wie im Deutschen. Deshalb ist die Formulierung der Bitte im Russischen oft direkter im Vergleich zum Deutschen.

Zum Beispiel, wenn man in einem überfüllten Wagen zum Ausgang will, verwendet man im Russischen oft eine direkte Bitte: *Разрешите/позвольте пройти* oder *Пропустите, пожалуйста, я выхожу*, seltener eine Frage: *Вы выходите на следующей?* Im Deutschen wird in den meisten Fällen eine neutrale Frage gebraucht: *Darf ich bitte durch?* Eine direkte Bitte wird dabei vermieden, sogar das Äquivalent der russischen Frage *Steigen Sie an der nächsten Haltestelle aus?* erscheint vielen Deutschen als zu persönlich. Diese Besonderheit des Diskursverhaltens äußert sich auch in der Verteilung der zentralen und peripheren Ausdrucksmittel der Illokution einer BITTE (s. Punkt 4. dieses Kapitels).

4. Ausdrucksformen des kommunikativ-pragmatischen Feldes

4.1. Zentrale Realisierungsformen

In der Fachliteratur wird meist davon ausgegangen, dass in der russischen Kommunikation zum Ausdruck der BITTE am häufigsten der Imperativ gebraucht wird (vgl. Larina 2009: 222; Lysakova/Veselovskaja 2008: 74; Kantorczyk 2008: 70; Rathmayr 1994: 274; Wierzbicka 1991: 30–31). In der letzten Zeit wurden aber auch Ergebnisse von Umfragen veröffentlicht, die dazu im Widerspruch stehen. Nach Angaben von E. Ogiermann haben zwei Drittel der russischen Respondenten bei der Formulierung der Bitte indirekte Sprechakte verwendet (Ogiermann

2009b: 209). Ihre Informanten waren aber ausschließlich Studenten von Moskauer Universitäten. Für diese soziale Gruppe sind ein hohes Ausbildungsniveau und enge Kontakte mit westlichen Kulturen kennzeichnend, was einen Einfluss auf die Antworten haben könnte. Ungeachtet dessen ist auch in dieser Umfrage die Anzahl von Imperativkonstruktionen in den russischen Antworten siebenmal so hoch wie in den deutschen: 5 % im Deutschen und 35 % im Russischen (Ogiermann 2009b: 209). Deshalb soll hier davon ausgegangen werden, dass der Imperativ das prototypische Mittel des Ausdrucks einer BITTE im Russischen ist:

> (57)   Ребёнок, принеси мне верхний ящик моего комода, – попросила она.

Im Deutschen dagegen werden bei der Realisierung des Sprechakts BITTE Fragesätze favorisiert (vgl. Kantorczyk 2008: 71; Ogiermann 2009b: 209), folglich bilden sie das Zentrum des kommunikativ-pragmatischen Feldes der BITTE:

> (58)   „Könnten Sie bitte noch etwas warten, meine Oma kann nicht so schnell laufen", bat er.

Diese kommunikativen Präferenzen müssen auch bei der Übersetzung berücksichtigt werden, dem russischen Imperativ wird in der Regel ein deutscher Fragesatz entsprechen:

> (59)   Помогите мне, пожалуйста, положить чемодан на полку.
> (59a) Könnten Sie mir bitte helfen, den Koffer auf die Ablage zu legen?

Der Imperativ kann allerdings auch im Deutschen zum Ausdruck einer kleinen Bitte gebraucht werden, und zwar vorwiegend in der privaten Kommunikation. Zusätzlich werden in diesem Fall häufig die Partikeln *mal* und *doch* verwendet, die signalisieren, dass es um eine kleine Gefälligkeit geht:

> (60)   „Bring mir doch noch einen Gin Tonic", ruft Meta Huber ihrem Sohn Markus Huber zu.

Im Russischen markiert die Geringfügigkeit des Anliegens und die informelle Beziehung der Kommunikationsteilnehmer die Partikel *-ка*, die an das Verb angefügt wird. Diese Äußerungsform ist nur bei einer symmetrischen Bitte möglich oder wenn der Sprecher dem Adressaten übergeordnet ist (vgl. Rathmayr 1994: 257):

> (61)   Лёля, выйди-ка на минутку, – сказала она.

Das Handlungsverb kann sich mit der Partikel *давай-ка* verbinden:

> (62)   Давай-ка быстренько напиши мне официальную бумагу, что вот он окончил школу, что он тут делал первые шаги в цирке и т. д.

Eine große Bitte wird dagegen sowohl im Deutschen als auch im Russischen in Form einer modalisierten Frage, oft in Verbindung mit Einleitungen, Begründungen oder Erläuterungen formuliert (Buscha et al. 1998: 257–258):

(63) Ich hätte eine Bitte an Sie, Herr Pfarrer: Könnten Sie vielleicht in Ihren Archiven nachschauen, ob eventuell Kinder von August Högn in Wallersdorf getauft wurden? Mir geht es vor allem um Geburtsdaten.

(64) У меня к вам с совсем обычная просьба. Вы не могли бы организовать мне встречу с Натальей Ольховцевой?

Im Russischen ist eine Frage mit dem Modalverb *мочь* in Funktion einer BITTE in der Regel negiert und steht vorwiegend im Konjunktiv. Positive, nicht negierte Fragen werden eher nicht als Bitten, sondern als unmittelbare Fragen nach der Möglichkeit der Handlungsrealisierung interpretiert (vgl. Rathmayr 1994: 268):

(64a) Вы могли бы организовать мне встречу с Натальей Ольховцевой?

Auf die Frage in (64a) wird der Adressat vornehmlich dem Sprecher Bescheid geben, ob er mit der erwähnten Person bekannt ist und ob er tatsächlich imstande ist, solch ein Treffen zu organisieren. Eine negierte Frage wie in (64) setzt das als selbstverständlich voraus.

Zu den zentralen Mitteln, die aber weder im Deutschen noch im Russischen im direkten Kern des Feldes der BITTE stehen, gehören auch explizit performative Äußerungen. Das weitaus häufigste performative Mittel ist das Verb *bitten* bzw. *просить*:

(65) Ich bitte dich, mir meinen Wunsch zu erfüllen.
(66) Я прошу тебя, говори потише. Разбудишь кого-нибудь.

Wie die anderen performativen Verben, können *bitten* bzw. *просить* in Verbindung mit einem modalen Modifikator auftreten, in diesem Fall fast ausschließlich mit dem Verb *mögen* bzw. *хотеть* im Indikativ oder im Konjunktiv:

(67) Ich möchte Sie bitten, die Situation noch einmal zu überdenken.
(68) Хочу тебя попросить позвонить Асе и помочь ей разобраться с поступлением на работу.

Der Gebrauch des Verbs *wollen* in der modalen Rahmenkonstruktion verleiht der Bitte einen kategorischen Charakter und verwandelt sie somit in eine AUFFORDERUNG:

(69) Ich will Sie bitten, an dieser Stelle keine falschen Debatten zu führen.

Im Russischen wird diese Semantik im Gegenteil mithilfe von nicht modalisierten Präsensformen des perfektiven Aspekts, oder konjunktivischen Formen des Verbs *просить* zum Ausdruck gebracht:

(70) Только вот что, Феликс, я Вас попрошу никогда больше не называть меня этим именем.
(71) Я попросил бы прекратить эти намёки, – решительно сказал он.

Sowohl im Russischen als auch im Deutschen gilt allgemein, dass der Gebrauch des Imperativs beim Ausdruck einer Bitte höflicher wirkt als der Gebrauch des performativen Verbs (vgl. Rathmayr 1994: 264). Das hat zur Folge, dass die performative Formel öfter in der öffentlich-offiziellen Kommunikation als im vertraulich-privaten Gespräch gebraucht wird (vgl. Formanovskaja 1994: 36), vgl.

(72)   Принеси мне в субботу книги, которые ты брал.
(72a) Я прошу тебя принести мне в субботу книги, которые ты брал.

Das Beispiel (72a) markiert Beziehungen zwischen den Kommunikanten, die weniger persönlich geprägt sind als im Beispiel (72).

Die nominale performative Formel wird ausschließlich mit dem Substantiv *Bitte* bzw. *просьба* gebildet:

(73) Ich wende mich an Sie mit der Bitte, mich auf dem Laufenden zu halten, was mit meinem Vater passiert!
(74) Есть у меня к тебе просьба, если получишь мою посылку, то сохрани всё что там будет.

Die Verbindung des Substantivs *просьба* mit dem Infinitiv der erwünschten Handlung im Russischen ist für die offizielle Kommunikation kennzeichnend und kann als eine höfliche bindende Aufforderung betrachtet werden:

(75) Убедительная просьба к туристам не мусорить на маршруте и на местах своих стоянок.

4.1.1. Abschwächende Modifikatoren

Da die BITTE zu den gesichtsbedrohenden Akten gehört, werden in beiden Sprachen Strategien zur Abmilderung des Drucks auf den Adressaten gebraucht. Dabei wird die Gesichtsbedrohung im Deutschen im Zusammenhang mit Besonderheiten einer individualistischen Kultur deutlicher als im Russischen empfunden, was einen Einfluss auf den Gebrauch der sprachlichen Mittel ausübt. Im Deutschen werden zu diesem Zweck vor allem Unsicherheitsindikatoren wie *eventuell, vielleicht, ausnahmsweise* u. ä. verwendet:

(76) Könntest Du vielleicht auch Tina und Mario heimfahren?

Für das Russische ist der Gebrauch von äquivalenten Modalwörtern in den Fragekonstruktionen mit der Illokution der Bitte nicht typisch:

(76a) *Ты мог бы, пожалуй, отвезти домой также Тину и Марио?

Stattdessen wird die Frage negiert, vgl. die äquivalente Übersetzung des Beispiels (76) ins Russische:

(76b) Ты не мог бы отвезти домой также Тину и Марио?

Die Abschwächung der Bedrohung wird im Deutschen auch regelmäßig mithilfe der Gesprächspartikel *bitte* realisiert, das russische *пожалуйста* hingegen kann nicht mit den Fragen nach der Möglichkeit der Handlungsrealisierung kombiniert werden, vgl. das deutsche Beispiel und die russische Übersetzung:

(77) Wenn du zur Bibliothek gehst, kannst du bitte dieses Buch für mich abgeben?
(77a) Если ты пойдёшь в библиотеку, не мог бы ты сдать за меня книгу?

Der Gebrauch der Gesprächspartikel ist im Russischen in diesem Kontext nicht konventionell:

(77b) *Если ты пойдёшь в библиотеку, мог бы ты, пожалуйста, сдать за меня книгу?

Im Russischen dienen Verkleinerungsformen dem Zweck des Herunterspielens des Drucks auf den Adressaten. Sie werden sowohl in der vertraulich-persönlichen Kommunikation als auch außerhalb der privaten Sphäre gebraucht:

(78) Подай, деточка, старенькой маменьке ложку сахара на пропитание.
(79) Мастер звал его помочь: „Подержи-ка, сынок, нашу лодочку, а я молоточком пройдусь."

Im Russischen werden auch unterschiedliche situationsspezifische Modifikatoren verwendet, die das Gewicht der gewünschten Handlung minimisieren sollen (vgl. Larina 2009: 223; Ogiermann 2009b: 204), vgl. Konstruktionen wie *чуть-чуть, капельку, на пару дней, до завтра* и пр.:

(80) Удели мне, пожалуйста, несколько минут.
(81) Я буду в апреле в Москве, не мог бы я остановиться у вас на пару дней?

Einer großen Bitte geht nicht selten in beiden Sprachen ein präventiver Vorspann voran, der in der Regel eine mehr oder weniger konventionalisierte Form hat. Eine gewisse „Rechtfertigung" der Bitte kann auch in die Äußerung eingebettet werden:

(82) Vielleicht könnten wir ja mal – wenn es Ihnen nichts ausmacht – irgendwie so über mein Gehalt sprechen?
(83) Владимир Юрьевич, сделайте одолжение, не оставьте в беде, посмотрите больную своим алмазным оком!

Aber auch kleine Bitten können auf diese Weise kommentiert und gerechtfertigt werden:

(84) Würden Sie bitte so liebenswürdig sein und einen Schritt zur Seite treten.
(85) Как говорится, не в службу, а в дружбу, откройте-ка на минуточку входную дверь.

4.1.2. Intensivierende Modifikatoren

Das häufigste Mittel der Intensivierung einer Bitte sind die Gradpartikeln *sehr* bzw. *очень* beim performativen Verb und Adjektive wie *große* bzw. *большая/ огромная* beim performativen Substantiv:

(86) Wir bitten sehr, den Fehler zu entschuldigen.
(87) Огромная просьба, товарищи, ведите себя сдержанно и корректно!

Auch andere lexikalische Intensifikatoren, die den verstärkten Wunsch des Sprechers nach dem Vollzug einer bestimmten Handlung markieren, also Adverbien wie *dringend, ausdrücklich, убедительно, настоятельно* u. a. können hier verwendet werden. Die angeführten Modifikatoren können sowohl bei einer symmetrischen als auch bei einer asymmetrischen Bitte eingesetzt werden:

(88) Ich bitte ausdrücklich um Entschuldigung, wenn wir Sie nicht mit auf die Anmeldeliste gesetzt haben.
(89) Я настотельно прошу передать, чтобы эта женщина не смела показываться на похоронах.
(90) Ich bitte dich dringend, keine weiteren Provokationen dieser Art vorzunehmen.
(91) Вам известны мои намерения и искренность моих чувств, и я убедительно прошу Ваше Превосходительство не оставить меня своею помощью.

Oft wird an die guten Gefühle des Gesprächspartners appelliert, was sich in Ausdrücken widerspiegelt wie *seien Sie so lieb; seien Sie so freundlich; lass mich nicht im Stich; um Gottes Willen* bzw. *окажите любезность; сделай милость; войди в моё положение; будь моим спасителем; Христом-богом молю* u. a. m. Das führt in den meisten Fällen zum Gebrauch des doppelten Imperativs. Der Höflichkeitsgrad von derartigen Äußerungen ist höher als bei einfachen Imperativen (Larina 2009: 233):

(92) Seien Sie bitte so freundlich und nehmen Sie sich einen Augenblick Zeit, um noch einmal in die Begründung zu schauen.
(93) Христом Богом молю – не выдавайте, а я всё, всё по совести расскажу.

Es ist zu beachten, dass im Russischen der Ausdruck *будьте любезны* in bestimmten Situationen und mit entsprechender Intonation zum Ausdruck einer kategorischen Aufforderung gebraucht werden kann und in diesem Fall als „hyperhöflich" empfunden wird (vgl. Larina 2009: 231):

> (94) Никакие объяснения в расчёт не принимаются. Заключён контракт – будьте любезны его выполнять.

4.2. Periphere Realisierungsformen

Zu den peripheren Formen des Ausdrucks einer BITTE können bestimmte Arten von Fragen, assertive Äußerungen, konjunktivische Wunschsätze sowie elliptische Nominalkonstruktionen gezählt werden (vgl. Rathmayr 1994: 269–272; Ermakova 1990: 31–34; Lysakova/Veselovskaja 2008: 90–91; Kantorczyk 2008: 91).

4.2.1. Fragen nach dem Handlungsvollzug in der Zukunft

In beiden Sprachen kann das Sprachhandlungsmuster BITTE mithilfe eines Fragesatzes realisiert werden, der zum Ziel hat, klarzustellen, ob der Adressat in der Zukunft die erwünschte Handlung realisieren wird. Dieses Muster ist für eine kleine Bitte charakteristisch:

> (95) Hilfst du mir bei der Renovierung?
> (96) Ты мне принесёшь завтра лекарство?

Im Deutschen kann der Fragesatz durch die Konjunktion *ob* eingeleitet werden:

> (97) Ob du mit mir nach Leipzig fahren wirst?

Im Russischen können auch derartige Fragesätze negiert werden, in diesem Fall ist aber die Negation nicht obligatorisch. Fakultativ kann zusätzlich die Partikel *ли* verwendet werden, die in Verbindung mit der Negation der Äußerung einen hohen Grad an Höflichkeit verleiht:

> (98) Ты не подержишь минуточку моё пальто?
> (99) Не одолжите ли Вы мне эти записи на некоторое время?

R. Rathmayr weist darauf hin, dass die wörtliche Entsprechung der russischen negierten Frage nach dem Handlungsvollzug in der Zukunft im Deutschen als höfliche Aufforderung inakzeptabel ist, da damit „eine bereits verärgerte Wiederholung der Aufforderung realisiert wird" (Rathmayr 1994: 269), vgl.

> (100) Ты не сходишь за молоком? (BITTE bzw. höfliche AUFFORDERUNG)
> (100a) Gehst du nicht Milch holen? (verärgerte FRAGE bzw. inständige AUFFORDERUNG)

4.2.2. Fragen nach den Wünschen und Plänen des Adressaten

Dieses Muster ist vor allem im Deutschen gebräuchlich und als indirekte Bitte völlig akzeptabel:

(101) Möchten Sie mir bitte etwas Aufmerksamkeit widmen?

Im Russischen sind derartige Realisierungsformen der BITTE zwar möglich, werden aber eher als ironische Äußerungen empfunden, die eine Verärgerung des Adressaten über die Nichterfüllung der erwünschten Handlung ausdrücken:

(102) Ты не хочешь посуду помыть?

4.2.3. Fragen nach einem Gegenstand

In bestimmten Situationen werden die Fragen nach dem Vorhandensein eines Gegenstandes eindeutig als Bitten verstanden, diesen Gegenstand zu leihen oder mithilfe dieses Gegenstandes bestimmte Informationen zu vermitteln:

(103) Hast du ein Feuerzeug? = ‚Kannst du mir dein Feuerzeug geben?'
(104) Извините, у Вас есть часы? = ‚Не скажете, который час?'

4.2.4. Konjunktivische Wunschsätze

Eine BITTE kann auch dadurch ausgedrückt werden, dass die Ausführung der erwünschten Handlung als positiv oder günstig qualifiziert wird. Diese Möglichkeit wird in beiden Sprachen genutzt. Für solche Wunschsätze, die sowohl in affirmativer als auch negierter Form vorkommen können, ist der konjunktivische Modus kennzeichnend. Auch unpersönliche Sätze können gebraucht werden:

(105) Ich würde jetzt sehr gern die Meinung der Herren Kollegen hören = ‚Bitte sagen Sie mir Ihre Meinung!'
(106) Я был бы рад пойти с тобой в театр. = ‚Пригласи меня тоже в театр'
(107) Не мешало бы на кухне убраться. = ‚Уберись на кухне'

4.2.5. Assertive Äußerungen

Eine andere Möglichkeit, eine BITTE auszudrücken, ist die Beschreibung eines Tatbestandes, aus der der Adressat schließen muss, dass der Sprecher diesen Tatbestand negativ bewertet und dass der Adressat eine bestimmte Handlung zur Verbesserung der Situation ausführen sollte:

(108) Du hast doch noch Bier im Kühlschrank! = ‚Gib mir ein Bier!'
(109) Ой, я совсем у вас замёрзла. = ‚Включите отопление!'

4.2.6. Elliptische Nominalkonstruktionen

In der ungezwungenen Kommunikation können präpositionale Konstruktionen oder bloße Substantive zum elliptischen Ausdruck einer BITTE dienen. Im Russischen stehen derartige Substantive im Akkusativ oder auch im Genitiv, wenn ein Teil von etwas gemeint ist:

(110) Ohne Zucker bitte! = ‚Bringen Sie mir bitte Kaffee / Tee ohne Zucker!'
(111) Воды! = ‚Принесите воды!'
(112) Карету мне! Карету! = ‚Подайте мне карету!'

5. Reaktionen auf eine BITTE

Bei der Reaktion auf eine BITTE sind grundsätzlich drei Möglichkeiten vorhanden: Annahme, Zurückweisung der Bitte und Überlegungen, ob es möglich bzw. zweckmäßig ist, die Bitte zu erfüllen (vgl. Lysakova/Veselovskaja 2008: 93–95; Kantorczyk 2008: 94–95).

5.1. Annahme der BITTE

Wenn der Adressat bereit ist, die an ihn gerichtete Bitte zu erfüllen, drückt er seine Absicht in der Regel mithilfe von kurzen konventionellen Formeln aus wie *gut, mache ich; aber natürlich, sehr gern; kein Problem; ja, bitte* bzw. *хорошо; ладно; без проблем; охотно* u. a. m. In der offiziellen Kommunikation wird die Zusage meist in ganzen Sätzen ausgedrückt, für den Schriftverkehr gelten auch entsprechende konventionelle Formeln wie in (114) und (116):

(113) Ich werde Ihrer Bitte nachkommen.
(114) Wir freuen uns, Ihre Bitte erfüllen zu können.
(115) Я постараюсь исполнить Вашу просьбу. Сделаю всё, что смогу.
(116) Мы готовы удовлетворить Вашу просьбу.

5.2. Zurückweisung der BITTE

Ist der Adressat nicht willig oder nicht imstande, der Bitte des Sprechers nachzukommen, wird sie zurückgewiesen. Da die Zurückweisung ein in hohem Maße gesichtsbedrohender Akt ist, wird in den meisten Fällen dabei versucht, die Enttäuschung des Bittenden zu mildern. Das kann sowohl mithilfe von Höflichkeitsfloskeln als auch durch eine Begründung der Zurückweisung gemacht werden:

(117) Es tut mir sehr leid, aber es geht nicht. Entschuldige.
(118) Ich bin leider nicht imstande, Ihnen zu helfen, weil...
(119) Извини, ради Бога, но ничего не получится.
(120) Я бы с удовольствием / с радостью, но...

Wenn der Adressat meint, dass die Bitte unangemessen, nicht angebracht ist, kann es zu einer kategorischen Zurückweisung kommen:

(121) Das kommt aber nicht in Frage!
(122) Нет, это невозможно, об этом не может быть и речи.

E. Zemskaja weist auf eine Besonderheit des russischen Sprachverhaltens zu Sowjetzeiten hin, wenn auf eine Bitte eine zurückweisende Frage folgen kann (Zemskaja 2004: 289):

(123) – Будьте добры, три молока.
– А где Вы молоко-то видите?

Die angeführte Antwort ist höchst unhöflich und gegenwärtig nicht mehr typisch.

5.3. Ausweichende Reaktionen

Dieses Antwortmuster wird meistens dann verwendet, wenn der Adressat nicht sicher ist, dass er die Bitte des Sprechers erfüllen kann. Es kann aber auch eine versteckte Zurückweisung sein.

(124) Ich kann es nicht versprechen, aber ich werde es versuchen.
(125) Даже и не знаю. Сейчас ничего конкретного сказать не могу.

XVIII. Ratschlag

1. Definition des Sprachhandlungsmusters

Der RATSCHLAG ist eine Sprachhandlung, die zum Ziel hat, dem Gesprächspartner in einer schwierigen Situation zu helfen. Die Hilfe besteht darin, dass der Sprecher dem Hörer sagt, was er seiner Meinung nach in dieser Situation tun soll, um ein bestehendes Problem zu lösen. Der Gesprächspartner wird also auf den Gedanken gebracht, dass die Ausführung einer bestimmten Handlung für ihn richtig und nützlich ist (vgl. Hindelang 2004: 60–61; Bach/Harnish 1979: 49). Durch diesen Sprechakt wird somit ein Einfluss auf den Adressaten ausgeübt, der aber nicht auf Kraft oder Macht basiert, sondern auf Erfahrungen und Kenntnissen des Sprechers:

(1) Fahrt vorsichtig! Es friert heute Nacht und die Straßen sind nass.
(2) Я советую тебе как можно скорее переехать на новую квартиру.

Unter Verwendung der semantischen Primitiva kann das illokutionäre Ziel des Sprachhandlungsmusters RATSCHLAG (ADVICE) wie folgt beschrieben werden (vgl. Wierzbicka 1972: 139, 1987: 181):

(a) I assume you don't know what to do
(b) I assume you would want to know what I think you should do
(c) I want to cause you to know what would be good for you
(d) I say: I think you should do X

Bei der Charakterisierung des Ratschlages ist es wichtig hervorzuheben, dass der Sprecher gute Vorsätze hat und dass der Adressat das auch glaubt (vgl. Wierzbicka 1987: 181; Glovinskaja 1993: 184). Somit wird der RATSCHLAG als eine für den Adressaten benefaktive Sprachhandlung angesehen.

Der RATSCHLAG wird in der Regel zu der Klasse der Aufforderungsakte gezählt (vgl. Hindelang 2004: 60–61; Staffeld 2009: 115; Beljaeva 1992: 19; Formanovskaja 1994: 39 u.a.). Das Ziel dieser Sprechakte ist, den Gesprächspartner zur Ausführung einer bestimmten Handlung zu veranlassen: Der Sprecher will, dass der Hörer eine Aktion realisiert (Harras 1983: 209). Die Sprechakte dieser Gruppe sind aber vielfältig und unterscheiden sich einerseits dadurch, ob die Aufforderung verbindlich (kategorisch) oder unverbindlich (nicht kategorisch) ist, und andererseits nach dem Kriterium, ob die gewünschte Handlung im Interesse des Sprechers (Sprecherpräferenz) oder des Adressaten (Adressatenpräferenz) oder im Interesse beider Kommunikationspartner (beidseitige Präferenz) liegt (vgl. Hindelang 2004: 66). Der RATSCHLAG gehört zu den nicht verbindlichen Aufforderungen, d. h. der Adressat kann, muss aber nicht dem Rat folgen, und wenn er den Ratschlag ablehnt, wird das für ihn keine Konsequenzen (im Sinne juristischer oder dienstlicher Folgen) nach sich ziehen. Deshalb wird das Ratgeben nicht als eine präskriptive, sondern als eine suggestive Sprachhandlung betrachtet (vgl. Beljaeva 1992: 15, 19), d. h., es liegt keine Vorschrift vor, sondern eine Veranlassung, die durch die Autorität des Sprechers begründet ist. J. Searle hebt die besondere Stellung des Sprachhandlungsmusters RATSCHLAG unter den Aufforderungsakten hervor:

> Beraten ist nicht, wie man vielleicht annehmen könnte, eine Art des Aufforderns. [...] Jemanden beraten bedeutet nicht, ihn zu überreden versuchen, etwas zu tun – wie das beim Auffordern der Fall ist. Beraten bedeutet vielmehr, jemandem zu sagen, was das Beste für ihn ist. (Searle 1971: 105)

Das Sprachhandlungsmuster RATSCHLAG hat Adressatenpräferenz, weil bei seiner Äußerung der Sprecher davon ausgeht, dass die angeratene Handlung bzw. das Ergebnis dieser Handlung für den Adressaten von Interesse bzw. von Nutzen ist. Der Sprecher selbst ist von dem bestehenden Problem nicht berührt und seine Lösung bringt dementsprechend keine persönlichen Vorteile für ihn außer der Genugtuung, dass sein Rat wirksam und erfolgreich war. (vgl. Hindelang 2004: 61; Kantorczyk 2008: 29–33).

Im Rahmen des Aufforderungsfeldes gibt es Sprachhandlungsmuster, die dem Ratschlag sehr nahe stehen und deshalb von manchen Autoren als synonymisch angesehen werden. Dazu gehören vor allem EMPFEHLUNG und VORSCHLAG. Beim Vergleich dieser Sprechakte können aber neben den Gemeinsamkeiten, die in der oben angegebenen Definition subsumiert sind, bestimmte Unterschiede vermerkt werden. Eine EMPFEHLUNG setzt voraus, dass der Sprecher – im Unterschied zum Hörer – bestimmte Kenntnisse im Problembereich besitzt, was für einen RATSCHLAG nicht obligatorisch ist, hier kann die Äußerung auf dem Allgemeinwissen oder auf persönlichen Präferenzen des Ratenden basieren. Außerdem bezieht sich eine EMPFEHLUNG in der Regel auf Objekte und ein RATSCHLAG auf Handlungen (vgl. Wierzbicka 1987: 186). Wenn z. B. einer der Gesprächspartner in einer Stadt fremd ist und vor dem Problem steht, in welches Restaurant er Mittag essen gehen soll, kann ihm der Einheimische eine Empfehlung geben. Wenn aber einer der Gesprächspartner Kopfschmerzen hat, kann man ihm zu einem Spaziergang raten (ein Medikament aber eher empfehlen). Den Unterschied zwischen diesen Sprachhandlungsmustern markiert A. Wierzbicka mit der folgenden Modifizierung und Ergänzung der semantischen Interpretation des Sprechaktverbs: "I assume you would want to know what I think would be good for you because I know much about this things" (Wierzbicka 1987: 185). Die EMPFEHLUNG wird von manchen Autoren neben dem TIPP als eine Unterart des RATSCHLAGS angesehen (Hindelang 2004: 66).

Bei einem VORSCHLAG verfügt der Sprechende nicht über das notwendige Wissen oder über die notwendige Autorität, um dem Hörer einen bestimmten Rat in einer Problemsituation zu geben. Deshalb will er nur eine mögliche Lösung bzw. Handlung ansprechen, damit der Gesprächspartner sich diese Möglichkeit noch überlegen kann. Das Ziel des Vorschlages ist also, den Adressaten nicht zu einer Handlung, sondern zu einer Überlegung zu bewegen. Deshalb werden Vorschläge oft in Form eines Interrogativsatzes formuliert: *Wie wäre es, wenn...; Was meinst du, wenn...* u. ä. Die suggestive Kraft des VORSCHLAGS ist also viel geringer im Vergleich zum RATSCHLAG und zur EMPFEHLUNG. Als ein wichtiger Unterschied wird oft die beidseitige Präferenz beim VORSCHLAG angesehen, d. h. dass die bevorstehende Handlung im Interesse beider Kommunikationspartner liegt (vgl. Hindelang 2004: 66; Kantorczyk 2008: 103). Zwar spielt dieses Merkmal eine wesentliche Rolle bei der Differenzierung der beiden Sprachhandlungsmuster, es kann aber nicht als der einzige Grund dazu dienen, andere oben beschriebene Merkmale müssen auch berücksichtigt werden (vgl. Wierzbicka 1987: 181, 187).

Zusammenfassend wird folgende Definition des Sprachhandlungsmusters RATSCHLAG mithilfe der semantischen Primitiva vorgeschlagen:

(a) Ich nehme an, du weißt nicht, was zu tun ist
(b) Ich nehme an, du möchtest wissen, was ich denke, was du machen sollst
(c) Ich will dich wissen lassen, was für dich gut sein wird
(d) Ich sage: Ich denke, dass du X machen sollst

Nach der Stellung im Interaktionsablauf unterscheidet man zwei Arten des RATSCHLAGS: den initiativen RATSCHLAG und den reaktiven RATSCHLAG. Im ersten Fall gibt ausschließlich die kommunikative Situation dem Sprecher den Anstoß, eine bestimmte Handlung dem Hörer vorzuschreiben. Der Sprechakt erfolgt auf seine Initiative hin, deshalb wird er auch als ein unangeforderter RATSCHLAG bezeichnet. Im zweiten Fall wendet sich zuerst einer der Kommunikationspartner an den anderen mit der Bitte, ihn zu beraten. Erst auf diese Anfrage folgt die Äußerung, die einen RATSCHLAG realisiert, der dementsprechend als ein angeforderter gilt. Zwischen diesen beiden Unterarten können unter interkulturellem und interlingualem Aspekt wesentliche Unterschiede festgestellt werden.

2. Struktur des Sprachhandlungsmusters

Der Ausdruck eines RATSCHLAGS realisiert sich in beiden analysierten Sprachen am häufigsten in folgenden drei Modellen:

a) Modelle mit Imperativkonstruktionen: *Fahren Sie lieber an die Ostsee; Подари ему цветы*;
b) explizit performative Modelle mit und ohne Modalisierung: *Ich würde dir zu dem Mercedes raten; Советую тебе быть повнимательнее*;
c) implizit performative Modelle vorwiegend mit Modalisierung: *Du solltest vorsichtiger sein; Тебе не следует так много купаться.*

Die Prototypizität des Modells für die Wiedergabe eines RATSCHLAGS ist von der Sprache abhängig, wie es im Punkt 4. des Kapitels gezeigt wird.

2.1. Modelle mit Imperativkonstruktionen

Imperativkonstruktionen, die keine performative Komponente enthalten, stehen beim Ausdruck des RATSCHLAGS, insbesondere im Russischen, in Konkurrenz mit dem explizit performativen Modell. Der verwendete Imperativ weist auf die Handlung hin, die vom Sprecher angeraten wird. Eventuell kann auch der Adressat des Ratschlags erwähnt werden, die Adressatenkonstituente kommt dann in Form einer Anrede vor (s. Beispiel (3)).

(3) Николай Петрович, возьмите с собой зонтик, сегодня дождь обещали.
(4) Сядь, пожалуйста, найди полчаса, сядь и послушай эту певицу, у неё необыкновенный голос.
(5) Rauchen Sie nicht so viel, das ist gesundheitsschädlich.
(6) Sprich langsam und deutlich, der Saal hat eine schlechte Akustik.

2.2. Explizit performative Modelle mit und ohne Modalisierung

Die explizit performative Formel hat vorwiegend verbalen Charakter, im Zentrum stehen die performativen Verben *raten* bzw. *советовать*. Eine mögliche Variante bildet die Äußerung mit dem gleichstämmigen Substantiv *Rat* bzw. *совет*.

Die vollständige Struktur einer performativen Formel enthält vier Konstituenten:

a) das entsprechende performative Verb (Handlungskonstituente);
b) die Bezeichnung der sprechenden Person (Sprecherkonstituente);
c) die Bezeichnung des Hörers (Adressatenkonstituente);
d) Charakteristik des Inhalts des Ratschlages (Hinweiskonstituente).

Die Handlungskonstituente bildet das kommunikative Zentrum der Aussage, alle anderen Konstituenten sind davon abhängig. Die sprachhandlungsbezeichnenden Verben *raten* bzw. *советовать* können mithilfe von Partikeln bzw. Präfixen modifiziert werden. Den deutschen Verben *raten, anraten, zuraten* steht das russische Verb in beiden Aspektformen *советовать/посоветовать* gegenüber:

(7) Ich rate Ihnen dringend: Seien Sie politisch! Sonst wachen Sie eines Tages auf, sind tot und wissen nicht warum.
(8) Я всё же советую молодым читателям найти и прочесть эту книгу.

Das Verb *beraten* hat eine ähnliche Semantik; ‚einen Rat geben, eine beratende Tätigkeit ausüben', wird aber in der performativen Funktion viel seltener im Vergleich zu den oben angeführten Verben gebraucht. Das Verb *abraten* drückt einen negativen Rat aus, d. h. es wird geraten, eine bestimmte Handlung nicht auszuführen:

(9) Ich rate sehr davon ab, diesen Kurs zu belegen = Ich rate Ihnen nicht, diesen Kurs zu belegen.

Das korrespondierende russische Verb *отсоветовать* wird in der performativen Funktion nicht gebraucht, es ist nur bei Beschreibungen und Mitteilungen, vgl. Beispiel (11), verwendbar:

(10) Я очень не советую (nicht: *отсоветую) тебе записываться на этот курс.
(11) Он отсоветовал (auch: не посоветовал) ему записываться на этот курс.

Die Handlungskonstituente kann sowohl im Indikativ als auch im Konjunktiv gebraucht werden (*würde raten* bzw. *посоветовал бы*) und die komplexe Struktur „Modalverb + Infinitiv des Performativs" aufweisen (*will/möchte/kann raten, хочу/хотел бы/могу/мог бы посоветовать*).

(12) Leider können wir dir nur raten, verschiedene Browser zu probieren.
(13) Я посоветовал бы Вам вспомнить наш недавний разговор.

Die Sprecherkonstituente ist prototypisch durch ein Pronomen in der 1. Pers. Sg. oder Pl. ausgedrückt. Für die deutsche Sprache ist der Gebrauch des Pronomens in einer performativen Formel in der Regel obligatorisch, es kann nur bei stark umgangssprachlichem Gebrauch weggelassen werden:

(14) Rate dir da eher zu Programmen wie True Image.

Im Unterschied zum Deutschen ist für das Russische das Weglassen des Personalpronomens typisch, vgl. die folgenden Beispiele:

(15) Советую не отказываться от операции.
(16) А пока сколачивайте коллектив. Советую вам больше на школьников опираться.

Die grammatische Form der Adressatenkonstituente kann im Deutschen von dem Präfix beeinflusst werden. Bei den Verben *raten, anraten und zuraten* steht diese Konstituente im Dativ, bei dem Verb *beraten* – im Akkusativ:

(17) Ich rate dir, grünen Salat zu essen, weil es gesund ist.
(18) Das wollte ich dir auch angeraten haben!
(19) Zu diesem Kauf kann ich dir nur zuraten.
(20) Doch ich möchte dich beraten: Weise von dir alle Schuld.

Im Russischen wird die Adressatenkonstituente beim Verb *советовать/ посоветовать* im Dativ gebraucht:

(21) Послушай, советую тебе записаться на приём к замминистра.
(22) Так я посоветую вам обратиться в библиотеку нашего месткома.

Der RATSCHLAG bezieht sich oft auf eine zukünftige Tätigkeit des Hörers, deshalb findet die Hinweiskonstituente sowohl im Deutschen als auch im Russischen in einer Infinitivkonstruktion oder in einem Nebensatz ihren Ausdruck:

(23) Daher kann ich Ihnen anraten, sich zunächst einmal die Garantiebedingungen durchzulesen.
(24) Ich rate Ihnen, dass Sie für ein paar Monate aus Berlin verschwinden.
(25) Советую вам этот стиль переменить, здесь он не у места.
(26) Я вообще хотел тебе посоветовать, чтобы ты её в покое оставил.

Wenn die Hinweiskonstituente nominalen Charakter hat, wird sie durch ein präpositionales Objekt mit der Präposition *zu* (+ Dat.) im Deutschen und durch ein direktes Akkusativobjekt im Russischen ausgedrückt:

(27) Ich rate Ihnen zum Kauf eines Bayern-Tickets und erkläre der Gruppe die Kartenzahlfunktion des Automaten.
(28) А ещё посоветую Вам покрытие для быстрого высыхания лака „Insta Dri".

Die Funktionsverbgefüge mit dem Substantiv *Rat (einen Rat geben/erteilen)* bzw. *совет (дать совет)* werden seltener in der performativen Funktion verwendet. In diesem Fall tritt die Hinweiskonstituente oft in Form der direkten Rede auf und kann mit den anderen Konstituenten durch einen Doppelpunkt verbunden sein:

(29) Aber ich würde dir einen Rat geben, gib nicht nach und hab deinen Stolz.
(30) Ich gebe dir einen Rat: Such dir den richtigen Zeitpunkt aus, wo du deine Situation bzw. deine Gefühle deiner Freundin offenbarst.

Im Russischen kann das Verb im perfektiven Aspekt im Bestand des Funktionsverbgefüges eine modale Bedeutung haben, vgl. die Beispiele (31) und (32) mit ihren deutschen Entsprechungen (31a) und (32a):

(31)   Дам тебе совет, матушка, кормить индеек так же хорошо, как, вероятно, они питались раньше.
(31a) Ich möchte dir einen Rat geben, Mütterchen, die Puten ebenso gut zu füttern, wie sie sich wahrscheinlich früher ernährt haben.
(32)   Я хоть и моложе тебя, но дам тебе совет: не повторяй, пожалуйста, дома всего того, что ты мне рассказывал в вагоне.
(32a) Obwohl ich jünger bin als du, möchte ich dir einen Rat geben: du solltest bitte zu Hause das alles nicht wiederholen, was du mir im Wagen erzählt hast.

Bei einem RATSCHLAG wird in den meisten Fällen die vollständige performative Formel gebraucht, ausgelassen wird im Russischen vor allem, wie schon erwähnt, das Personalpronomen, seltener die Adressatenkonstituente, vgl. Beispiel (33) – ohne Adressatenkonstituente und Beispiel (34) – ohne Personalpronomen und Adressatenkonstituente:

(33)   Ich rate zu etwas weniger Missgunst.
(34)   Советую посмотреть отзывы путешественников.

Das Auslassen der Hinweiskonstituente ist kaum möglich, weil dadurch der Sinn des Ratschlags nichtig gemacht würde.

2.3. Implizit performative Modelle, vorwiegend mit Modalisierung

Zu den implizit performativen Modellen gehören Äußerungen, die kein performatives Verb und keinen Imperativ enthalten, dabei aber in der Regel mithilfe eines Modalverbs und/oder einer einleitenden Bemerkung, die auf die Meinung des Sprechers verweist, modalisiert sind:

(35)   Meiner Meinung nach solltest du ein Kosmetikstudio aufsuchen, du solltest dich fachkundig und gut beraten lassen.
(36)   Ты же можешь просто перейти в другую группу, если не хочешь каждый день встречаться с Ириной.

Die Struktur dieses Modells unterliegt den allgemeinen grammatischen Regeln der jeweiligen Sprache.

3. Kommunikativ-pragmatische Faktoren

Als Aufforderungsakt gehört der RATSCHLAG zu den sogenannten gesichtsbedrohenden Sprechakten, die dazu dienen, den Adressaten zu einer Handlung zu bewegen. Indem sie das tun, üben sie auf den Hörer einen Druck aus und schränken ihn in gewissem Maße in seiner Handlungsfreiheit ein (Brown/Levinson 2007: 65). Deshalb ist der Sprecher bestrebt, bestimmte Höflichkeitsstrategien zu verwenden. Grundsätzlich sind in diesem Fall zwei Strategien möglich:

a) der Sprecher ist bestrebt, gesichtsbedrohende Akte zu vermeiden,
b) er versucht, die Bedrohung zu minimieren.

In beiden Fällen spielt die Unterscheidung zwischen dem initiativen (unaufgeforderten) und reaktiven (geforderten) RATSCHLAG eine wichtige Rolle, weshalb im Folgenden jeder Typ des Ratschlages separat behandelt wird.

3.1. Der initiative RATSCHLAG

Beim initiativen RATSCHLAG ist der Grad der Bedrohung wesentlich höher als beim reaktiven RATSCHLAG, weil der Sprecher unaufgefordert handelt und dementsprechend nicht wissen kann, ob seine Versuche, den Hörer zu bestimmten Handlungen zu veranlassen, beim Letzteren willkommen sind oder nicht. Der Sprecher orientiert sein Verhalten vor allem an den ethischen Normen, die in seiner Gesellschaft üblich sind. Diese Normen sowie auch die Vorstellungen der Sprecher darüber, welche Äußerungen in einer bestimmten Situation angebracht sind, unterscheiden sich wesentlich in der deutschen und in der russischen Kultur, was unter den Begriffen der Solidaritätshöflichkeit und Distanzhöflichkeit subsumiert werden kann. Die Strategien der Solidaritätshöflichkeit dienen dazu, das Bedürfnis nach Anerkennung, Gemeinsamkeit, Zugehörigkeit u. ä. zu befriedigen. Die Strategien der Distanzhöflichkeit sind dagegen nicht Annäherungs-, sondern Vermeidungsstrategien, die darauf gerichtet sind, die Handlungsfreiheit des Gesprächspartners nicht einzuschränken und seine Privatsphäre nicht zu berühren (vgl. Rathmayr 1996b: 179–180). Die Russen sind im Vergleich zu den Deutschen weniger sensibel, wenn es bei einer Aufforderung um die Verletzung des persönlichen Territoriums geht. Sie wird nicht automatisch als ein unangenehmer Einbruch in die private Sphäre wahrgenommen (vgl. Rathmayr 1994: 274). Ein initiativer RATSCHLAG wird in vielen Fällen – entsprechend den Regeln der Solidaritätshöflichkeit – eher als Ausdruck der Hilfsbereitschaft und Aufmerksamkeit seitens des Sprechers verstanden und deshalb positiv aufgenommen (vgl. Larina 2009: 254). Aus diesem Grund befürchtet der Sprecher in geringerem Maße die negative Reaktion des Hörers auf seine Aufforderung, d. h. er ist kaum dem „interaktionalen Pessimismus" (Levinson 1994: 273) ausgesetzt. Dementsprechend sind in der russischen Kommunikation initiative RATSCHLÄGE nicht selten anzutreffen, auch in Bezug auf unbekannte Personen, insbesondere wenn der Sprecher älter ist oder einen höheren sozialen Status hat:

(37) (Пожилая женщина, обращаясь к молодой девушке на остановке автобуса) Дочка, теплее надо одеваться, не лето ведь, простудиться можно.

(38) (Служащий банка, обращаясь к клиенту другого служащего) Да Вы сами лучше в службу поддержки Сбербанк Онлайн позвоните, там и телефон есть, видите же, она неопытная ещё, не знает, как эта опция работает.

Für die deutsche Kultur ist dagegen Distanzhöflichkeit kennzeichnend. Dabei ist die Annäherung der Gesprächspartner nur zu einem bestimmten Grad möglich, das Eindringen in die Zone der persönlichen Unabhängigkeit gilt als unhöflich und wird nicht akzeptiert. Deshalb ist man in Deutschland bestrebt, keine Vorschriften zu machen. Selbst wenn einer der Gesprächspartner eine bevorzugte soziale Position hat, nutzt er das nicht aus, um auf den anderen einen kommunikativen Druck auszuüben. Deshalb sind die initiativen RATSCHLÄGE in der deutschen Kultur zwar möglich, aber viel seltener. In Situationen wie in (37) und (38) ist da ein Ratschlag kaum vorstellbar.

Wenn der RATSCHLAG zum Ausdruck kommt, kann seine Äußerung entweder offenkundig (on record) oder nicht offenkundig (off record) sein. Im ersten Fall ist die kommunikative Absicht direkt und explizit geäußert, dazu werden am häufigsten Imperativformen und performative Ausdrücke gebraucht:

(39) Versuchen Sie mal, Ihr Haus im Fichtelgebirge zu verkaufen!
(40) Я Вам советую вызвать врача на дом, предварительно объяснив ему ситуацию.

Im zweiten Fall kann die Absicht des Sprechenden nicht eindeutig bestimmt werden. Sprachliche Verwirklichungen der nicht offenkundigen Sprechakte umfassen Andeutungen, Unter- und Übertreibungen, Metaphern, Ironie und aller Art Hinweise auf das, was der Sprecher tatsächlich kommunizieren will (Brown/Levinson 2007: 69–70):

(41) Я считаю, что в такой ситуации стоит сменить обстановку, увидеть что-то новое.
(42) Ich weiß, dass du Helga sprechen möchtest. Und ich weiß, dass sie am Montag den ganzen Tag zu Hause ist. Das wäre eine gute Chance, was meinst du?

Wenn schon im Deutschen ein initiativer RATSCHLAG gegeben wird, dann wird dabei in den meisten Fällen die Off-Record-Strategie verwendet.

3.2. Der reaktive RATSCHLAG

In diesem Fall geht dem RATSCHLAG die Bitte des Hörers voran, ihn anlässlich eines bestimmten Sachverhalts zu beraten. Dabei kann sowohl im Russischen als auch im Deutschen eine direkte Bitte verwendet werden, oder auch eine indirekte – in Form eines Kompliments oder einer Ego-Erniedrigung. Auch Kombinationen dieser Sprechakte sind möglich: *Посоветуйте мне, пожалуйста; Вы лучше меня разбираетесь в этом вопросе; Ich möchte Sie um einen Rat bitten; Ich weiß, dass Sie ein absoluter Experte auf diesem Gebiet sind; Не знаю, как поступить, может быть, Вы подскажете?*

Auf eine derartige Anregung folgt ein reaktiver Ratschlag. Der Sprecher hat keine Angst vor dem kommunikativen Misserfolg, weil der Hörer ihm die Angemessenheit seines kommunikativen Verhaltens bestätigt hat. Aber auch bei diesem Subtyp können sowohl offenkundige, als auch nicht offenkundige Äußerungen nachgewiesen werden. Implizitheit und/oder Indirektheit der Äußerung sind oft dadurch bedingt, dass der Sprecher zweifelt, ob er die richtige Entscheidung treffen kann:

> (43) – Как ты думаешь, куда бы нам поехать на эти выходные?
> – Мне кажется, лучше всего подошёл бы дом отдыха „Балтика".

In bestimmten Situationen kann sich der Angesprochene auch weigern, einen Rat zu geben, weil er sich nicht dazu berechtigt oder kompetent genug fühlt:

> (44) – Meine Frage ist nun, inwieweit ich einfach weiter trainieren kann, oder sollte ich lieber langsam machen? Wäre über einen Rat sehr dankbar.
> – Zum Sport mit Geräten kann ich keinen Rat geben, da ich kein Gerätetraining mache.

Diese kommunikative Strategie ist in beiden Kulturen möglich, ist aber in höherem Maße für die deutsche Kultur kennzeichnend. Russen, insbesondere in Alltagsgesprächen, tendieren dazu, ihre Meinung zu äußern, auch wenn diese keine sichere Basis hat (*я точно не знаю, но думаю...*; *может быть, я, конечно, ошибаюсь, но мне кажется...* usw.).

4. Ausdrucksformen des kommunikativ-pragmatischen Feldes

4.1. Zentrale Realisierungsformen

Im Russischen werden zum Ausdruck des RATSCHLAGS am häufigsten imperative Äußerungen gebraucht (vgl. Archipenkova 2006: 14; Petrova 2010: 12). Somit konstituieren sie das Zentrum des Feldes sowohl beim initiativen als auch beim reaktiven RATSCHLAG. Eine Besonderheit ist dabei die häufige anaphorische Einleitung der Äußerung mit dem Ausdruck *А ты...* bzw. *А Вы...*, was einen RATSCHLAG von einem BEFEHL bzw. einer BITTE unterscheiden kann:

> (45) – У внука скоро день рождения, чем бы его порадовать?
> – Подарите внуку велосипед!
> (46) А Вы проходите вперёд, там не так тесно.

Auch die Formel *а ты возьми (да и)* ist möglich, welche darauf hinweist, dass die angeratene Entscheidung nicht trivial oder nicht leicht zu treffen ist:

> (47) А ты возьми да тоже, как младший сержант, напиши ей письмо.

Dabei ist zu beachten, dass der RATSCHLAG kein eigentlicher Aufforderungsakt ist und der Sprecher nicht darauf besteht, dass die von ihm angeratene Handlungsweise vom Hörer realisiert wird. Trotzdem ist in Sprachen wie dem Russischen oder Polnischen, eine Konstruktion mit einem Verb im Imperativ eine gebräuchliche Ausdrucksform eines Ratschlags (vgl. Kotorova/Zuchewicz 2015: 252). A. Wierzbicka schlägt folgende Erklärung für dieses Phänomen vor:

> The paradox of advice is that although advising someone to do something one does not say one wants him to do it, nonetheless one does use (or may use) an imperative form. [...] One possible explanation is that while giving advice we imagine ourselves being in the position of other person, and thus we conceive of our advice as of an imaginary decision or order issued to ourselves. After all, advice is often prefaced by an *if I were you...* (Wierzbicka 1972: 140)

Im Deutschen ist der Gebrauch einer imperativischen Konstruktion zum Ausdruck eines Ratschlags auch möglich, wird aber seltener beobachtet. In der alltäglichen Kommunikation werden vielmehr Konstruktionen, in denen die anzuratende Handlung durch den Infinitiv in Verbindung mit einem Modalverb (im Indikativ oder im Konjunktiv) ausgedrückt wird, bevorzugt (vgl. Kantorczyk 2008: 139). Sie bilden daher im Deutschen den Kern des kommunikativ-pragmatischen Feldes des Sprachhandlungsmusters RATSCHLAG. Auf diese Weise versucht der Sprecher zu vermeiden, dass seine Äußerung vom Hörer als Vorschrift empfunden wird. Am häufigsten kommen die Modalverben *können*, *müssen* und *sollen* vor. Da derartige Äußerungen für den Ausdruck eines Ratschlags unspezifisch sind, werden zusätzliche illokutionäre Indikatoren verwendet, wozu einleitende Phrasen (*ich meine; es scheint mir; ich würde sagen* u. ä.), Modalwörter (*vielleicht, wahrscheinlich, sicherlich* u. a.) und Partikeln (*mal, lieber, ja, wohl* u. a.) gehören.

(48) Ich meine, du kannst eine Anzeige erstatten, also geh einfach mal zur Polizei.
(49) Du solltest vielleicht einen Kardiologen aufsuchen und ein Herzecho machen lassen.
(50) Ich würde an deiner Stelle lieber mal zu Fuß gehen.

Somit entsprechen in vielen Fällen den russischen imperativischen Äußerungen beim Ausdruck des RATSCHLAGS modale Konstruktionen im Deutschen, vgl.

(51) Поезжайте на море, для лёгких морской воздух очень полезен.
(51a) Sie müssten an die See fahren, die Seeluft ist gut für die Lunge.
(52) Похолодало, надень-ка лучше шапку.
(52a) Es ist kalt geworden, du solltest lieber eine Mütze aufsetzen.

Bloße Imperative werden im Deutschen zum Ausdruck des Ratschlags seltener gebraucht, weil derartige Äußerungen als gesichtsbedrohend gelten und den Regeln der Distanzhöflichkeit, die in der deutschen Kultur dominieren, widersprechen. Damit imperativische Sprechakte milder wirken, kann auch das Verb *versuchen* (vgl. im Russischen *пробовать, пытаться*) im Imperativ in Verbindung mit dem entsprechenden Infinitiv und oft mit der Partikel *mal* gebraucht werden:

(53) Bei Heißhunger auf etwas Süßes versuchen Sie mal, nur kleine Bissen zu essen.
(54) Попытайся как можно позже выкуривать первую сигарету.

Nach dem Verb *probieren* kann neben dem Infinitiv auch ein Substantiv im Akkusativ gebraucht werden, in diesem Fall grenzt der RATSCHLAG an eine EMPFEHLUNG:

(55) Probieren Sie mal unsere Wildschweinlasagne – schmeckt echt gut.

Das modale Muster ist auch im Russischen recht gebräuchlich, nimmt aber im Feld des Ratschlags im Vergleich zum imperativischen Modell eine weniger zentrale Stellung ein. Es wird sowohl durch persönliche Konstruktionen (*ты можешь/ты мог бы; Вы должны/Вы должны были бы*) als auch durch unpersönliche (*Вам надо/надо бы; тебе следует/следовало бы; Вам стоит/ стоило бы* u. a. m.) realisiert. Zur Modalisierung des Ausdrucks werden Prädikativa, Adjektive in Kurzform und Verben mit modaler Bedeutung verwendet:

(56) Ты мог бы поработать на каникулах, вот и деньги появятся.
(57) Перед поездкой вам стоит заранее побеспокоиться о некоторых вещах.
(58) Тебе надо бы поменять место работы.
(59) Тебе необходим полный покой, ты так слаба, так переутомлена.

Zu den zentralen Mitteln der Realisierung eines RATSCHLAGS im Russischen gehören neben den imperativischen Konstruktionen auch die expliziten performativen Äußerungen (vgl. Šelovskich 1995: 14):

(60) Всё-таки я советую Вам проконсультироваться у хорошего специалиста.

Dabei kann die performative Wirkung des Verbs mithilfe des Adverbs *очень* verstärkt werden, was den suggestiven Charakter der Äußerung hervorhebt und davon zeugt, dass der Sprecher um das Ergebnis des Verhaltens des Hörers besorgt ist (vgl. Wierzbicka 2012: 321):

(61) Я очень-очень советую: вам нужно кого-то полюбить!
(62) Очень советую тебе опомниться и не пытаться больше её видеть.
(63) Я вам советую, очень советую, – настойчиво подчеркнул Подберёзовиков, – явиться ко мне, как говорится, с вещами!

Wie die Beispiele (62) und (63) zeigen, grenzt der verstärkte RATSCHLAG an das Sprachhandlungsmuster WARNUNG.

Im Deutschen ist der Gebrauch des performativen Verbs oder einer Konstruktion mit dem gleichstämmigen Substantiv in höherem Maße für die offizielle

Kommunikation kennzeichnend. Zur Verstärkung des Ratschlags werden hier die Adverbien *sehr* und *dringend* gebraucht:

(64) Ich rate sehr dazu, Kurse mit wenigen Teilnehmern zu besuchen, dort hat man wirklich die Chance sich einzubringen.
(65) Ich rate Ihnen dringend, endlich einen Rechtsanwalt hinzuzuziehen.

Im Alltagsgespräch werden die performativen Äußerungen häufig im Konjunktiv oder in Verbindung mit einem Modalverb (im Indikativ oder im Konjunktiv) verwendet, sodass der gesichtsbedrohende Charakter der Äußerung gemildert wird:

(66) Es gibt viele kleine Supermärkte, ich würde jedoch raten, entweder zu Lidl oder zu Pop Life zu gehen, um Großeinkäufe zu erledigen.
(67) Ich kann/könnte meinen Kollegen nur raten, nicht so überempfindlich zu sein.

Konjunktivischer und modalisierter Gebrauch der performativen Ausdrücke ist auch im Russischen neben den direkten Performativa verbreitet:

(68) Я бы посоветовала тебе заняться йогой, медитацией, чем-то, что позволило бы тебе отрегулировать твой ум и заглянуть внутрь себя.
(69) Мне так хочется, мои юные друзья, дать вам совет: не причиняйте никогда друг другу вы душевной боли.

Derartige Äußerungen wirken weniger kategorisch auf den Adressaten.

4.2. Nicht zentrale und periphere Realisierungsformen

4.2.1. *Wertende Äußerungen*

Im Deutschen gehören zu den wertenden Äußerungen, die zum Ausdruck eines RATSCHLAGS dienen, vor allem unpersönliche Konstruktionen vom Typ *es wäre nicht schlecht/gut/besser; es ist vernünftig/sinnvoll/vorteilhaft* u. a. m. Mithilfe von derartigen Äußerungen wird das eigentliche illokutionäre Ziel eines RATSCHLAGS direkt realisiert: „Ich will dich wissen lassen, was für dich gut sein wird" (vgl. Punkt 1 dieses Kapitels). Aus diesem Grund sind sie relativ häufig und nehmen im Feld der Ausdrucksmittel des RATSCHLAGS eine Übergangsposition zwischen Kern und Peripherie ein.

(70) Es wäre besser, wenn Sie vor dem Zubettgehen nichts essen würden.
(71) Es ist sinnvoll, im Laufe der nächsten Woche mit dem Projekt anzufangen.

Auch im Russischen gibt es unpersönliche Konstruktionen mit einem Prädikativum im Positiv oder im Komparativ: *(тебе/Вам) хорошо (было) бы; (тебе/Вам) лучше (всего) (бы); разумно (было) бы* u. ä. Die anzuratende Vorgehensweise wird entweder mithilfe eines Infinitivs oder eines Konditionalnebensatzes ausgedrückt:

(72) Если вы не можете сказать точно, болели или нет, разумно будет сделать анализ на наличие антител.
(73) Было бы хорошо, если бы ты лёг спать, раз ты болеешь.

Eine Besonderheit der russischen Sprache ist die Möglichkeit des Gebrauchs der Infinitivkonstruktionen, welche auch eine wertende Bedeutung haben:

(74) Тебе бы поспать, раз болеешь = Тебе бы лучше поспать, раз ты болеешь.

Statt des Infinitivs kann auch eine finite Form des Verbs im Konjunktiv gebraucht werden:

(75) Поспал бы ты, раз болеешь = Поспал бы ты лучше, раз ты болеешь.

4.2.2. Vergleichende Äußerungen

Als vergleichende Konstruktionen können Äußerungen betrachtet werden, in denen der Sprecher sich in seiner Einbildung mit dem Hörer identifiziert:

(76) An Ihrer Stelle würde ich mir eine solche Gelegenheit nicht entgehen lassen.
(77) Если бы это был мой сын, я бы выпорола его как следует.

4.2.3. Interrogative Äußerungen

Zur Peripherie des Feldes gehören sowohl im Deutschen als auch im Russischen Äußerungen, die die Form eines Fragesatzes haben und deren Illokution unterschiedlich interpretiert werden kann. Abhängig von der kommunikativen Situation können sie als FRAGEN, VORSCHLÄGE, aber auch als RATSCHLÄGE interpretiert werden:

(78) Und was wäre, wenn du jeden Tag zehn neue deutsche Wörter lernen würdest?
(79) Дорогой, а почему бы тебе не бросить курить?

5. Reaktionen auf einen RATSCHLAG

Bei der Reaktion auf einen RATSCHLAG sind grundsätzlich drei Möglichkeiten vorhanden: die Akzeptanz, die Ablehnung des Ratschlages und Zweifel an seiner Zweckmäßigkeit.

5.1. Akzeptanz des RATSCHLAGS

Ein reaktiver RATSCHLAG, der auf eine Anfrage erfolgt, wird in der Regel mit Dankbarkeit angenommen. Auch initiative RATSCHLÄGE sind oft willkommen, insbesondere wenn die Form des Ratschlages den konventionellen Höflichkeitsregeln entspricht. Der Hörer kann sich einfach bedanken und dadurch signalisieren, dass der Ratschlag akzeptiert wird. Er kann auch gleichzeitig bestätigen, dass die von dem Sprecher angeratene Vorgehensweise ihm sinnvoll und vorteilhaft scheint:

(80) Ich danke dir ganz herzlich für deinen Rat.
(81) Ja, das ist eine gute Idee, das werde ich unbedingt machen.
(82) Спасибо за ценный совет.
(83) А я об этом и не подумал. Непременно последую твоему совету.

5.2. Ablehnung des RATSCHLAGS

Eine abschlägige Antwort bezieht sich am häufigsten auf einen initiativen RATSCHLAG. Die Möglichkeiten der Ablehnung erstrecken sich von den höflich-zurückhaltenden bis zu den heftig-emotionalen und barschen Reaktionen. Auch eine Ablehnung kann mit einem Dank verbunden werden:

(84) Danke, aber das hat kaum Sinn.
(85) Возможно, Вы правы, но у меня другая задача.
(86) Solche Ratschläge brauche ich nicht.
(87) Что ты лезешь со своими советами!

Im Russischen sind emotionale Reaktionen häufiger anzutreffen.

5.3. Zweifel an der Zweckmäßigkeit des RATSCHLAGS

In manchen Fällen kann der Hörer nicht sofort entscheiden, ob es sich tatsächlich lohnt, dem Rat des Sprechers zu folgen. Er braucht oft Zeit, um sich in der bestehenden Situation unter Berücksichtigung der Meinung des Sprechers zu orientieren. Das gibt er seinem Gesprächspartner bekannt:

(88) Vielleicht hast du recht. Das werde ich mir überlegen.
(89) Я учту то, что ты сказал. Но надо ещё подумать.

XIX. Vorschlag

1. Definition des Sprachhandlungsmusters

1.1. Der VORSCHLAG in den Sprechaktklassifikationen

Das Sprachhandlungsmuster VORSCHLAG wird nach der Klassifikation von J. Searle zur Gruppe der direktiven Sprechakte gezählt (vgl. Searle 1979: 13–14). Diese Sprechaktklasse umfasst bei Searle ganz unterschiedliche Sprachhandlungsmuster – von FRAGEN bis zu REZEPTEN und ZAUBERSPRÜCHEN. Deshalb werden in der Fachliteratur oft weitere Untergliederungen dieser Klasse vorgeschlagen. In deutschen Publikationen werden die direktiven Sprechakte nach den Kriterien der Verbindlichkeit der auszuführenden Handlung (bindende vs. nicht-bindende Sprechakte) und der Präferenz der Gesprächspartner im Falle der nicht-bindenden Akte (Sprecherpräferenz vs. Adressatenpräferenz vs. beidseitige Präferenz) weiter unterteilt (vgl. Hindelang 2004: 66). In russischen Publikationen werden meist drei Unterklassen von Direktiva unterschieden, die häufig verschiedenartige Bezeichnungen erhalten (vgl. Beljaeva 1992; Formanovskaja 1994; Petrova 2008):

- präskriptive/injektive/obligative Sprechakte (welche dem Adressaten eine Handlung vorschreiben);
- requestive Sprechakte (die zu einer Handlung sanft bis inständig anregen);
- suggestive/advisive Sprechakte (die eine Handlung suggerieren).

Das Sprachhandlungsmuster VORSCHLAG wird in der Regel als eine nichtbindende Aufforderung mit beidseitiger Präferenz charakterisiert und der Klasse der Suggestiva zugerechnet (s. auch das Kap. XVIII. RATSCHLAG). Die beidseitige Präferenz wird als ein für den VORSCHLAG spezifisches Merkmal betrachtet, welches diesen Sprechakt von den anderen suggestiven Sprechakten abhebt (vgl. Hindelang 1978: 464; Hindelang 2004: 66; Formanovskaja 1994: 39–40; Petrova 2008: 132). Manche Autoren definieren dementsprechend den VORSCHLAG als eine kommunikative Handlung, mit der der Sprecher den Adressaten auffordert, mit ihm zusammen eine Tätigkeit durchzuführen oder eine gemeinsame Entscheidung über die Durchführung einer Handlung zu treffen (Kantorczyk 2008: 103). Ein derartiger Standpunkt führt aber dazu, dass der VORSCHLAG als Sprechakt mit einem nicht eindeutigen Status angesehen wird. Laut der oben angeführten Definition wird bei einem VORSCHLAG nicht nur die Handlung des Adressaten veranlasst, sondern auch eine Verpflichtung seitens des Sprechers übernommen, an dieser Handlung teilzunehmen. Somit kann der Sprechakt VORSCHLAG als ein hybrider Sprechakt angesehen werden, der sowohl Merkmale eines Direktivs als auch Merkmale eines Kommissivs aufweist (vgl. Beljaeva 1992: 19):

> (1) Ich würde vorschlagen, wir streiken alle, von der Krankenschwester bis zur Verkäuferin, dann haben wir alle einen freien Tag.
> (2) Господа, предлагаю всем поздравить новобрачных и пожелать им счастливой совместной жизни!

Die eingehende Analyse zeigt aber, dass nicht bei allen Formen des VORSCHLAGS Merkmale der beiden Sprechaktklassen feststellbar sind. In manchen Fällen beabsichtigt der Sprecher allein, den Adressaten oder eine dritte Person zu einer Handlung zu bewegen. Somit nähert sich der VORSCHLAG einem RATSCHLAG und hat allein direktiven Charakter:

> (3) Mein Vorschlag wäre, eine neue Berliner Mauer zu bauen, diesmal aber als eine Touristen-Attraktion.
> (4) Ещё есть возможность хоть что-то исправить. Предлагаю тебе ею воспользоваться, Павел Семёнович.

In diesem Fall kann die Unterscheidung der beiden Sprachhandlungsmuster auf dem Präferenzmerkmal (Adressatenpräferenz beim RATSCHLAG vs. beidseitige Präferenz beim VORSCHLAG) basieren. Es existiert aber auch die Meinung, dass es kaum möglich ist, eine klare Grenze zwischen den Sprachhandlungsmustern RATSCHLAG und VORSCHLAG zu ziehen (Larina 2009: 251). Dieser Umstand ist im „Handbuch der deutschen Kommunikationsverben" bei der Charakteristik des *vorschlagen*-Paradigmas berücksichtigt, indem die Autoren beim Punkt „Rollenbezug" zwei Möglichkeiten angeben: Hörer oder Sprecher & Hörer (Harras/ Proost/Winkler 2007: 181).

Es gibt auch Fälle, in denen der Sprecher vorschlägt, dass er selbst eine Handlung ausführt. Somit nähert sich der VORSCHLAG einem ANGEBOT und kann dementsprechend einen kommissiven Charakter annehmen:

> (5) Ich schlage vor, ich übernehme in dieser schwierigen Situation das Finanzdepartement.
> (6) Хочу предложить тебе свою помощь при переезде на дачу.

Der Unterschied zwischen dem VORSCHLAG in der Funktion eines ANGEBOTS und dem ANGEBOT selbst hat eher einen funktional-stilistischen Charakter: Angebote werden vorwiegend in der Fachsprache des Handels verwendet.

1.2. Beschreibung des illokutionären Gehalts mithilfe von semantischen Primitiva

Das Spektrum der Sprechakte, die unter dem Begriff VORSCHLAG bzw. Предложение subsumiert sind, erweist sich insbesondere im Russischen als sehr weit. Hier werden die deutschen Sprechaktverben *vorschlagen* und *anbieten* sowie auch die englischen Sprechaktverben *suggest*, *propose* und *offer* alle mithilfe eines einzigen Verbs, nämlich *предлагать/предложить* wiedergegeben.

Bei der Beschreibung des illokutionären Gehalts des Sprachhandlungsmusters VORSCHLAG wird von A. Wierzbickas Definitionen ausgegangen, die sie für die Sprechaktverben *propose* und *suggest* formuliert hat, denn die Illokution dieser Verben steht der Illokution des deutschen Verbs *vorschlagen* am nächsten. Bei *propose* wird die illokutive Bedeutung auf folgende Weise formuliert:

> I think it would be good if we caused X to happen
> I know that I cannot cause it to happen if other people don't want it to happen
> I say: if you people want it to happen, I want it to happen
> I say this because I want to cause other people to think about it and to say if they want it to happen
> I assume that you will say if you want it to happen. (Wierzbicka 1987: 188)

Wie aus der Definition zu ersehen ist, verbindet sich das englische Verb *propose* nur mit der ersten Illokution des deutschen Verbs *vorschlagen*, und zwar, wenn beidseitige Präferenz vorausgesetzt ist. Die zweite oben erwähnte Interpretation verbindet sich mit dem Verb *suggest*:

> I say: I think it would be a good thing if you did X
> I say this because I want to cause you to think about it
> I don't know if you will do it
> I don't want to say that I want you to do it. (Wierzbicka 1987: 187)

In der Diskussion über die beiden Verben weist A. Wierzbicka darauf hin, dass im Falle von *suggest* die beabsichtigte Handlung den Sprecher nicht involvieren muss und dass in diesem Fall vom Adressaten nicht erwartet wird, dass er sagt, ob er den Vorschlag annimmt oder nicht (ibid.: 188). Der charakteristische Zug, der diese beiden Sprachhandlungsmuster vereint und von anderen direktiven Akten wie RATSCHLAG oder EMPFEHLUNG unterscheidet, ist, dass der Sprecher den Adressaten nicht zu einer Handlung, sondern zu einer Überlegung (vgl. in den beiden Definitionen: "I want to cause other people/you to think about it") bewegen will (s. auch das Kap. XVIII. RATSCHLAG).

G. Hindelang unterscheidet zwei Untertypen des VORSCHLAGS, die er als PROBLEMLÖSUNGSVORSCHLAG und ANREGUNG bezeichnet (Hindelang 1978: 464). Bei der

Charakteristik der ANREGUNG verweist er darauf, dass dieses Sprachhandlungsmuster in der englischen Aufforderungstaxonomie der Gruppe "suggestions" zugeschrieben werden sollte (ibid.: 469). Dabei geht er aber davon aus, dass auch die ANREGUNG eine Kooperation von Sprecher und Adressat voraussetzt, was mit der oben angeführten Definition von Wierzbicka in Bezug auf das Verb *suggest* nicht im Einklang steht.

Das russische Verb *предлагать/предложить* weist eine noch weitere Semantik auf und schließt, neben *propose* und *suggest*, auch die Illokution des englischen Verbs *offer* (≈ *anbieten*) ein. Deshalb unterscheidet M. Ja. Glovinskaja drei Möglichkeiten der Interpretation des Verbs *предлагать* entsprechend den unterschiedlichen Sprachsituationen: *предлагать 1* korreliert mit dem Verb *offer* (≈ *anbieten*), *предлагать 2* – mit dem Verb *propose* (≈ *vorschlagen*) und *предлагать 3* – mit dem Verb *suggest* (≈ *vorschlagen, raten*) (Glovinskaja 1993: 184–185).

Da *предлагать 1* kein direktives, sondern ein kommissives Muster präsentiert und keine beidseitige Präferenz aufweist, wird es bei der Formulierung der allgemeinen Definition nicht berücksichtigt. Die Auslegung der Bedeutung des Verbs *suggest* (≈ *предлагать 3*) zeugt von der mittleren Position des korrelierenden Handlungsmusters zwischen VORSCHLAG und RATSCHLAG. Im Deutschen existiert für dessen Bezeichnung kein Sprechaktverb. Somit ist für das Sprachhandlungsmuster VORSCHLAG die semantische Explikation des englischen Verbs *propose* (≈ *предлагать 2*) zentral.

Daraus lässt sich zusammenfassend folgende Definition des Sprachhandlungsmusters VORSCHLAG mithilfe der semantischen Primitiva ableiten:

(a) Ich denke, es wäre gut, wenn X geschieht
(b) Ich weiß, dass X nicht geschieht, wenn du das nicht willst
(c) Ich sage: wenn du willst, das es geschieht, dann will ich das auch
(d) Ich sage das, weil ich dich bewegen will, darüber nachzudenken
(e) Ich denke, dass du mir sagst, ob du willst, dass X geschieht.

Im Folgenden werden nur Beispiele analysiert, welche die oben formulierte Illokution wiedergeben und somit das zentrale Muster präsentieren.

2. Struktur des Sprachhandlungsmusters

Die Ausdrucksmöglichkeiten eines VORSCHLAGS sind sehr vielfältig. Es können folgende vier Modelle unterschieden werden:

a) Explizit performatives Modell mit dem entsprechenden performativen Verb oder mit synonymischen performativen Konstruktionen: *Ich schlage vor, dass wir uns duzen; Предлагаю перейти на „ты".*

b) Modelle mit imperativischen Formen, vorwiegend des inklusiven Imperativs, und zwar mit Konstruktionen des Typs *Lass uns/Lasst uns/Lassen Sie uns...* sowie *Komm/Kommt,...* im Deutschen und Formen der 1. P. Pl. oder Infinitiv des Verbs plus *Давай/Давайте...* im Russischen: *Lasst uns miteinander singen; Давайте забудем об этой истории.*
c) Implizit performatives Modell in Form eines Aussagesatzes mit einem Modalverb: *Wir könnten im Sommer an die See fahren; Мы можем после концерта пойти поужинать вместе.*
d) Implizit performatives Modell in Form eines Fragesatzes mit und ohne Modalisierung: *Hast du Lust spazieren zu gehen?; Не выпить ли нам чайку?*

2.1. Explizit performatives Modell

Das explizit performative Modell beinhaltet als Handlungskomponente das performative Verb *vorschlagen* bzw. *предлагать*, das sowohl im Indikativ als auch im Konjunktiv gebraucht werden kann:

(7) Wir schlagen vor, auf dem Landweg durch Ogoni zu reisen.
(8) Ну, что там хитрить – я предлагаю вам дружить.
(9) Greg, ich würde vorschlagen: Wir warten, bis die ganze Bande nach Hause geht.
(10) Я предложил бы в настоящий момент воздержаться от окончательного решения проблемы.

Ähnlich häufig wird die performative Konstruktion mit dem gleichstämmigen Substantiv *Vorschlag* bzw. *предложение* im Bestand des Funktionsverbgefüges gebraucht, die sowohl im Indikativ als auch im Konjunktiv stehen kann. Im Russischen wird dabei in der Alltagskommunikation statt der persönlichen Formen *я делаю/сделала бы* bzw. *вношу/внесла бы предложение* viel häufiger die Konstruktion *у меня (к тебе) предложение* gebraucht:

(11) Ich hätte einen Vorschlag: Wir löschen einfach den Artikel und tun so, als ob es ihn nie gegeben hätte.
(12) Ну, раз такие дела, у меня к тебе предложение. Давай отправимся в большое путешествие на воздушном шаре.

Wie auch bei anderen Sprachhandlungsmustern beobachtet werden kann, ist es im Russischen möglich, dass die Sprecherkomponente ohne Personalpronomen gekennzeichnet wird:

(13) Предлагаю взять процесс под контроль.

Die Adressatenkomponente steht bei dem performativen Verb im Dativ (vgl. die Beispiele (16) und (17)), im Falle der nominalen performativen Konstruktion kann diese Komponente auch im Dativ stehen oder mithilfe einer Präposition (*für* bzw. *к/для*) eingeführt werden, was von der Konstruktion der nominalen performativen Formel abhängig ist: *ich würde dir einen Vorschlag machen; ich habe einen Vorschlag für dich* bzw. *я хотел бы сделать тебе предложение; у меня к тебе/для тебя предложение*:

> (14) Ich habe einen Vorschlag für dich: ich werde den Artikel nicht selber editieren, wir machen das zusammen und ich helfe dir so gut ich kann.
> (15) Знаешь, я хочу сделать тебе предложение: давай ухаживать за нею по очереди ты – сегодня, я завтра, ты послезавтра, и т.д.

Die Anlasskomponente, die den Inhalt des VORSCHLAGS wiedergibt, wird in der Regel durch einen Infinitiv oder eine Infinitivkonstruktion ausgedrückt (vgl. die Beispiele (7), (8), (10), (13)).

Ebenso häufig wird diese Komponente mithilfe eines Haupt- oder Nebensatzes nach einem Komma oder einem Doppelpunkt ausgedrückt (vgl. die Beispiele (9), (11), (14), (15), (16), (17)).

Ein Substantiv in der Rolle einer Anlasskomponente wird seltener gebraucht, es muss sich dabei auf eine gemeinsame Tätigkeit beziehen:

> (16) Ich schlage Dir ein Rendezvous vor: Wir treffen uns heute um zwei Uhr nachts, dann haben wir Ruhe, um zu diskutieren.
> (17) Так что предлагаю тебе очень выгодный обмен: ты отдаёшь мне дискету, а я тебе – записи Воронова!

Ein Substantiv kann in diesem Fall mithilfe einer Infinitivkonstruktion paraphrasiert werden:

> (18) Ich schlage einen getrennten Urlaub vor, damit sich beide ein wenig voneinander erholen können = ‚Ich schlage vor, den Urlaub getrennt zu verbringen.'
> (19) Я предлагал и предлагаю на это место кандидатуру Григория Дитятковского = ‚Я предлагаю выбрать на это место Григория Дитятковского.'

2.2. Modelle mit imperativischen Formen

Dieses Modell vereint sowohl regelmäßige Imperativformen als auch Sonderformen mit bestimmten Hilfsverben. Im ersten Fall wird in der Regel ein VORSCHLAG zu einer gemeinsamen Entscheidung über eine nicht gemeinsam durchzuführende Tätigkeit geäußert (vgl. Kantorczyk 2008: 116):

> (20) Jetzt mach du mal Bilder und ich guck den Krimi, eine faire Arbeitsteilung! Was meinst du?
> (21) Поезжай-ка ты лучше в отель, а я тут одна похожу, – осторожно предложила я компромиссное решение.

Den Vorschlag zu einer gemeinsam durchzuführenden Handlung drückt die Form des inklusiven Imperativs aus:

(22) Singen wir im Schein der Kerzen, basteln wir einen kleinen Stern.

Zu den komplexen Imperativformen, die zum Ausdruck einer gemeinsamen Handlung dienen, zählen im Deutschen vor allem Konstruktionen mit dem Hilfsverb *lassen*:

(23) Lass uns einen gemeinsamen Weg gehen und gemeinsam in die Zukunft blicken!

In der ungezwungenen Kommunikation wird auch die Konstruktion mit *komm/ kommt* gebraucht:

(24) Kommt, wir feiern heute!

Die beiden Konstruktionen können kombiniert werden:

(25) Komm, lass uns eine kleine Rumba tanzen!

Im Russischen gehören zu den Formen des inklusiven Imperativs Äußerungen mit *Давай/Давайте...* in Verbindung mit der 1. Pers. Pl. perfektiver Verben oder mit dem Infinitiv imperfektiver Verben, die in der Umgangssprache sehr verbreitet sind:

(26) Знаешь, что... давай рок-группу создадим!
(27) Давайте уже спать ложиться, я вам всем в комнате постелю.

Außerdem können auch, wie im Deutschen, Formen des inklusiven Imperativs in der 1. Pers. Pl. gebraucht werden. Derartige Formen werden vorwiegend von einigen Verben der Fortbewegung gebildet:

(28) Пойдёмте курить на балкон! Кто курящий?

Eine Besonderheit des Russischen ist die Möglichkeit, transponierte pluralische Präteritalformen in der Funktion eines Imperativs zu gebrauchen:

(29) Поехали домой – поздно уже.

2.3. Implizit performatives Modell in Form eines Aussagesatzes

Ein impliziter VORSCHLAG in Form eines Aussagesatzes enthält keine performativen Elemente und wird mithilfe einer Modalkonstruktion, am häufigsten mit den Verben *können* bzw. *мочь* im Indikativ oder Konjunktiv, bzw. dem modalen Prädikativ *можно* im Russischen ausgedrückt:

(30) Wir können ja Freunde bleiben.
(31) Можно было бы устроить фонтан где-нибудь в парке или во дворе.

Im Deutschen werden in derartigen impliziten Vorschlägen in der Regel unterschiedliche Modifikatoren gebraucht wie z. B. *ja, mal, na ja, doch, vielleicht, eventuell* u. a., die helfen, die gesichtsbedrohende Wirkung der Aufforderung zu mildern. Sie können auch miteinander kombiniert werden:

(32) Wir könnten vielleicht mal was zusammen trinken gehen. Oder essen?
(33) Man kann eventuell versuchen, Wohngeld zu beantragen.

Im Russischen steht diesen Modifikatoren nur die Partikel *ведь* gegenüber:

(34) Мы ведь можем и по-хорошему договориться, – предложил Свенельд.

2.4. Implizit performatives Modell in Form eines Fragesatzes

Dieses Modell hat ein breites Spektrum von Ausdrucksmöglichkeiten in beiden Sprachen, es können Entscheidungs- und Ergänzungsfragen im Indikativ und im Konjunktiv gebraucht werden. Nicht selten verwendet man auch Partikeln und Modalwörter, welche die Vagheit des Vorschlags verstärken:

(35) Hast du vielleicht Lust, morgen Abend ins Kino zu gehen?
(36) Wie fänden Sie die Idee, in unserer Homepage eine Rubrik mit Gebetsanliegen einzurichten?
(37) А что если нам завести ребёнка?
(38) Может, ты хотел бы погулять со мной в парке?

Eine Besonderheit der russischen Sprache ist die Tendenz, eine negierte Frage in der Funktion eines Vorschlags zu verwenden. Im Deutschen sind solche Formen des Vorschlags auch möglich, werden aber seltener gebraucht:

(39) Не желаете ли Вы потанцевать со мной?
(40) Не послать ли нам гонца за бутылочкой винца?
(41) Wollen wir nicht mal über eine Gehaltserhöhung sprechen?

3. Kommunikativ-pragmatische Faktoren

Das Sprachhandlungsmuster VORSCHLAG ist im Vergleich zu anderen Sprachhandlungsmustern wenig von kulturellen Unterschieden und Höflichkeitsvorstellungen abhängig. VORSCHLÄGE werden sowohl in persönlichen als auch in offiziellen Situationen gemacht.

G. Hindelang nennt drei Eigenschaften, die seiner Meinung nach allen Varianten des VORSCHLAGS gemeinsam sind: 1) beim VORSCHLAG wird eine gemeinsame Aktivität von Sprecher und Hörer vorausgesetzt; 2) der VORSCHLAG ist ein Aufforderungsakt mit beidseitiger Präferenz, d. h. die Ausführung der vorausgesetzten Handlung ist im Interesse von Sprecher und Hörer; 3) ein VORSCHLAG kann nur in Situationen vorkommen, in denen Sprecher und Hörer gleichberechtigt sind (Hindelang 1978: 464–465).

Die ersten zwei Eigenschaften sind für die Definition des Sprachhandlungsmusters wichtig und wurden bei ihrer Formulierung im ersten Paragraphen dieses Kapitels berücksichtigt. Die dritte Eigenschaft bestimmt die Situationen, in denen ein VORSCHLAG verwendet werden kann, und ist somit mit den kommunikativ-pragmatischen Faktoren des Gebrauchs des Musters verbunden.

Die Analyse der Belege führt zu dem Schluss, dass das Merkmal der Gleichberechtigung der Gesprächspartner nur als eine Tendenz und nicht als die notwendige Bedingung der Realisierung eines VORSCHLAGS zu betrachten ist. Es ist dabei wichtig zu berücksichtigen, welche Beziehungen üblicherweise in einer Kultur zwischen bestimmten sozialen Gruppen bestehen. So sind z. B. für die deutsche Kultur eher egalitäre Beziehungen zwischen allen Familienmitgliedern, auch zwischen Erwachsenen und Kindern, kennzeichnend, was unter anderem darin seinen Ausdruck findet, dass Kinder die Erwachsenen duzen können, die auch ihre Eltern duzen. In der russischen Kultur ist das Duzverhältnis zwischen Eltern und Kindern, Großeltern und Enkeln üblich, es ist aber seltener zwischen Schwiegereltern und Schwiegerkindern sowie zwischen Tanten bzw. Onkeln und Nichten bzw. Neffen zu beobachten. In den letzten beiden Fällen besteht oft eine soziale Distanz zwischen den Verwandten, wobei die älteren Familienmitglieder die jüngeren duzen, aber nicht umgekehrt, was eher von nicht egalitären Beziehungen zeugt:

(42) Onkel Kurt [...] bemerkte nicht, dass seine Lieblingsnichte verzweifelt an sein Fenster klopfte und rief: „Onkel Kurt, mach die Tür auf! Ich weiß, dass du da bist!"

(43) – Здравствуй, Володечка! [...] Я папина сестра двоюродная – Соня.
– Ой! – он меня сразу обнял, поцеловал. – Я буду выступать скоро, я хочу, чтобы Вы побыли...

Ebenso sprechen russische Kinder Familienfreunde mit *Sie* an, auch wenn diese Erwachsenen mit ihren Eltern in einem Duzverhältnis sind. VORSCHLÄGE können aber dabei in beiden Kulturen sowohl von Erwachsenen in Bezug auf die Kinder als auch von Kindern in Bezug auf die Erwachsenen gemacht werden. Das zeugt davon, dass die dritte Bedingung für den Vollzug eines VORSCHLAGS, die Hindelang formuliert hat, nicht obligatorisch ist.

Gegenseitige Vorschläge sind auch zwischen Vorgesetzten und Unterstellten möglich:

(44) „Mein Herr und mein Kaiser!", mischte sich der alte Brabanter Graf jetzt ein. „Darf ich einen Vorschlag machen, Eure Majestät?"

(45) „Schlage weiter vor", sagte der Chef. „Sie drei setzen Ihre Goldgräber-Rolle fort."
(46) Так вот, я хотел бы предложить Вашему Высочеству один план, который бы привёл все наши силы, а также силы противника в равновесие.
(47) Мы уже начали формировать план праздничных мероприятий, и я предлагаю всем студентам, преподавателям и сотрудникам вуза внести свои предложения по праздничному оформлению территории университета!

4. Ausdrucksformen des kommunikativ-pragmatischen Feldes

Das kommunikativ-pragmatische Feld des Sprachhandlungsmusters VORSCHLAG hat einen reich besetzten Kern und eine, im Vergleich zu den anderen Sprachhandlungsmustern, eher spärlich ausgefüllte Peripherie.

4.1. Zentrale Realisierungsformen

Zu den zentralen Realisierungsformen in beiden Sprachen gehören zum einen explizite Performativa mit dem Verb *vorschlagen* bzw. *предлагать/ предложить* oder mit dem gleichstämmigen Substantiv *Vorschlag* bzw. *предложение* und zum anderen Modelle mit Imperativkonstruktionen. Die performativen Modelle werden häufiger in der offiziellen Kommunikation gebraucht, Imperativsätze – in der Alltagskommunikation.

(48) Ich schlage vor, ein Spendenkonto einzurichten und somit den Lebensunterhalt von Herrn Knebel zu sichern.
(49) Мы предлагаем вам поучаствовать в разработке новых маршрутов.
(50) „Mensch, lass uns doch ein paar Hühner halten", hat er vor 12 Jahren zu seiner Frau gesagt und das erste Hühnerhaus gebaut.
(51) Давай-ка вместе полоть, – скажет сестра. И брат тоже начинает полоть огурцы.

Da beide performativen Verben eine weite Semantik aufweisen, können in beiden Sprachen kaum synonymische Verben oder Funktionsverbgefüge mit derselben Illokution nachgewiesen werden. Nach dem „Handbuch deutscher Kommunikationsverben" gehört zum *vorschlagen*-Paradigma auch das Verb *empfehlen* (Harras/ Proost/Winkler 2007: 180), aber unseres Erachtens präsentiert dieses Verb ein separates Sprachhandlungsmuster, weil ihm das Merkmal der gemeinsamen Tätigkeit von Sprecher und Hörer fehlt.

Beide Formen des performativen Modells – die verbale und die nominale – können auch in Verbindung mit Modalverben im Indikativ oder Konjunktiv vorkommen:

(52) Ich kann Ihnen vorschlagen, dass wir diese Fragen im Rahmen eines Beratungsgesprächs klären.

(53) Ich möchte Ihnen vorschlagen, dass wir alle künftig keinen Spieler mehr zu den Verhandlungen gehen lassen.
(54) Я хочу предложить тебе: ты сядешь на тачку, и мы вдвоём съедем по Потёмкинской лестнице.
(55) Это неплохое начало, и такое сотрудничество мы хотели бы предложить и другим странам.

Das implizite Modell ohne Performativ in Form eines Aussagesatzes ist ebenfalls relativ gebräuchlich und wird deshalb der Übergangszone zwischen dem Zentrum und der Peripherie zugeschrieben. In derartigen Modellen werden Modalverben oder Modaladjektive wie *können, sollen* bzw. *мочь, быть должным* im Russischen gebraucht:

(56) Wir sollten alles tun, um Auswanderer zurückzuholen.
(57) Наша ошибка вот к чему привела – видишь... мы с тобой должны бы у него прощения просить.

Neben den persönlichen Realisierungsformen sind auch unbestimmt-persönliche Formen mit *man* im Deutschen und unpersönliche Formen mit den Prädikativa *можно, надо, нужно* im Russischen möglich:

(58) Man könnte am Sonntag auch einfach lange ausschlafen, was meinst du?
(59) Погода хорошая – можно было бы на лодке покататься...

4.2. Periphere Realisierungsformen

Periphere Formen des VORSCHLAGS werden am häufigsten dann verwendet, wenn der Sprecher nicht sicher ist, dass der Adressat an der gemeinsamen Tätigkeit interessiert ist. Das Ziel des Sprechers ist also, dem Gesprächspartner zu signalisieren, dass die Ausführung der angesprochenen Handlung für ihn wünschenswert ist, deshalb möchte er den Adressaten bewegen, über den Vorschlag nachzudenken. Die peripheren Formen wirken milder und höflicher als die performativen und imperativischen Äußerungen. Hier können zwei Möglichkeiten unterschieden werden.

4.2.1. Interrogative Äußerungen

Das implizite Modell in Form eines Fragesatzes hat ein sehr weites Spektrum von Realisierungsformen. Es können affirmative und negative Konstruktionen im Indikativ verwendet werden wie *sollen/wollen/können wir (nicht mal)...; hast du/habt ihr/haben Sie etwas dagegen, wenn...; was hältst du/haltet ihr/halten Sie davon, wenn,,,* u. a. bzw. *может (быть) нам...; а что если нам...; ты не *возражаешь/Вы не возражаете, если...; как насчёт того, чтобы нам...* u. a. (vgl. Kantorczyk 2008: 119; Lysakova/Veselovskaja 2008: 119–120):

(60) Können wir nicht mal alle unsere Handys weglegen und eine normale Unterhaltung führen?
(61) Как насчёт того, чтобы подать заявление в загс?

Ebenso gebräuchlich sind Fragesätze im Konjunktiv, z. B. *sollten/könnten wir (nicht)...; möchtest du/möchtet ihr/möchten Sie vielleicht...; hättest du/hättet ihr/hätten Sie (nicht) Lust...* u. a. bzw. *ты бы не был против/Вы бы не были против, если...; что бы ты сказал/что бы Вы сказали, если...* u. a. (vgl. Kantorczyk 2008: 121–122; Lysakova/Veselovskaja 2008: 123–124):

(62) Hätten Sie Lust, bei uns ehrenamtlich mitzuwirken?
(63) Что бы ты сказал, если бы мы теперь пошли домой и отрепетировали твою песню?

4.2.2. Wertende Äußerungen

Zu den wertenden Äußerungen, die zum Ausdruck eines VORSCHLAGS dienen, gehören unpersönliche Konstruktionen vom Typ *es wäre nicht schlecht/gut, (wenn)* bzw. *было бы хорошо/неплохо, (если) ...*:

(64) Es wäre nicht schlecht, die traditionellen Tavernen, wo der Wein ausgeschenkt wird, zu besuchen.
(65) Было бы неплохо сходить в пятницу вечером на дискотеку.

Derartige Äußerungen werden auch beim Ausdruck eines RATSCHLAGS gebraucht (vgl. das Kap. XVIII. RATSCHLAG). Die beiden Sprachhandlungsmuster unterscheiden sich nach der Art und Weise der Ausführung der zukünftigen Handlung: im Falle des VORSCHLAGS wird eine gemeinsame Handlung vorausgesetzt, im Falle des RATSCHLAGS führt nur der Adressat die angeratene Handlung aus.

5. Reaktionen auf einen VORSCHLAG

Wie auch bei einem RATSCHLAG sind bei der Reaktion auf einen VORSCHLAG grundsätzlich drei Möglichkeiten vorhanden: die Akzeptanz, die Ablehnung des Vorschlags und Zweifel an seiner Zweckmäßigkeit.

5.1. Akzeptanz des VORSCHLAGS

Wenn der VORSCHLAG beim Adressaten willkommen ist, drückt er seine Zustimmung aus. Dabei wird, im Unterschied zum RATSCHLAG, selten gedankt. Häufiger wird der Inhalt des VORSCHLAGS gelobt, z. B. *das ist eine gute Idee; hervorragender*

Vorschlag; mir gefällt dieser Gedanke u. a. bzw. *отличная идея; весьма дельное предложение; мне нравится эта мысль* u. a., oder der Hörer zeigt seine Bereitschaft, dem Vorschlag zu folgen, z. B. *das ist mir recht; einverstanden; sehr gern; abgemacht; ich habe keine Einwände* bzw. *мне это подходит; согласен; с удовольствием; договорились; нет возражений* u. a.:

(66) – Komm, lass uns ein Bier trinken!
– Sehr gern!
(67) – Давай погуляем вечером в парке.
– Отличная идея!

Im Russischen kann die Zustimmung auch durch die Wiederholung des Verbs, das auf die auszuführende Handlung hinweist, oder der Partikel *давай/ давайте* ausgedrückt werden (vgl. Formanovskaja 2009: 285):

(68) – Я собираюсь вечером на концерт пойти в филармонию. Хотите, идёмте со мной.
– Идёмте. Я с удовольствием.
(69) – Давай зайдём в магазин. Мне надо купить кое-что.
– Ну, давай.

Eine volle Antwort wie *Ich nehme Ihren Vorschlag an* oder *Я принимаю Ваше предложение* ist nur für die offizielle Kommunikation typisch.

Der Adressat kann den Vorschlag auch zurückhaltender akzeptieren, indem er seine Überlegungen darüber zum Ausdruck bringt:

(70) – Jetzt wollte ich dich einfach ganz spontan fragen, ob du Lust hast, mit mir essen zu gehen?
– Tja, warum eigentlich nicht?
(71) – Давай поедем на такси, поздно уже.
– Наверное, так будет лучше всего.

5.2. Ablehnung des VORSCHLAGS

Ablehnende Reaktionen verbinden sich oft mit einer Begründung, warum der Adressat dem Vorschlag nicht folgen will oder kann:

(72) – Hättest du Lust, die Ausstellung des abstraktionistischen Malers Piet Mondriaan zu besuchen?
– Vielen Dank für den Vorschlag, aber ich habe kein Interesse an derartiger Kunst.
(73) – Идём лучше на настоящую дорогу – там лучше играть!
– Я бы пошёл, но мама запретила уходить со двора...

Es können aber auch resolute Absagen vorkommen:

(74) – Marie, was hältst du davon, wenn wir hier für uns einen Garten anlegen, einen Gemüsegarten?
– Ich bin ganz und gar dagegen. Ich würde lieber hier Blumen pflanzen.

(75) – Предлагаю развести небольшой костерок и сварить что-нибудь на скорую руку.
– Я категорически против. Здесь нельзя костры разводить.

Im Deutschen wird im Unterschied zum Russischen die Antwortformel *Ich will aber nicht – Но я не хочу/Мне не хочется* vermieden (vgl. Kantorczyk 2008: 126), dafür verwendet man die Äußerung *Ich kann aber nicht*.

Auch ein Gegenvorschlag kann als Ablehnung des Vorschlags verstanden werden, z. B.:

(76) „Wir könnten das diesjährige Treffen des Freundeskreises am Donnerstag nächster Woche in Hannover organisieren, was meinst du dazu?"
„Ich kann am Donnerstag nicht nach Hannover kommen. Ich würde dagegen vorschlagen, das Treffen am Samstag stattfinden zu lassen."

(77) – Может быть, нам купить новый холодильник?
– А не лучше ли было бы отремонтировать старый?

5.3. Zweifel an der Zweckmäßigkeit des Vorschlags

Ausweichende Reaktionen können dann vorkommen, wenn der Adressat nicht so schnell eine Entscheidung treffen kann; aber auch dann, wenn er gegen den Vorschlag ist, jedoch den Gesprächspartner nicht kränken will:

(78) „Was hältst du davon, wenn wir zusammenziehen?"
„Ich weiß noch nicht so genau. Ich muss es mir überlegen."

(79) – Как бы ты посмотрел, если бы мы поехали в воскресенье на рыбалку?
– Пока не могу точно сказать. Дай время подумать.

XX. Warnung

1. Definition des Sprachhandlungsmusters

Eine WARNUNG wird dann ausgesprochen, wenn in einer bestimmten Situation ein Sprecher einen Adressaten auf eine Sachlage aufmerksam macht, von der er glaubt, dass sie nicht im Interesse des Adressaten ist, vgl.

(1) Pass auf! Fall nicht hin, es ist glatt!
(2) Смотри, не сломай себе ногу, на улице гололёд!

Das heißt, es geht um die Aufforderung zu einer Handlung (*Aufpassen, Umsicht walten lassen usw.*), die eine unerwünschte Situation (*Sturz, Verletzung usw.*) verhindern soll. Mit anderen Worten, da dem Adressaten offensichtlich Informationen über eine bestimmte Sachlage fehlen, will der Sprecher den Adressaten darauf hinweisen, dass ein negatives Ereignis für ihn eintreten könnte (vgl. Klein 1981: 230; Dobrušina 2006: 30; Niehaus 2003). Der Sprecher fordert den Adressaten dazu auf, sich in seinem Handlungsplan auf diese für ihn negative Situation einzustellen.

Searle betont den Zukunftsbezug des Sprachhandlungsmusters WARNUNG: es gehe um ein mögliches und zukünftiges Ereignis oder um einen möglichen Zustand in der Zukunft, und diese Sachlage liege nicht im Interesse des Adressaten (Searle 1971: 104).

Die propositional-semantische Grundstruktur des Sprachhandlungsmusters WARNUNG ist also wie die des Sprachhandlungsmusters DROHUNG zweigliedrig. Während es sich bei der DROHUNG um die direktive und die kommissive Bedeutungskomponente handelt (vgl. Kap. XXI. DROHUNG), liegen bei der WARNUNG die Komponenten Direktiv (*es wird aufgefordert, etwas zu tun*) und Repräsentativ (*es wird etwas Negatives angekündigt*) vor (vgl. Klein 1981: 227–228; Harras et al. 2004: 94).

Der entscheidende Unterschied liegt also in der zweiten Komponente. Während sich beim Sprachhandlungsmuster DROHUNG der Sprecher zu einer zukünftigen Handlung verpflichtet (Kommissiv), verweist der Sprecher beim Sprachhandlungsmuster WARNUNG auf den Sachverhalt eines negativen Ereignisses, der unabhängig von seinem Willen ist (Repräsentativ). Aber auch in Bezug auf die beiden Sprachhandlungsmustern eigene direktive Komponente gibt es einen Unterschied: im Rahmen der DROHUNG ist es eine Aufforderung im Interesse des Sprechers, bei der WARNUNG hingegen geht es um eine Aufforderung im Interesse des Adressaten, vgl. die Gegenüberstellung der Beispiele (3) und (4) für die DROHUNG mit (5) und (6) für die WARNUNG:

(3) Komm mir ja nicht näher, sonst kannst du was erleben.
(4) Молчать! Иначе я тебе сам рот заткну!
(5) Vorsicht! Lass das nicht fallen!
(6) Здесь дует. Не простудитесь!

A. Wierzbicka hat diese inhaltlichen Besonderheiten der WARNUNG in ihrem Definitionsvorschlag mithilfe der semantischen Primitiva erfasst (1983: 129). Dabei verweist sie explizit (*ich denke, dass du nicht möchtest, dass das geschieht*) darauf, dass die Aufforderung des Sprechers im Interesse des Adressaten liegt, vgl.

> Ostrzeżenie
> Mówię: jeżeli zrobisz X to może ci się stać coś złego
> myśle że nie chcesz żeby to się stało
> mówię to bo chcę żebyś mógł spowodować żeby to się nie stało[16]

Kritisch zu vermerken ist jedoch, dass Wierzbicka bei dem Sachverhalt, vor dem gewarnt wird, immer davon ausgeht, dass er von dem Adressaten veranlasst wird. Diese Einschränkung findet sich auch in ihrer späteren Definition (Wierzbicka 1985: 500; vgl. auch ähnlich Wierzbicka 1987: 177):

> I warn you =
> I say: if you do X something bad (Y) may happen to you
> I say this because I want you to know it and to be able to cause that bad thing (Y) not to happen.

M. Ja. Glovinskaja (1993: 173) dagegen unterstreicht in ihrer Bedeutungsexplikation der Verben *предупреждать, остерегать, предостерегать* die fehlende Information des Adressaten über den bevorstehenden Sachverhalt P. Das heißt, die Sachlage, vor der der Adressat gewarnt wird, muss nicht unbedingt von ihm veranlasst worden sein. In den ersten beiden Sätzen der Bedeutungsbeschreibung weist die Autorin darauf hin, dass der zukünftige Sachverhalt dem Adressaten möglicherweise nicht bekannt ist und unabhängig von ihm sowie nicht vorhersehbar für ihn ist, vgl.

(1) Х считает, что он знает, что предстоит событие P;
(2) Х допускает, что Y-у об этом неизвестно;
(3) Х считает, что Y может сделать что-то, исходя из того, что P не имеет или не будет иметь места, и что это действие Y-а может привести к плохим последствиям;
(4) Х говорит Y-у, что предстоит событие P;

---

16 *Warnung*
Ich sage: wenn du X machst, so kann mit dir etwas Schlechtes geschehen
Ich denke, dass du nicht möchtest, dass das geschieht
Ich sage das, weil ich möchte, dass du etwas tun kannst, damit das nicht geschieht.

(5) X говорит это потому, чтобы Y руководствовался этой информацией в своих действиях.

In der Diskussion über die Semantik des Verbs *warnen* geht auch G. Harras darauf ein, dass der bevorstehende Sachverhalt, auf den der Sprecher den Adressaten bzw. Hörer (H) hinweist, sehr unterschiedlich beschaffen sein kann: „Die zukünftige Sachlage kann eine Handlung von H sein oder ein Ereignis wie ein Unwetter oder eine familiäre Katastrophe; in jedem Fall will S das zukünftige Verhalten von H beeinflussen" (Harras et al. 2004: 84).

Für M. G. Bezjaeva ist die Intention des Sprechers der Ausgangspunkt ihrer Definition. Sie sieht in der WARNUNG ein Sprachhandlungsmuster, das den Wunsch des Sprechers, dass der Adressat eine Handlung vermeidet, die das von ihm Geplante stören könnte, benennt. Insofern schreibt sie dem Sprachhandlungsmuster WARNUNG im Russischen vier Möglichkeiten der Zielsetzung zu: 1) die Handlungen, die vollzogen werden müssen, um unerwünschte Folgen zu vermeiden, 2) die Handlungen, die vermieden werden müssen, 3) die unerwünschten Folgen selbst, die das Geplante stören würden, wenn (un)erwünschte Handlungen vollzogen (vermieden) werden, und 4) die Umstände, die zu vermeiden sind (Bezjaeva 2002: 460).

Zusammenfassend kann man also feststellen, dass das Sprachhandlungsmuster WARNUNG aus zwei propositional-semantischen Komponenten besteht: zum einen aus der nicht bindenden Aufforderung an den Adressaten, eine Handlung zu vollziehen oder sie zu unterlassen (Direktiv) und zum anderen aus der Ankündigung einer negativen Sachlage (Repräsentativ), auf die sich die Handlung des Adressaten oder ihre Unterlassung beziehen soll. Diese negative Sachlage kann sowohl durch Handlungen des Adressaten entstanden als auch durch andere Ereignisse, Situationen oder Verhältnisse bedingt sein. Der Sinn der WARNUNG besteht darin, den Adressaten dazu zu bewegen, dass er die schlechte Sachlage nicht eintreten lässt.

In der Sprache der semantischen Primitiva ergibt sich somit folgende Definition:

(a) Ich weiß, dass es etwas gibt bzw. geben wird, was schlecht für dich ist
(b) Ich denke, dass du darüber nichts weißt
(c) Ich denke, dass du nicht möchtest, dass das Schlechte geschieht, und dass du etwas dagegen tun kannst
(d) Ich sage: Es gibt etwas Schlechtes für dich
(e) Ich sage das, weil ich möchte, dass du etwas tust, damit dieses Schlechte mit dir nicht geschieht.

2. Struktur des Sprachhandlungsmusters

Die zweigliedrige propositional-semantische Grundstruktur des Sprachhandlungsmusters WARNUNG findet sowohl im Deutschen als auch im Russischen ihre standardisierte Realisierung in der Nebenordnung zweier prädikativer Einheiten. Gewöhnlich bezeichnet die erste prädikative Einheit die gewünschte Handlung, die das negative Ereignis verhindern soll, sie kann mit einem verbalen Imperativ in einem Aufforderungssatz wiedergegeben werden (Direktiv). Die zweite prädikative Einheit benennt die negative Sachlage, auf die sich der Adressat einstellen soll. Das ist in der Regel ein Aussagesatz (Repräsentativ), vgl.

(7) Rutsch nicht aus! Die Straßen sind heute glatt.
(8) Не заблудись! На улице уже темно.

Das Verb *warnen* bzw. *предостеречь* kann im Unterschied zum Verb *drohen* bzw. *угрожать* auch performativ gebraucht werden. Insofern gibt es im Rahmen des Sprachhandlungsmusters WARNUNG auch explizit performative Konstruktionen, die strukturell vielfach nur die direktive Komponente aufweisen und des repräsentativen Teils, wie in Beispiel (10), entbehren, vgl.

(9) „Ich warne davor, zu früh Ersparnisse auf die Kinder zu übertragen", sagt Finanzberaterin Hintze. „Leider unterschätzen viele ihren Bedarf im Ruhestand."
(10) Предупреждаю, что Вы отвечаете за своевременную передачу документов.

Für die WARNUNG gibt es keine ritualisierten formellen Realisierungsmuster wie z. B. für das Sprachhandlungsmuster ENTSCHULDIGUNG (vgl. *Entschuldigung! Извините!*). Es zeichnen sich aber folgende Basisstrukturen für die Formulierung einer WARNUNG im Deutschen und Russischen ab.

2.1. Imperativsätze

Sowohl im Deutschen als auch im Russischen wird die Aufforderung an den Adressaten, etwas zu tun bzw. nicht zu tun, mithilfe einer verbalen Imperativform ausgedrückt. Dem Imperativsatz folgt dann vielfach ein Aussagesatz, der die für den Adressaten negative Sachlage benennt, vor der der Sprecher warnt, vgl.

(11) Vergiss den Schirm nicht! An der Küste ist das Wetter unsicher.
(12) Ася недобро зашикала. Не споткнись – сказала она, – тут ступенька.
(13) Schau nach vorn! Der Verkehr ist heute stärker als gewöhnlich.
(14) Возьми плащ! А то промокнешь.

2.2. Negierte Modalkonstruktionen

Die Aufforderung des Sprechers an den Adressaten, wegen einer ihm offensichtlich nicht gegenwärtigen Sachlage etwas nicht zu tun, kann in beiden Sprachen auch durch modale Konstruktionen ausgedrückt werden. Im Deutschen geschieht das in der Regel durch negierte modale Hilfsverben, die häufig im Konjunktiv stehen, vgl. (15) und (16). Im Russischen werden hier vielfach negierte unpersönliche Konstruktionen verwendet, und zwar entweder unpersönliche Verben wie *не следует, не полагается* usw., vgl. (17), oder negierte Prädikativa wie *не надо, не нужно* usw., vgl. (18). Auch diesen Konstruktionen kann im Deutschen und Russischen ein Aussagesatz zur Benennung der negativen Sachlage folgen.

(15) Marie, du darfst nicht in den Kanal fallen. Das überstehst du nicht unverletzt.
(16) Du solltest nicht so viel Geld für mich ausgeben! Die Zeiten sind nicht so.
(17) Не следует есть мороженое. Оно, как и любые блюда и напитки, только что вынутые из холодильника, приводит к спазмам жёлчных путей.
(18) Не надо забывать, что концерт проходит в Греции, а аудитория состоит из несколько тысяч человек!

2.3. Negierte selbstständige Kompletivsätze

Als Muster für bestimmte WARNUNGEN finden sich in beiden Sprachen auch selbstständige negierte Kompletivsätze. Sie werden im Deutschen durch die negierte Konjunktion *dass*, im Russischen durch *как бы не* eingeleitet (vgl. Dobrušina 2006: 37–41). In beiden Sprachen sind es gewöhnlich Exklamativsätze, die dem Ausdruck der WARNUNG die Nuancierung einer Befürchtung geben. Eine Benennung der negativen Sachlage kann hier auch weggelassen werden, vgl.

(19) Dass nur nicht die guten Beziehungen zu den Nachbarstaaten darunter leiden! Das kann sich unsere Wirtschaft nicht leisten.
(20) Как бы мамина ваза не разбилась! Такую вторую ты нигде не найдёшь.

3. Kommunikativ-pragmatische Faktoren

Von den kommunikativ-pragmatischen Faktoren, die die Verwendung des Sprachhandlungsmusters WARNUNG zu determinieren vermögen, ist vor allem das Alter der Kommunikationspartner relevant. Faktoren wie Geschlecht, Medium oder Region spielen in Bezug auf die WARNUNG kaum eine Rolle.

Hinsichtlich des sozialen Status muss man davon ausgehen, dass der des Adressaten in der Regel nicht höher ist als der des Sprechers. WARNUNGEN werden in der Regel unter sozial Gleichgestellten geäußert. Häufig zeigt sich hier das

Gefühl der Verantwortung für das Wohlergehen des Partners, des Freundes, des Kollegen usw., vgl.

(21) Schwaben, also, aufgepasst: Der Umzug nach Berlin will überlegt sein!
(22) Хочу предостеречь Вас от глупостей.

Bei höherem sozialem Status des Sprechers kann in einer WARNUNG auch der Gedanke der Anforderung gegenüber dem Adressaten mitschwingen, vgl.

(23) Ich warne Sie, den Bogen nicht zu überspannen.
(24) Я должен предостеречь Вас, что в деле использования моих методов нужно постоянно смотреть вперёд.

Das Kriterium des Alters ist besonders im Verhältnis von Erwachsenen und Kindern von Gewicht. Aufgrund des höheren Grades an Lebenserfahrung ergibt sich vielfach die Situation, dass Ältere gegenüber Jüngeren eine WARNUNG aussprechen, vgl.

(25) „Du darfst nicht aufgeben, Benni!", sagte der Vater. „Sonst bist du verloren."
(26) Фёдор, не беги через дорогу! В часы пик это опасно.

4. Ausdrucksformen des kommunikativ-pragmatischen Feldes

Da es, wie schon erwähnt, keine ritualisierten Muster für den Ausdruck der WARNUNG gibt, ist das Spektrum von Ausdrucksformen des Sprachhandlungsmusters ziemlich weit. Es ist zweckmäßig, zwischen zentralen Realisierungen, die im Kern des Feldes stehen, und peripheren Ausprägungen zu unterscheiden.

4.1. Zentrale Realisierungen

Prototypische Ausdrucksformen des Sprachhandlungsmusters WARNUNG enthalten im direktiven Teil eine Aufforderung und im repräsentativen Teil eine Deskription der unerwünschten Sachlage. Hier lassen sich für beide Sprachen im Wesentlichen drei verschiedene Basisstrukturen erkennen.

4.1.1. Negierte Imperativsätze

Diese zentralen Konstruktionen der WARNUNG werden in der Fachliteratur gelegentlich als Präventivsätze bezeichnet (vgl. Chrakovskij 1990: 212–213; Dobrušina 2006: 30). In Bezug auf das Russische ist es interessant, dass in diesen präventiven Äußerungen, die eine unerwünschte Sachlage für den Adressaten verhindern sollen, zwischen Imperativformen im perfektiven und im imperfektiven Aspekt unterschieden werden kann. Dabei bezeichnet der perfektive Aspekt in der Regel ein nicht kontrollierbares Geschehen, vgl. (27), während der imperfektive Aspekt vornehmlich dann gebraucht wird, wenn ein kontrollierbares Geschehen, das eine unerwünschte Sachlage verhindern soll, benannt wird, vgl. (28), (vgl. Dobrušina 2006: 57).

(27) Не упадите! – крикнула она мне, когда под ногой у меня обвалился камень и я было поехал под откос.

(28) Не беги впереди паровоза! – крикнула Вера Павловна. – А то под колёса попадёшь!

Im Deutschen findet die Differenzierung von nicht kontrollierbarem Geschehen und kontrollierbaren Situationen in den Verbalformen keinen Niederschlag, vgl. die Beispiele (29) und (30).

(29) „Gib acht, geh nicht unter!", meinte Willmann ganz besorgt.
(30) Passt auf, Leute, lauft nicht über die Gleise! Da kann man hinfallen.

Und selbst im Russischen finden sich Gegenbeispiele, vgl. den Beleg (31):

(31) Не напиши ей каких-нибудь глупостей, а то она обидится.

4.1.2. Assertive Aufforderungssätze

Zum Kern des kommunikativ-pragmatischen Feldes der WARNUNG sind auch die Aufforderungssätze ohne Negation zu zählen. Dazu gehören zum einen allgemeine WARNUNGEN wie *Sei auf der Hut!* und *Будь начеку!* wie in den Beispielen (32) und (33), weiterhin WARNUNGEN vor Gefahrenquellen, die man gemeinhin auf Schildern findet, wie die Belege (34) und (35) zeigen, sowie Aufforderungen, die durch die Darstellung der Folgen bei Nichtbeachtung der Warnung ergänzt werden, welche durch die Konnektive *sonst* bzw. *а то* eingeleitet sind, wie in den Beispielen (36) und (37), vgl.

(32) Du, Vater, und die mit Dir der gleichen Ansicht sind. Seid auf der Hut, damit nicht größeres Unheil über unser Vaterland kommt! Die Hölle an der Wolga soll Euch Warnung sein.
(33) У их мафии свои законы, очень жестокие, так что, Джино, будь начеку!
(34) Vorsicht, Ausfahrt! Vorsicht, frisch gestrichen!
(35) Берегись автомобиля! Осторожно, окрашено!
(36) Macht das öffentlich! Sonst stehen in den Zeitungen wieder die übelsten Gerüchte.
(37) Ешьте быстрее, а то опоздаете!

4.1.3. Explizit performative WARNUNGEN

Wie schon erwähnt, können die Verben *warnen* im Deutschen und *предупреждать* bzw. *предостеречь* im Russischen auch performativ gebraucht werden. Diese explizit performativen Konstruktionen können auch zu den zentralen Realisierungen der WARNUNG gerechnet werden. Dabei kann die direktive Komponente der

WARNUNG nicht nur als Aufforderung durch eine Imperativform gekennzeichnet sein wie in den Beispielen (38) und (39), sondern auch durch einen Aussagesatz, der allein durch seine lexikalische Füllung die warnende illokutive Bedeutung wiedergibt wie in den Belegen (40) und (41), vgl.

(38) Ich warne dich, komm mir nicht zu nahe! Du würdest es bereuen.
(39) Витька, в последний раз тебя предупреждаю: сними доклад! Тебя вопросами закидают, вот увидишь!
(40) Weiter sagte er: „Ich warne das ganze Volk: Die Rechte will die Revolution und das, was wir erreicht haben, töten."
(41) Предупреждаю! Однажды Вас там найдут!

Neben den finiten Verwendungen des performativen Verbs wie in den Beispielen (38) bis (41) finden sich häufig auch modale Konstruktionen mit dem Infinitiv des performativen Verbs wie in (42) und (43), vgl.

(42) Ich muss Sie warnen! Der Platz ist schon besetzt.
(43) Анна, я должен предостеречь тебя, с этим типом надо быть осторожной – сказал он.

Die allgemeine Tendenz in der Gesprächsführung, dass sich im Russischen im Vergleich zum Deutschen der Sprecher zurücknimmt und vielfach unpersönliche oder modale Konstruktionen bevorzugt, zeigt sich auch in der Gegenüberstellung von explizit performativen WARNUNGEN in beiden Sprachen. So stehen sich hier vielfach finite performative Konstruktionen in der 1. Pers. im Deutschen und modalisierte Konstruktionen mit dem Infinitiv des performativen Verbs im Russischen gegenüber, vgl.

(44) Ich warne dich vor Dr. Fischer. Er ist ziemlich unkollegial.
(45) Я должен предостеречь Вас от общения с Павлом Михайловичем. Он человек обидчивый.

Das performative Verb kann in beiden Sprachen durch Adverbien wie *dringend, ausdrücklich* bzw. *серьёзно, настоятельно* modifiziert werden, vgl.

(46) Ich warne dringend davor, den Anhang zu öffnen. Die E-Mail kann durch einen Wurm verseucht sein.
(47) Я серьёзно предупреждаю: нижеприведённые цифры и факты получены в большинстве своём из источников неофициальных.

4.1.4. Lexikalische Spezifika in den zentralen Realisierungen

Die prototypischen Ausdrucksformen der WARNUNG können in beiden Sprachen durch einige lexikalische Marker in ihrer pragmatischen Wirkung verstärkt werden. Dazu zählen in beiden Sprachen vornehmlich Interjektionen und Modalpartikeln. Das sind im Deutschen vor allem Interjektionen wie *Pass auf! Vorsicht!* und Partikeln wie *aber, nur, womöglich*, vgl. die Beispiele (48), (50) und (52), sowie im Russischen Interjektionen wie *Смотри! Осторожно!* und Modalpartikeln wie *только, вдруг*, vgl. die Beispiele (49), (51) und (53).

(48) „Pass auf, dass du nicht zu spät kommst!", sagte er.
(49) Смотри! Не заболей! – сказала она на прощание.
(50) „Lass dich nur nicht wieder zum Trinken verleiten!", warnte die Mutter.
(51) Ты только не упади!
(52) Nimm den Schirm! Womöglich regnet es.
(53) Возьми зонтик, вдруг пойдёт дождь и ты промокнешь!

4.2. Periphere Realisierungen

4.2.1. Negierte Modalkonstruktionen

Wie schon im ersten Abschnitt angeführt, kann die Aufforderung zur Vermeidung eines Geschehens auch mithilfe von verneinten Modalverben im Deutschen und negierten unpersönlichen Konstruktionen im Russischen ausgedrückt werden. Derartige Konstruktionen sind im Feld der Warnung als eher periphere Realisierungen anzusehen, vgl.

(54) Du solltest nicht auf einer Düne nächtigen, die nach Süden wandert! Sonst weißt du morgens nicht mehr, wo du bist.
(55) Едва выйдя из парной, не следует есть! А то желудок заболит.

4.2.2. Negierte selbstständige Kompletivsätze

Die schon erwähnten selbstständigen Kompletivsätze mit Negation sind ebenfalls zu den peripheren Konstruktionen zu rechnen. Sie werden durch die Konnektive *dass nur nicht, dass ja nicht* bzw. *как бы не, чтобы не* eingeleitet und sind durch die Bedeutungsschattierung der Befürchtung gekennzeichnet. Im Unterschied zu den zentralen Präventivsätzen enthalten diese Äußerungen nur eine Warnung des Sprechers vor einer möglichen unerwünschten Situation, aber keine Aufforderung an den Adressaten, durch eine bestimmte Handlung eine derartige Sachlage zu verhindern. Deshalb werden diese Konstruktionen auch gelegentlich als Apprehensiväußerungen bezeichnet (vgl. Dobrušina 2006: 29; s. auch Bezjaeva 2002: 467), vgl.

(56) Dass bei all seiner Fantasie nur nicht auch noch die Lehrerin verzaubert wird!
(57) Смотри, как бы кто-нибудь чемодан не унёс!

4.2.3. Überschneidungen mit DROHUNG, RATSCHLAG und VERBOT

Die Sprachhandlungsmuster WARNUNG und DROHUNG liegen in ihrer illokutiven Rolle dicht beieinander. Sie unterscheiden sich vornehmlich dadurch, dass bei einer vergleichbaren ersten (direktiven) Konstituente die zweite Konstituente der DROHUNG immer eine Sanktion enthält. Deshalb liegt in den beiden folgenden Beispielen keine DROHUNG vor, sondern eine WARNUNG, auch wenn ein drohender Unterton der Äußerungen nicht zu verkennen ist, vgl.

(58) Dass ich das nicht noch einmal mit dir erlebe! Das hilft uns nicht weiter.
(59) Чтобы я этого больше не слышал! Это совсем не то, что нам сейчас нужно, так мы никогда дальше не продвинемся.

Deutlich ist auch die illokutive Nähe von WARNUNG und RATSCHLAG. Das betrifft insbesondere die WARNUNGEN in Bezug auf kontrollierbare Handlungen, die im Russischen in der Regel mit dem imperfektiven Aspekt wiedergegeben werden (s. Abschnitt 4.1.1.). In beiden Sprachhandlungsmustern fordert der Sprecher den Adressaten auf, eine bestimmte Handlung zu vollziehen bzw. zu vermeiden. Bei der WARNUNG steht aber die unerwünschte Sachlage im Vordergrund, die verhindert werden soll, und nicht die Unwissenheit des Adressaten, so wie es auch in den beiden folgenden Belegen der Fall ist, vgl.

(60) Geh nicht barfuß! Du machst dir die Füße kaputt.
(61) Не пей холодную воду! Простудишься!

Auch im Verhältnis zum Sprachhandlungsmuster VERBOT ist die illokutive Nähe zur WARNUNG spürbar. In negierten Konstruktionen sind häufig die lexikalischen Marker die formalen Signale für die jeweilige pragmatische Ausrichtung der Äußerung. Im Abschnitt über die lexikalischen Spezifika 4.1.4. wurde auf die Rolle der Modalpartikel *только* für die Formulierung einer WARNUNG eingegangen. Wenn eine derartige Partikel fehlt, kann, wie das folgende Beispiel zeigt, aus einer WARNUNG (62) schnell ein VERBOT werden (63) (vgl. Bezjaeva 2002: 469), vgl.

(62) Ты только не болтай тут особенно, а то она на тебя обидится.
(63) Не болтай, слышишь?

5. Reaktionen auf eine WARNUNG

Die Reaktionen auf eine WARNUNG zeigen sich vor allem im Verhalten des Adressaten. Er macht sich entweder die Voraussage eines negativen Ereignisses zu Eigen und stellt sich auf den Sprecher ein, oder er geht ein Risiko ein. Die positive Haltung des Adressaten zur WARNUNG kann gelegentlich auch durch einen Dankausdruck verbalisiert werden, vgl.

(64) „Im Hotel treiben sich jede Menge Spitzel herum. Sein Sie auf der Hut! Ausländische Augenzeugen sind unerwünscht!"
„Vielen Dank für die Warnung. Ich behalte es im Auge!"

(65) – Будьте внимательны: любые виды стеклянной тары, колющие и режущие предметы приносить на выставку запрещено.
– Спасибо за предупреждение.

Derartige Verbalisierungen des DANKS für eine WARNUNG findet man besonders auch dann, wenn die Sprachhandlung ironisiert wird, vgl.

(66) „Wenn du mich jetzt, mein Liebster, noch einmal küsst, werde ich dich nie mehr im Leben verlassen."
„Besten Dank, meine Einzige, für die Warnung!"

(67) – Дорогой, если ты поцелуешь меня ещё раз, я буду всю жизнь твоя!
– Ох, спасибо за предупреждение!

Im folgenden Beispiel handelt es sich nicht um die Reaktion des Adressaten auf die Warnung, sondern um einen Kommentar des Sprechers. Im Falle der Ignorierung einer WARNUNG durch den Adressaten und dem dann folgenden Eintritt der unerwünschten Folgen verweist der Sprecher in beiden Sprachen gern auf die Berechtigung des Ausspruchs seiner WARNUNG. Im Russischen steht das performative Verb dann in der allgemein-faktischen Bedeutung im imperfektiven Aspekt, vgl.

(68) Gib zu, du warst gewarnt.
(69) Я Вас предупреждал.

351

XXI. Drohung

1. Definition des Sprachhandlungsmusters

Das Sprachhandlungsmuster DROHUNG entspringt einer kommunikativen Konfliktsituation. Einer der Kommunikationspartner versucht den anderen zu bestimmten Handlungen aufzufordern, die nicht im Interesse des Adressaten liegen. Wenn jener nun sich diesen Forderungen gegenüber nicht entsprechend verhält und der Gesprächspartner ankündigt, deshalb etwas Unangenehmes gegen ihn zu unternehmen, dann liegt hier das Sprachhandlungsmuster DROHUNG vor. Das heißt, mithilfe einer DROHUNG versucht der Sprecher den Adressaten einzuschüchtern und ihn dadurch zu veranlassen, eine bestimmte Handlung zu unterlassen oder etwas Bestimmtes zu tun (Gladrow/Zuchewicz 2016). Diese Bedeutung lässt sich auch aus den Belegen für das Sprachhandlungsmuster DROHUNG im Deutschen und Russischen ablesen:

(1) „Wenn du mit dem Jammern nicht sofort aufhörst, verlasse ich dich augenblicklich", sagte Anna.
(2) Если я ещё один раз увижу тебя с этой бабой, я тебя брошу, - сказала Лида.
(3) „Tu, was ich dir sage, sonst schieße ich!" schrie Gabler plötzlich.
(4) Стой, а то застрелю! - сказал вдруг Зеленин.

Das Sprachhandlungsmuster DROHUNG bedeutet also, dass der Sprecher S eine Handlung X des Adressaten bzw. Hörers H verhindern – s. Beispiele (1) und (2) – oder veranlassen will – s. Beispiele (3) und (4). Zu diesem Zweck kündigt er eine Handlung Y an, die für den Adressaten schlecht ist. Sollte nun der Adressat H die Handlung X trotzdem realisieren bzw. nicht realisieren, also die Forderung des Sprechers S nicht erfüllen, so wird dieser die Handlung Y realisieren.

In diesem Sinne gehört die DROHUNG zu den gesichtsbedrohenden Sprachhandlungsmustern (vgl. Brown/Levinson 1987). Der Sprecher mischt sich in die Welt des Adressaten, sein Tun und Lassen, seinen Willen und seine Interessen, ein. Er stellt dem Adressaten gegenüber bestimmte Forderungen und will ihn durch die angekündigten Sanktionen einschüchtern.

J. Searle hat für eine erfolgreiche DROHUNG vier Glückensbedingungen formuliert: die Bedingung des propositionalen Gehalts, die Einleitungsbedingung, die Aufrichtigkeitsbedingung und die sog. wesentliche Bedingung (Searle 1982: 83–92; vgl auch Henriksson 2004: 94–95). Die Bedingung des propositionalen Gehalts bezieht sich auf die beiden Handlungen: die vom Sprecher S angedrohte Handlung Y und die vom Adressaten H geforderte Handlung X, die durch die Drohung verhindert bzw. erzwungen werden soll. Die sogenannte Einleitungsbedingung betrifft die Handlung X, die vom Adressaten H vermieden bzw. durchgeführt werden würde, wenn der Sprecher S das nicht untersagt bzw. gefordert hätte. Das heißt, der Sprecher S hat Grund zu glauben, dass der Adressat H die Handlung X tun bzw. nicht tun würde und dass ohne das Einschalten von S sich nichts ändern würde. Außerdem ist die angedrohte Handlung Y nicht im Interesse des Adressaten H. Die Aufrichtigkeitsbedingung bedeutet, dass der Sprecher S die feste Absicht hat, die Handlung Y auch auszuführen, ansonsten wäre es eine sog. leere Drohung. Die wesentliche Bedingung besagt, dass der Sprecher S sich verpflichtet, die angedrohte Handlung Y zu realisieren, wenn der Adressat H die zu unterlassende Handlung X trotzdem ausführt bzw. die geforderte Handlung X nicht ausführt.

Die Ankündigung der Absicht einer zukünftigen Handlung durch den Sprecher ist der Grund dafür, dass das Sprachhandlungsmuster DROHUNG in die Klasse der kommissiven Sprechakte, zu der z. B. auch das Sprachhandlungsmuster VERSPRECHEN gehört, eingeteilt wurde (Searle 1971: 47–50). Im Unterschied zum VERSPRECHEN wird darauf verwiesen, dass die Spezifik der DROHUNG darin liegt, dass der Sprecher ankündigt, etwas nicht zum Nutzen, sondern zum Schaden des Adressaten zu veranlassen. Aber schon ein kurzer Blick auf die Belege (1) bis (4) zeigt, dass es bei der DROHUNG nicht allein um die Versicherung geht, dass der Sprecher eine Handlung realisieren wird, sondern dass ein wichtiger Bestandteil der Aufforderung an den Adressaten ist, etwas im Interesse des Sprechers zu unterlassen bzw. etwas zu tun. In diesem Sinne hat das Sprachhandlungsmuster DROHUNG auch eine direktive Bedeutungskomponente (vgl. Maslova 2004, 2007).

Diese Kombination von direktivem und kommissivem Bedeutungsanteil im Sprachhandlungsmuster DROHUNG wird in dem Definitionsvorschlag mithilfe der semantischen Primitiva von A. Wierzbicka (1983: 129) deutlich, der am Ende der Formulierung auch den Anlass einer Drohung verdeutlicht: die Absicht der Verhinderung der Handlung des Adressaten, vgl.

Groźba
Mówię: chcę żebyś wiedział że jeżeli zrobisz X
to ja zrobię ci coś złego
myślę że nie chcesz żebym to zrobił
mówię to bo chcę żebyś nie zrobił X[17]

---

17 *Drohung*
Ich sage: ich möchte, dass du weißt, dass wenn du X machst,
so werde ich dir etwas Schlechtes antun

Bei der Definition des Verbs *угрожать* ~ *drohen* konzentriert sich M. Ja. Glovinskaja auf die beabsichtigte Handlung P des Sprechers X (Glovinskaja 1993: 187):

(1) X говорит Y-у, что сделает P, плохое для Y-а;
(2) X говорит это для того, чтобы Y боялся, что X сделает P.

Damit verweist Glovinskaja auf das für das Sprachhandlungsmuster DROHUNG wichtige Moment der Furchterregung bzw. Einschüchterung bei dem Adressaten. Man könnte auch sagen, dass es dem Sprecher darum geht, über den Adressaten Kontrolle zu gewinnen. Er versetzt ihn in Furcht, damit der Adressat willfährig wird, seiner Aufforderung zu folgen.

Entscheidend für die propositional-semantische Grundstruktur des Sprachhandlungsmusters DROHUNG sind seine beiden Komponenten: 1) die Aufforderung des Sprechers S, dass der Adressat bzw. Hörer H eine bestimmte Handlung X unterlässt bzw. eine bestimmte Handlung X vollzieht und 2) die Ankündigung von Sanktionen Y durch den Sprecher S, wenn der Adressat H seiner Aufforderung nicht nachkommt.

Diese Zweigliedrigkeit des Sprachhandlungsmusters wird durch den einfachen Definitionsvorschlag von E. Erofeeva (1997: 67) schlagartig deutlich, wenn es heißt: *(He) делай что-либо, иначе я тебе сделаю плохо.*

Wierzbicka hat ihre erste Definition dann im Jahre 1991 noch durch eine kleine Ergänzung erweitert, sie verweist auf den potentiellen Charakter des Sprachhandlungsmusters DROHUNG. Das betrifft zum einen die Einführung der Partikel *vielleicht* in Bezug auf die Einsicht des Adressaten H, X nicht zu tun, und zum anderen die Bewusstmachung, dass auch die Handlung Y des Sprechers S nur dann realisiert wird, wenn der Adressat der Aufforderung des Sprechers nicht folgt (Wierzbicka 1991: 153), vgl.

> I say: if you do X I will do something bad (Y) to you
> I think: if you know it you may not do X
> I say this because I want you not to do X

G. Falkenberg hat darauf verwiesen, dass zwei Arten von DROHUNGEN zu unterscheiden sind, die abschreckende DROHUNG und die erpresserische DROHUNG. Eine abschreckende DROHUNG liegt dann vor, wenn der Adressat H dazu gebracht werden soll, eine Handlung X zu unterlassen, vgl. die Beispiele (5) und (6), aber auch (1) und (2). Eine erpresserische DROHUNG hingegen bedeutet, dass der Ad-

---

Ich denke, dass du nicht willst, dass ich das mache
Ich sage das, weil ich will, dass du X nicht machst.

ressat H eine bestimmte Handlung X ausführen soll, vgl. die Beispiele (7) und (8), aber auch (3) und (4) (Falkenberg 1992: 184–185).

(5) Wenn du das machst, werfe ich dich hinaus!
(6) Если увижу тебя здесь ещё раз, я тебе задам!
(7) Wenn du mir jetzt nicht hilfst, kündige ich dir die Freundschaft.
(8) Если не отдашь деньги, ты мне больше не друг.

Wie die Belege (5) und (6) einerseits und (7) und (8) andererseits zeigen, bedeutet Abschreckung: Wenn der Adressat H die Handlung X macht, so macht der Sprecher S die Handlung Y. Hier ist X für H von Vorteil, für S von Nachteil. Erpressung hingegen heißt: Wenn der Adressat H die Handlung X nicht macht, dann macht der Sprecher S die Handlung Y. Diese Konstellation bedeutet, dass X für H zum Nachteil, für S allerdings zum Vorteil ist. Das heißt, der Adressat H beabsichtigt von sich aus nicht, die Handlung X zu tun, er muss dazu durch den Sprecher S gezwungen werden.

Die gleiche Differenzierung von zwei Typen von DROHUNGEN finden wir bei D. O. Žučkov in Bezug auf das Englische. Hier werden die beiden Typen nur anders, aber terminologisch eher unglücklich, benannt: statt Abschreckung heißt es hier Verbot (If you do X, I will do Y → Do not do X) und statt Erpressung – Befehl (If you don't do X, I will do Y → Do X) (Žučkov 2010: 14).

Resümierend lässt sich feststellen, dass das Sprachhandlungsmuster DROHUNG aus zwei Komponenten besteht, der Aufforderung an den Adressaten, eine Handlung zu vollziehen (Erpressung) oder sie zu unterlassen (Abschreckung), und der Ankündigung, dass wenn der Adressat der Aufforderung nicht nachkommt, Sanktionen verhängt werden. Damit will der Sprecher der DROHUNG beim Adressaten Furcht erzeugen und somit über ihn Kontrolle gewinnen.

In der Sprache der semantischen Primitiva ergibt sich zusammengefasst folgende Definition:

(a) Ich sage: wenn du X (nicht) machst, werde ich dir etwas Schlechtes antun
(b) Ich denke, dass du nicht willst, dass ich das mache
(c) Ich sage das, weil ich will, dass du X (nicht) machst.

2. Struktur des Sprachhandlungsmusters

Die propositional-semantische Grundstruktur des Sprachhandlungsmusters DROHUNG weist, wie die bisherigen Beispiele belegt haben, zwei Konstituenten auf. In der ersten, der direktiven Konstituente, fordert der Sprecher den Adressaten auf, eine bestimmte Handlung X zu vollziehen (bzw. zu unterlassen), und in der zweiten, der kommissiven Konstituente, kündigt der Sprecher eine Handlung

Y an, die Sanktionshandlung, für den Fall, dass der Adressat der Aufforderung nicht nachkommt.

Sowohl im Deutschen als auch im Russischen widerspiegelt diese zweiteilige propositional-semantische Grundstruktur, grob gesagt, die syntaktische Basisstruktur des Sprachhandlungsmusters DROHUNG. Wie unter Abschnitt 1 schon angedeutet, realisiert sich diese Basisstruktur in der Form eines komplexen bzw. zusammengesetzten Satzes. Die syntaktische Basisstruktur des zusammengesetzten Satzes enthält in der anteponierten prädikativen Einheit die Konstituente des Adressaten A in der 2. Pers. und die Konstituente der Handlung X zur Benennung der Aufforderung. In der postponierten prädikativen Einheit steht die Konstituente des Sprechers S (vielfach, aber nicht immer, in der 1. Pers.) und die Handlung Y zur Benennung der Sanktion.

Explizit performative Konstruktionen des Sprachhandlungsmusters DROHUNG gibt es in beiden Sprachen nicht. Die Verben *drohen* und *угрожать* werden in der Regel nicht performativ gebraucht (Pisarkowa 1988: 77, 79). Allerdings findet man sowohl im Deutschen als auch im Russischen Äußerungen mit der negierten Version des performativen Verbs, die zwar die Bedeutung des Drohens formell verneinen, aber durch die Benennung der Sanktion dem Adressaten deutlich machen, dass es sich doch um eine DROHUNG handelt (Maslova 2003: 294–295), vgl.

(9) Ich drohe dir nicht, aber du wirst es noch bedauern.
(9a) Я тебе не угрожаю, но ты ещё об этом пожалеешь.

Da diese Äußerungen den ersten Teil der Grundstruktur des Sprachhandlungsmusters DROHUNG, die Aufforderung des Sprechers an den Adressaten, eine bestimmte Handlung zu unterlassen bzw. zu vollziehen, nicht enthält, handelt es sich hier um eine elliptische Konstruktion (s. genauer 2.5.). Die illokutive Bedeutung der Äußerung wird aus dem konsituativen Zusammenhang in der Regel deutlich.

Außerdem weist G. Falkenberg (1992: 180–181) darauf hin, dass das abgeleitete Verb *androhen* im Deutschen einen performativen Gebrauch zulässt. Belege finden sich eher im schriftlichen Bereich, vgl.

(10) Wenn Sie bis zum 31. März 2011 die angelaufenen Mietschulden nicht beglichen haben, müssen wir Ihnen die Kündigung der Wohnung androhen.

Die Beispiele (1) bis (8) sind, wie schon festgestellt wurde, von der Struktur her zusammengesetzte Sätze. Die Strukturmuster der zusammengesetzten Sätze können als implizit performative Konstruktionen angesehen werden. Im Einzelnen sind folgende Typen von zusammengesetzten Sätzen zu nennen.

2.1. Konditionale Satzgefüge

In diesen Satzgefügen enthält der konditionale Nebensatz mit den Konjunktionen *wenn* und *falls* im Deutschen und *если* im Russischen in der Anteposition die direktive Konstituente der DROHUNG und der Hauptsatz in der Postposition den kommissiven Teil, vgl.

(11) Wenn du nicht gleich still bist, schicke ich dich ins Bett.
(12) Если ты не перестанешь ныть, я поставлю тебя в угол.

2.2. Adversative Satzverbindungen

Der zweite Typ von zusammengesetzten Sätzen sind die adversativen Satzverbindungen. Hier ist die erste prädikative Einheit in der Anteposition ein Imperativ, die zweite prädikative Einheit in der Postposition wird durch adversative Konnektive wie *sonst, oder* im Deutschen und *а то, или* oder *иначе* im Russischen eingeleitet, vgl.

(13) Tu, was man dir sagt, sonst geht es dir an den Kragen!
(14) Nimm den Fuß weg, oder ich hau dich um!
(15) Руки убери, а то пасть порву!
(16) Не говори ему ни слова, молчи и иди своей дорогой, или я за себя не ручаюсь!
(17) Делай, что тебе говорят, иначе я тебя посажу!

Im Russischen kann in der ersten prädikativen Einheit statt der verbalen Imperativform auch ein Infinitiv in der Aufforderungsbedeutung stehen, vgl.

(18) Лежать, а то придушу!

2.3. Disjunktive Satzverbindungen

Disjunktive Satzverbindungen haben eine offene Struktur. Im Deutschen stehen sie mit der komplexen Konjunktion *entweder, oder*, im Russischen sind das Konjunktionen mit sich wiederholenden Elementen wie *или, или; либо, либо*, vgl.

(19) Entweder du benimmst dich normal, oder ich schmeiße dich raus!
(20) Или ты мне скажешь, в чём дело, или я вызову полицию.

2.4. Asyndetisch zusammengesetzte Sätze

Asyndetisch zusammengesetzte Sätze entsprechen in ihrer Semantik den konditionalen Satzgefügen. Ihre Bedeutung ergibt sich aus der lexikalischen Füllung der Äußerung, aus der Konsituation und der für das Sprachhandlungsmuster DROHUNG herausgebildeten Normsetzung (vgl. Bezjaeva 2002: 487), vgl.

(21) Hör endlich auf damit! Ich werde den Hausmeister rufen.
(22) Ты, бюрократ, открой! Я на тебя Горбачёву напишу.

2.5. Elliptische Konstruktionen

In der natürlichen Kommunikation finden sich auch Konstruktionen des Sprachhandlungsmusters DROHUNG, die die prädikative Einheit mit der Formulierung der Sanktion weglassen. Sowohl für das Deutsche (Falkenberg 1992: 183) als auch für das Russische (Bezjaeva 2002: 485) ist charakteristisch, dass elliptische Drohungen den ersten Teil der Grundstruktur enthalten, die Aufforderung an den Adressaten, etwas zu unterlassen bzw. etwas zu tun. Die Bedeutung des zweiten Teils, der Sanktion, ergibt sich aus der Konsituation und wird häufig durch eine entsprechende Intonationskontur sowie Gestik und Mimik kompensiert (vgl. Žučkov 2010: 15). Das heißt, in derartigen Situationen wird eine Sanktion kommuniziert, ohne dass sie verbalisiert wird. Sprachlich formuliert wird nur die Aufforderung (Abschreckung oder Erpressung) des Sprechers an den Adressaten, vgl.

(23) Lass dich ja nicht sehen hier!
(24) Только покажись здесь!
(25) Wenn du noch einmal deinen Mund aufmachst...!
(26) Попробуй только не прийти!

3. Kommunikativ-pragmatische Faktoren

Wie schon aus den Abschnitten 1 und 2 deutlich wird, gibt es für das Sprachhandlungsmuster DROHUNG in beiden Sprachen weder performative Realisierungen mit den Verben *drohen* und *угрожать* noch spezialisierte Formmittel, wie sie beispielsweise von den Sprachhandlungsmustern DANK, BITTE, BEGRÜSSUNG oder VERABSCHIEDUNG bekannt sind. Die illokutiv-pragmatische Bedeutung der DROHUNG ergibt sich allein aus dem Zusammenspiel einer kategorischen Aufforderung zur Handlung (oder Unterlassung) und einer Sanktionsankündigung bei ihrer Nichtbefolgung. Konventionalisierte Formeln gibt es dafür nicht.

3.1. Beziehungsfaktoren

Kommunikativ-pragmatische Faktoren wie Geschlecht, Region, Medium usw., die gewöhnlich die Wahl der Ausdrucksmittel für ein Sprachhandlungsmuster determinieren, sind für die Ausprägung einer DROHUNG eher sekundär. Allein die Beziehung zwischen den Kommunikationspartnern, ihre Nähe oder der Grad des Offiziellen sowie ihr sozialer Status können wesentlich sein. Hier zeichnen sich zwei Konstellationen ab, die für das Sprachhandlungsmuster DROHUNG relevant sein können.

Das sind zum einen Fälle, in denen Personen mit einem sozial höheren Status wegen eines gewissen Widerstandes seitens der von ihnen abhängigen Adressaten ihren Aufforderungen einen bestimmten Nachdruck verleihen wollen, vgl.

(27) Wenn Sie sich nicht endlich etwas schneller bewegen wollen, werfe ich Sie raus.
(28) Если вовремя отчёт не сдадите, я Вас уволю.

Damit vergleichbar ist die Situation zwischen Personen unterschiedlichen Alters, wenn z. B. Erwachsene gegenüber Kindern zu drastischen Aufforderungen in der Art einer DROHUNG greifen, vgl.

(29) Wenn du nicht endlich hörst, nehme ich dir das Spielzeug weg!
(30) Если ты слушаться меня не будешь, я тебя отшлёпаю!

Es muss aber darauf hingewiesen werden, dass DROHUNGEN auch unabhängig von diesen Faktoren, also unter Personen mit annähernd gleichem sozialen Status und vergleichbarem Alter, ausgesprochen werden können, wenn zwischen ihnen ein Konflikt liegt bzw. wenn sich Sprecher und Adressat in einer Konfliktsituation befinden, vgl.

(31) Wenn du das noch einmal versuchst, schlag ich dich tot.
(32) Если заговоришь, я горло перережу.

3.2. Sanktionsfaktoren

Neben der mit dem sozialen Status verbundenen Frage „Wer droht?" muss die Frage „Womit wird gedroht?" (vgl. Vereščagin 1990: 27) gestellt werden. Zu den wichtigsten Arten von Sanktionen gegenüber dem Adressaten gehören folgende:

3.2.1. Sanktionen durch Schädigung des Adressaten

a) Schädigung durch den Sprecher
In diesen Fällen geht der drohende Sprecher davon aus, dass er selber im Fall der Nichtbefolgung der Aufforderung durch den Adressaten die Sanktionen realisiert, vgl.

(33) Gib mir das Messer zurück, sonst kriegst du eine rein!
(34) Отдай, а не то сейчас тебе врежу!

b) Schädigung durch eine höhere Macht
Für die Realisierung der Sanktion zieht der Sprecher entweder Personen (wie den großen Bruder, die Mutter, den Lehrer) oder gesellschaftliche Instanzen (wie die Polizei) oder auch übernatürliche Kräfte (wie Gott und Teufel) heran, vgl.

(35) Wenn du mich schlägst, hole ich meinen großen Bruder.
(36) Если вы тотчас же не уйдёте, я вызову милицию.

3.2.2. Sanktionen durch Entzug

Hierunter fallen alle Sanktionen, die darin bestehen, dass dem Adressaten etwas entzogen wird, und zwar sowohl Gegenständliches wie z. B. etwas zu essen, aber auch Abstraktes wie Liebe, Freundschaft o. ä., vgl.

(37) Gib sofort das Bild zurück, sonst kündige ich dir die Freundschaft.
(38) Завтра верните деньги, иначе вы рискуете оказаться в добровольном рабстве на долгие годы.

4. Ausdrucksformen des kommunikativ-pragmatischen Feldes

4.1. Zentrale Realisierungen

Auf die zentralen bzw. prototypischen Ausdrucksmittel der DROHUNG ist in Abschnitt 1 und Abschnitt 2 schon eingegangen worden. Hier wurde gezeigt, dass sich die zweiteilige Grundstruktur des Sprachhandlungsmusters DROHUNG in vier syntaktischen Satzkonstruktionen realisiert. Direkt im Kern des kommunikativ-pragmatischen Feldes stehen sowohl im Deutschen als auch im Russischen zwei Typen von zusammengesetzten Sätzen. Das sind zum einen die konditionalen Satzgefüge mit den Konjunktionen *wenn* und *falls* bzw. *если*, vgl.

(39) Wenn du morgen nicht zur Vorlesung kommst, ist das Studium für dich gelaufen.
(40) Если ты ещё раз позволишь себе сказать что-либо подобное, тебе не поздоровится!

Zum anderen sind das die adversativen Satzverbindungen mit der Aufforderungskonstruktion in der ersten prädikativen Einheit und den Konjunktionen *sonst, oder* bzw. *а (не) то, или, иначе* im zweiten Hauptsatz, vgl.

(41) Tu, was ich dir sage, sonst vergesse ich mich!
(42) Не двигайся, а то буду стрелять!

Zu den Standardrealisierungen am Rande des Zentrums sind einerseits die disjunktiven Satzverbindungen mit der komplexen Konjunktion *entweder, oder* im Deutschen und den Konjunktionen mit sich wiederholenden Elementen wie *или, или; либо, либо* im Russischen zu rechnen, vgl.

(43) Entweder du hilfst mir augenblicklich, oder ich schmeiße dich raus!
(44) Или ты сам встанешь, или мне придётся тебя заставить.

Andererseits sind hier asyndetisch zusammengesetzte Sätze zu nennen, bei denen der erste Satz in der Regel eine Aufforderungskonstruktion und der zweite ein Aktionsverb in der Futurform enthält, vgl.

(45) Hör endlich auf damit! Das sollst du mir büßen!
(46) Открой, наконец! Ты мне за это ответишь!

Diese vier Standardrealisierungen können auch als direkte DROHUNGEN bezeichnet werden. Sie enthalten die direktive Handlung X und die kommissive Handlung Y. Hinsichtlich ihrer Ausdrucksgestaltung lassen sich noch weitere lexikalische, morphologische und syntaktische Formmittel erkennen, die für die zentralen Formen der DROHUNG charakteristisch sind:

4.1.1. Lexikalische Spezifika

Zu den lexikalischen Indikatoren des Sprachhandlungsmusters DROHUNG gehören in beiden Sprachen in erster Linie Modalpartikeln und Gradpartikeln wie *bloß, ja, nur* im Deutschen und *ведь, ещё, уже, только, вот* im Russischen, die in Imperativsätzen auftreten (vgl. Falkenberg 1992: 180) und die Sprecherposition zum bezeichneten Sachverhalt bzw. zu Teilen der Situation modifizieren, vgl.

(47) Betrink dich ja nicht, sonst schmeiße ich dich aus dem Haus!
(48) Ты только не приди, я тебя убью!

Weiterhin finden sich in einigen Belegen Interjektionen, wie z. B. *wehe* im Deutschen und, seltener, *смотри* (diese Interjektion ist eher für das Sprachhandlungsmuster WARNUNG charakteristisch, s. Kap. XX.) und *горе тебе* im Russischen, vgl.

(49) Wehe, du kommst mir zu nahe! Ich bring dich um!
(50) Смотри, сломай мне только! Я тебе намылю шею!
(51) Двадцать две лошади я возьму, чтобы наказать твою жадность, но горе тебе, если ты не подчинишься велению духов добра!

Als lexikalische Marker für DROHUNGEN trifft man in beiden Sprachen auch auf skalierende Ausdrücke wie *noch einmal, ganz, viel* im Deutschen (vgl. Falkenberg 1992: 185) und *ещё раз, всё, так* im Russischen (vgl. Bezjaeva 2002: 484–489), vgl.

(52) Wenn du noch einmal so schreist, nähe ich dir den Mund zu!
(53) Вот ещё раз так пошутишь, я тебе голову оторву!

Schließlich trifft man in stark umgangssprachlich geprägten Äußerungen auch auf Invektive, die die Drohungsbedeutung intensivieren, vgl.

(54) Tu das nicht, du Blödmann! Ich mache aus dir Kleinholz!
(55) Не тронь, мерзавец! Убью!

4.1.2. Morphologische Spezifika

Die morphologischen Charakteristika von Drohungsäußerungen betreffen vornehmlich die Kategorien des Tempus und des Aspekts im Russischen. Die im zweiten Teil der DROHUNG formulierten Sanktionen beziehen sich naturgemäß auf die Zukunft. Im Deutschen stehen die Verben in der Regel in den Präsensformen, die hier gewöhnlich die Zukunftsbedeutung signalisieren. Im Russischen dagegen finden sich regelmäßig Verben im perfektiven Aspekt in der Form des sogenannten synthetischen Futurs, vgl.

(56) Если двинешься, в порошок сотру!
(56a) Wenn du dich bewegst, reiße ich dich in Stücke!

Nicht selten stehen diese Verben im Russischen auch in einer bestimmten Aktionsart, am häufigsten sind Belege mit delimitativer oder saturativer Aktionsart, vgl.

(57) Ты можешь надо мной издеваться, но посмотрим...! Ты у меня ещё посмеёшься!
(57a) Du kannst über mich lachen, aber warten wir ab...! Dir wird das Lachen noch vergehen!
(58) Ну, веселись, пока можешь! Напляшешься ты у меня!
(58a) Vergnüg dich nur, solang du kannst! Dir wird das Tanzen noch vergehen!

4.1.3. Syntaktische Spezifika

Die syntaktische Kennzeichnung des Sprachhandlungsmusters DROHUNG bezieht sich auf die Thema-Rhema-Gliederung. In stilistisch neutralen Texten bzw. ruhigen Situationen ist die zweigliedrige Informationsstruktur so aufgebaut, dass die direktive Konstituente das Thema und die kommissive Konstituente das Rhema bildet. Eine Anteposition des rhematischen Äußerungsteils lässt die DROHUNG in beiden Sprachen als markiert erscheinen, vgl. die folgende expressive Variante der Drohungsäußerung, in der der Äußerungsakzent auf den Hauptsatz, die kommissive Konstituente, fällt:

(59) Ich schlag dich tot, wenn du Sperenzchen machst!
(60) Прибью, если промажешь!

4.2. Periphere Realisierungen

Zu den peripheren Realisierungen, den indirekten DROHUNGEN, gehören die Konstruktionen, die durch den Wegfall einer Konstituente der Grundstruktur elliptischen Charakter haben, weiterhin Äußerungen, in denen das Sprachhandlungsmuster DROHUNG mit anderen Sprachhandlungsmustern wie WARNUNG,

RATSCHLAG und VERSPRECHEN zusammen wirkt, und schließlich Drohungsäußerungen, in denen für den Adressaten bei Nichtbefolgung des Direktivums nicht eine für ihn schädliche Sanktion angekündigt wird, sondern etwas quasi Angenehmes.

4.2.1. Elliptische DROHUNGEN

Von elliptischen DROHUNGEN ist dann zu sprechen, wenn eine Konstituente des zweiteiligen Sprachhandlungsmusters nicht verbalisiert ist (s. Punkt 2.4. in diesem Kapitel). Die pragmatische Bedeutung der Äußerung ist dann aus ihrer konsituativen Umgebung zu erkennen und kann durch die Intonationskontur (vgl. für das Russische Bezjaeva 2002: 458–600) oder auch durch Mimik und Gestik der Kommunikationspartner kompensiert werden.

Viele Belege sowohl für das Deutsche als auch für das Russische finden sich für DROHUNGEN, die auf die Konstituente des kommissiven Teils reduziert sind, in dem der Sprecher dem Adressaten den Schaden vor Augen hält, der sich für ihn bei Nichtbeachtung der Aufforderung ergibt. Diese Formulierungen können in die Struktur eines Deklarativsatzes mit der Ankündigung eines Geschehens in der Zukunft, s. Belege (61) und (62), oder eines Fragesatzes (s. Beispiele (63) und (64), gefasst sein, vgl.

(61) Du wirst mich noch kennenlernen.
(62) Будешь иметь дело со мной.
(63) Willst du, dass ich ungemütlich werde?
(64) Тебе что, давно кости не ломали?

Es lassen sich aber auch DROHUNGEN nachweisen, die nur den ersten Teil des Sprachhandlungsmusters, die direktive Konstituente, enthalten (Bezjaeva 2002: 484), vgl.

(65) Wenn du das machst...!
(66) Если ещё раз, кто-нибудь, когда-нибудь, хоть пальцем!

Hierher gehören auch die Imperativkonstruktionen, die eine Ellipse der adversativen Satzverbindungen darstellen, bei denen die zweite prädikative Einheit (s. Punkt 2.2.) weggelassen ist, vgl.

(67) Komm mir ja nicht unter die Augen!
(68) Только попробуй напиться!

Im Rahmen der elliptischen Konstruktionen gibt es eine Reihe von Belegen, die ein Personalpronomen der 1. Pers. als ethischen Dativ enthalten. Das sind Sätze, in denen der Dativ keine Objektfunktion im Sinne des Benefizienten der Äußerung ausdrückt, sondern eine pragmatische Funktion wie eine Modalpartikel erfüllt (vgl. Börger 2008: 40–52), vgl.

(69) Werd mir ja nicht frech!
(70) Ты ещё поговори мне тут!

Derartige DROHUNGEN, die beispielsweise von einem Erwachsenen gegenüber einem Schüler ausgesprochen werden können, vermögen in entsprechenden Situationen eine Haltung der Überlegenheit des Sprechers gegenüber dem Adressaten zu signalisieren, vgl. auch die beiden folgenden Beispiele:

(71) Das wirst du mir noch büßen!
(72) Ты мне ещё погруби! Родителей в школу вызову!

4.2.2. Überschneidungen mit WARNUNG, RATSCHLAG und VERSPRECHEN

Zu den peripheren DROHUNGEN gehören jene Konstruktionen, in denen im direktiven Teil performative Verben aus anderen Sprachhandlungsmustern verwendet werden. Es geht vor allem um die Verben *warnen, raten* und *versprechen*. In der Regel sind sie mit lexikalischen Markern wie *dringend, nachdrücklich, im Guten* bzw. *последний раз, по-хорошему, твёрдо* verbunden, die ihre Rolle als DROHUNG verdeutlichen, vgl.

(73) Ich warne Sie dringend! Sagen Sie kein Wort darüber!
(74) Последний раз предупреждаю, сдавайте оружие!
(75) Ich rate dir nachdrücklich, komm diesmal nicht zu spät!
(76) Советую тебе по-хорошему, оставайся на своём месте!
(77) Ich verspreche dir im Guten, das gibt ganz großen Ärger.
(78) Обещаю твёрдо, ты у меня напляшешься.

Alle Beispiele enthalten eine Aufforderung des Sprechers an den Adressaten und eine Ankündigung negativer Folgen für den Adressaten im Falle der Nichterfüllung, die durch entsprechende lexikalische Indikatoren verdeutlicht werden kann. Insofern ist die Zuordnung dieser Äußerungen zum Sprachhandlungsmuster DROHUNG berechtigt. Durch die Nutzung der performativen Verben *warnen, raten* und *versprechen* in der direktiven Konstituente der DROHUNG ergibt sich aber eine gewisse pragmatisch-semantische Nähe zu den anderen entsprechenden Sprachhandlungsmustern.

4.2.3. DROHUNGEN mit etwas quasi Angenehmem

Diese Ausprägung der DROHUNG wird deshalb als periphere Realisierung des Sprachhandlungsmusters betrachtet, weil hier die Verbalisierung des kommissiven Teils etwas quasi Angenehmes benennt (vgl. Žučkov 2010: 14). Da aber der Sprecher das Angenehme nur für den Fall verspricht, wenn der Adressat seiner Aufforderung aus dem direktiven Teil folgt, bleibt der negative Inhalt der Sanktion für den Adressaten bestehen. Das heißt, es wird etwas Angenehmes gesagt, aber etwas Unangenehmes angedroht, vgl.

(79) Lass die Waffe fallen, dann lasse ich dich leben.
(80) Убери пистолет, и ты останешься живым.

Die spezifische Bedeutung der Drohung mit etwas quasi Angenehmem wird besonders klar, wenn man die DROHUNG mit dem Sprachhandlungsmuster VERSPRECHEN vergleicht, bei dem das Versprochene etwas wirklich Vorteilhaftes für den Adressaten ist (vgl. Kap. XIII. VERSPRECHEN). Die Beispiele (81), (82) einerseits und (83), (84) andererseits zeigen diese Gegenüberstellung, vgl.

(81) Wenn du artig bist, kaufe ich dir etwas Schönes.
(82) Если ты будешь себя хорошо вести, я куплю тебе подарок.

Die Beispiele (81) und (82) enthalten ein VERSPRECHEN, weil die zukünftige Handlung tatsächlich für den Adressaten angenehm ist.

(83) Wenn du dich dort anständig benimmst, lasse ich dich leben.
(84) Если ты будешь себя хорошо вести, останешься в живых.

Die Belege (83) und (84) hingegen sind eine DROHUNG, weil das quasi Angenehme nur als Resultat der Unterlassung der dem Adressaten schädlichen Handlung denkbar ist.

5. Reaktionen auf eine DROHUNG

Hinsichtlich des perlokutiven Effekts ergeben sich für das Sprachhandlungsmuster DROHUNG zwei Möglichkeiten – die DROHUNG kann erfolgreich oder nicht erfolgreich sein. M. G. Bezjaeva (2002: 594–595) unterscheidet in diesem Sinne die nichtaggressive Position des Kommunikationspartners, der Aufforderung zu folgen (erfolgreich), und die aggressive Position (nicht erfolgreich).

5.1. Erfolgreiche DROHUNGEN

In diesen Fällen ist es dem Sprecher gelungen, den Adressaten durch die DROHUNG zu bewegen, seiner Aufforderung nachzukommen. Der Adressat kann seine Akzeptanz der DROHUNG durch verschiedene Äußerungen verbalisieren.

5.1.1. Einverständnis

Eine häufige Möglichkeit ist, dass der Adressat lapidar sein Einverständnis ausdrückt, vgl.

(85) „Wenn du mit dem Jammern nicht sofort aufhörst, verlasse ich dich augenblicklich", sagte Anna.
„Alles klar", knurrte Denis.

(86)   – Драться нельзя. Если ты ещё раз обидишь Ларису, мы уйдём домой.
       – Я не буду, мамочка – жалобно ответила Юля.

5.1.2. Einverständnis und Entschuldigung

Eine erfolgreiche Reaktion, die das Einverständnis voraussetzt, ist die Entschuldigung des Adressaten gegenüber dem Sprecher, vgl.

(87)   „Hör endlich auf damit! Ich werde den Hausmeister rufen."
       „Tut mir leid."
(88)   – Ты что, хочешь, чтобы у тебя начались неприятности?
       – Извини, ради бога!

5.1.3. Einverständnis und Beruhigung

Der Ausdruck der Akzeptanz durch den Adressaten kann damit verbunden sein, den Sprecher zu besänftigen und ihn zu bitten, sich zu beruhigen, vgl.

(89)   „Tu, was man dir sagt, sonst geht es dir an den Kragen!"
       „Ja, ja, ist schon gut!" versuchte Lehnert zu beruhigen.
(90)   – Руки убери, а то получишь!
       – Ну, ладно, ладно.

5.1.4. Einverständnis und Ablenkung

Außerdem kann versucht werden, außer der Annahme der Drohung den Sprecher noch zusätzlich abzulenken, damit dieser die Realisierung der angekündigten Sanktionen aufgibt, vgl.

(91)   „Nimm den Fuß weg, oder ich hau dich um!" schrie Binder.
       „Komm, komm, Süßer, hör schon auf", flötete Vanessa.
(92)   – Ещё раз тронешь, голову оторву!
       – Саш, не надо, не надо!

5.2. Nicht erfolgreiche DROHUNGEN

Bei nicht erfolgreichen DROHUNGEN zeigt sich der Adressat nicht bereit, der Aufforderung des Sprechers zu folgen und eine Handlung zu realisieren, die seinen eigenen Interessen widerspricht. Diese Haltung kann der Adressat auf verschiedene Weise deutlich machen.

5.2.1. Ablehnung

Die Zurückweisung der DROHUNG und damit die Ablehnung der Aufforderung des Sprechers drückt der Adressat in der Regel mit kurzen Repliken aus, vgl.

(93) „Betrink dich ja nicht, sonst schmeiße ich dich aus dem Haus!", rief Hilde ihm nach.
„Lass mich in Ruh!", knurrte Fred genervt.
(94) – Убью тебя своими руками!
– Да отстань ты!

5.2.2. Zurückweisung und Signalisierung von Zweifeln

Die Zurückweisung der DROHUNG kann dadurch signalisiert werden, dass der Adressat Zweifel an der Fähigkeit des Sprechers, die Sanktionen zu realisieren, äußert, was leicht zur Verblüffung des Akteurs führen kann, vgl.

(95) „Tu, was ich dir sage, sonst schieße ich!" schrie Gabler plötzlich.
„Du etwa? Was redest du da?"
(96) – Стой, а то ударю! – сказал вдруг Зеленин.
– Кто? Ты? Не смеши меня!

5.2.3. Zurückweisung und Signalisierung von Furchtlosigkeit

Der Adressat kann sich als unbeeindruckt durch die DROHUNG des Sprechers zeigen und Furchtlosigkeit signalisieren, um die DROHUNG zurückzuweisen, vgl.

(97) „Wenn du das machst, werfe ich dich hinaus!"
„Tu, was du nicht lassen kannst!
(98) – Если увижу тебя здесь ещё раз, я тебе задам!
– Делай, что хочешь.

5.2.4. Zurückweisung und Antwortdrohung

Die stärkste Form der Zurückweisung der DROHUNG liegt darin, dass der Adressat mit einer Gegendrohung reagiert und den Sprecher damit ermuntert, sich neu und akzentuierter zu positionieren, vgl.

(99) „Gib mir das Messer zurück, sonst kriegst du eine rein!"
„Pass auf, dass du nicht selber eine reinkriegst!"
(100) – Отдай, а не то сейчас тебе задам!
– Смотри, не очень-то кипятись! А то я сам тебе врежу!

XXII. Verbot

1. Definition des Sprachhandlungsmusters

1.1. VERBOT in den Sprechaktklassifikationen

Im Unterschied zum Sprachhandlungsmuster ERLAUBNIS wird das VERBOT in der wissenschaftlichen linguistischen Literatur fast einmütig als ein direktives Sprachhandlungsmuster charakterisiert (vgl. Beljaeva 1992: 28; Wagner 2001: 282; Petrova 2008: 131; Sëmkina 2009: 246 etc.). In dieser Klasse wird es als ein bindender, d.h. obligatorischer bzw. präskriptiver Aufforderungsakt betrachtet, dessen illokutives Ziel darin besteht, den Hörer an der Aus- bzw. Fortführung seiner Handlung(en) zu hindern (vgl. Harras/Proost/Winkler 2007: 183; Kantorczyk 2008: 185), vgl.

(1) Beim zweiten Versuch, eine Stellungnahme zu erhalten, sagte er keck: „Ich verbiete Ihnen, nochmals anzurufen."
(2) Я запрещаю вам входить в мою келью, – раздаётся голос Лавра.

Der bindende Charakter des Verbotes bedeutet, dass im Falle des Nicht-Befolgens der Aufforderung der Hörer mit einer Strafe bzw. mit bestimmten Sanktionen zu rechnen hat. Das Sprachhandlungsmuster VERBOT ist in diesem Sinne dem GEBOT benachbart: in beiden Fällen stehen Sprecher und Hörer in einem asymmetrischen Kommunikationsverhältnis, wobei der Sprecher in der dominanten Position ist und im entsprechenden Fall Strafmaßnahmen verordnen kann. Der wesentliche Unterschied ist, dass GEBOTE Aufforderungen zum Tun und VERBOTE zum Nicht-Tun sind. Von der Verbundenheit dieser zwei Sprachhandlungsmuster zeugt u.a. auch die Tatsache, dass von den „Zehn Geboten" nur zwei als Gebote formuliert sind. Die anderen sind keine „Ge-", sondern „Ver-"-bote (vgl. Wagner 2001: 230, 282).

Bezüglich des erzeugten Perlokutionseffekts ist das VERBOT der ERLAUBNIS gegenübergestellt: während im Falle der ERLAUBNIS der Sprecher dem Hörer das Recht zuteilt, eine Aktion zu vollziehen, die in dessen Interesse liegt, wird im Falle des VERBOTES dem Hörer dieses Recht verweigert. Somit hat man es bei beiden Sprachhandlungsmustern mit einer Veränderung der Wirklichkeit zu tun: im Falle der ERLAUBNIS werden innere Hindernisse zur Realisierung der erwünschten Handlung beseitigt und im Falle des VERBOTES werden, umgekehrt, die beabsichtigten Handlungen blockiert. Der Hörer muss den hergestellten Sachverhalt akzeptieren und sich danach verhalten, was von einer deklarativen Komponente im Bestand des Sprachhandlungsmusters zeugt, vgl.

Deklarationen führen allein kraft des Umstandes, dass sie erfolgreich vollzogen wurden, eine Änderung im Status oder der Lage desjenigen Gegenstands (bzw. derjenigen Gegenstände) herbei, über den (bzw. die) gesprochen wird. (Searle 1982: 36–37)

Es ist wichtig zu berücksichtigen, dass die meisten Verbote initiativ sind, wobei Erlaubnisse meist eine Reaktion auf eine Anfrage darstellen. Dadurch ist auch die allgemeine Charakteristik der Sprachhandlungsmuster zu erklären: VERBOTE haben grundsätzlich einen direktiven und ERLAUBNISSE einen deklarativen Charakter.

In der linguistischen Literatur werden oft zwei Subtypen des Sprachhandlungsmusters VERBOT unterschieden, abhängig davon, wann die Handlung, die verboten wird, verläuft. Dementsprechend kann man präventive Verbote, die auf eine zukünftige Handlung bezogen sind, und aufhebende Verbote, die sich auf eine laufende bzw. eben abgeschlossene Handlung beziehen, unterscheiden (vgl. Borger 2004: 11; Sëmkina 2009: 2–3; Koržova/Lykova 2006), vgl. Beispiel (3) für aufhebendes und Beispiel (4) für präventives VERBOT:

(3) „Mein Vater ist modisch gesehen eine ziemliche Vollkatastrophe. Diese karierten Hemden, die er trägt, die gehen ja auch nicht..."
„Ich verbiete dir, so von deinem Vater zu reden!"
(4) – Проводить вас, товарищ генерал?
– Ни в коем случае. Могу двигаться без посторонней помощи.

Da aber in diesem Fall der Unterschied zwischen den Subtypen sprachlich nicht manifestiert ist, wird diese Teilung in der weiteren Analyse nicht berücksichtigt.

Eine andere Möglichkeit ist, zwei Subtypen des Sprachhandlungsmusters VERBOT abhängig von den kommunikativ-pragmatischen Bedingungen seiner Realisierung zu unterscheiden, was für die vorliegende Untersuchung von besonderer Relevanz ist (vgl. auch die Subtypen des Sprachhandlungsmusters ERLAUBNIS im Kap. XIV.).

Beim ersten Subtyp ist der Initiator des Verbots eine konkrete Person, die bestimmte verbale oder nonverbale Aktionen ausführt, um die gegenwärtige oder beabsichtigte Tätigkeit des Hörers zu verhindern. Somit will der Sprecher anordnen, dass eine bestimmte Handlung zu unterlassen ist. Es wird vorgeschlagen, diesen Subtyp als UNTERSAGENDES VERBOT zu bezeichnen.

VERBOTE werden im Unterschied zu den ERLAUBNISSEN in der Regel ohne verbale Anfrage realisiert (vgl. Apresjan 2003: 930; Romanova 2012: 384). Sie sind grundsätzlich situationsgebunden und können dabei sowohl einen präventiven als auch einen aufhebenden Charakter haben:

(5) „Du darfst nicht mehr zur Schule gehen!" hieß es für jüdische Mädchen und Jungen ab dem 30. Juli 1939.
(6) Я запрещаю тебе больше пить, Страхов! – резко сказала Лариса.

In einigen wenigen Situationen kann aber das UNTERSAGENDE VERBOT auch reaktiv sein. Das heißt, dass dem Verbot eine Anfrage des Gesprächspartners vorangeht, auf die der Sprecher negativ reagiert:

(7) „Darf ich am Campingplatz einen Generator anwenden?"
„Nein, unter keiner Bedingung!"
(8) – Могу ли я сообщить об этой новости Николаю Ивановичу?
– Никогда, ни в коем случае никому нельзя рассказывать про это.

In derartigen Sequenzen ist das UNTERSAGENDE VERBOT schwer von einer ABLEHNUNG zu unterscheiden. Die Abgrenzung kann nach dem Merkmal erfolgen, ob und inwieweit der Sprecher berechtigt ist, im Falle der Verweigerung Sanktionen anzusetzen. Somit gelten Äußerungen, die ein UNTERSAGENDES VERBOT realisieren, für einzelne Personen oder für einen engen Personenkreis.

Der zweite Subtyp des Sprachhandlungsmusters VERBOT hat einen verallgemeinernden Charakter. Er legt bestimmte Normen fest und regelt das soziale Verhalten in der Gesellschaft. Dieser Subtyp ist als NORMIERENDES VERBOT zu betrachten, er findet vor allem (wie auch der gleichartige Subtyp der ERLAUBNIS) in Vorschriften, Gesetzen und Instruktionen seinen Ausdruck:

(9) Der wichtige Abschnitt des Gesetzes für Sie dazu lautet: Es ist verboten, Hunde in Kirchen, Friedhöfen, Spital- oder Badeanlagen mitzuführen.
(10) ГИБДД обращается ко всем водителям транспортных средств: Строго запрещено садиться за руль в состоянии алкогольного или наркотического опьянения.

Damit das NORMIERENDE VERBOT (wie auch die NORMIERENDE ERLAUBNIS) als eine Sprachhandlung realisiert wird, ist ein bestimmter Kontext notwendig, der auf den handelnden Charakter der Äußerung hinweist. Es ist davon auszugehen, dass die Belege für ein NORMIERENDES VERBOT immer einen derartigen Kontext explizit oder implizit voraussetzen.

Beide Subtypen haben Besonderheiten in ihrer sprachlichen Realisierung, was in den weiteren Paragraphen dieses Kapitels gezeigt wird.

1.2. Beschreibung des illokutionären Gehalts mithilfe von semantischen Primitiva

Im Deutschen wird bei der Realisierung des Sprachhandlungsmusters VERBOT prototypisch das Verb *verbieten* verwendet, es gibt aber auch die bedeutungsähnlichen Synonyme *untersagen* und *verwehren*. Das erste davon wird vorwiegend (aber nicht absolut) in unpersönlichen Vorschriften und Instruktionen verwendet, das zweite ist stilistisch erhaben und tritt in der direkten, persönlichen Kommunikation auf, vgl.

(11) Das Mitbringen von Gegenständen, die geeignet sind, den Betriebsablauf zu stören, ist untersagt.
(12) Ich verwehre Dir den Einlass, weil Du nicht das Opfer gebracht hast, das ich von Dir fordere! Von „wirklicher Demut und Weisheit" bist Du noch sehr weit entfernt.

Die Gebrauchshäufigkeit dieser beiden Verben ist im Vergleich zu *verbieten* geringer. Dabei ist zu konstatieren, dass im Deutschen alle Synonyme performativ gebraucht werden können, auch das Verb *untersagen*:

(13) Ich untersage Ihnen hiermit nochmals, meinen Namen für Ihre Volksverhetzungsaktivitäten zu missbrauchen.

Somit wird das deutsche Sprechaktverb *verbieten* regelmäßig zum Ausdruck beider Subtypen des VERBOTS verwendet. Eine andere Situation ist im Englischen zu beobachten. Die Sprechaktverben *prohibit* und *forbid*, deren Inhalt der Illokution des deutschen Verbs *verbieten* am nächsten steht, sind bezüglich der oben dargestellten zwei Subtypen des Sprachhandlungsmusters VERBOT spezialisiert: zum Ausdruck des NORMIERENDEN VERBOTS wird das Verb *prohibit* verwendet, zum Ausdruck des UNTERSAGENDEN VERBOTS dient vor allem das Verb *forbid*. Der semantische Unterschied zwischen diesen Verben basiert auf Folgendem: *prohibiting* ist ein öffentlicher Akt, der Sprecher vertritt dabei eine Institution und der Adressat ist keine konkrete Person bzw. Personengruppe sondern ein abstraktes Individuum. *Forbidding* dagegen ist ein Sprechakt, der auf persönlichen Beziehungen zwischen den Gesprächspartnern basiert, deshalb ist er auf eine konkrete Handlung orientiert. Von den beiden Verben kann nur *forbid* performativ gebraucht werden: *I forbid/*prohibit you to do it* (Wierzbicka 1987: 90–91).

Diesen Unterschied charakterisiert Wierzbicka in den Definitionen der beiden Verben dadurch, dass sie im Falle von *prohibit* unbestimmt-persönliche Sätze und Pronomina verwendet. Im Falle von *forbid* ist die Definition persönlich orientiert, vgl. z. B. *I assume that some people who are in Y will want to do X; I say: I don't want X to happen in Y* (bei *prohibit*) vs. *I assume that you might want to do X; I say: I don't want you to do it* (bei *forbid*) (ibid.).

Im Russischen werden bei der Realisierung des Sprachhandlungsmusters VERBOT zwei gleichstämmige Verben *запрещать* und *воспрещать* gebraucht, die wie die englischen Verben grundsätzlich auch für die Realisierung von bestimmten Subtypen des Verbots spezialisiert sind: *воспрещать* ist für das NORMIERENDE VERBOT prototypisch und *запрещать* für das UNTERSAGENDE VERBOT (s. Glovinskaja 1993: 188; Apresjan 2003: 361–362). Diese Spezialisierung hat aber – im Unterschied zum Englischen – eher einen tendenziellen Charakter, denn das Verb *запрещать* wird auch nicht selten zum Ausdruck des NORMIERENDEN VERBOTS verwendet. Beide Verben können performativ gebraucht werden, *воспрещать* aber deutlich seltener:

(14) Всем известно, что доктор сказал: „Вам вино я воспрещаю безусловно."

Im Beispiel (14) wird vom Sprecher das Verb *воспрещать* gebraucht, um hervorzuheben, dass die erteilte Anordnung keinen persönlichen Charakter hat, sondern eine allgemeine Vorschrift für alle Patienten mit derselben Erkrankung ist.

Bei der Beschreibung der Illokution des Sprachhandlungsmusters ist es wichtig, die Präsupposition zu berücksichtigen: der Sprecher muss über eine bestimmte Macht verfügen, die es ihm ermöglicht, die vom Hörer erwünschte Handlung zu verhindern; und der Hörer muss wissen, dass es so ist.

Zusammenfassend wird folgende Definition des Sprachhandlungsmusters VERBOT mithilfe der semantischen Primitiva vorgeschlagen (vgl. Wierzbicka 1972: 134; 1987: 90–91):

(a) Ich gehe davon aus, dass du X tun willst
(b) Ich weiß, dass du verstehst: du kannst das nicht tun, wenn ich nicht will, dass du das tust
(c) Ich sage: ich will nicht, dass du das tust
(d) Ich gehe davon aus, dass du es nicht tun wirst.

2. Struktur des Sprachhandlungsmusters

Aus den Besonderheiten ihrer semantischen Realisierung können sich Unterschiede in der typischen Struktur der beiden oben beschriebenen Subtypen des Sprachhandlungsmusters VERBOT ergeben.

Zum Ausdruck des UNTERSAGENDEN VERBOTS werden am häufigsten folgende Äußerungsmuster gebraucht:

a) Persönliche explizit performative Konstruktionen mit dem Verb *verbieten* bzw. *запрещать*. In persönlichen Konstruktionen sind in der Regel alle vier Konstituenten (Handlungs-, Sprecher-, Adressaten- und Anlasskonstituente) vorhanden, vgl.

(15) „Eleonore", herrschte Georg Wilhelm sie an. „Ich verbiete dir, in diesem Ton von dem Kurprinzen zu sprechen."
(16) Вот тебе новое послушание: в течение следующего года я запрещаю тебе молиться.

b) Negierte Äußerungen mit dem Verb *erlauben* oder *gestatten* bzw. *разрешать* oder *позволять* in der 1. Pers. Sg. oder Pl. Diese Äußerungsmuster sind im mündlichen Verkehr üblich, vgl.

(17) Ich erlaube dir nicht, dorthin zu gehen, und wenn du dich auf den Kopf stellst.
(18) Когда ваш авторитет доказан, нужно уметь вовремя твёрдо сказать ребёнку: „Я не позволю тебе этого делать."

Im Russischen wird in derartigen Kontexten auch das Verb *дать* im Futur verwendet, vgl.

(19) Я не дам тебе садиться за руль, сама поведу!

c) Imperative Äußerungen in Kombination mit einer Verneinung, vgl.

(20) „Sprich nicht so laut, denn sonst erwacht sie!" sagte die alte Kröte.
(21) Иногда забудется, запоёт, а я ей: „Нина, не пой."

Eine Modifizierung dieses Submodells stellen die Ausdrücke *wage (ja) nicht* im Deutschen und *не смей(-те)* im Russischen, die grundsätzlich in Verbindung mit einem Infinitiv des Hauptverbs auftreten. Der Infinitiv bezeichnet die Handlung, die verhindert werden muss, vgl.

(22) Prompt dreht sie mir den Rücken zu und sagt in einem ganz unangenehmen Befehlston: „Schnür mir sofort das Mieder wieder zu! Aber wage ja nicht, mich dabei anzufassen."
(23) Оставь меня! – злобно вырвалась Марина. – Не смей до меня дотрагиваться!

Diese Ausdrücke können auch selbstständig, d. h. ohne Infinitivergänzung, gebraucht werden, aber nur dann, wenn es aus der Situation klar ist, welche Handlung verboten wird:

(24) Jetzt weißt Du, was geschieht, wenn Du Deine Herrin verärgerst oder verletzt. Wage das nicht nochmals.
(25) Не надо! Не делай этого! Сделаешь, а потом миллион раз пожалеешь... Не смей, не смей!

Das NORMIERENDE VERBOT wird im Unterschied zu dem UNTERSAGENDEN VERBOT nicht durch eine konkrete Person, sondern durch eine soziale Gruppe (Staat, Verein, Gesellschaft u. ä.) erteilt, deren Bestand nicht genau bestimmt ist. Das erklärt den allgemein unbestimmten Charakter der typischen Äußerungsmuster beim NORMIERENDEN VERBOT. Die häufigsten Modelle bei diesem Subtyp sind:

a) Unpersönliche Zustandspassivkonstruktionen mit dem Verb *verbieten* bzw. *разрешать*

Derartige Konstruktionen sind als explizit performativ zu betrachten, weil in ihrem Bestand performative Verben vorkommen, die die Handlungskonstituente ausmachen. Im Deutschen werden sie mit der Kopula *sein* und dem Partizip II des Verbs *verbieten* gebildet, im Russischen sind das Konstruktionen mit den Kurzformen des Partizips Präteritum Passiv vom perfektiven Aspekt (*запрещён/ запрещена/запрещено*) oder mit den Passivformen vom imperfektiven Aspekt mit dem Postfix *-ся* (*запрещается*), vgl.

(26) „Die Abgabe von Betäubungsmitteln ist verboten", steht im vorgeschlagenen Verfassungsartikel.
(27) Запрещается включать соковыжималку со снятой крышкой. Проталкивайте фрукты и овощи в загрузочное окно крышки только толкателем.

Die Sprecherkonstituente wird in diesem Modell in beiden Sprachen ausgelassen, in seltenen Fällen, wenn die Adressatenkonstituente gebraucht wird, steht sie im Deutschen als indirektes Objekt im Dativ oder als präpositionales Objekt nach der Präposition *für* im Akkusativ, im Russischen dagegen immer im Dativ. Die Inhaltskonstituente kann in Form einer Infinitivergänzung oder einer Nominalphrase im Akkusativ auftreten; im Deutschen auch in Form einer finiten Satzergänzung, eingeleitet durch die Konjunktion *dass*, vgl.

(28) Für Sie als Autofahrer ist es verboten, den Standstreifen als vorzeitige Ausfahrt in einem Stau oder als Parkplatz für kurze Pausen zu benutzen.
(29) Hier ist das Parken verboten!
(30) Bezüglich des Verbotes ergänzt der Gemeindeammann: „Speziell Fußgängern ist es verboten, dass sie die Straße im Sperrgebiet betreten."
(31) Присяжным запрещено общаться с участниками процесса вне стен зала заседания, - обращается к присутствующим судья Верховного суда, председатель Кассационной палаты судебной коллегии по уголовным делам Алексей Шурыгин.
(32) Вы должны знать, заключённый, - Вам запрещено обращение „товарищ". Я для Вас гражданин начальник.

In seltenen Fällen kann die Äußerung, die ein NORMIERENDES VERBOT ausdrückt, neben den schon erwähnten Konstituenten auch die Bezeichnung der das Verbot erteilenden Institution enthalten. Im Deutschen steht diese Konstituente im Dativ nach der Präposition *von*, im Russischen dagegen wird gewöhnlich der Instrumental verwendet, vgl.

(33) Nun informiert die Regierung die Iraner: die Satellitenschüsseln sind vom Parlament verboten.
(34) Эй, дамочки, успокойтесь, - подошёл я. - В России бить детей запрещено законом.

b) Negierte unbestimmt-persönliche Äußerungen mit dem Modalverb *dürfen* im Deutschen bzw. mit dem Prädikativum *нельзя* im Russischen in Verbindung mit einem Infinitiv. Diese Konstruktionen klingen weniger offiziell im Vergleich zu den explizit-performativen Konstruktionen, sie werden auch zum Ausdruck des untersagenden Verbots verwendet, vgl.

    (35)   Seine Antwort: „Man darf nicht mit fremden Männern reden, weil man nicht wissen kann, ob sie lieb oder böse sind."
    (36)   Потому, – говорит она – и спать нельзя в ночь на Ивана Купала: слишком много ведьм, леших, чертей, водяных и прочей нечистой силы.

3. Kommunikativ-pragmatische Faktoren

Beim Sprachhandlungsmuster VERBOT spielen bestimmte soziale Charakteristika der Gesprächspartner eine besonders wichtige Rolle. Ein Verbot können nur Personen erteilen, die bestimmte Befugnisse haben, die ihnen das Recht geben, andere Menschen in ihren Handlungen zu beschränken und von ihnen Gehorsam einzufordern (vgl. Karpova 2010: 16; Koržova/Lykova 2006). Zu derartigen Charakteristika gehören vor allem:

3.1. Sozialer Status

Ein Vorgesetzter kann seinen Unterstellten etwas verbieten, die umgekehrte Situation kommt sehr selten vor. Das VERBOT gehört zu den bindenden Aufforderungen, d. h. der Hörer ist verpflichtet, der Aufforderung zu folgen (vgl. Hindelang 2004: 55). Der soziale Vektor „Vorgesetzter" → „Unterstellter" gewährleistet die Befolgung des Verbots. So kann der Chef seinem Angestellten beispielsweise etwas verbieten, was sich auf den Arbeitsprozess bezieht, vgl.

    (37)   Ich verbiete Ihnen, Ihr Arbeitspensum auf achtzig Prozent zu reduzieren.
    (38)   Я как завуч запрещаю вам подобные методы работы.

3.2. Alter

Verbieten gehört zum normalen Erziehungsprozess, denn Kinder müssen lernen, die sozialen Verhaltensregeln zu erfassen und zu befolgen. Diese Regeln legen fest, welche Handlungen in der menschlichen Gesellschaft erlaubt und welche verboten sind. Im Prozess des Erwachsenwerdens gibt es bekanntlich eine Phase, in der Kinder versuchen auszutesten, wie weit sie Regeln ignorieren und überschreiten können. In diesen Testsituationen sind VERBOTE von Erwachsenen angebracht, weil sie das richtige soziale Verhalten der Kinder prägen, vgl.

(39) Der zwölfjährige Denis sagte forsch: „Ein Bier, bitte!", worauf der Kellner freundlich erwiderte: „Nein, du bist noch zu klein. Kinder dürfen keinen Alkohol trinken."

(40) Вечером, за ужином, Викниксор сообщил школе: – Ребята! Наступили холода, босиком гулять больше не разрешаю, завтра привезут обувь, и вы её получите.

Es ist aber auch möglich, dass das Sprachhandlungsmuster VERBOT zwischen Ähnlich- oder Gleichaltrigen realisiert wird, was viele der oben angeführten Beispiele belegen.

Ein anderer wichtiger Faktor ist die funktionale Differenzierung der sprachlichen Tätigkeit. Der funktionale Stil der Kommunikation bestimmt, welcher Subtyp des VERBOTS überwiegend gebraucht wird. Das NORMIERENDE VERBOT dominiert in der offiziellen Kommunikation, vor allem in der Behördensprache und in den Dokumenten sind Verbote dieses Subtyps zu beobachten (vgl. die Belege (9)–(10), (30)–(32)).

Das UNTERSAGENDE VERBOT ist dagegen vor allem in der persönlichen und halboffiziellen Kommunikation anzutreffen, der wichtigste Verwendungsbereich ist also die Alltagssprache (vgl. z. B. die Belege (7)–(8), (15)–(25)).

In der letzten Zeit kann sowohl in Deutschland als auch in Russland die Tendenz beobachtet werden, Aufschriften nicht mehr so kategorisch zu formulieren. Konstruktionen, die ein Verbot direkt ausdrücken, werden vermieden, stattdessen werden BITTEN und Umschreibungen gebraucht, z. B. *Bitte keine Werbung ein werfen; Danke, dass Sie nicht am Postschalter bar einzahlen, uns werden sonst Gebühren belastet; Wir verzichten auf das Händeschütteln und schenken Ihnen ein Lächeln; Просьба не парковать автотранспортные средства на газонах; У нас не курят* u. ä.

4. Ausdrucksformen des kommunikativ-pragmatischen Feldes

Im Bestand des kommunikativ-pragmatischen Feldes des Sprachhandlungsmusters VERBOT kann man zwei Mikrofelder unterscheiden, die eine unterschiedliche Struktur und Zusammensetzung aufweisen.

4.1. Das Mikrofeld des UNTERSAGENDEN VERBOTS

4.1.1. Zentrale Realisierungsformen

a) Explizit performative Äußerungen mit dem Verb *verbieten* bzw. *запрещать* im Aktiv

Explizit performative Äußerungen werden in den Situationen gebraucht, in denen der Sprecher sein illokutives Ziel besonders klar und deutlich wiedergeben will:

(41) „Wir verbieten unsern Schülern das Spiel mit nachgeahmten Waffen, weil wir ihnen nicht ermöglichen wollen, sich aufs Verletzen und Töten vorzubereiten", so Bruno Bischofberger, Vorsteher des Schulhauses Wiesenau.

(42) Если он придёт, я запрещаю тебе смеяться с ним и говорить! Слышишь, Мари? Запрещаю! Я отрекусь от тебя, если ты будешь игнорировать мою волю.

Zur Verstärkung des Verbots werden Adverbien wie *ausdrücklich* im Deutschen und *категорически* im Russischen gebraucht:

(43) Ich verbiete dir ausdrücklich, sie erneut in den Kerker zu führen.

(44) Я категорически запрещаю кого-либо гнать на выборы, это дело совести каждого, – заявил Собянин на оперативном совещании.

Performative Verben können auch in Verbindung mit modalen Ausdrücken gebraucht werden: *muss verbieten* bzw. *вынужден запретить*, was der Äußerung einen offiziellen Charakter verleiht (vgl. Formanovskaja 2009: 269):

(45) Wir müssen virtuelle Gladiatorenkämpfe eindeutig verbieten. Das kann kein Freizeitvergnügen sein, andere Menschen zu ermorden.

(46) В сложившейся ситуации мы вынуждены запретить вам выезд за пределы Российской Федерации.

b) Implizit-performative Äußerungen mit den Verben *erlauben* und (seltener) *gestatten* bzw. *разрешать* und *позволять* in Verbindung mit einer Negation

(47) Ich erlaube dir nicht, dorthin zu gehen, und wenn du dich auf den Kopf stellst.

(48) Скажи этому молодому человеку, что я тебе не разрешаю с ним общаться.

Vom Verb *позволять* wird vielfach der perfektive Aspekt gebraucht, der in der Präsensform eine modale Bedeutung ausdrückt:

(49) Насмехаться над собой не позволю! – крикнул Шумаев и раздул ноздри.

Die Formen des imperfektiven Aspekts im Präsens werden dagegen dann gebraucht, wenn das Verbot auf sich selbst gerichtet ist: *я не позволяю себе расслабляться*. Derartige Äußerungen stellen aber keine Sprechakte dar.

Obwohl, wie schon erwähnt, die Sprachhandlungsmuster VERBOT und ERLAUBNIS gewöhnlich als antonymisch betrachtet werden, ist zu beachten, dass *verbieten* und *nicht erlauben* sowie auch *erlauben* und *nicht verbieten* keine vollständigen Synonyme sind. Ju. Apresjan weist darauf hin, dass *не разрешать* (~ *nicht erlauben*) kein vollständiges, sondern ein halbherziges, mildes Verbot ausdrückt, und *не запрещать* (~ *nicht verbieten*) – keine genaue, sondern eine unklare Erlaubnis ist (s. Apresjan 2003: 930; vgl. auch Glovinskaja 1993: 189), z. B.: *Ich verbiete dir, Alkohol zu trinken* vs. *Ich erlaube dir nicht, Alkohol zu trinken*; *Я разрешаю тебе присутствовать на переговорах* vs. *Я не запрещаю тебе присутствовать на переговорах.*

4.1.2. Periphere Realisierungsformen

Zur Peripherie des kommunikativ-pragmatischen Feldes des UNTERSAGENDEN VERBOTS gehören Konstruktionen, die gelegentlich oder unter bestimmten Umständen zu dessen Realisierung dienen.

a) Negierte Imperativsätze

(50) „Schrei nicht so laut, sonst wird Signor Rondinone noch einmal aufgeweckt", zische ich durchs Schlüsselloch.

(51) Не пейте воду из-под крана!, - ежедневно предупреждает нас девушка с русскоязычного канала RUSAMUI TB по кабельному телевидению.

Derartige Äußerungen können auch zum Ausdruck eines NORMIERENDEN VERBOTS dienen, somit überschneiden sich die beiden Mikrofelder in diesem Segment.

b) Imperativsätze mit Verben, die die Einstellung bzw. den Abbruch einer Tätigkeit bezeichnen oder von der Ausführung einer Tätigkeit abhalten: *aufhören, einstellen, schweigen* bzw. *переставать, прекращать, молчать* usw.

(52) Mit 15 begann ich, mir selbst das Schlagzeugspielen beizubringen. Alle Leute um mich herum, mit Ausnahme meiner Eltern, sagten: „Hör auf mit dem Lärm!"

(53) Парень раскачивал лодку, а девушка визжала и кричала: - Перестань! Серый, перестань!

Im Falle eines ausdrücklichen und emotional gefärbten Verbots kann statt des Imperativs der entsprechende Infinitiv gebraucht werden:

(54) „Sofort aufhören", schrie auf einmal eine Stimme.
(55) Молчать, когда я говорю!

c) Unpersönliche Sätze mit Prädikativa und Adverbien: *es genügt, es reicht, genug* bzw. *хватит, будет, довольно, полно* usw., oft in Verbindung mit einem Infinitiv

(56) „Jetzt reicht es!", sagt die alte Dame, die genug hat von den Sticheleien ihrer Stieftochter. „Ich werde es nicht mehr dulden".
(57) Ребята, хватит играть, идите домой.

Derartige Äußerungen werden vornehmlich unter Kommunikanten gebraucht, die untereinander enge bzw. familiäre Beziehungen haben.

4.2. Das Mikrofeld des NORMIERENDEN VERBOTS

4.2.1. Zentrale Realisierungsformen

a) Explizit-performative Äußerungen mit den Verben *verbieten* und *untersagen* bzw. *запрещать* und *воспрещать*.

Kennzeichnend für die Realisierung dieses Subtyps sind Konstruktionen im Zustandspassiv, vgl.

> (58) Der TSV hat gemeinsam mit der Polizei besondere Sicherheitsmaßnahmen angekündigt: Das Mitbringen von Getränken und Feuerwerkskörpern ist untersagt, alkoholisierte Personen haben keinen Zutritt.
>
> (59) Передавать ключ другому лицу и оставлять ключ в замке шкафа запрещается!

Es gibt keinen wesentlichen semantischen Unterschied zwischen einer UNTERSAGUNG und einem VERBOT, allerdings wird *untersagen* vor allem in der Rechtssphäre verwendet, wobei *verbieten* in allen Lebensbereichen gebraucht werden kann. Das russische Verb *воспрещать* dagegen gibt an, dass das Verbot nicht allgemein, sondern nur für einen konkreten Ort gilt (vgl. Glovinskaja 1993: 188). So drückt die folgende Aufschrift aus, dass der Durchgang nur dort nicht gestattet ist, wo das Schild steht, an allen anderen Stellen ist er erlaubt, vgl.

> (60) Там надпись чёрным по белому: „Проход воспрещается".

Im Deutschen kommen in den Aufschriften in der Regel elliptische Formen vor, die keine Kopula enthalten, z. B. *Durchgang verboten; Füttern verboten; Plakatieren verboten* usw.

Die nominale Variante der explizit-performativen Formel mit dem Substantiv *Verbot* ist im Deutschen nicht selten anzutreffen, z. B. *Rauchverbot im gesamten Gebäude*; während im Russischen die nominale Form mit dem Wort *запрет* in der performativen Funktion kaum gebraucht wird.

b) Implizit-performative Äußerungen mit den Verben *erlauben* und *gestatten* bzw. *разрешать* und *позволять* in Verbindung mit einer Negation

> (61) Im Aufenthaltstitel steht doch: „Erwerbstätigkeit ist nicht gestattet."
> (62) У вас 70 минут на два теста. Пользоваться словарём не разрешается.

Die Verben *gestatten* und *позволять / дозволять* werden häufiger im gehobenen stilistischen Bereich gebraucht:

(63) Den Gutsherren wird nicht gestattet, über mittelbare Städte dieser Ordnung zuwiderlaufende Rechte und Befugnisse auszuüben.
(64) Что позволено сказать о Библии кардиналу в частной беседе, то не дозволено мирянину, даже если этот мирянин – прославленный астроном.

c) Negierte Infinitivkonstruktionen

(65) Nicht berühren – Gehäuse unter Spannung.
(66) У запрещающих знаков не парковаться! К нарушителям будут применяться меры административного воздействия вплоть до эвакуации транспортных средств.

Im Deutschen kann statt der Infinitivkonstruktion das entsprechende Substantiv mit der Negation *kein* verwendet werden:

(67) Kein Ausschank von Alkohol für Jugendliche unter 16! (= Es ist verboten, Jugendlichen unter 16 Alkohol auszuschenken).

4.2.2. Periphere Realisierungsformen

Zur Peripherie des Mikrofeldes werden Konstruktionen und Formen gezählt, die zwar ein NORMIERENDES VERBOT realisieren, das aber nicht regelmäßig oder in einem speziellen kommunikativen Bereich.

a) Negierte unbestimmt-persönliche Äußerungen mit dem Modalverb *dürfen* im Deutschen bzw. mit dem Prädikativum *нельзя* im Russischen in Verbindung mit einem Infinitiv

(68) Man darf nicht warten, bis aus dem Schneeball eine Lawine geworden ist.
(69) Мы умеем держать равновесие между нужной долей терпения и гордости. Нельзя позволять себя унижать, но нельзя быть и агрессивной.

Derartige Konstruktionen werden oft in Sprichwörtern oder verwandten Sprüchen gebraucht, vgl. Beleg (68). Sie werden auch zum Ausdruck des NORMIERENDEN VERBOTS in der nicht offiziellen Kommunikation verwendet, vgl. Beleg (69).

b) Unbestimmt-persönliche Konstruktionen im Russischen und Konstruktionen mit dem Pronomen *man* im Deutschen

Sie sind auch für halb offizielle Kommunikationsbereiche sowie für Parömien verschiedener Art typisch, vgl.

(70) Man beißt nicht die Hand, die einen füttert.
(71) На Вознесенье в поле не работают.

c) Bitte in der Funktion eines Verbots, in der Regel in Form von negierten Äußerungen

(72) Keine Gratis-Zeitungen bitte!
(73) Убедительная просьба машины у подъезда не ставить!

Das normierende Verbot wird oft aus Höflichkeitsgründen als eine Bitte formuliert, das ist sowohl für das Deutsche als auch für das Russische typisch.

5. Reaktionen auf ein Verbot

Auf das untersagende Verbot kann eine Reaktion erwartet werden, denn der Sprecher will sich vergewissern, dass der Hörer das Verbot befolgen wird. Die häufigsten Reaktionen auf ein Verbot sind dementsprechend:

- Bestätigung, dass das Verbot befolgt wird:

  (74) „Spatzl, ich verbiete dir den Umgang mit Ronja", redete Felix auf mich ein. „Du hast recht", sagte ich. „Sie ist widerlich. Ich will sie nicht mehr sehen."
  (75) – Я запрещаю тебе носить такую гадость! Это некрасиво, к тому же уже и не модно!
  – Ладно, больше не буду.

- Verweigerung, dem Verbot zu folgen:

  (76) „Ich verbiete dir, dich mit ihnen zu treffen", zischte meine Mutter wütend. „Vergiss es! Du kennst sie doch gar nicht! Ich hasse das. Wieso verurteilen Menschen andere nur immer so?!", kreischte ich und stürmte in mein Zimmer.
  (77) – Светка, куда ты на этот раз собралась? Стой! Я тебя не пускаю.
  – Плевать я хотела на твои запреты! – закричала Света.

- Zweifel an der Sinnfälligkeit des Verbots:

  (78) „Mama, du darfst nicht zu meinem Geburtstag kommen."
  „Na toll. Meine Pflicht darf ich tun, mitfeiern nicht."
  (79) – Если ты хочешь сохранить добрососедские отношения, я категорически запрещаю тебе говорить с моей женой о погоде.
  – А о чём же тогда говорить?

Das normierende Verbot dagegen ist nicht auf einzelne Personen, sondern auf eine soziale Gruppe – von einer kleineren Berufs- oder Interessentengruppe bis zur ganzen Bevölkerung eines Staates – gerichtet. Deshalb können Reaktionen darauf gegebenenfalls nur in Form eines gemeinschaftlichen Protests vorkommen.

Literaturverzeichnis

A. Fachliteratur

Akišina, Alla A./Akišina, Tat'jana E. (2007): *Ėtiket russkogo telefonnogo razgovora*, 2-e izd., dopoln., Moskva: KomKniga.

Akišina, Alla A./Formanovskaja, Natal'ja I./Akišina, Tat'jana E. (2016): *Ėtiketnye vyraženija v russkom jazyke*, Moskva: Russkij jazyk. Kursy.

Akišina, Alla A./Formanovskaja, Natal'ja I. (2016): *Russkij rečevoj ėtiket. Praktikum vežlivogo rečevogo obščenija*, Moskva: Lenand.

Antonova, Anna V. (2004): *Intencija obeščanija i sredstva eë vyraženija v anglijskom jazyke*, Avtoref. dis. ... kand. filol. nauk, Samara.

Apresjan, Jurij D. (1994): O jazyke tolkovanij i semantičeskich primitivach, in: *Izvestija Akademii nauk. Serija literatury i jazyka*, Nr. 4, 27–39.

Apresjan, Jurij D. (obšč. ruk.) (2003): *Novyj ob"jasnitel'nyj slovar' sinonimov russkogo jazyka*, 2-e izd., ispravl. i dopoln., Moskva: Škola „Jazyki slavjanskoj kul'tury".

Apresjan, Jurij D. (1974): *Leksičeskaja semantika. Sinonimičeskie sredstva jazyka*, Moskva: Nauka.

Apresjan, Jurij D. (1980): *Tipy informacii dlja poverchostno-semantičeskogo komponenta modeli „Smysl ⇔ Tekst"*, Wien: Institut für Slawistik der Universität Wien (= Wiener Slawistischer Almanach, 1).

Archipenkova, Anastasija Ju. (2006): *Vyraženie soveta v anglijskoj i russkoj kommunikativnych kul'turach*, Avtoref. dis. ... kand. filol. nauk, Moskva.

Austin, John L. (1962): *How to do things with words*, Oxford: Oxford University Press.

Bach, Kent/Harnish, Robert (1979): *Linguistic communication and speech acts*, Cambridge: MIT Press.

Bachtin, Michail M. (1996): Problema rečevych žanrov, in: Michail M. Bachtin, *Sobranie sočinenij*, T. 5, Moskva: Russkie slovari, 159–206.

Bakalejnikova, Galina Ja. (1990): Der Sprechakt des Dankens in der russischen Gegenwartssprache, in: *Potsdamer Forschungen*, Reihe A, Heft 106, 85–101.

Balakaj, Anatolij G. (2001): *Slovar' russkogo rečevogo ėtiketa*, 2-e izd., ispravl. i dopoln., Moskva: AST-Press.

Ballmer, Thomas (1979): Probleme der Klassifikation von Sprechakten, in: Günther Grewendorf (Hrsg.), *Sprechakttheorie und Semantik*, Frankfurt am Main, 247–274.

Beljaeva, Elena I. (1992): *Grammatika i pragmatika pobuždenija. Anglijskij jazyk*, Voronež: Izdatel'stvo Voronežskogo universiteta.

Bezjaeva, Marina G. (2002): *Semantika kommunikativnogo urovnja zvučaščego jazyka*, Moskva: Izdatel'stvo Moskovskogo gosudarstvennogo universiteta.

Bhatti, Joanna/Žegarac, Vladimir (2012): Compliments and refusals in Poland and England, in: *Research in Language*, Vol. 10.3, 279–297.

Bingan, Charles B. D. (2010): *Begrüßung, Verabschiedung und Entschuldigung in Kamerun und Deutschland. Zur linguistischen und kulturkontrastiven Beschreibung von Sprechakten*, Frankfurt am Main: Peter Lang (= Medium fremder Sprachen und Kulturen, 17).

Blankenhorn, Renate (1998): Pragmatische Aspekte des Bittens im Russischen, in: Markus Giger/Björn Wiemer (Hrsgg.): *Beiträge der Europäischen Slavistischen Linguistik (POLYSLAV)*, Bd. 1, München: Otto Sagner, 45–53 (= Die Welt der Slaven: Sammelbände, Bd. 2).

Blum-Kulka, Shoshana/Olshtain, Elite (1984): Requests and apologies: A cross-cultural study of speech act realization patterns (CCSARP), in: *Applied Linguistics*, Vol. 5, 196–213.

Blum-Kulka, Shoshana/House, Juliane/Kasper, Gabriele (eds.) (1989): *Cross-cultural pragmatics: Requests and apologies*, Norwood NJ: Ablex.

Bogdanov, Vladimir V. (1990): *Rečevoe obščenie. Pragmatičeskie i semantičeskie aspekty*, Leningrad: Izdatel'stvo Leningradskogo gosudarstvennogo universiteta.

Bogusławski, Andrzej (1966): *Semantyczne pojęcie liczebnika*, Wrocław: Ossolineum.

Bogusławski, Andrzej (1970): On semantic primitives and meaningfulness, in: Algirdas Julien Greimas/Roman Jakobson/Maria-Renata Mayenowa et al. (eds.), *Sign, language and culture*, The Hague: Mouton, 143–152.

Bondarko, Aleksandr V. (otv. red.) (1990): *Teorija funkcional'noj grammatiki. Temporal'nost'. Modal'nost'*, Leningrad: Nauka.

Bondarko, Aleksandr V. (2005): Vvedenie. Polevye struktury v sisteme funkcional'noj grammatiki, in: Sadje A. Šubik/Aleksandr V. Bondarko (red.), *Problemy funkcional'noj grammatiki. Polevye struktury*, Sankt-Peterburg: Nauka, 12–28.

Börger, Gergana (2008): *Der ethische Dativ in der Kommunikation. Sprachvergleich: Deutsch, Russisch, Bulgarisch*, Frankfurt am Main etc.: Peter Lang (= Berliner Slawistische Arbeiten, 32).

Borger, Jana V. (2004): *Kompleksnyj analiz rečevych aktov negativnoj reakcii (na materiale sovremennych dramatičeskich proizvedenij)*, Avtoref. dis. ... kand. filol. nauk, Tjumen'.

Brehmer, Bernhard (2009): *Höflichkeit zwischen Konvention und Kreativität. Eine pragmalinguistische Analyse von Dankesformeln im Russischen*, München-Berlin: Sagner.

Brown, Penelope/Levinson, Stephen (1987): *Politeness. Some universals in language usage*, Cambridge: Cambridge University Press.

Brown, Penelope/Levinson, Stephen (2007): Gesichtsbedrohende Akte, in: Steffen Kitty Herrmann/Sybille Krämer/Hannes Kuch (Hrsgg.), *Verletzende Worte. Die Grammatik sprachlicher Missachtung*, Bielefeld: Transcript, 59–88.

Bührig, Kristin (2005): "Speech action patterns" and "discourse types", in: *Folia Linguistica*, 39(1–2), 143–171.

Bulygina, Tat'jana V./Šmelev, Aleksej D. (1997): *Jazykovaja konceptualizacija mira (na materiale russkoj grammatiki)*, Moskva: Škola „Jazyki russkoj kul'tury".

Buscha, Joachim/Freudenberg-Findeisen, Renate/Forstreuter, Eike et al. (1998): *Grammatik in Feldern*, Ismaning: Hueber.

Chen, Rong (2010): Compliment and compliment response research: A cross-cultural survey, in: Anna Trosborg (Hrsg.), *Pragmatics across languages and cultures*, Berlin – New York: Mouton de Gruyter, 79–101 (= Handbook of Pragmatics, 7).

Chrakovskij, Viktor S. (1990): Povelitel'nost', in: Aleksandr V. Bondarko (otv. red.), *Teorija funkcional'noj grammatiki. Temporal'nost'. Modal'nost'*, Leningrad: Nauka, 185–243.

Coulmas, Florian (1981): Poison to your soul. Thanks and apologies contrastively viewed, in: Florian Coulmas (ed.), *Rasmus Rask studies in pragmatic linguistics, Vol. 2, Conversational routine: Explorations in standardized communication situations and prepatterned speech*, The Hague: Mouton, 69–91.

Czochralski, Jan (2004): Faktoren, die die interkulturelle Verständigung erschweren, in: Ulrich Engel (Hrsg.), *Sprachwissen in der Hochschulgermanistik. Interkulturelle Kommunikation*, Bonn: DAAD, 349–353.

Daneš, František (1966): The relation of centre and periphery as a language universal, in: Josef Vachek/Miroslav Komárek et al. (eds.), *Les problèmes du centre et de la périphérie du système de la langue*, Praha: Académie Tchécoslovaque des Sciences, 9–21 (= Travaux linguistiques de Prague, 2).

Dement'ev, Vadim V. (2010): *Teorija rečevych žanrov*, Moskva: Znak.

Dirschauer, Klaus (2011): *Herzliches Beileid – ein kleiner Knigge für Trauerfälle*, München: Claudius.

Dobrovoľskij, Dmitrij O. (gl. red.) (2009-2010): *Novyj boľšoj nemecko-russkij slovar'*, v 3-ch tomach, Moskva: AST Astrel.

Dobrušina, Nina R. (2006): Grammatičeskie formy i konstrukcii so značeniem opasenija i predostereženija, in: *Voprosy jazykoznanija*, Nr. 2, 28-67.

Dönninghaus, Sabine (2001): Sprechakt und Kommunikationsgenre (Theoretische Aspekte der sprachlichen Interaktion), in: Katharina Böttger/Sabine Dönninghaus/Robert Marzari (Hrsgg.), *Beiträge der Europäischen Slavistischen Linguistik (POLYSLAV)*, Bd. 4, München: Otto Sagner, 69-79 (=Welt der Slaven: Sammelbände, Bd. 12).

Dubrovskaja, Taťjana V. (2003): *Rečevye žanry „osuždenie" i „obvinenie" v russkom i anglijskom rečevom obščenii*, Avtoref. dis. ... kand. filol. nauk, Saratov.

Duden (1996): Das Herkunftswörterbuch. Etymologie der deutschen Sprache, in: *Der Duden. In 10 Bänden*, Bd. 8, 2., neu bearb., erw. und aktualisierte Aufl., Mannheim: Bibliographisches Institut.

Duden (1999): *Das große Wörterbuch der deutschen Sprache in 10 Bänden*, 3., völlig neu bearb. und erw. Aufl., Mannheim: Bibliographisches Institut und F. A. Brockhaus AG.

Dürscheid, Christa (2005): Medien, Kommunikationsformen, kommunikative Gattungen, in: *Linguistik online*, Bd. 22, Nr. 1, [online] http://www.linguistik-online.de/22_05/duerscheid.html [10.02.2017].

Efremova, Taťjana F. (2000): *Novyj slovar' russkogo jazyka*, v 2-ch tomach, Moskva: Russkij jazyk.

Ehlich, Konrad/Rehbein, Jochen (1979): Sprachliche Handlungsmuster, in: Hans-Georg Soeffner (Hrsg.), *Interpretative Verfahren in den Sozial- und Textwissenschaften*, Stuttgart: Metzler, 243-274.

Ehlich, Konrad/Rehbein, Jochen (1986): *Muster und Institution. Untersuchungen zur schulischen Kommunikation*, Tübingen: Narr.

Engel, Ulrich/Tomiczek, Eugeniusz (2010): *Wie wir reden: Sprechen im deutsch-polnischen Kontrast*, Wrocław - Dresden: ATUT und Neisse.

Ermakova, Olga P. (1990): Bitten als Sprechakt im Russischen, in: *Potsdamer Forschungen*, Reihe A, Heft 106, 21-42.

Ermen, Ilse (1996): *Fluch - Abwehr - Beschimpfung. Pragmatik der formelhaften verbalen Aggression im Serbokroatischen*, Frankfurt am Main: Peter Lang.

Erofeeva, Elena V. (1997): Prjamye i kosvennye sposoby vyraženija rečevogo akta ugrozy vo francuzskom jazyke, in: *Filologičeskie nauki*, Nr. 1, 66-74.

Eroms, Hans-Werner (2008): *Stil und Stilistik. Eine Einführung*, Berlin: Erich Schmidt.

Eslami, Zohreh R. (2010): Refusals: How to develop appropriate refusal strategies, in: Alicia Martínez-Flor/Esther Usó-Juan (eds.), *Speech act performance. Theoretical, empirical and methodological issues*, Amsterdam: John Benjamins, 217–236.

Eslamirasekh, Zohreh (1992): A cross-cultural comparison of the requestive speech act realization patterns in Persian and American English, PhD Dissertation, [online] https://www.ideals.illinois.edu/handle/2142/21720 [10.02.2017].

Evgen'eva, Anastasija P. (gl. red.) (1984): *Slovar' russkogo jazyka*, 2-e izd., ispravl. i dopoln., T. 4, Moskva: Russkij jazyk.

Falkenberg, Gabriel (1992): Drohen, in: Gabriel Falkenberg/Norbert Fries/Jadwiga Puzynina (Hrsgg.), *Wartościowanie w języku i tekście na materiale polskim i niemieckim*, Warszawa: Wydawnictwo Uniwersytetu Warszawskiego, 177–191.

Farenkia, Bernhard Mulo (2006): *Beziehungskommunikation mit Komplimenten. Ethnographische und gesprächsanalytische Untersuchungen im deutschen und kamerunischen Sprach- und Kulturraum*, Frankfurt am Main etc.: Peter Lang (= Im Medium fremder Sprachen und Kulturen, 8).

Fedorova, Ljudmila L. (2003): Sovremennoe sostojanie molodežnoj reči: k opredeleniju žargona, in: Leonid P. Krysin (otv. red.), *Russkij jazyk segodnja. 2. Aktivnye jazykovye processy konca XX veka*, Moskva: Azbukovnik, 271–279.

Félix-Brasdefer, J. César (2009): Pragmatic variation across Spanish(es): Requesting in Mexican, Costa Rican, and Dominican Spanish, in: *Intercultural Pragmatics*, 6(4), 473–515.

Fenina, Viktorija V. (2005): *Rečevye žanry "small talk" i „svetskaja beseda" v anglo-amerikanskoj i russkoj kul'turach*, Avtoref. dis. ... kand. filol. nauk, Saratov.

Filenberg, Marina (2002): Das Sprachhandlungsmuster Kondolieren im Russischen und Deutschen, Magisterarbeit, Institut für Slawistik, Humboldt-Universität zu Berlin.

Filimonova, Elena A. (2003): Prototipičeskaja kartina klassa komissivov (na materiale anglijskogo i russkogo jazykov), Dis. ... kand. filol. nauk, Ufa.

Flämig, Walter (1991): *Grammatik des Deutschen. Einführung in Struktur- und Wirkungszusammenhänge*, Berlin: Akademie.

Formanovskaja, Natal'ja I. (1987): *Russkij rečevoj ètiket: lingvističeskij i metodičeskij aspekty*. Moskva: Russkij jazyk.

Formanovskaja, Natal'ja I. (1994): Pragmatika pobuždenija i logika jazyka, in: *Russkij jazyk za rubežom*, Nr. 5–6, 34–40.

Formanovskaja, Natal'ja I. (2009): *Rečevoj ètiket v russkom obščenii. Teorija i praktika*, Moskva: VK.

Formanovskaja, Natal'ja I. (2012): *Kommunikativnyj kontakt*, Moskva: Ikar.

Formanovskaja, Natal'ja I./Tret'jakova, Nadežda N. (2010): *Russkij i nemeckij rečevoj ėtiket: schodstva i različija*. Spravočnik, Moskva: Vysšaja škola.

Frankenberg, Hartwig (1976): *Vorwerfen und Rechtfertigen als verbale Teilstrategien der innerfamilialen Interaktion*, Düsseldorf: Stehle.

Gak, Vladimir G. (1977): *Sopostavitel'naja leksikologija (na materiale francuzskogo i russkogo jazykov)*, Moskva: Meždunarodnye otnošenija.

Galaktionova, Irina V. (1988): Sredstva vyraženija soglasija, in: Vera A. Belošapkova/Igor' G. Miloslavskij (red.), *Ideografičeskie aspekty russkoj grammatiki*, Moskva: Izdatel'stvo Moskovskogo universiteta, 145–168.

Galljamova, Nurija Š. (2010): Rečevoj akt „obeščanie, kljatva" v russkoj jazykovoj kartine mira: lingvokul'turologičeskij, funkcional'no-pragmatičeskij aspekty, in: *Jazyk i kul'tura*, Nr. 3, 16–31.

Gaševa, Ol'ga V. (2007): *Rečevoj akt obeščanija v sovremennom francuzskom i anglijskom jazykach: semantiko-pragmatičeskij i grammatičeskij aspekty*, Avtoref. dis. ... kand. filol. nauk, Ekaterinburg.

Gavrilova, Elena A. (2006): Prototip kak stimul vozdejstvija na semantičeskie tipy rečevogo žanra „razrešenie", in: *Vestnik Čuvašskogo universiteta*, Nr. 4, 471–475.

Germanova, Natal'ja N. (1993): Kommunikativnye strategii komplimenta i problemy tipologii rečevych ėtiketov, in: *Jazyk i model' mira*, Moskva, 27–39 (= Moskovskij gosudarstvennyj lingvističeskij universitet. Sbornik naučnych trudov, 416).

Gladkova, Anna N. (2010): *Russkaja kul'turnaja semantika. Ėmocii, cennosti, žiznennye ustanovki*, Moskva: Jazyki slavjanskoj kul'tury.

Gladrov, Vol'fgang (1994): Specifika upotreblenija metodov i priemov v sopostavitel'nom izučenii russkogo jazyka, in: *Russkij jazyk za rubežom*, Nr. 5–6, 17–23.

Gladrov, Vol'fgang (2000): Ot ėkvivalentnosti jazykovych struktur k adekvatnosti rečevych aktov, in: *Rusistika*, Nr. 1–2, 48–59.

Gladrov, Vol'fgang (2001): Funkcional'naja grammatika i sopostavitel'naja lingvistika, in: Sadje A. Šubik (red.), *Issledovanija po jazykoznaniju*, Sankt-Peterburg: Izdatel'stvo Sankt-Peterburgskogo universiteta, 67–77.

Gladrov, Vol'fgang (2006): Skrytaja kategorija vežlivosti v russkom i nemeckom jazykach, in: Svetlana Vaulina (red.), *Semantiko-diskursivnye issledovanija jazyka: ėksplicitnost'/implicitnost' vyraženija smyslov*, Kaliningrad: Izdatel'stvo Rossijskogo gosudarstvennogo universiteta im. Immanuila Kanta, 81–93.

Gladrov, Vol'fgang (2008): Aktual'nye teoretičeskie aspekty sopostavitel'nogo izučenija russkogo jazyka, in: Marina L. Remnëva et al. (eds.), *Jazyk. Kul'tura. Čelovek*, Moskva: MAKS Press, 63-69.

Gladrov, Vol'fgang/Kotorova, Elizaveta (2015): Kontrastivnoe izučenie modelej rečevogo povedenija, in: *Žanry reči*, Nr. 2, 27-39.

Gladrow, Wolfgang (1990): Der Äquivalenzbegriff der konfrontativen Linguistik, in: *Zeitschrift für Slawistik*, 35(4), 476-481.

Gladrow, Wolfgang (2001): Die Konzeption der mehrdimensionalen Äußerungsstruktur im russisch-deutschen Sprachvergleich, in: Wolfgang Gladrow/Robert Hammel (Hrsgg.), *Beiträge zur russisch-deutschen kontrastiven Grammatik*, Frankfurt am Main: Peter Lang, 27-46, (= Berliner Slawistische Arbeiten, 15).

Gladrow, Wolfgang (2008): Sistema obraščenija v russkom i nemeckom jazykach, in: *S ljubov'ju k slovu. Festschrift in honour of Professor Arto Mustajoki on the occasion of his 60th birthday*, Helsinki, 38-48 (= Slavica Helsingiensia, 35).

Gladrow, Wolfgang (2015): Sprechen ist mehr als Sprache. Der WUNSCH im Polnischen und Deutschen im Meer der Sprachhandlungsmuster, in: Ryszard Lipczuk/Magdalena Lisiecka-Czop/Krzystof Nerlicki (Hrsgg.), *Sprache und Meer/und mehr - Linguistische Studien und Anwendungsfelder*, Hamburg: Dr. Kovač, 193-208 (= Stettiner Beiträge zur Sprachwissenschaft, 6).

Gladrow, Wolfgang (2013): Das Sprachhandlungsmuster GRUSS im Polnischen und Deutschen - gestern und heute, in: Ryszard Lipczuk/Krzysztof Nerlicki (Hrsgg.), *Synchronische und diachronische Aspekte der Sprache. Sprachwandel - Sprachkontakte - Sprachgebrauch*, Hamburg, 176-187 (= Stettiner Beiträge zur Sprachwissenschaft, 5).

Gladrow, Wolfgang/Kotorova, Elizaveta (2017): Kontrastive Untersuchung von Sprachhandlungsmustern, in: *Zeitschrift für Slawistik*, 62(3), 366-387.

Gladrow, Wolfgang/Zuchewicz, Tadeusz (2016): Das Sprachhandlungsmuster DROHUNG im Deutschen und Polnischen: eine typologisch-vergleichende Analyse, in: Edyta Błachut/Adam Gołębiowski (Hrsgg.), *Sprache und Kommunikation in Theorie und Praxis*, Wrocław - Dresden: ATUT und Neisse, 75-94 (= Beiträge zur allgemeinen und vergleichenden Sprachwissenschaft, 5).

Glovinskaja, Marina Ja. (1990): Russkie rečevye akty „pozdravljat'" i „želat'", in: Marina Ja. Glovinskaja/Elena A. Zemskaja (red.), *Jazyk: sistema i podsistemy*, Moskva: Nauka, 9-12.

Glovinskaja, Marina Ja. (1993): Semantika glagolov reči s točki zrenija teorii rečevych aktov, in: Elena A. Zemskaja/Dmitrij N. Šmelev (red.), *Russkij jazyk v ego funkcionirovanii. Kommunikativno-pragmatičeskij aspekt*, Moskva: Nauka, 158-218.

Gol'din, Valentin E. (2009): *Ėtiket i reč'*, 3-e izd., dopoln., Moskva: URSS.

Golato, Andrea (2005): *Compliments and compliment responses. Grammatical structure and sequential organization*, Amsterdam – Philadelphia: John Benjamins.

Gorodnikova, Margarita D./Dobrovol'skij, Dmitrij O. (2001): *Nemecko-russkij slovar' rečevogo obščenija/Deutsch-russisches Wörterbuch der Alltagskommunikation*, 4. Aufl., Moskva: Russkij jazyk.

Grzegorczykowa, Renata (1990): *Wprowadzenie do semantyki językoznawczej*, Warszawa: Wydawnictwo Naukowe PWN.

Günthner, Susanne (2000): *Vorwurfsaktivitäten in der Alltagsinteraktion. Grammatische, prosodische, rhetorisch-stilistische und interaktive Verfahren bei der Konstitution kommunikativer Muster und Gattungen*, Tübingen: Niemeyer (= Reihe Germanistische Linguistik, 221).

Halliday, Michael A. K. (1973): *Explorations in the functions of language*, London: Edward Arnold.

Halliday, Michael A. K. (1975): *Beiträge zur funktionalen Sprachbetrachtung*, Hannover: Schroedel.

Harras, Gisela (1983): *Handlungssprache und Sprechhandlung*, Berlin – New York: Walter de Gruyter.

Harras, Gisela/Proost, Kristel/Erb, Sabine/Winkler, Edeltraud (2004): *Handbuch deutscher Kommunikationsverben. Teil I: Wörterbuch*, Berlin etc.: Walter de Gruyter (= Schriften des Instituts für Deutsche Sprache, 10.1).

Harras, Gisela/Proost, Kristel/Winkler, Edeltraud (2007): *Handbuch deutscher Kommunikationsverben. Teil II: Lexikalische Strukturen*, Berlin etc.: Walter de Gruyter (= Schriften des Instituts für Deutsche Sprache, 10.2).

Havryliv, Oksana (2009): *Verbale Aggression. Formen und Funktionen am Beispiel des Wienerischen*, Frankfurt am Main: Peter Lang (= Schriften zur deutschen Sprache in Österreich, 39).

Held, Gudrun (1987): Danken – semantische, pragmatische und soziokulturelle Aspekte eines höflichen Sprechaktes (gezeigt am Beispiel des Französischen), in: *Klagenfurter Beiträge zur Sprachwissenschaft*, Bd. 13–14, 203–227.

Henriksson, Carola (2004): *Konfliktäre Sprechhandlungen. Eine Untersuchung der Sprechakte „Vorwurf", „Drohung" und „konfliktäre Warnung"*, Stockholm: Almqvist & Wiksell International (= Lunder germanistische Forschungen, 66).

Hindelang, Götz (1978): *Auffordern. Die Untertypen des Auffordens und ihre sprachlichen Realisierungsformen*, Göppingen: Alfred Kümmerle.

Hindelang, Götz (2004): *Einführung in die Sprechakttheorie*, 4., unveränd. Aufl., Tübingen: Niemeyer.

Hindelang, Götz (2010): *Einführung in die Sprechakttheorie. Sprechakte, Äußerungsformen, Sprechaktsequenzen*, 5., neu bearb. und erw. Aufl., Tübingen: De Gruyter (= Germanistische Arbeitshefte, 27).

Hoffmann, Michael (2007): *Funktionale Varietäten des Deutschen – kurz gefasst*, Potsdam: Universitätsverlag Potsdam.

House, Juliane (1996): Contrastive discourse analysis and misunderstanding: the case of German and English, in: Marlis Hellinger/Ulrich Ammon (eds.), *Contrastive sociolinguistics*, Berlin: Mouton de Gruyter, 345–361.

House, Juliane (1998): Kontrastive Pragmatik und interkulturelle Kompetenz im Fremdsprachenunterricht, in: Wolfgang Börner/Klaus Vogel (Hrsgg.), *Kontrast und Äquivalenz: Beiträge zu Sprachvergleich und Übersetzung*, Tübingen: Narr, 62–88.

House, Juliane/Rehbein, Jochen (eds.) (2004): *Multilingual communication*, Amsterdam – Philadelphia: John Benjamins.

Huber, Andreas (2005): Danken heißt denken, in: *Das Heft vom Danken*, Aug.-Nov. 2005, 8–9.

Issers, Oksana S. (2002): *Kommunikativnye strategii i taktiki russkoj reči*, Moskva: URSS.

Izotov, Andrej I. (1998): Razrešenie kak pobuditel'nyj rečevoj akt, in: Viktorija V. Krasnych/Andrej I. Izotov (red.), *Jazyk, soznanie, kommunikacija: sbornik statej*, Vyp. 5, Moskva: Filologija, 97–100.

Kadzadej, Brikena (2011): *Anrede- und Grußformen im Deutschen und Albanischen*, Oberhausen: Athena (= Albanische Universitätsstudien, 9).

Kantorczyk, Ursula (2008): *Pragmatik von Aufforderungshandlungen im Deutschen*, Szczecin – Rostock: Print Group.

Karasik, Vladimir I. (1991): *Jazyk social'nogo statusa*, Moskva: Institut jazykoznanija AN SSSR.

Karpova, Natalija A. (2010): *Specifika rečevogo žanra administrativnogo ob"javlenija v russkom jazyke*, Avtoref. dis. ... kand. filol. nauk, Tomsk.

Kasper, Gabriele (1981): *Pragmatische Aspekte in der Interimsprache*, Tübingen: Narr.

Katz, Jerrold J. (1977): *Propositional structure and illocutionary force*, New York: Thomas Y. Crowell.

Kempcke, Günter (Hrsg.) (1984): *Handwörterbuch der deutschen Gegenwartssprache. In zwei Bänden*, Berlin: Akademie.

Klein, Norbert (1981): Hybride Sprechakte: Warnen, Drohen und Erpressen, in: Götz Hindelang/Werner Zillig (Hrsgg.), *Sprache: Verstehen und Handeln*, Tübingen: De Gruyter, 227-236 (= Akten des 15. Linguistischen Kolloquiums Münster 1980).

Kohrt, Manfred (1985): Von „Hallo! Wie geht's?" bis zu „Tschüs! Mach's gut!" Grüße, Grußformeln und Verwandtes im gegenwärtigen deutschen Sprachgebrauch, in: Wilfried Kürschner/Rüdiger Vogt (Hrsgg.), *Sprachtheorie, Pragmatik, Interdisziplinäres*, Tübingen: Niemeyer, 173-184.

Komleva, Elena V. (2011): Sootnošenie ponjatij „rečevoj žanr" i „rečevoj akt" (na materiale nemeckich apelljativnych tekstov), in: *Teorija i praktika obščestvennogo razvitija*, Nr. 5, 296-300.

Komorova, Dar'ja F. (2005): *Pragmalingvističeskie osobennosti poželanija v nemeckom i russkom jazykach*, Avtoref. dis. ... kand. filol. nauk, Tomsk.

Koržova, Svetlana B. und Nadežda N. Lykova (2006): Sposoby vyraženija zapreta v sovremennom francuzskom jazyke, [online] http://frgf.utmn.ru/last/No8/text2.htm [10.01.2017].

Kotorova, Elizaveta (2004): Sprachmodelle des Redeverhaltens: Gruß- und Abschiedsformeln im Dialog (ein russisch-deutscher Sprachvergleich), in: Wolfgang Gladrow (Hrsg.), *Das Bild der Gesellschaft im Slawischen und Deutschen. Typologische Spezifika*, Frankfurt am Main etc.: Peter Lang, 133-145 (= Berliner Slawistische Arbeiten, 25).

Kotorova, Elizaveta (2007): *Äquivalenzbeziehungen: Wort, Wortgruppe, Wortsystem*, Marburg: Tectum.

Kotorova, Elizaveta (2008): Kommunikativ-pragmatisches Feld als Modell des kulturbezogenen Redeverhaltens, in: Iwona Bartoszewicz/Joanna Szczęk/Artur Tworek (Hrsgg.), *Linguistica et res cotidianae*, Wrocław – Dresden: ATUT und Neisse, 113-120 (= Linguistische Treffen in Wrocław, 2).

Kotorova, Elizaveta (2010): Verhaltensmuster und ihre Realisierungsmöglichkeiten: Faktoren der Wahl, in: Iwona Bartoszewicz/Marek Hałub/Eugeniusz Tomiczek (Hrsgg.), *Germanistik im interdisziplinären Gefüge*, Wrocław: Wydawnictwo Uniwersytetu Wrocławskiego, 171-180 (= Germanica Wratislaviensia, 130).

Kotorova, Elizaveta (2011): Äquivalenz und Adäquatheit im Sprachsystem und in der Kommunikation, in: Michail Kotin/Elizaveta Kotorova (Hrsgg.), *Die Sprache in Aktion*, Heidelberg: Winter, 85-93.

Kotorova, Elizaveta G. (2013a): Kommunikativno-pragmatičeskoe pole kak metod kompleksnogo opisanija sposobov realizacii rečevych aktov, in: *Tomsk Journal of Linguistics and Anthropology*, 1(1), 58-67.

Kotorova, Elizaveta (2013b): Dankesbezeigung im deutschen und russischen Diskurs: soziokulturelle, pragmatische und sprachlich-strukturelle Aspekte, in: *Zeitschrift für Slawistik*, 58(4), 417–434.

Kotorova, Elizaveta (2014): Describing cross-cultural speech behavior: a communicative-pragmatic field approach, in: *Procedia. Social and Behavioural Sciences*, Vol. 154, 184–192.

Kotorova, Elizaveta (2016): Model' rečevogo povedenija „pros'ba" v russkom i nemeckom jazykach: sopostavitel'noe issledovanie, in: *Žanry reči*, Nr. 1, 65–77.

Kotorova, Elizaveta (2017): „Obeščanie" kak model' rečevogo povedenija: metodika kontrastivnogo analiza (na materiale russkogo i nemeckogo jazykov), in: *Vestnik Rossijskogo universiteta družby narodov. Serija: Lingvistika*, 21(2), 405–423.

Kotorova, Elizaveta/Zuchewicz, Tadeusz (2015): Initiativer und reaktiver Ratschlag im Deutschen und Polnischen: pragmatische, strukturelle und funktionale Aspekte, in: Ryszard Lipczuk/Magdalena Lisiecka-Czop/Krzystof Nerlicki (Hrsgg.), *Sprache und Meer/und mehr – Linguistische Studien und Anwendungsfelder*, Hamburg: Dr. Kovač, 239–260 (= Stettiner Beiträge zur Sprachwissenschaft, 6).

Kožina, Margarita N. (1999): Rečevoj žanr i rečevoj akt: nekotorye aspekty problemy, in: Valentin E. Gol'din et al. (red.), *Žanry reči 2*, Saratov: Izdatel'stvo gosudarstvennogo učebno-naučnogo centra „Kolledž", 52–61.

Krongauz, Maksim A. (2004): Russkij rečevoj ètiket na rubeže vekov, in: *Russian Linguistics* 28(2), 163–187.

Kusov, Gennadij V. (2004): *Oskorblenie kak illokutivnyj lingvokul'turnyj koncept*, Avtoref. dis. ... kand. filol. nauk, Volgograd.

Lange, Willi (1984): *Aspekte der Höflichkeit. Überlegungen am Beispiel der Entschuldigungen im Deutschen*, Frankfurt am Main etc.: Peter Lang.

Larina, Tat'jana V. (2009): *Kategorija vežlivosti i stil' kommunikacii. Sopostavlenie anglijskich i russkich lingvokul'turnych tradicij*, Moskva: Jazyki slavjanskich kul'tur.

Larreta Zulategui, Juan Pablo (2014): Kontrastive Analyse spanischer und deutscher Zustimmungsformeln, in: *Revista de Filología Alemana*, Vol. 22, 239–259.

Leibniz, Gottfried Wilhelm (1903): Table de définitions, in: Louis Couturat (Hrsg.), *Opuscules et fragments inédits*, Paris: Félix Alcan, 437–509.

Levinson, Stephen C. (1994): *Pragmatik*, Tübingen: Max Niemeyer.

Lewis, Richard D. (2006): *When cultures collide: Leading across cultures*, 3rd ed., Boston: Nicholas Brealey Publishing.

Liedtke, Franz (2003): Entschuldigung – ein sprachliches Ritual für Skandalisierte, in: Arnim Burkhardt/Kornelia Pape (Hrsgg.), *Politik, Sprache und Glaubwürdigkeit. Linguistik des politischen Skandals*, Wiesbaden: Westdeutscher Verlag, 69–86.

Lubecka, Anna (2000): *Requests, invitations, apologies and compliments in American English and Polish. A cross-cultural communication perspective*, Kraków: Ksiȩg. Academicka.

Luckmann, Thomas (1986): Grundformen der gesellschaftlichen Vermittlung des Wissens: Kommunikative Gattungen, in: Friedhelm Neidhardt/Rainer Maria Lepsius/Johannes Weiß (Hrsgg.), *Kultur und Gesellschaft. Kölner Zeitschrift für Soziologie und Sozialpsychologie*, Sonderheft 27, Opladen: Westdeutscher Verlag, 191–211.

Lyons, John (1995): *Linguistic semantics: An introduction*, Cambridge: Cambridge University Press.

Lysakova, Irina P./Veselovskaja, Tat'jana M. (2008): *Pragmatika pobuditel'nych rečevych aktov v russkom jazyke*, Szczecin – Rostock: Print Group.

Manes, Joan/Wolfson, Nessa (1991): The compliment formula, in: Florian Coulmas (ed.), *Conversational routine: Explorations in standardized communication situations and prepatterned speech*, The Hauge: Mouton, 116–132.

Maslova, Alina Ju. (2003): Specifika rečevogo akta ugrozy, in: *Russkoe slovo v mirovoj kul'ture. Russkij jazyk i russkaja reč' segodnja: staroe – novoe – zaimstvovannoe*, Sankt-Peterburg: Politechnika, 287–295.

Maslova, Alina Ju. (2004): Specifika kommunikativnych neudač v rečevoj situacii ugrozy, in: *Filologičeskie nauki*, Nr. 3, 75–84.

Maslova, Alina Ju. (2007): *Vvedenie v pragmalingvistiku*, Moskva: Flinta, 77–98.

May, Jacob. L. (2001): *Pragmatics. An introduction*, 2nd ed., Oxford: Blackwell Publishers Ltd.

Meshkova, Marina (2007): Der Ausdruck des Kompliments im Deutschen und Russischen, Bachelorarbeit an der Philosophischen Fakultät II der Humboldt-Universität zu Berlin.

Militz, Hans-Manfred (1976): Die französischen performativen Verben des Erlaubens, in: Peter Suchsland et al. (Hrsgg.), *Beiträge zur Analyse von Sprechakten: Linguistische Studien*, Reihe A, Arbeitsberichte, Bd. 32, Berlin, 154–188.

Miodek, Wacław (1994): *Die Begrüßungs- und Abschiedsformeln im Deutschen und Polnischen*, Heidelberg: Julius Groos (= Deutsch im Kontrast, 14).

Mironovschi, Lilia (2009): *Komplimente und Komplimenterwiderungen im Russischen und Deutschen. Ein interkultureller Vergleich*, Frankfurt am Main etc.: Peter Lang (= Europäische Hochschulschriften. Linguistik, 335).

Morkovkin, Valerij V. (red.) (2016): *Bol'šoj universal'nyj slovar' russkogo jazyka*, Moskva: AST-Press Kniga.

Moskal'skaja, Ol'ga A. (red.) (1969): *Bol'šoj nemecko-russkij slovar'*, Moskva: Sovetskaja ènciklopedija.

Murphy, Beth/Neu, Joyce (1996): My grade's too low: The speech act set of complaining, in: Susan M. Gass/Joyce Neu (eds.), *Speech acts across cultures: Challenges to communication in second language*, Berlin – New York: Mouton de Gruyter, 191–216.

Nagel, Lydia (2010): *Kritisierende Äußerungen im Russischen und Deutschen. Eine kontrastive Analyse*, Frankfurt am Main etc.: Peter Lang (= Berliner Slawistische Arbeiten, 36).

Neuland, Eva (2011): Kompliment, Kompliment! Formen des Komplimentierens im interkulturellen Vergleich, in: Claus Ehrhardt/Eva Neuland/Hitoshi Yamashita (Hrsgg.), *Sprachliche Höflichkeit zwischen Etikette und kommunikativer Kompetenz*, Frankfurt am Main etc.: Peter Lang, 129–146 (= Sprache – Kommunikation – Kultur. Soziolinguistische Beiträge, 10).

Niehaus, Michael (2003): Eine Theorie der Warnung. Karl Mays „Im Lande des Mahdi", in: Dieter Sudhoff/Hartmut Vollmer (Hrsgg.), *Karl Mays „Im Lande des Mahdi"*, Oldenburg, 239–259.

Nixdorf, Nina (2002): *Höflichkeit im Englischen, Deutschen und Russischen. Ein interkultureller Vergleich am Beispiel von Ablehnungen und Komplimenterwiderungen*, Marburg: Tectum.

Ogiermann, Eva (2009a): *On apologising in negative and positive politeness cultures*, Amsterdam – Philadelphia: John Benjamins.

Ogiermann, Eva (2009b): Politeness and indirectness across cultures: A comparison of English, German, Polish and Russian requests, in: *Journal of Politeness Research*, Vol. 5, 189–216.

Olshtain, Elite/Cohen, Andrew D. (1983): Apology: A speech act set, in: Nessa Wolfson/Elliot Judd (eds.), *Sociolinguistics and language acquisition*, Rowley, MA: Newbury House, 18–35.

Olshtain, Elite (1989): Apologies across languages, in: Shoshana Blum-Kulka/Juliane House/Gabriele Kasper (eds.), *Cross-cultural pragmatics: Requests and apologies*, New Jersey: Alex Publishing Corporation Nordwood, 155–196.

Önnerfors, Olaf (1993): „Kleine Bitte" und Deklarativsatz – ein Vergleich Schwedisch-Deutsch, in: Inger Rosengren (Hrsg.), *Satz und Illokution*, Bd. 2, Tübingen: Niemeyer, 79–108.

Otterstedt, Carola (1993): *Abschied im Alltag: Grußformen und Abschiedsgestaltung im interkulturellen Vergleich*, München: Iudicium.

Ozarovskij, Oleg V. (1980): Soglasie-nesoglasie kak kategorija kommunikativnogo sintaksisa, in: Vladislav I. Krasnych (sost.), *Problemy učebnika russkogo jazyka kak inostrannogo. Sintaksis*, Moskva: Russkij jazyk, 109–120.

Ożóg, Kazimierz (1980): Powitania i pożegnania w języku mieszkańców Krakowa, in: *Język Polski* 60, 134–138.

Petrova, Elena B. (2008): Katalogizacija pobuditel'nych rečevych aktov v lingvističeskoj pragmatike, in: *Vestnik Voronežskogo universiteta. Serija: Lingvistika i mežkul'turnaja kommunikacija*, Nr. 3, 124–133.

Petrova, Elena B. (2010): *Pragmalingvističeskij analiz pobuditel'nogo akta reaktivnogo soveta (na materiale anglijskogo i russkogo jazykov)*, Avtoref. dis. ... kand. filol. nauk, Novosibirsk.

Pisarek, Larisa (1995): *Rečevye dejstvija i ich realizacija v russkom jazyke v sopostavlenii s pol'skim (ėkspressivy)*, Wrocław: Wydawnictwo Uniwersytetu Wrocławskiego (= Acta Universitatis Wratislaviensis. Slavica Wratislaviensia, 89).

Pisarkowa, Krystyna (1988): Androhung als Sprechakt – Versuch einer Stellenwertbestimmung, in: Barbara Sandig (Hrsg.), *Stilistisch-rhetorische Diskursanalyse*, Tübingen: Narr, 75–85 (= Forum Angewandte Linguistik, 14).

Pomerantz, Anita (1978): Compliment responses: Notes of the cooperation of multiple constraints, in: Jim Schenkein (ed.), *Studies in the organization of conversational interaction*, New York: Academic Press, 79–112.

Prochorov, Jurij E./Sternin, Iosif A. (2006): *Russkie: kommunikativnoe povedenie*, Moskva: Flinta.

Purkert, Ulrike (1990): Das Kommunikationsverfahren EINLADEN in russischsprachigen Texten, in: *Potsdamer Forschungen*, Reihe A, Heft 106, 153–160.

Rachmanov, Igor V./Minina, Nadežda M./Mal'ceva, Dina G./Rachmanova, Ljudmila I. (1983): *Nemecko-russkij sinonimičeskij slovar'*, Moskva: Russkij jazyk.

Rathmayr, Renate. 1994: Pragmatische und sprachlich konzeptualisierte Charakteristika russischer direktiver Sprechakte, in: Hans Robert Mehlig (Hrsg.), *Slavistische Beiträge*, Bd. 319, München: Otto Sagner, 251–278.

Rathmayr, Renate (1996a): *Pragmatik der Entschuldigungen*, Köln, Weimar, Wien: Böhlau.

Rathmayr, Renate (1996b): Höflichkeit als kulturspezifisches Konzept: Russisch im Vergleich, in: Ingeborg Ohnheiser (Hrsg.), *Wechselbeziehungen zwischen slawischen Sprachen, Literaturen und Kulturen in Vergangenheit und Gegenwart*, Innsbruck: Verlag des Instituts für Sprachwissenschaft der Universität Innsbruck, 174–185.

Rathmayr, Renate (2002): Lingvističeskie zadači izučenija mežkul'turnoj kommunikacii (na materiale delovych peregovorov), in: *Russkij jazyk v naučnom osveščenii*, T. 3, Nr. 1, 182–197.

Rehbein, Jochen (Hrsg.) (1985): *Interkulturelle Kommunikation*, Tübingen: Narr.

Rehbein, Jochen (1972): Entschuldigungen und Rechtfertigungen. Zur Sequenzierung von kommunikativen Handlungen, in: Dieter Wunderlich (Hrsg.), *Linguistische Pragmatik*, Frankfurt am Main: Athenäum, 288–317.

Reukova, Natal'ja V. (2005): Leksiko-grammatičeskie sredstva vyraženija vežlivosti v sovremennom nemeckom jazyke, Dis. ... kand. filol. nauk, Moskva.

Robinson, Mary A. (1992): Introspective methodology in interlanguage pragmatic research, in: Gabriele Kasper (ed.), *Pragmatics of Japanese as native and target language*, Honolulu: University of Hawaii, 27–82.

Röhrich, Lutz (2003): *Lexikon der sprichwörtlichen Redensarten*, Bd. 1–3, Freiburg im Breisgau: Herder.

Rolf, Eckard (1987): Verballhornungen der Handlungsanalyse. Bemerkungen zur Diskussion um den Handlungsbegriff, in: *Zeitschrift für germanistische Linguistik*, Bd. 15, Nr. 1, 83–92.

Romanova, Tat'jana V. (2012): Rečevye akty razrešenija/zapreščenija s točki zrenija modal'nosti normy, in: Svetlana V. Vjatkina/Dmitrij V. Rudnev (red.), *Grammatika i stilistika russkogo jazyka v sinchronii i diachronii: očerki*, Sankt-Peterburg: Filologičeskij fakul'tet Sankt-Peterburgskogo gosudarstvennogo universiteta, 381–385.

Rösch, Olga (1996): Anredeformen im Russischen: soziale Domäne und soziale Bedeutung, in: *Fremdsprachenunterricht*, Bd. 40/49, Nr. 4, 292–296.

Rose, Kenneth R. (1992): Method and scope in cross-cultural speech act research: A contrastive study of requests in Japanese and English, PhD Dissertation, [online] http://www.ideals.illinois.edu/handle/2142/21525 [10.02.2017].

Salazar Campillo, Patricia/Safont-Jordà, Maria Pilar/Codina-Espurz, Victòria (2009): Refusal strategies: A proposal from a sociopragmatic approach, in: *Revista Electrónica de Linguistica Aplicada*, Nr. 8, 139–150.

Savigny von, Eike (1983): Sentence meaning and utterance meaning: A complete case study, in Reiner Bäuerle (Ed.), *Meaning, use and interpretation of language*, Berlin: Walter de Gruyter, 423–435.

Saxer, Ulrich (1999): Der Forschungsgegenstand der Medienwissenschaft, in: Joachim-Felix Leonhard et al. (Hrsgg.), *Medienwissenschaft. Ein Handbuch zur Entwicklung der Medien und Kommunikationsformen*. 1. Teilband, Berlin – New York: Walter de Gruyter, 1–14.

Schmidt, Gurly (2000): Chat-Kommunikation im Internet – eine kommunikative Gattung?, in: Caja Thimm (Hrsg.), *Soziales im Netz: Sprache, Beziehungen und Kommunikationskulturen im Internet*, Wiesbaden: Westdeutscher Verlag, 109–130.

Schulze-Neufeld, Helga (2012): *Grüßen im Deutschen und Russischen. Eine kontrastive inferenzstatistisch-empirische Analyse*, Frankfurt am Main: Peter Lang (= Berliner Slawistische Arbeiten, 40).

Searle, John R. (1965): What is a speech act?, in: Maurice Black (ed.), *Philosophy in America*, London: Allen and Unwin, 221–239.

Searle, John R. (1969): *Speech acts. An essay in the philosophy of language*, Cambridge: Cambridge University Press.

Searle, John R. (1971): *Sprechakte: Ein sprachphilosophischer Essay*, Frankfurt am Main: Suhrkamp.

Searle, John R. (1979): *Expression and meaning*, Cambridge: Cambridge University Press.

Searle, John R. (1982): *Ausdruck und Bedeutung: Untersuchungen zur Sprechakttheorie*, Frankfurt am Main: Suhrkamp.

Searle, John R./Vanderveken, Daniel (1985): *Foundations of illocutionary logic*, Cambridge: Cambridge University Press.

Šelovskich, Tat'jana I. (1995): *Rečevoj akt soveta: funkcional'no-pragmatičeskij analiz (na materiale francuzskogo i russkogo jazykov)*, Avtoref. dis. ... kand. filol. nauk, Voronež.

Sëmkina, Galina G. (2009): O soderžatel'nych i pragmatičeskich osobennostjach različnych vidov rečevogo akta zapreta, in: Galina G. Galič et al. (otv. red.), *Voprosy lingvistiki i lingvodidaktiki. Sistema. Funkcionirovanie. Obučenie*, Vyp. 7, Omsk: Izdatel'stvo OmGU, 246–255.

Šerstjanych, Inna V. (2013): *Teorija rečevych žanrov*, Moskva: Flinta.

Simonova, Svetlana O. (2011): *Kommunikativno-kognitivnye osobennosti vyraženija kosvennych i implicitnych rečevych aktov otkaza v dialogičeskom diskurse*, Avtoref. dis. ... kand. filol. nauk, Moskva.

Sommerfeldt, Karl-Ernst/Schreiber, Herbert/Starke, Günter (1991): *Grammatisch-semantische Felder. Einführung und Übungen*, Berlin: Enzyklopädie.

Staffeldt, Sven (2009): *Einführung in die Sprechakttheorie: Ein Leitfaden für den akademischen Unterricht*, 2. Aufl., Tübingen: Stauffenburg.

Stelmach, Joanna (2015): Sprachhandlungsmuster und ihre Realisierungsformen (am Beispiel der Muster „Beschimpfung" und „Beleidigung"), Magisterarbeit an der Universität Zielona Góra.

Sternemann, Reinhard (Hrsg.) (1983): *Einführung in die konfrontative Linguistik*, Leipzig: Enzyklopädie.

Švedova, Natal'ja Ju. (gl. red.) (1980): *Russkaja grammatika*, T. 1, Moskva: Nauka.

Švedova, Natal'ja Ju. (otv. red.) (2003): *Russkij semantičeskij slovar'*, T. 3, Moskva: Azbukovnik.

Švedova, Natal'ja Ju. (otv. red.) (2007a): *Russkij semantičeskij slovar'*, T. 4, Moskva: Azbukovnik.

Švedova, Natal'ja Ju. (otv. red.) (2007b): *Tolkovyj slovar' russkogo jazyka*, Moskva: Azbukovnik.

Tannen, Deborah (1987): Conversational style, in: Hans Dechert/Manfred Raupach (eds.), *Psycholinguistic models of production*, Norwood, NJ: Ablex, 251–267.

Tarasenko, Tat'jana V. (2007): Pozdravlenie, in: Konstantin F. Sedov (red.), *Antologija rečevych žanrov. Povsednevnaja kommunikacija*, Moskva: Labirint.

Tobback, Els (2016): *To agree or to disagree, that's the question. A cross-cultural analysis of (dis)agreement strategies in Dutch and French language television debates*. Paper presented at the 7th International Conference on Intercultural Pragmatics and Communication: INPRA, Split, Croatia.

Trosborg, Anna (1995): *Interlanguage pragmatics. Requests, complaints and apologies*, Berlin – New York: Mouton de Gruyter.

Uhlisch, Gerda et al. (1998): *Grüßen und Anreden im Deutschen*, Moskva: NVI-Tezaurus.

Ušakov, Dmitrij N. (red.) (1935–1940): *Tolkovyj slovar' russkogo jazyka*, v 4-ch tomach, Moskva: OGIZ.

Vasilina, Vladimir N. (2014): Osobennosti anglojazyčnogo rečevogo akta razrešenija, in: *Kross-kul'turnaja kommunikacija i sovremennye technologii v issledovanii i prepodavanii jazykov*, Minsk: BGU, 40–42.

Vasilina, Vladimir N. (2013): Specifika ispol'zovanija anglojazyčnogo rečevogo akta priglašenija, in: Oksana I. Ulanovič (red.), *Lingvističeskaja teorija i obrazovatel'naja praktika*, Minsk: Izdatel'skij centr BGU, 125–129.

Vdovina, Ekaterina V. (2007): *Pozdravlenie i poželanie v rečevom ètikete: konceptual'nyj i kommunikativnyj analiz*, Avtoref. dis. ... kand. filol. nauk, Moskva.

Vereščagin, Evgenij M. (1990): Taktiko-situativnyj podchod k rečevomu povedeniju (povedenčeskaja situacija „Ugroza"), in: *Rusistika*, Nr. 2, 26–32.

Vežbickaja, Anna (1999): *Semantičeskie universalii i opisanie jazykov*, Moskva: Jazyki russkoj kul'tury.

Vinantova, Irina V. (2010): Strukturno-sintaksičeskie zakonomernosti vyraženija rečevogo akta „priglašenie (v gosti)" v russkom jazyke, in: *Gramota*, 3(7), 41–44.

Vinogradov, Viktor V. (1972): *Russkij jazyk. Grammatičeskoe učenie o slove*, 2-e izd., Moskva: Vysšaja škola.

Volivach, Ganna (2010): Der Sprechakt der Vorstellung im Deutschen und im Russischen. Ein kontrastiver Sprachvergleich, Magisterarbeit an der Philosophischen Fakultät II der Humboldt-Universität zu Berlin.

Wagner, Klaus (2001): *Pragmatik der deutschen Sprache*, Frankfurt am Main etc.: Peter Lang.

Wierzbicka, Anna (1972): Act of speech, in: Anna Wierzbicka, *Semantic primitives*, Frankfurt am Main: Athenäum, 122–149.

Wierzbicka, Anna (1983): Genry mowy, in: Teresa Dobrzyńska/Elżbieta Janus (red.), *Tekst i zdanie. Zbiór studiów*, Wrocław etc.: Ossolineum, 125–137.

Wierzbicka, Anna (1985): A semantic metalanguage for a cross-cultural comparison of speech acts and speech genres, in: *Language and Society*, Vol. 14, 491–513.

Wierzbicka, Anna (1987): *English speech act verbs: A semantic dictionary*, Sydney etc.: Academic Press.

Wierzbicka, Anna (1991): *Cross-cultural pragmatics. The semantics of human interaction*, Berlin – New York: Mouton de Gruyter.

Wierzbicka, Anna (1996): Japanese cultural scripts: Cultural psychology und "cultural grammar", in: *Ethos*, 14(3), 527–555.

Wierzbicka, Anna (2012): "Advice" in English and in Russian: A contrastive and cross-cultural perspective, in: Holger Limberg/Miriam A. Locher (eds.), *Advice in discourse*, Amsterdam – Philadelphia: John Benjamins, 309–331.

Wittgenstein, Ludwig (2001): *Philosophische Untersuchungen. Kritisch-genetische Edition*, Frankfurt am Main: Suhrkamp.

Wolfson, Nessa (1983): An empirically based analysis of complimenting in American English, in: Nessa Wolfson/Elliot Judd (eds.), *Sociolinguistics and language acquisition*, Rowley, M. A.: Newbury House, 82–95.

Wonneberger, Reinhard/Hecht, Hans Peter (1986): *Verheißung und Versprechen. Eine theologische und sprachanalytische Klärung*, Göttingen: Vandenhoeck & Ruprecht.

Wunderlich, Dieter (1976): *Studien zur Sprechakttheorie*, Frankfurt am Main: Suhrkamp.

Yakovleva, Elena (2004): *Deutsche und russische Gespräche. Ein Beitrag zur interkulturellen Pragmatik*, Tübingen: Niemeyer (= Reihe Germanistische Linguistik, 251).

Zborowski, Piotr (2005): *Dankbarkeit vs. Höflichkeit und sprachliche Routine. Der Dankakt im Schwedischen verglichen mit Polnisch und Deutsch*, Poznań: Wydawnictwo Naukowe UAM.

Zemskaja, Elena A. (2004): Kategorija vežlivosti: obščie voprosy i nacional'no-kul'turnaja specifika russkogo jazyka, in: Elena A. Zemskaja, *Jazyk kak dejatel'nost'. Morfema. Slovo. Reč'*, Moskva: Jazyki slavjanskoj kul'tury, 579–601.

Zillig, Werner (1982): *Bewerten: Sprechakttypen der bewertenden Rede*, Tübingen: Niemeyer (= Linguistische Arbeiten, 115).

Žučkov, Dmitrij O. (2010): *Rečevoj akt ugrozy kak ob"ekt pragmalingvističeskogo analiza (na materiale anglijskogo jazyka)*, Avtoref. dis. ... kand. filol. nauk, Voronež.

Žukova, Tat'jana S. (2014): Stanovlenie novoj normy upotreblenija obraščenij v reglamentirovannych sferach obščenija, in: *Vestnik Rossijskogo universiteta družby narodov. Serija: Lingvistika*, Nr. 4, 198–215.

B. Quellenverzeichnis

Nacional'nyj korpus russkogo jazyka, [online] http://www.ruscorpora.ru
Textkorpora des Digitalen Wörterbuchs der deutschen Sprache (DWDS) des 20. Jahrhunderts:
DWDS-Korpus, 1. Version vom Mai 2005, [online] http://retro.dwds.de
DWDS-Korpus, 2. Version vom Juli 2008, [online] https://eins.dwds.de
DWDS-Korpus, 3. Version vom September 2016, [online] https://www.dwds.de

Textkorpora des Instituts für deutsche Sprache (IDS) in Mannhcim:
Das Deutsche Referenzkorpus (DeReKo), [online]
http://www1.ids-mannheim.de/kl/projekte/korpora.html
LIMAS-Korpus (= Linguistik und Maschinelle Sprachbearbeitung), [online]
http://www.korpora.org/Limas

Sprach- und Kulturkontakte in Europas Mitte.
Studien zur Slawistik und Germanistik

Herausgegeben von Andrzej Kątny und Stefan Michael Newerkla

Band 1 Andrzej Kątny (Hrsg.): Sprachkontakte in Zentraleuropa. 2012.

Band 2 Andrzej Kątny / Izabela Olszewska / Aleksandra Twardowska (eds.): Ashkenazim and Sephardim: A European Perspective. 2013.

Band 3 Jacek Witkoś / Sylwester Jaworski (eds.): New Insights into Slavic Linguistics. 2014.

Band 4 Witold Wojtowicz: Studien zur "bürgerlichen Literatur" um die Wende vom 16. zum 17. Jahrhundert. Übersetzt von Karin Ritthaler. 2015.

Band 5 Anna Averina: Partikeln im komplexen Satz. Mechanismen der Lizenzierung von Modalpartikeln in Nebensätzen und Faktoren ihrer Verwendung in komplexen Sätzen. Kontrastive Untersuchung am Beispiel der Partikeln *ja*, *doch* und *denn* im Deutschen und *ведь [ved']*, *же [že]* und *вот [vot]* im Russischen. 2015.

Band 6 Emmerich Kelih / Jürgen Fuchsbauer / Stefan Michael Newerkla (Hrsg.): Lehnwörter im Slawischen. Empirische und crosslinguistische Perspektiven. 2015.

Band 7 Wojciech Smoczyński: Lithuanian Etymological Dictionary. 2017.

Band 8 Piotr A.Owsiński / Andrzej S.Feret / Grzegorz M.Chromik (Hrsg.): Auf den Spuren der Deutschen in Mittel- und Osteuropa. Sławomira Kaleta-Wojtasik in memoriam. 2017.

Band 9 Wolfgang Gladrow / Elizaveta Kotorova: Sprachhandlungsmuster im Russischen und Deutschen. Eine kontrastive Darstellung. 2018.

www.peterlang.com

www.ingramcontent.com/pod-product-compliance
Lightning Source LLC
LaVergne TN
LVHW042246070526
838201LV00089B/51